理論と証拠にもとづいた
理解・臨床・介入のための
ガイドブック

愛着と
愛着障害

ビビアン・プライア
ダーニヤ・グレイサー 著

加藤和生 監訳

*Understanding
Attachment
and Attachment
Disorders :
Theory, Evidence
and Practice
by Vivien Prior
and Danya Glaser*

北大路書房

UNDERSTANDING ATTACHMENT AND ATTACHMENT DISORDERS:
Theory, Evidence and Practice
by Vivien Prior and Danya Glaser
Copyright © The Royal College of Psychiatrists 2006
This translation of UNDERSTANDING ATTACHMENT AND ATTACHMENT DISORDERS:
Theory, Evidence and Practice is published
by arrangement with Jessica Kingsley Publishers Ltd.
through The English Agency (Japan) Ltd.

目　次

第1章　はじめに　1

第1部：愛着と養育

第2章　愛着とは何か　8

　　進化論的視点　9
　　愛着行動システム　10
　　愛着行動の活性化と停止　11
　　愛着の発達　13
　　愛着表象の内的作業モデル　15
　　愛着行動システムと他の行動システムとの間の相互作用　16
　　探索行動システムと安全基地　17
　　安全や安心感のある隠れ家　18
　　要　約　18

第3章　愛着の分類　20

　　体制化された愛着　21
　　体制化されていない（非体制化）愛着　24
　　非体制型の愛着行動から統制的愛着行動へ　27
　　もう1つの分類法　28
　　愛着パターンの分布　29
　　愛着パターンの時間的安定性や予測可能性　30
　　要　約　36

第4章　愛着の体制化（そして非体制化）に影響を与えている要因とは何か　38

　　愛着の体制化への養育の貢献　38
　　養育とは何か？　38
　　愛着の安定性の体制化（あるいは非体制化）を規定するうえでの
　　　養育者の役割に関する実証的証拠　42

i

目　次

　　愛着の体制化における子どもの気質と遺伝的要因の役割　47
　　　気質要因　47
　　　愛着と自閉症　48
　　　特定の遺伝子　49
　　愛着の世代間伝達　51
　　　愛着に関する親の心の状態と乳児の愛着安定性とのリンク　51
　　　愛着に関する親の心の状態と親の感受性のある応答性とのリンク（B）　53
　　　親の感受性のある応答性と乳児の愛着の安定性とのリンク（C）　53
　　　伝達ギャップ　54
　　　伝達ギャップの橋渡し　55
　　　要　約　57

第5章　愛情の絆と愛着対象　59

　　愛情の絆とは何か？　60
　　愛着対象はどのように定義されるか？　63
　　職業としての子どもの養育者は愛着対象なのか？　64
　　複数の愛着対象の表象はどのように構造化されているのか？　67
　　要　約　75

第6章　愛着理論は文化を超えて妥当性があるか？　76

　　エインスワースのウガンダでの研究　76
　　ケニヤのグシ　77
　　マリのドゴン　77
　　イスラエルのキブツ　78
　　ナイジェリアのハウサ　80
　　ボツワナのクンサン　80
　　ザンビアのエフェ・ピグミー　81
　　学術的論争　81
　　コメント　83
　　要　約　87

第2部：愛着と養育の査定

第7章　はじめに　90

　　愛　着　91
　　養　育　92
　　愛着や養育の査定法についての説明の提示形式　93
　　研究や統計に関する専門用語の解説　95

ii

第8章　愛着の査定法（アセスメント法）　104

子どもの行動観察にもとづく愛着の査定（アセスメント）　104
　分離−再会手続き　104
　Q分類法（Qソート法）　114
子どもの内的作業モデル／表象にもとづく愛着査定　119
　絵画反応課題　119
　ナラティヴ・ストーリー・ステム技法（NSSTs）　124
　面接技法　138

第9章　養育の査定　152

養育の観察にもとづく査定　152
　母親感受性尺度　153
　ケア指標（ケア・インデックス）　156
　非典型母親行動の査定分類検査（アンビアンス）　159
　養育者行動分類システム　161
養育や子どもとの関係に関する養育者の内的作業モデル／表象にもとづく養育の査定／測度　164
　親発達面接（PDI）　164
　養育経験面接（ECI）　166

第3部：愛着の体制化と機能の相関

第10章　どの領域の機能が，愛着と相関すると仮定されていて，その間にはどのような影響経路がありそうか？　170

どの機能領域が愛着と相関していると仮定されるか　170
愛着が影響する仕方には，どのような経路が考えられるか　172
要　約　176

第11章　愛着の安定性／不安定性と子どもの機能との相関関係についての証拠　177

研究上の問題　177
証　拠　180
要　約　191

目 次

第4部：愛着障害とは何か

第12章　愛着障害の2つのバージョン　194

　　国際的分類法　194
　　もう1つのバージョン　197
　　要　約　198

第13章　愛着障害研究　200

　　研究法に関する問題　200
　　証　拠　202
　　イギリスの養護施設の小さな子どもたちとその後の発達　202
　　カナダで養子になったルーマニア人孤児　209
　　イギリスで養子になったルーマニアからの恵まれない（困窮した）子どもたち　214
　　ブタペストのレジデンシャル養護施設で生活する子どもたち　220
　　アメリカのハイ・リスク群や虐待を受けた子どもたち　227
　　要　約　232

第14章　愛着障害とは何か　233

　　弁別された愛着対象が1人も存在しない　233
　　抑制性RADと脱抑制性RADの違いとは何か　235
　　愛着障害のもう1つの基準　239
　　非体制型と抑制性RAD　241
　　5歳以上の子どもの反応性愛着障害　242
　　要　約　244

第5部：愛着理論にもとづいた介入研究（一部はもとづいていない介入研究）

第15章　はじめに　248

第16章　証拠にもとづく介入研究：養育者の感受性を高める　250

　　ベイカーマンズ・クラネンブルグら（2003）の"少なければ，もっと：乳幼児期早期における感受性と愛着介入のメタ分析"　251
　　コーエンら（1999）の"よく見て，待って，考える：母子精神療法での新しいアプローチの有効性の検討"　257

ヴァン-デン-ブーム（1994）の"愛着と探索に及ぼす気質とマザーリングの影響：
　　　むずがりやすい幼児を持つ低所得層の母親の感受性のある応答性の実験的操作"　260
　　ヴァン-デン-ブーム（1995）の"1年目の介入の効果は持続するのか：ドイツのむずがり
　　　やすい子どものサンプルについての幼児期での追跡調査"　261
　　ブノワら（2001）の"介入前後での摂食障害児への母親の非典型行動"　262
　　トスら（2002）の"被虐待児の持つ表象モデルを変えるための2つの介入の相対的有効性：
　　　愛着理論への意義"　263
　　マーヴィンら（2002）の"安全感の環プロジェクト：養育者-就学前児の2者関係への，
　　　愛着理論にもとづいた介入"　267
　　要　約　270

第17章　証拠にもとづく介入：養育者の交代　271

　　ラシュトン・メイズ（1997）の"児童期での新しい愛着の形成：最新研究情報"　271
　　ドジエら（2001）の"里子養育を受けている幼児にとっての愛着：養育者の心の状態の
　　　役割"　274
　　スティールら（2003a）の"愛着の表象と養子縁組：養育者の心の状態と虐待を受けたこと
　　　のある子どもの情動の語りとの関連"　275
　　ホッジズらの"養子縁組措置の1年後（2003b）と2年後（2005）の愛着表象の変化：
　　　被虐待児の語り"　278
　　要　約　281

第18章　証拠にもとづかない介入　282

　　子どもへの直接介入　282
　　"愛着療法"　283

第19章　介入に関する結論　289

　　引用文献　292
　　人名索引　304
　　事項索引　308
　　監訳者あとがき　319

脚注について
　本文中，原書の注は★で示しました。
　また，監訳者の付した注は◆で，訳者の付した注は◇で示しています。

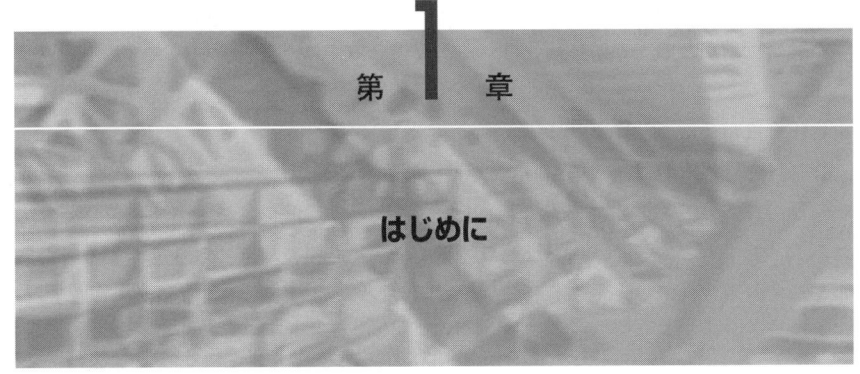

第1章

はじめに

　本書は，もともと，愛着に関する証拠にもとづいた本を提供することを目的として構想されました。フォーカス（FOCUS）[◆1]は，他の多くの障害への介入に関する証拠ベース（証拠のデータ・ベース）を作ることを考え，そうした目的のために多くの書物を出版してきました。本書は，これと同じ趣旨のもとに作成されました。しかしながら，この試みが開始された当初，これまでとはいくらか異なった形式の本が必要であるということが明らかになってきました。愛着の概念の臨床的適用を議論する際，3つの側面を考慮しなければなりませんでした。すなわち，①愛着理論，②愛着パターンの査定（アセスメント），③愛着に関連した障害です。証拠にもとづいたアプローチは，これらの3つの側面を考慮しながら，適用されてきました。

　愛着理論は，ジョン・ボウルビィ（John Bowlby）が，自分の多くの論文や著書の中で創案し詳細に記述したものです。ボウルビィは，愛着を，生物学的な本能であり，まだ脆弱な子どもの生存を確保するために進化したものだと考えています。ボウルビィの3部作（Bowlby, 1969/1982, 1973, 1980）では，愛着の形成，分離，喪失が考察されています。その後は，子どもが養育者に愛着を形成していく過程に注意が注がれてきました。その際，特に，分離と喪失にはそれほど重点が置かれていませんでした。分離と喪失が痛みや苦悩を伴うものであることは明らかで，もしそれが未解決なままであるならば永続する情動的な脆弱さを残すかもしれません。しかし，以前に形成した愛着の安定性は，後のストレスの影響を防いでくれます。不安定型の愛着は，子ど

◆1　FOCUSは，英国王立精神医学会の研究訓練課（Research and Training Unit, The Royal College of Psychiatrists）で行われている研究・教育活動の1つで，児童青年の精神衛生サービスにおいて臨床的効果性や組織の効率性を向上させるために1997年に立ち上げられました。その際，特にエビデンス・ベース（証拠にもとづく）研究を，日常の臨床実践にどのように取り入れていくかを重視しています。詳細は次のウェブサイトを参照してください：www.rcpsych.ac.uk/crtu/focus.aspx

第1章　はじめに

もの機能やより広い社会的適応へのリスクのマーカーや脆弱性要因とみなされています。愛着行動がどのように体制化されるようになるかは，養育環境に大きく規定されます。このことが，小さな子どもを持つ養育者に，安定型（安定した）愛着を形成する責任を負わせることになります。

特に目を見張るのは，これらのボウルビーの著作や彼が行っている予測の多くが（それらは広範囲に及ぶ観察にもとづいているのですが），正しいことが証明されてきていることです。この理論は，実証的な吟味の検証にも耐えてきており，本書のいたるところで引用されています。そして，愛着障害という，より不確定な領域にまで広がっています。

愛着理論は，心理学や子どもの発達の領域の中で非常に大きな関心を持たれてきており，それに関する科学的研究が豊富になされています。その多くは，"*Handbook*

◆2　本訳書では，以下に述べる理由にもとづいて，organised, organisation を"体制化された・体制型"，"体制化・体制性"と，また disorganised, disorganisation を"非体制型・体制化されていない"，"非体制化・非体制性"とそれぞれ訳します。

　　愛着理論で仮定しているのは，表出される行動の背後にある行動システムの体制化（あるいは組織化）です。これは，行動レベルや表象レベルでの体制化を含みます。心理学では，一般に，行動や記憶表象の organisation を体制化（あるいは組織化）と呼びます。この点を踏まえ，本書では，次のように訳語を定め，文脈に応じて使い分けました：organisation を，体制化（体制化されること，体制化されたもの）・体制性（体制化された状態）と，また disorganisation を，非体制化（体制化がなくなること・崩壊すること）・非体制性（体制化されていない状態）と訳しました。さらにそれにもとづき，organised を体制型・体制化されたと，また disorganised を非体制型・体制化されていないと訳しました。また，disoriented, disorientation は，それぞれ，無方向の（な），無方向性としました。最後に，organised, organisation を，それぞれ，体制化された・体制型の，体制化・体制性・体制化されたものというように訳しました。

　　しかし，disorganised attachment（非体制型愛着）が発見された時点では，その分類型の子どもは，新奇場面法での行動観察の結果ではもともと"分類不能"のグループに入れられた子どもであり，愛着対象との分離・再会場面での行動観察では，一貫性のないあるいは複数の愛着パターン（型）を示す行動を示すことから，行動記述的な表現として，disorganised（支離滅裂な，無秩序な，まとまりのない）あるいは disoriented（方角のわからない，方向性のない）という言葉が用いられました。その後の研究で，愛着の体制化は，いまだにできていない（unorganised）場合と，一度は形成されたものが壊した（disorganised）場合とがあると考えられるようになりました（本文の定義の lack や collapse がそれにあたります。20ページ参照）。

　　disorganisation という英語の本来意味するところは，organisation（体制化されていたもの，体制化されていた状態）が何らかの理由で，失われたり崩壊されたりすることを意味しています（存在したものが，なくなるか壊れることを意味します）。ですから，愛着が未体制の状態を必ずしも意味していません（なお，"いまだに体制化されていないこと"あるいは"未体制の状態"は，unorganised の言葉のほうが近いと考えられます）。

　　なお，表象とは，記憶表象のことを意味しており，体制化（組織化）はその表象がどのようにまとまっているか，精緻化されているか（あるいはされていないか）を意味します。いろいろな記憶表象が1つのまとまりをもち，パターン化したものを知識構造とか記憶の体制化とかという言い方をします。愛着パターンとは，愛着対象とのやりとりをくり返し体験することでパターン化され抽象され，内在化されるようになった記憶表象の体制化したものです。ただし，本著者らは，第5章やその原著者脚注（59ページ，★2）にあるように，体制化をある特定の愛着対象との愛着パターンについて用いるとしています。そして，異なった愛着対象間の関係が記憶表象の中でどうなっているかを，構造化（structure）という言葉を用いると，ことわっています。

of Attachment（愛着ハンドブック）"（Cassidy & Shaver, 1999）やゴールドバーグら（Goldberg, 2000; Goldberg, Muir, & Kerr, 1995）によって紹介されています。私たちの本は，この膨大な知識ベースをさらに濃縮したものです。本書の各々の部での結論は，入手可能な証拠ベースやそれらの評価にもとづいてなされています。さらに，第4部では，愛着障害の意味を明確化しています。その際，愛着理論と証拠ベースの両方にもとづいています。

この領域の研究すべてに言及するということは（ましてや，評価するなどは）できませんでした。実際，これらの研究の一部は，非常に詳細に研究されています。そこで，私たちは，"古典的"な研究，異なったアプローチや実践を行っている研究，そしてそれらをメタ分析した研究（そういう研究のある領域では）などを選んでレビューしました。ですから，本書の目的は，愛着理論にもとづいて実践を行っている研究の代表的な証拠を選び出してくることでした。

本書の内容を入手できる証拠の評価にもとづかせるという要請に沿って，臨床家のニードもまた考慮しました。ですから私たちは，はじめに，臨床家が持つだろう多くの問いをあげておきました。その問いとは次のようなものです：

1. 愛着とは何か。
2. 愛着の体制化は，時間を通して連続しているのか。
3. 愛着の安定性（security）は，何によって規定されるのか。
4. 親自身の愛着の体制化と子育て（parenting），そして子ども自身の愛着の体制化（organisation）の間にはどのような関係があるのか。
5. 全般的によい親子のやりとり（interaction）は，安定した（安定型）愛着を予測できるのか。
6. 個人の愛着の体制化は，はじめはある特定の養育者たちに特化したものだったのが，いつ，どうやって，1つのまとまったものへと体制化されていくのか。
7. 愛着は，複数の養育者とともに，どのように発達するのか。
8. 愛着理論は，異なった文化でも妥当性を持っているのか。
9. 愛着は，どのように査定（アセスメント）できるのか。
10. 愛着の体制化と子どもの機能（状態）（functioning）や精神衛生の関係はどうなっているのか。
11. 人生での出来事や経験（治療を含め）は，愛着の体制化を変えるのか。
12. 児童虐待・ニグレクトと愛着との間には，どういう関係があるのか。
13. 愛着障害（disorders）とは何か。

14. 愛着の安定性は，どのように高められうるのか。愛着障害はどのように治療可能なのか。

　読み進むにつれて明らかになるように，一見明快に見えるこれらの問いへの答えは，複雑であり，愛着理論の異なった側面やこの理論を適用する中から生まれてくるものです。ですから，答えは，本書のあちらこちらに深く組み込まれています。

　第1部（第2～6章）では，愛着理論を概観します。第2章では，愛着の本質や形成（問1）を記述します。愛着の安定性の体制化（問2）は，第3章で述べます。愛着の体制化の規定因（問3，4，12）は，第4章で論じます。そして，子育てと愛着に関する領域（問5）については，文献数が比較的少ないのですが，この章で考察します。第5章では，愛着が複数の養育者との関係の間でどのように発達するかを考察します（問6，7）。異なった文化での愛着理論の適用可能性（問8）については，まだ疑問を持たれていて論争もありますが，第1部の最後の第6章で取り扱います。

　第2部（第7～9章）では，愛着の測定・査定（アセスメント）について考えます。読んでいただければわかるように，児童期中期での愛着の体制化の測定に関しては，あまりはっきりわかっていません。さらに，愛着の測度の一部は，行動にもとづいています。他の測度は，遊び（活動）や認知を用いています。またさらに他の測度は，認知や思考の一貫性・表出に焦点を当てています。愛着の体制化を測定する異なった方法が，基底にある同じ表象を扱っているということを示す証拠が，今日ではあります。

　臨床家たちは，愛着理論が自分たちの臨床の場で出会う患者の持つ問題（問10）といったいどのように関連しているのだろうかと考えてきました。第3部（第10，11章）では，愛着の体制化と機能レベルとの相関関係に焦点を当てます。第10章では，どの機能領域が愛着と相関するのかを考察し，愛着がどのような経路をたどって影響を及ぼしている可能性があるかを論じます。第11章では，研究課題を考察し，証拠の要約をします。

　このように，愛着やその発達の測定に関しては，今は，豊富な証拠ベースがあります。ですが，これとは対照的にそして平行して，愛着障害という用語を使いながらも，愛着理論とは無関係に見える別の領域が形成されてきています。この領域は，愛着という言葉を使っていることを除けば，そのほとんどが愛着理論とはほとんど類似していません。愛着障害（問13）については，第4部（第12～14章）で幅広く議論します。専門家や親（そのほとんどは，'代わりとなる親'——里親や養子縁組で親になった人）は，子どもたちの一部が示している非常に重篤な問題に気づけば気づくほど，ますます，この"形成されてきている領域"へ関心を持つようになってきました。これ

らの子どもは，以前に体験した困窮や虐待に苦しんできました。この体験のほとんどは，実の親やある場合には施設によってなされたものです。しかし，施設から引き取られた子どもたちの研究を除くと，これらの子どもたちの窮状に対して，愛着の研究者や専門家は，これまでほとんど注意を向けてきていません。例えば，"*Handbook of Attachment*（愛着ハンドブック）"では，"愛着障害"という用語にすら言及されていません。愛着障害の意味は，第14章で明確にします。

　極度に重篤な問題を抱えた子どもたちへ何らかの援助が必要であることは明らかですが，その一方で治療のためのリソースが欠如しており，（その効果を）適切に評価できないままに，そして潜在的には有害な愛着療法"産業"なるものがはびこるようになってきました。第5部（第15～19章）では，非体制型（disorganised）の愛着の体制化（パターン）や不安定な（不安定型）愛着の体制化を，安定した（安定型）体制化へと変化させるために考案された証拠にもとづいた成功介入事例のいくつかを紹介します（問11, 14）。第16, 17章では，理論的にすばらしい治療アプローチを紹介します。これらは，もちろん，その有効性が評価されているものです。第18章では，その理論的基礎がまったく確証されていない愛着療法とその実践を批判します。

　私たちは，愛着理論とその研究についてこのように概観したことは，私たちにとって非常に刺激的な企てであったと思っています。そして，読者にも私たちのこの刺激的な興奮をわかち合ってもらうことを望んでいます。

　読者の皆さんは，自分が特に関心のあるところから読み始めたいと思われるでしょうが，愛着理論にあまりなじみのない読者は，第2章をはじめに読んでいただきたいと思います。第2章には，その後に続くすべての章の理論的・概念的基礎を詳細に書いているからです。

　私たちは，次の方々に感謝を申し上げたいと思います。ヘレン・ケア氏（Helen Care）には，大変な貢献をしていただきました。またジャスティン・ベリオット（Justine Beriot）氏には，第2部に補足をしていただきました。さらに，ジョナサン・グリーン博士（Dr. Jonathan Green），ジル・ホッジ博士（Dr. Jill Hodges），ハワード・スティール博士（Dr. Howard Steele），そして3名の査読者には，非常に有益なコメントをいただきました。また，私たちの家族に，特にデニス・グレイサー（Denis Glaser）の惜しみなき，そして言葉には言い尽くせない貴重なサポートを含めた彼らのサポートと寛容に感謝いたします。

第1部

愛着と養育

第2章

愛着とは何か

　愛着とは，文字どおりの意味では，絆（あるいは締め具）です。愛着，特に人と人との間での愛着は，愛情（affection）や献身（devotion），あるいは愛（love）というように，肯定的に定義されることがよくあります。しかし，有害な愛着，例えば，有害な物質や人への愛着[◆1]というものも明らかに存在します。

　愛着は，愛着理論において定義されているように，それの持つ性質や対象人物という点から見ても，特別の意味を持っています。すなわち愛着理論では，愛着とはある人と愛着対象（人物）との間の絆（a bond）やつながり（tie）のことを意味します。大人同士の関係では，互いが相手の愛着対象となることもあります。しかし，子どもと親との関係では，これは当てはまりません。なぜこのように明確に違うのか，その理由は，理論そのものにあります。愛着理論では，愛着とは，安全（safety），安心（security），保護への欲求（need）にもとづいた絆です。この欲求は，人が未熟で脆弱である幼児期や児童期には，最も重要です。そのため，乳児は**本能的に**自分の養育者（たち）に対して愛着を持つのです。この意味で，愛着は，保護と生存，そして究極的には遺伝子の複製をうながすという明確な生物学的機能（目的）を担っているのです[★1]。親子関係においては，"愛着"という言葉は，乳児や子どもに対して使われ，"愛着対象"という言葉は必ず主要な養育者（primary carer）のことを指しています。愛着理論の用語としては，子どもに対する親の愛着とか，親と子どもとの**間の**愛着という使い方は誤っています。

　ですから，愛着は，愛とか愛情とかという言葉とは同義語**ではありません**。すなわ

◆1　例えば，薬物依存症や共依存などです。
★1　この点に関する考察については，"*Handbook of Attachment*（愛着ハンドブック）"の7章（Belsky, 1999）を参照。

ち，親子関係全般を表わす用語ではないのです。例えば，食事を与えたり，励ましたり，遊んだり，問題解決をしたりするというような親子間のやりとり（相互交渉）なども含みません。

一方，愛着対象が子どもに対して抱く絆，あるいはそれに相当するような絆は"養育の絆（caregiving bond）"と呼びます。

進化論的視点

愛着理論は，進化論の1つです[★2]。種は，環境に適応することにより進化します。最もうまくいった（生き残った）種は，最も効果的かつ効率的に適応したのです。これを引き起こしているメカニズムとは，自然淘汰です。自然淘汰は，無限とも言える時間にわたりくり返されてきた生殖を通して生じました。ボウルビー（Bowlby）は，生物システムが進化できた環境に対して，"進化するうえでの適応的環境（environment of evolutionary adaptedness：EEA）"という用語を使っています。彼は，人間の本能的行動が進化するために必要だったEEA，すなわち現在の人が備え持っている行動装置が進化してきた環境は，ここ数千年の間に生息環境が大きく多様化してくるずっと前から存在していたと述べています。この環境は，人間がもっぱら狩猟採集生活をしているときのものです。そして，こういう環境では，守ってくれる大人のそばにいれば，肉食動物（捕食者）やその他の危険から最もよく保護してもらえます。ボウルビーは，このように人間のEEAを古代の中に位置づけたからといって，その環境が過去や現在に本当にどうであったかを審判するつもりはないことを強調しています。むしろ，彼が望んでいたのは理解することでした。つまり，"進化するうえでの適応的環境との関連でとらえない限り，ある種の形態や生理，行動のほんの1つの特徴ですら，理解することもできないし，知的に論議することさえもできません"と述べているのです（Bowlby, 1969, p.64）。

愛着行動とは，脅威（threat）に直面したときに愛着対象との近接性を求めること（proximity-seeking）です[◆2]。ボウルビーは，この近接性を愛着行動システムの"設定された目標（set-goal）"と呼んでいます。恐怖感（fear）は，危険があることを察知

[★2] 進化論の階層における愛着理論の位置については，"*Handbook of Attachment*"の6章（Simpson, 1999）を参照。

[◆2] 後で説明がありますが，子どもが安心感を持てるちょうどよい物理的距離（近さ）を意味します。ですから，年齢が上がれば，愛着対象との物理的距離は大きくなっていきます。

することであり，（そうであるならば，それに対して）何らかの反応をすることを（その個人に）求めます。実際に危険が生じる前にそれを感知することは，生存していくうえで利点があります。すなわち，潜在的に安全でない状況（条件）を察知することには利点があるのです。ボウルビーは，このような"危険に遭遇するリスクが高まっていることを示す自然の（中に感じられる）手がかり"として，奇異感（あるいは未知感），刺激の突然の変化，急速な接近，高い所，孤立させられること，などをあげました。このような状況（条件）は，恐怖感が喚起されるかどうかという点から，評価（appraisal）される傾向があります。恐怖感と愛着行動は，同時に活性化されることが多いのです。ですから，危険性を示す自然の手がかりが２つ以上存在する状況では，強い活性化が起こります。この活性化は，当然，愛着対象への近接性を引き起こします。

　ボウルビーは，アナロジーとして戦場にある軍隊を取りあげています。軍隊が安全かどうかは，敵からの攻撃に対する防御（力）と基地との接触・基地の安全性の程度との２つによって規定されます。このアナロジーが，危険性を示す手がかりを感知する子どもに使われています。危険性の手がかりによって喚起される恐怖感を，ボウルビーは"警報（alarm）"と呼びました。そして，自分の基地から切り離されている恐怖感や分離されているという恐怖感を，ボウルビーは"不安（anxiety）"と呼びました。愛着理論では，基地とは愛着対象のことです。ですから，分離不安とは，愛着対象からの分離のことを意味します。しかし，この文脈での分離は，単に愛着対象が存在しないことだけを意味するのではありません。"大切なことは，対象が利用できるかどうかということです。分離により苦悩（悲嘆，grief）が生じるのは，まさに，対象へ接近できなくなったか，対象からの応答がないと知覚されたかのいずれかのときです。そして，このような状況がまた起こるかもしれないという予期が不安を喚起するのです"（Ainsworth et al., 1978, p.21）。

愛着行動システム

　愛着は，愛着行動システムを通して機能します。この行動システムは，多くの異なる行動を含み，それら個々の行動はまた他の行動システムの一部としても機能することがあります。様々な行動を１つの行動システムへとまとめあげているものとは，それらの様々な行動がある１つの共通の結果（目標）のために機能しているということです。ボウルビーは，この共通の結果を"予測可能な結果"と呼びました。これ

は，一度，システムが活性化されれば，ある決まった結果が生じるということを意味しています。そして，愛着行動システムの予測可能な結果とは，子どもに愛着対象とのより緊密な近接性を得ようとさせ，その近接性を維持させようとすることです。その際，子どもは，愛着対象がストレッサーを除去してくれるだろうという本能的な予期を抱いています。そして，それゆえに，愛着行動への欲求を沈静化させるのです。

愛着行動の活性化と停止

ボウルビーは，愛着を最初に理論化したとき，愛着を開始－停止システム（start-stop systems）(Bowlby, 1969, p.258) として理解しました。子どもが慰め・安心感（comfort）（つまり，不安・不快（discomfort）がない状態）を体験しているとき，そのシステムの作動は緩和されます。そして，愛着行動は，子どもが不安・不快や脅威を知覚するとき，活性化されました。そして，（普通は）この不安が和らいだときに停止します。しかし，メインが指摘しているように（Main, 1999, p.858)，いまや，愛着システムは持続的に活性化された状態にあると考えたほうがよいという理論が，一般に受け入れられています。メインによると，このような修正は，初期の段階でエインスワース（Ainsworth）やブレザートン（Bretherton）が提案しました。その理由は，彼女らが，"スイッチの切られたシステム（turned off systems）"では，子どもを脆弱で危険な状態のままにしてしまうと考えるようになったからです。したがって，不安や警報がない状態では，愛着行動システムは，不活性の状態にあるというのではなく，むしろ持続的に愛着対象との近接性や身体的・心理的な接近可能性をモニタリングしながら作動しているというのです。ボウルビーは，すぐに，この初期の修正を受け入れました。近接性の設定の仕方や程度（設定目標）は，活性化の程度に応じて異なります。そのため，もし強い活性化が起こったときには（子どもが極度に脅威を感じるとき），設定目標は，愛着対象と非常に緊密な近接性を求めるか，あるいは実際に身体的に接触することが必要です。他方，活性化が弱いときには，設定目標は，単に愛着対象を目で確認するだけでよく，言い換えると，それで愛着行動は十分，解除できるかもしれません（Ainsworth et al., 1978, pp.10-11）。

愛着行動の活性化

どのくらい活性化されるかは，子どもがどのくらい不安・不快や脅威を感じているかによっています。もっとも簡単に言うと，単に養育者から物理的に離れていること

だけでも不安は生じます。そのとき，子どもは声をあげることで，養育者を（子どもが）安心できる距離にまで引き戻します。あるいは，子ども自身が養育者のほうへ移動して安心できる距離にすることもあります。ボウルビーは，活性化を引き起こす同じような刺激（条件）として，養育者から離れている時間（期間）も含められると示唆しています。

ボウルビーは，愛着行動を活性化し，その活性化の強度に影響を与える条件として，以下の3つをあげています：

1. **子どもの側の条件（状況 , 状態）**
   疲労
   空腹
   病気（健康でない状態）
   苦痛
   寒さ

2. **母親の居場所と行動**
   母親の不在
   母親が離れて行く
   母親が接近させないようにする

3. **他の環境条件**
   驚くような出来事の発生
   他の大人や子どもからの拒絶

愛着行動の停止

愛着行動の停止は，活性化の強さに応じて異なります。強く活性化されてしまった愛着行動を停止させる唯一の方法は，おそらく，養育者と身体的に接触することでしょう。そのときも，強い泣きやしがみつきを伴うことになるでしょう。しかし，軽い恐怖や不安・不快に反応して生じた低いレベルの活性化は，子どもが単に養育者の位置を確認するだけで停止されます。

愛着の発達

愛着の発達には，4つの段階があります。段階間の境界は明確ではありません。

段階1
対象（人）の弁別を伴わない定位反応やシグナル反応（ボウルビー）
最初の愛着形成前の段階（エインスワース）

　この段階は，誕生から8週間前後までにわたっています。この期間の乳児は養育者の注意を引きつけたり，それに応答したりするような行動をします。握る，微笑む，喃語を発する，あるいは泣くという行動は，赤ちゃんの周辺にいる人なら誰にでも向けられます。しかしこの期間の乳児は，すでに大人を弁別するようになっていることを示す研究もあります。

段階2
弁別された1人以上の対象に向けられた定位反応やシグナル反応（ボウルビー）
形成過程にある愛着（エインスワース）

　通常，第2番目の段階は，8週間目からおよそ6か月の期間に相当します。発達により視力と聴力がより向上するにつれて，乳児はますます知っている人と知らない人とを区別するようになり，特に知人や養育者に応答的になります。

段階3
シグナル反応だけでなく移動することによっても，弁別された対象との近接性を維持（ボウルビー）
明確な愛着（エインスワース）

　この段階は，通常，6，7か月のころに始まりますが，半年を過ぎることもあります。ボウルビーは，この段階はおそらく2歳の間は続き，場合によっては3年目に入ることもあると述べています。これは，愛着が固定するうえで重要な段階だと言えます。
　第1に，この段階では，母親に対する子どもの行動は，目標修正的に体制化されるようになります。"そして，母親という対象への子どもの愛着は，誰の目にも明白なものとなります"（Bowlby, 1969, p.267）。"このころから，自分の苦痛を終わらせる，安全（secure）を感じさせる条件（状況）とは何かを，子どもは発見するようです。そして，この段階以降は，子どもはこのような条件（状況）が満たされるように，自

分の行動をプランできるようになり始めます"(p.351)。第2に、乳児は、ますますいろいろな大人を弁別するようになります。第3に、移動能力が発達するに伴い、乳児は自分の養育者を基地として使い、探索を始めるようになります。

段階4
目標修正的パートナーシップの形成（ボウルビーとエインスワース）

通常、この段階は、2歳までに始まることはありません。そして、多くの子どもでは、3歳になる前後に始まります。この4番目の段階の中心的な特徴は、子どもの"自己中心性が低下すること"（Ainsworth et al., 1978, p. 28）です。子どもは、母親（対象）もまた自分自身の定めた設定目標を持つ独立した人物であるとみなすようになります。こうすることで、より複雑な母子関係の基礎が形成されます。ですから、ボウルビーはこの関係性を"パートナーシップ"と呼びました。

生涯にわたる愛着

ボウルビーは、確かに、愛着行動が生涯にわたって持続すると考えていましたが、児童期後期や成人期の愛着行動の過程が、段階4で機能していた過程と有意に異なるものだとは考えていませんでした。3歳以降、ある子どもは、成長するにつれ以前ほどには脅威を感じなくなるために、愛着行動もそれほど頻繁でなくなり性急さもなくなります。ですが、愛着行動は子どもの生活の中では、依然として"最も重要な頼り綱（dominant strand）"として持続します（Bowlby, 1969, p.207）。青年期では、親に対する子どもの愛着は、通常、他者への絆、仲間たちに対する絆に、取って代わり始めます。成人期では、愛着の絆や行動は、普通ではパートナーや親友に向けられます。最終的に、老年期では、愛着行動の向かう方向がしばしば逆転し、愛着行動は年長の者から年少の者へ、親から子どもへと向けられるようになります。

依存性についての注意点

ボウルビーとエインスワースは、愛着と依存性との違いを、機会あるごとに気にとめて、くり返し指摘していました（例えば、Bowlby, 1969, 1988；Ainsworth, 1969a；Ainsworth et al., 1978）。この2つが同義ではないことは、以下の記述からも明らかです。

- 生後の2週間は、乳児は自分の親に依存してはいますが、まだ愛着を形成してはいません。
- 他者に養育されている年長の子どもは、自分の親（たち）に依存してはいない

- かもしれませんが、その親に対して愛着を形成していることが多いです。◆3
- 年長児や成人の依存性は、通常は問題行動であり、"そこから成長し脱却しなければならない"人格特性や条件（状態）とみなされています。そのため、年長児や成人の愛着行動を"退行的だと呼ぶ"といったように、彼らの愛着行動を依存性と誤解することに対して、ボウルビーは"とんでもない誤った判断"であると考えています（Bowlby, 1988, p.218）。
- 安定した愛着（すなわち、自分の基地がいつも利用できるという自信）は、依存ではなく、むしろ探索することや自立的であることと関連しています。

愛着表象の内的作業モデル

　ボウルビーは、子どもがそれぞれの愛着対象に対して、その人物との愛着－養育経験にもとづき、（複数の）内的作業モデルを形成すると仮定しています。内的作業モデルとは、子どもが自分自身（自己）、他者（たち）、そして自分の愛着欲求に対する重要な他者（たち）の反応について発達させた期待です。ボウルビーは、内的作業モデルを認知地図にたとえています。ここでいう認知地図とは"そこに地図にされたものが何であれ、その中から選択された側面についてコード化した表象◆4"（Bowlby, 1969, p.80）のことです。しかし、ボウルビーも指摘しているように、地図は静的な表象です。それに対して、作業モデルでは、人が"心の中で小さな実験をすること"ができます（p.81）。作業モデルには、2つの部分があります。すなわち、①累積された経験にもとづく環境モデルと、②自己が持つスキルや潜在能力に関する自己知識にもとづく個体（自己）モデルです。

　ボウルビーが述べているように、これら2つの作業モデルは、常に利用できる状態にしておくためには、常に更新されていなければなりません。しかし、どの程度作業モデルが変化しうるかについては、今日でも、すぐに解明したい中心的問題の1つです。モデルは新しい経験によって影響を受けるのですが、その新しい経験をどのように統合するかは、既有のモデル（どのようなモデルを持っていたか）によっています。"したがって、初期経験の影響は、これらのモデルの中で引き継がれていきます。た

◆3　Bowlby, 1969/1982, p.228 の第3段落参照。
◆4　個体が環境や対象人物から感じ取る刺激は複雑です。ですから、個体が、その中から地図としてコード化できるのは、その中の一部（おそらく適応に重要な側面）に限られているということを、ここでは意味しています。

とえモデルが変化を遂げようとしている最中であってもです"（Goldberg, 2000, p.9）。
2番目の難しいところは，内的作業モデルの無意識的な側面が特に，変化することに対して抵抗する傾向があるという点です。"臨床からの証拠でも示唆されるように，本来なされるべきモデルの修正も，常に容易に達成できるわけではありません。実際，モデルの修正は，通常は生じたとしても非常にゆっくりであったり，しばしば不完全なものであったり，時にはまったくなされないこともあります"（Bowlby, 1969, p.82）。

　ボウルビーは，モデルの修正について次のように，述べるというよりむしろ，暗に示唆しています。それは，"意識することで明確な利益が得られるとするなら，それが何であれ，それに対して"モデルをゆだねるときに，モデルの修正は，最善な形で，なされるのではないか（Bowlby, 1969, p.83）◆5 というものです。

愛着行動システムと他の行動システムとの間の相互作用

　愛着行動システムと他の生物学的な基盤を持つ行動システムとの間に，複雑な相互作用があります。1つ以上の行動システムが機能している行動の例として，吸啜（吸う）行動があげられます。ボウルビーは，乳児の栄養摂取のための吸乳（吸啜）と栄養摂取に関係のない吸乳（吸啜）とを区別しました。乳児は，乳首や乳首の形をした物体を吸啜するとき，栄養摂取のための吸啜よりも，栄養摂取に関係のない吸啜のほうに，ずっとより多くの時間を費やしています。さらに，乳児は，特に危険を感じたときや動揺したときに，栄養摂取とは関係のない吸啜行動を行います。したがって，栄養摂取と関係のない吸啜行動は，それ自体正当な意味を持つ活動です。"人間の進化するうえでの適応的環境では，栄養摂取と関係のない吸乳行動は，愛着行動の不可欠な一部分であり，予測可能な結果として母親への近接性をもたらすものなのです"（Bowlby, 1969, p.250）。

◆5　ボウルビーのこの発言は，マッケイの次の主張にもとづいています。それは，"意識経験は，メタ体制化活動（metaorganizing activity）と呼べるもの（すなわち，行動を体制化するシステムに対してなされる内的な活動を体制化すること）と関連しています。……これにもとづいて考えるならば，意識の統一性は，メタ体制化するシステム（metaoganizing system）の統合を，反映しているでしょう"（Bowlby, 1969, p.83, 脚注1）。

探索行動システムと安全基地

　探索行動は，愛着行動と逆の関係にあります。というのは，それは普通，子どもを子どもの愛着対象から引き離す行動だからです。このため愛着（行動）は，探索（行動）との関連で，しばしば査定されます。ここでの関心事項とは，2つのシステムが活性化されているときに，子どもがどう行動するかということにあります。エインスワースが初期にウガンダで行った研究（Ainsworth, 1963, 1967）によれば，乳児の探索行動は，母親がそばにいるときには増加し，母親がいなくなると減少しました。このことは予想されたことでした。というのは，愛着対象に接近できないときや応答がないときには，愛着行動は強く活性化されるからです。愛着対象がいるときには，愛着システムの稼働レベルは落ち，探索行動が起こります。ですから，愛着行動と探索行動は，バランスを取った状態あるいは緊張状態にあるということです。エインスワースの注意深い観察により，乳児は自分たちの愛着対象を探索行動をする際の安全基地として利用していることが確認されました。

　ボウルビーは，子どもにとっての安全基地になることを，子育て（parenting）という概念の中心的特徴としました。安全基地とは，以下のような基地であると述べています：

　　その基地から，子どもや青年は，外の（未知の）世界へと出撃することができます。そして，その基地に戻ってくるとき，次のような確信を持って戻って来ることのできるところです。その確信とは，たどり着いたときには自分は歓迎されるだろうし，体にも心にも栄養を与えられるだろうし，もし苦しんでいるのなら安らぎを与えられるだろうし，恐怖感があるのなら安心感を与えられるだろうというものです。ですから，基地の役割とは，本質的に，在るべきところにいてくれて，励ましや支援を求めたときにはすぐにそれに応答してくれる準備があり，それでいて明らかに必要だというときにしか積極的に介入しないという役割を持つところなのです（Bowlby, 1988, p.11）。

　ですから，愛着理論の核心には，次のような考えがあります。すなわち，探索や自律性は，子どもの近接性を求めるという愛着行動を阻むのではなく，それに**応答してあげる**ことによって育まれるのです。すなわち，近接性を保障してあげることが，自律性を**促進する**のであり，抑制するものではないということです。あえて"前進しリ

スクを冒す"ためには，自分の基地の安全性に対する自信が必要です。

安全や安心感のある隠れ家（A safe or secure haven）

　エインスワースら（Ainsworth et al., 1978）は，新奇場面（ストレンジ・シチュエーション，第8章参照）での乳児たちの観察を行っています。その場面では，乳児は，見知らない人が入室してきたことで，愛着行動が強く活性化されるほどの強い恐怖感を体験します。この乳児たちは，エインスワースらが"母親への退避"と表現したように，母親にできるだけ接近したり，あるいは実際に接触したりするという行動を示していました。母親のもとに着くやいなや，乳児の意図が，母親とやりとりすることにあったのではなく，むしろ"母親が与えてくれている安全な隠れ家から"この見知らない人のほうへ振り返り，微笑んでみせさえすることのように見えました。ほとんどすべての子どもが困惑行動を示しますが，必ずしもすべての子どもが母親に近づくのではありません。多くの子どもにとって，同じ部屋に単に母親がいるだけで，安全や安心感のある隠れ家を提供することになっていました。
　エインスワースらは，母親を安全感のある隠れ家とする概念が，母親を安全基地とする概念と類似していることを認めています。それにもかかわらず，彼女らは，これらを区別しておくことが望ましいと信じています。というのは，子どもが愛着対象を，そこから探索に出かけるという安全基地として利用するとき，警戒感や恐怖感は（その概念の中に）含まれていません。しかし，乳児が，安全な隠れ家としての母親に近接性を求めようとするときには，その子どもはある程度は恐れを感じていることが（その概念には）暗示されています。いったん，乳児のこの警戒感が，母親に接近することで緩和されたなら，乳児は再び探索を始めるかもしれません。このように，"愛着対象は，安心感のある隠れ家から，探索を開始するところである安全基地へと，変わっていくのです"（Ainsworth et al., 1978, p.265）。

要　約

　ボウルビーは，愛着行動を'子どもが，脅威や不安・不快（discomfort）を感じ取ったり知覚したりしたときに，愛着対象との近接性を求めるという生物学的本能'であると定義しました。愛着行動をするとき，子どもは，愛着対象がその脅威や不安を

取り除く反応をしてくれるだろうと予期しています。生後1年の間にいくつかの段階を経て，特定の愛着対象が選ばれ，愛着を形成するようになります。そして，乳幼児は，自分や自分をとりまく人的環境に対して，早期の愛着経験にもとづいて，心的表象を形成するようになります。これらの表象を，ボウルビーは，それらが（常に）更新される可能性があるのだということを強調するために，"内的作業モデル"◆6と呼びました。愛着対象の役割は，子どもがそこから探索できるような安全基地を提供することであり，危険を感じたときには退避できる隠れ家を提供することにあります。

◆6 この用語の中でも，特に"作業（working）"という用語は，"常に変化し，更新されている"ことを強調するために用いられています。

第 3 章

愛着の分類

"強い""極度の""弱い"という量的用語は，愛着理論の用語法としては適切ではありませんし，ボウルビー（Bowlby）やエインスワース（Ainsworth）らもめったに使っていません。その代わりに彼らは，愛着を質的な特徴によって記述し分類しました。

生後18か月までには，あるいはおそらくそれよりも以前から，年少の子どもは，それまでに積み上げられてきた愛着対象との愛着経験にもとづき，それぞれの愛着対象に対して，識別可能な特定の愛着パターンをすでに形成してきています。

これらの愛着パターンの分類の仕方には，次の2つがあります。第1は，愛着行動システムが活性化されたときに，1人の愛着対象との近接性を獲得するために用いられる方略が**体制化されている**（体制型，organised）か，それともそのような体制化された方略が欠如したり（lack）崩壊したり（collapse）しているか（後者の場合を，"**体制化されていない**（非体制型，disorganised）"と呼ぶ）により，愛着パターンを分類する方法です。愛着システムを活性化する恐怖の源が愛着対象自身であるような子どもは，解決不可能な葛藤にとり込まれています。こうした子どもたちは，いかに愛着欲求を活性化しないようにするか（感じているものを感じないようにする）か，そして安心感と安全感をいかに取り戻すかということに対してどうしてよいか困惑していて，時には明らかに麻痺した状態にまでなっています。

第2の愛着パターンの分類法は，個人が愛着対象に対して持っている利用可能性[◆1]や応答性[◆2]に対して**安全**（secure）と感じているか，または**不安全**（insecure）や不安を感じているかによって分類されます（なお，前者は安定型，後者は不安定型と呼びま

◆1 いつでもそば（近く）にいてくれて，危険や不安を感じたときにはリソースとして利用できることを意味します（availability）。
◆2 呼べばすぐに応答してくれることを意味します（responsiveness）。

◆3
す）。

　ボウルビーが指摘しているように，"安全（感）（secure, セキュア）"という用語は，もともとの意味においては"（主観的に）感じられる（feeling）世界に対して適用されるのであり，（客観的に）在る世界が安全であるかどうかということではありません"（Bowlby, 1973, p.182）。逆に，"安全（safe, セイフ）"は，たぶん客観的条件を表現するのによい用語です。したがって，人は，現実には安全（safe）であるのに気持ちとしては安全だと感じていない（insecure）場合もありますし，その逆のパターンもあります。ですから，安全（security）・不安全（insecurity）とは，主観的な感じ（体験）の状態を指す言葉なのです。

体制化された愛着

　1人の愛着対象との近接性という設定目標を達成するための体制化された方略を持っている人は，その愛着対象とは安定した愛着（securely attached）か不安定的な愛着（insecurely attached）かのいずれかを形成します。安定した（安定型）愛着を持っているということは，愛着対象が利用可能であり，（子どもの）近接性を求める気持ちに対して敏感にかつよい意図を持って応答してくれ，もし愛着システムが非常に活性化されたときには，慰めや安心感（comfort）への欲求に，同じように応答してくれるだろうという自信を持っているということです。不安定な（不安定型）愛着の子どもは，この点について不安を持っていると述べられています。

　体制化された不安定型の愛着は，"回避型（avoidant）"と"抵抗型（resistant）"（また"アンビバレント型（ambivalent, 両面価値的，両価的）"とも呼ばれます）とに区別されています。これらの体制化された愛着の3分類法（安定型，不安定－回避型，不安定－抵抗型）は，エインスワースらの開拓的な研究と広範な観察から生まれたものです（Ainsworth & Wittig, 1969; Ainsworth et al., 1978）。この観察とは，9か月から18か月までの間の子どもに対して，実験室状況や家庭で実施された新奇場面法（ストレンジ・シチュエーション手続き（法），strange situation procedure）での乳幼児の愛着行動を精力的に観察したものです（第8章で詳細に解説）。彼女らは，あまりにラベル的なものを貼り付けることを望んでいたわけではありませんが，これら3つのグループ

◆3　なお，愛着対象の利用可能性や応答性についての自信・確信，すなわち安全感（secure）を持つものを安定型（あるいはセキュア・タイプ），また不安全感（insecure）を持つものを不安定型（あるいはインセキュア・タイプ）と呼んでいます。

をA，B，Cと呼びました（Ainsworth et al., 1978, p.58）。この分類の妥当性は，時代の検証にも耐え，さらなる精査にも耐えました。以下に述べるこれら3つのグループの記述の多くは，エインスワースらの1978年の著書から引用したものです。これらの記述は，特定の愛着対象に対する愛着行動の体制化を表わしています。

グループB：安定型愛着

　グループBの典型的な乳幼児は，グループAやCの乳幼児たちと比べて，自分の母親に向けてとられる行動においてより積極的です。子どもは母親とのやりとりにおいてより調和的で協力的（cooperative）です。そして母親の求めに喜んで従います。子どもは探索するとき，母親を安全基地として利用します。家庭では，母親が部屋から出て行っても泣かない傾向にあります。子どもの愛着行動システムが非常に活性化されるとき，ちょうど新奇場面手続きでのように，乳幼児は母親への近接性を求め身体を密着させてきます。乳幼児は，すぐになだめられます。もっとも，十分に落ち着かないうちに子どもを放そうとすると抵抗するかもしれません。しかし，数分後にはまた，探索や遊びに戻ります。

グループA：不安定－回避型愛着

　新奇場面では，グループAの乳幼児は，分離や再会のエピソード（場面）において，比較的高水準で探索をし続ける傾向があります。乳幼児は，分離（すなわち，危険の手がかり）にほとんど反応を示しませんし，また再会エピソードで，母親に対して近接性を求めたりやりとりをしたりすることを明らかに回避しているのが見て取れます。もし乳幼児が母親に接近しようとする場合でも，乳幼児は，母親を通り過ぎたり目をそらしたりするなどの回避行動を示す傾向があります。もし抱き上げたとしても，子どもが母親にしがみついたり，（母親のもとから）放されそうになることをいやがったりするといった傾向はほとんど，あるいはまったく見られません。

　エインスワースらは，グループAの乳幼児が回避的であると同様に不安を持っているという事実を無視してはならないとも指摘しています。これらの子どもの愛着欲求はおさまらない傾向にあります。というのは，これらの子どもは，（愛着システムが）

★1　エインスワースは，最初，1930年代後半に，トロント大学でウィリアム・ブラッツ（William Blatz）の指導のもとに，安全感の理論（security theory）を研究していました。彼女は，安定／不安定（secure/insecure）という分類法を初めて用いた人で，それはアフリカのウガンダでの乳幼児観察研究の中で最初に行われました。エインスワースの研究がどのように展開されてきたかを知りたい人は，"An interview with Mary Ainsworth（メアリー・エインスワースとのインタビュー）"（Ainsworth & Marvin, 1995）を参照してください。

強く活性化されたのを最も効果的に停止させてくれる'なだめられる'体験をしたことがないからです。そのような持続的な欲求不満は、結果として頻繁に怒りを表出させることにつながります。さらに、家庭では（新奇場面とは異なりますが）、乳幼児たちは、より泣き、グループBの乳幼児よりも分離不安を示すことが観察されています。

グループC：不安定－抵抗／両価型愛着

グループCの乳幼児は、家庭でも新奇場面でも、グループBの乳幼児よりもよく泣きます。新奇場面では、これらの子どもは母親が部屋から退出するとすぐに泣き、かなりの苦痛を示します。子どもたちは母親との接触ややりとりに抵抗する行動をはっきりと示します。ですが、ひとたび接触が得られると、中度から強度の近接性や接触を求める行動を示します。そこで、両面価値的であるという印象を与えます。これらの子どもは、グループBの乳幼児ほどには、すぐになだめられて落ち着くことはありません。抱き上げられたとき、これらの子どもは、怒りの抵抗を示すと同時に、しがみつきや他の接触を維持しようとする行動を示します。

抑圧／表出軸上におけるグループA，B，Cおよびその下位グループの位置

エインスワースらは、また、8つの下位グループを区別しています。グループAには2つ、グループBには4つ、グループCには2つの下位グループがあります。主グループと下位グループは、愛着行動の抑圧／表出の程度を示す連続軸（continuum）として示されています（図3.1参照）。[★2]

ですから、A1の乳幼児は、一貫して回避を示します。一方、A2の乳幼児は、いくらか母親へ接近する傾向を示します。B1とB2の乳幼児はいくぶん回避的なところ

[★2] この連続軸は、時には、愛着行動を活性化するときの閾値を反映するものとするとらえ方があります（例えば、Goldberg, 2000）。このとらえ方には、次の2つの概念上の問題があります。第1に、すでに述べたように、愛着行動システムは常時活動しています。すなわち、愛着対象にすぐに接近できるかどうか（接近可能性）を持続的にモニタリングしていて、脅威対象が存在していない場合でも作動しています。第2に、メインを引用すると、"エインスワースは、外から見える様子とは異なり、愛着行動システムが、安定型の乳幼児と同様、回避型の乳幼児でも、新奇場面法によって間違いなく活性化されると信じています。実際、新奇場面法を実施している間に取られた記録をみると、どちらの型の子どもも、心理生理的指標において、苦痛に対して同じ程度の強い反応を示していました"（Main, 1999, p.718）。ですから、回避型の乳幼児は、活性化を表出するのではなく、むしろ抑制（suppress）しているのです。であるとすると、この閾値とするとらえ方は一見よい考え方のように見えますが、活性化の閾値を示すものと考えてしまうと、回避型の乳幼児がストレスや喚起（arousal）を体験していることを認めることになります◆4。

[◆4] 本書の著者らがここで言いたいのは、このとらえ方でいくと、抵抗型（C1, C2）がこの軸の上では活性化されていないことになるはずで、そうだとすると、抵抗型の子どもも"心理生理的指標において、苦痛に対して同じ程度の強い反応を示していました"とする結果と矛盾が生じるということです。

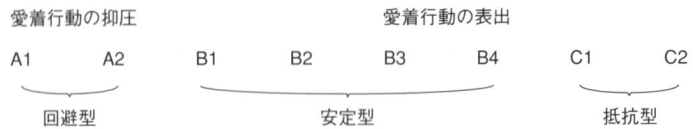

図3.1 愛着行動の抑圧／表出の程度を示す主グループ・下位グループの連続軸

がありますが，B3とB4の乳幼児は，母親との分離によってすぐに取り乱し，再会のエピソードでは抵抗型（C型）の乳幼児と多少似ているところがあります。C1の乳幼児は怒りを開けっぴろげに示しますが，C2の乳幼児は'変に'絶望的な怒りを示します。◆5

愛着対象は，安全な隠れ家（すなわち，子どもの愛着行動システムが活性化されたとき子どもが戻っていく隠れ家）として，また安全基地（すなわち，子どもが安全と感じているときにそこから探索に出かける安全な基地）として，機能します。メインら（Main, Hesse, & Kaplan, 2005）は，これら2つの側面に，3つの愛着グループの子どもが，異なった注意の向け方をすることを記述しています。安定型の子どもは，自分自身が置かれた状況に応じて，愛着と探索のそれぞれに注意を柔軟に向けています。回避型の子どもは，愛着に関連する経験からは，かたくななまでに一貫して注意をそらそうとします（ですから，柔軟性がありません）。また抵抗型の子どもは，愛着に関連する問題に注意を維持するときに，柔軟性がありません。

体制化されていない（非体制化）愛着

グループD：非体制型・無方向性の不安定型愛着（disorganised/disoriented insecure attachment）

次第に，A，B，Cのどのグループにも適合しない子どもがいることが明らかになってきました。メイン・ソロモンは，200を超える新奇場面のビデオテープを再検討しました（Main & Solomon, 1986, 1990）。彼女らは，これらの乳幼児が共通して，今までとは違う新しい行動パターンを持っているわけではないのですが，奇妙な行動（す

◆5 "C2の赤ちゃんの特徴は，受動性にあります。……この子たちは，一般的に，C1の赤ちゃんほどはっきりわかる怒りを示しません"（Ainsworth et al., 1978, pp.62-63）。

なわち，分離場面（エピソード）でのストレスに対処するために，一貫性のある体制化された方略の欠如した行動）を示す子どもがいることを見いだしました。このことが，愛着の新しい分類（タイプ），すなわちグループDという"体制化されていない（非体制性）／方向性のない（無方向性）"不安定型愛着という分類名を導入することにつながりました。乳幼児の行動が，もし新奇場面で養育者がいるときに，次の行動群（非体制性（disorganization）や無方向性（disorientation）を示す指標）の1つ以上に当てはまるなら，このカテゴリーの基準を満たすと考えられます（Main & Solomon, 1990）。

1. 矛盾した行動パターンを，順次，連続して示す。例えば，愛着行動を強く示した後に，突然，回避したり凍りついたりあるいはボーっとしたりする。
2. 矛盾した行動を，同時に示す。例えば，強く回避すると同時に，接触を強く求めたり，苦痛や怒りを示したりする。
3. 動きや表情に方向性がなかったり，誤った方向に向けられたり，あるいは完結していなかったり，中断されたりする。例えば，苦痛を様々な形で表現しながら，動きは，母親に向かうというよりも，むしろ母親から離れる方向へと向かう。
4. 動きがいつも同じパターンで，非対称的で，タイミングがずれており，そして姿勢が普通でない。例えば，明確な理由もないのにつまずく。それも，親がいるときにだけ，そのようになる。
5. 動きや表情が，凍りつき，動かないでじっとしていたり，まるで"水中で"動くようなスロー・モーションになったりする。
6. 親に対する懸念（心配）がはっきりとわかるような動作や表情を示す。例えば，肩を丸くするとか，怖がった表情をする。
7. 非体制性や無方向性を直接に示す動作や表情を示す。例えば，方向性がなくさまよい歩く，困惑したりボーっとした表情をしたり，あるいは急激に感情がいくつにも変化する。

メイン・ソロモンは，体制化されていない行動のほとんどが，表面的な類似性さえ持っていないので，体制化されて**いない**とか方向性が**ない**のような"除外（診断）基準を設定することによって"定義していると指摘しています（Main & Solomon, 1990, p.152）。彼女らは，"非体制性"の行動指標の強度に関する単純な順序づけを提案しています。それは，以下に簡略に示すとおりです。乳幼児が非体制性／無方向性かを同定するためのすべての手続きは，この9件尺度の完全な文章も含めて，メイン・ソロモン（1990）に含められています[★3]。

1. 非体制性／無方向性を示すサインがない。
3. 非体制性／無方向性を示すわずかなサインがある。
5. Dカテゴリーと判断するほどには十分に明らかではないが，非体制性／無方向性を示す中程度のサインがある。
7. Dカテゴリーとはっきり判断するに十分なものがある。しかし，Dタイプの行動は，それほど極端ではない。非体制性／無方向性を非常に強く示す指標は1つあるが，他の指標はずっと低い程度を示すだけである。
9. Dカテゴリーとはっきり判断するに十分なものがある。さらに，非体制性／無方向性を示す指標は，強度，数，極端さにおいて高くなっている。

　もし乳幼児の行動がDカテゴリーの基準に一致したら，今度はそのもとにある方略（安定型，回避型，抵抗型）を判別しようとします。その結果，乳幼児は，非体制性の安定型か回避型か抵抗型かのいずれかに分類されます。また，多くの場合，非体制性の安定型（D−安定型）か不安定型（D−不安定型）かの2つの下位グループが区別されます。これらは，時にはもっと記述的なラベル（D−接近型やD−回避−抵抗型）がつけられることもあります（例えば，Lyons-Ruth et al., 2004）。しかし，もしそのもとにある方略が判別できない場合には，乳幼児の愛着の型を最後の1つの選択肢，"分類不能（U）"に分類します。
　乳幼児期での非体制型（D）は，識別されるようになるのに時間がかかります。というのは，Dに関連する行動は，瞬間的にしか起こらず，多くの場合，文脈からはずれているからだといわれています（Lyons-Ruth & Jacobvitz, 1999）。例えば，機嫌が良いように見える乳幼児が，突然に母親に一撃を加えるといったことがあります。一貫性のない明確な意味のわからない奇妙な行動は，容易に見過ごされます。しかし，よく訓練された観察者であれば，このような行動を見つけることができます。そして，乳幼児をD（非体制／無方向型）に分類する方法に関して，評定者間の高い信頼性があることがすでにわかっています。
　Dタイプは，ボウルビーの"*Attachment and Loss*（愛着と喪失）"第1巻（Bowlby, 1969, 1969/1982）が著述されたときには，識別されていませんでした。しかし，その巻の中に，彼は非常に類似した行動を記述し説明しています："時どき，2つの行動傾向が存在するとき，例えば，左に向いたと思えばすぐに右へ向くといったように，2つの行動傾向が相殺されて，結果的に何の行動も起こらないのです"（p.100）。

★3　メイン・ソロモンは，この尺度のそれぞれの得点（すなわち，1, 3, 5, 7, 9）に定義づけを行っています。

非体制型の愛着行動から統制的愛着行動へ◆6

　縦断的研究によると，乳幼児期に見られた非体制型の愛着行動は，児童期後期の統制的（controlling）愛着行動へと移行することが示されています。この古典的研究は，メイン・キャスィーディ（Main & Cassidy, 1988）によるものです。2つのサンプルを対象としたこの研究で，彼女らは，6歳での愛着の体制化を分類するためのコード化システムを開発しました。このシステムは，実験室状況において，1時間の分離を経た後，親と自然な設定で再会したときに子どもがどのような反応を示したかにもとづいています（第8章参照）。従来の安定型（B），不安定－回避型（A），そして不安定－両価型（C）のグループに加えて，彼女らは，不安定－統制型（D）と不安定－分類不能型の2つの新しいグループを記述し命名しました（後者の群の再会行動は，他のグループのとは一致しません）。不安定－統制型（D）の子どもは"親の注意や行動を統制したり方向づけたりしようとしたり，子どもとの関係では本来は親がとることがより適切だと思えるような役割を子どものほうが取っているように見えます"（p.419）と述べています。Dグループは，さらに次の2つの下位グループに区別されています。

1. **統制的－懲罰的（Controlling-punitive）**　子どもは親に屈辱を与えようと，あるいは親を拒絶，統制しようとしています。例えば，"私はあなたに静かにするように言ったでしょう"というような言い方をします。
2. **統制的－過度に快活／養育的（Controlling-overbright/caregiving）**　子どもは，親のことを案じたり護ったりする行動を示します。また，役割逆転を思わせるようなケアや心配した行動を見せます。このような子どもは"再会のときに，極端で神経質な陽気さ"を示すことがあります（Main & Cassidy, 1988, p.419）。

　メイン・キャスィーディ（Main & Cassidy, 1988）は，この分類システムを用いて，6歳での再会反応で査定しました。その結果，乳幼児の新奇場面での愛着の査定結果が，6歳での母親との再会時の反応や父親との再会反応（やや程度は劣りますが）を予測することを見いだしました。[★4]
　児童期初期の非体制型愛着の先行要因，付随要因，および後への影響に関するメタ分析が（van IJzendoorn, Schundgel, & Bakermans-Kranenburg, 1999），4つの関連

◆6　Controllingを，文脈によって統制的，統制型と訳しました。

ある研究（Main & Cassidy, 1988 を含む）について行われた結果，乳幼児の非体制型愛着と後の統制的行動との間に有意な関連があることが見いだされました（$n = 223$, $r = .40$, $p < .001$）。

これらの統制型（controlling）の子どもの行動は，基本的に体制化されていますが，基底にある表象はまったく体制化されているようではありません。ソロモンら（Solomon, George, & DeJong, 1995）は，この問題を，6歳前後の子どもを対象とした研究の中で取り上げています。この研究では，子どもの再会時での行動と内的表象とが査定されました。その際，前者は，メイン・キャスィーディ（Main & Cassidy, 1988）の手続き（第8章参照）が，また後者は物語完成課題（124ページ参照）が用いられました。統制的行動を示す子どもの大部分は，"自分や養育者のことを，恐ろしくて予測できない（frightening and unpredictable）" か "恐れていてどうしようもない（frightened and helpless）" と表現していました（Solomon et al., 1995, p.458）。また物語完成課題の中で統制型の子どもが示す人形遊びは，"大惨事や無力感（どうしようもなさ）がテーマであったり，遊びをまったく示さなかったりという特徴があり，表象過程が体制化されていないことを示唆するものでした"（p.447）。

このような結果は，統制型の子どもが，一見，行動的には体制化されているように見えるのですが，表象レベルでは体制化されていないままにあることを示しています。

もう1つの分類法

クリッテンデン（Crittenden, 1995）は，愛着の力動的成熟モデル（Dynamic Maturational Model）を構築しています。これは，いくぶん異なった愛着の体制化の分類法で，A，B，Cのカテゴリーはそのまま残されていますが，Dの代わりにA／Cが用いられています。

★4 その研究（Main & Cassidy, 1988）では，不安定−C型の子どもがあまりにも少なすぎたために，分析対象には含まれていません。母親との愛着パターンがA，B，D（サンプル全体の84%）であったことが，6歳児の愛着パターンを予測していました（$k = .76$, $p < .001$）。不安定−非体制／無方向型であった12名の子どものうちの75%が，6歳時点で統制的（型）と分類されました（表2, p.420）。父子のサンプルでの予測可能性は有意でしたが，相対的に低いものでした。すなわち，6歳時点で再会手続き法によって分類された父親との愛着パターン（型）の61%が，乳幼児の新奇場面での分類から予測できました（$k = .28$, $p < .05$）。そして，1人の子どもだけが統制型と査定されました。実際，メインらは，父親に関する予測可能性が相対的に低いことは，部分的には，分類できる範囲の幅が限られていたことによるのではないかと述べています（33組の父子のうちの22が乳幼児期に安定型と査定されていたのに対して，母子の組では，32組のうち12が安定型と査定されていました）。

愛着パターンの分布

愛着パターンの分布を測定した初期の研究には、D の分類が含まれていませんでした。D カテゴリーが存在することがわかってから、ヴァン‐イーツェンドゥアンら (van IJzendoorn et al., 1999) は、児童期初期の非体制型愛着についてさらにメタ分析を行いました。この分析は、100 サンプル以上を含む 80 近い研究[★5]にもとづいていました。そして、そこには、計 6,282 の親子ペア（そのうちの 1,285 名の子どもは、D と分類されました）が含まれていました。表 3.1 は、A, B, C, D 分類の分布を示しています。

ヴァン‐イーツェンドゥアンら (van IJzendoorn et al., 1999) は、この論文で、D 型の子どもを、さらに異なる種類の母集団ごとに分けました。これらの母集団での D 型の分布（%）は表 3.2 に示したとおりでした。

ミネソタ縦断研究（第 11 章参照）のハイ・リスクのサンプルを再分析した結果では、D 型の割合は、12 か月時（$n = 122$）で 35%、18 か月時点（$n = 83$）では 43% になることを見いだしました（Carlson, 1998）。

表 3.1 A, B, C, D 分類の分布

	全人数	A 分類 (%)	B 分類 (%)	C 分類 (%)	D 分類 (%)
エインスワースら (Ainsworth et al., 1978)	106	22	66	12	—
8 か国からの 32 サンプルのメタ分析 (van IJzendoorn & Kroonenberg, 1988)	1,990	21	65	14	—
乳幼児期での非体制型愛着のメタ分析 (van IJzendoorn et al., 1999)：北米の中流階級、非臨床サンプル	2,104	15	62	9	15

★5 正確な人数は述べられていないようです。

表 3.2　メタ分析からのD分類の分布（Main & Solomon, 1990 や他の分類法を用いて）

	メイン・ソロモン（1990）によりDと分類された％	他のD分類を用いたときの％
社会経済的地位が低い	34	25
アメリカ以外の西洋国	17	18
虐待する親	77	48
鬱の母親 [★6]	19	21

愛着パターンの時間的安定性や予測可能性 [◆7]

　ボウルビー（Bowlby, 1969/1982, 1973, 1988）によれば，人生の最早期では，愛着の体制化は適応性（labile）があります。すなわち，環境の変化に比較的敏感です。彼が述べているように，人生最初の 2, 3 年の間，愛着パターンは"子ども自身の内にある行動の体制化の特徴というよりも，子どもがそのパートナーとなっている 2 者関係の持つ特徴"をより反映していること（Bowlby, 1969/1982, p.365）を示す証拠があります。また"もし親が子どもを（それまでとは）異なったように扱うと，それに応じてパターンも変化する"ことを示す証拠もあります（Bowlby, 1988, p.127）。子どもが成長するにつれ，パターンはますます子どもの特徴を反映するようになっていきます。そしてより安定し，変化への抵抗を示すようになっていきます（Bowlby, 1969/1982）。

　ボウルビー（Bowlby, 1988）によると，安定した愛着を持つ子どもは，自分自身と親との間でなされているよりオープンなコミュニケーションの結果として，自分や親

★6　グリーン・ゴールドウイン（Green & Goldwyn, 2002）が指摘しているように，2 つの研究では，乳幼児の非体制化と，重度のまたは慢性的の鬱や両極性の障害との間に関連があることを示しています。彼らが示唆するように，"重度か慢性的の鬱，あるいはその両方の鬱の場合だけが乳幼児の愛着の非体制化と関連し，それほど重度ではない鬱とは関連していない"ようです。

◆7　ここでの安定性（stability）とは，時間的安定性です。例えば，同じ乳幼児の中で，12 か月と 18 か月とで査定した愛着パターンの分類型が一致する割合を言います。12 か月でB だったものが，18 か月でもB であれば，愛着パターンは（時間的に）安定していることになります。この時間的安定性は，愛着パターンの連続性（continuity）を示す指標と考えることができます。

についての作業モデルを更新していくことができます。しかし，不安定な愛着を持つ子どもは，矛盾する体験や情報を防衛的に排除するために，更新することが妨げられてしまいます。その結果，モデルとそれらに関連した（愛着対象との）やりとりのパターンは，修正されないまま，そして変化することなく長期にわたって持続しています。また後になっても，異なったタイプの（やりとりの仕方の質がまったく異なる）人とやりとりするときにも，このパターンが持続されていくことになります。

　愛着パターンの安定性を表わすもう1つの用語は，連続性です。次のような場合は，非連続であること（非連続性）がむしろ"規則性がある"状態である（すなわち，非連続であることが原則である）◆8とみなされます。すなわち，愛着対象の養育スタイルの変化（すなわち，養育者の感受性のある応答性が高くなったり低くなったりすること）に伴って，（子どもの愛着のパターンの）変化が生じている場合です（第4章で考察します）。また，愛着パターンの非連続性は，重篤なトラウマが発達の途中で体験されることによることもあります（Main et al., 2005）。

証　拠

　（査定をしたときの年齢は下線で，サンプルの種類は太字で示します。）

ベルスキー（Belsky）ら
　ベルスキーら（Belsky et al., 1996）は次のように報告しています。**リスクのない（危険因子を持たない）**アメリカ人家族を対象にした5つの研究から得られたA，B，C分類の時間的安定性の割合を，まず，サンプル・サイズによって重みづけます。そのとき，205の乳幼児-母親の対のうちの75%が，時間的安定性を示していました。しかし，この論文の中で，ベルスキーらは，時間的安定性を検討した初期の多くの研究のデザインに問題があると述べています。というのは，それらの研究は，サンプル・サイズが比較的小さく，偶然に連関が起こることを修正していないことを指摘しています。例えば，2つの乳幼児-母親のサンプル（$n = 125, n = 90$）を用いた研究では，愛着の査定（アセスメント）が12か月時点と18か月時点でなされていました。また1つの乳幼児-父親のサンプル（$n = 120$）による研究では，査定が13か月時点と20

◆8　"非連続が規則的"というのは，具体的に次のようなことを指しています。それは，一部の養育施設などでは，養育者が同時期に複数存在したり，頻繁に人が代わったりすることを経験する子ども（第13章を参照）にとっては，養育者や養育に連続性がありません。つまり，養育環境（人や養育の質）が頻繁に代わることが，これらの子どもには常態になっています。つまり，非連続性が規則性になっているということを意味しています。

か月時点でなされていました。その結果,愛着パターンの安定性(安定型か否か)についての時間的安定性は有意ではなく,一致率は46%から55%の間に分布していました。

ヴァン-イーツェンドゥアンのメタ分析

非体制型愛着のメタ分析で,ヴァン-イーツェンドゥアンら(van IJzendoorn et al., 1999)は,<u>1か月から60か月にかけての非体制型の時間的安定性</u>が,**中流階級**のサンプルや**低い社会経済的地位**のサンプルの両方で,有意だったことを見いだしました(それぞれ $p < .001$)。また,有意な連関が,乳幼児での非体制型愛着と後の統制的行動との間にも,見いだされました($n = 223; r = .40, p < .001$)。

ミネソタ研究

2004年に,ミネソタ縦断研究から得られた結果が発表されました(第11章参照)(Weinfield, Whaley, & Egeland, 2004)。それは,**ハイ・リスク**のサンプルの<u>乳幼児から青年期後期にかけての愛着の連続性</u>に関するものでした。このサンプルにいた人は,この縦断研究に最初から参加していた125名で,今や19歳となっていました。これらの参加者については,非体制性について得点化するための新奇場面でのデータを利用することが可能でしたし,19歳時点で成人愛着面接(Adult Attachment Interview:AAI)を実施することができました。

乳幼児期に非体制型であった参加者は,AAIで不安定型である可能性がより高く,乳幼児期に体制型であった人よりも,自律型(autonomous)である可能性がよりありました。乳幼児期に体制型だった参加者の86%は,AAIにおいて不安定型であると分類されました。乳幼児期に2次分類で"安定型"と分類された参加者も同様に,◆9 AAIにおいては自律型でない可能性がより高くありました。非体制性の得点は,未解決の対象喪失得点とは関連していませんでしたが,AAIでの未解決の虐待得点とは関連していました。

参加者は,愛着の時間的安定性にもとづいて,4つの群に分けられました。"安定型-安定型"群($n = 15$)は,幼児期でも青年期でも安定型でした。"安定型-不安定型"群($n = 35$)は,乳幼児期では安定型でしたが,青年期では非体制型や未解決型になっていました。"不安定型-不安定型"群($n = 56$)は,乳幼児期でも青年期でも不安定型や非体制型でした。"不安定型-安定型"群($n = 19$)は,乳幼児期に不安定

◆9 幼児期での新奇場面の行動にもとづく分類には,1つ以上の分類をつけることがあります。

型や非体制型でしたが、青年期になると安定型となりました。
　これら4つの群の分類にもとづいて分析した結果が、以下のとおりでした：

- "安定型−安定型"群は、"安定型−不安定型"群に比べて、生活上の強いストレスを経験した時期が有意に少なかったです。
- "安定型−安定型"群はまた、"安定型−不安定型"群よりも、青年期前期（13歳）において、よりよい家族機能を経験していました。
- "不安定型−不安定型"群は、"不安定型−安定型"群よりも、早期において、虐待を体験していることが有意に高くなりました。
- "不安定−安定"群のほうが、"不安定型−不安定型"群よりも、6歳のとき、より安全でより刺激的な家庭環境を与えられていました。

　ハイ・リスクのサンプルを対象にしたこれらの研究結果は、"（これらの子どもにとって）愛着が非連続な状態にあることこそが、一貫性があり規則性があること（lawful）です"という考え[◆10]を支持しています。しかし、この愛着パターンの連続性や非連続性を、確実に引き起こすような出来事や特徴は1つもありません。むしろ、"愛着関係は、力動的に進化し続けました"（Weinfield et al., 2004, p.90）。このことは、愛着が"適応的で、文脈（の変化）に敏感で、そして人との関係性に深く関連しているという性質を持っているということ"（p.90）を示唆しています。

ウォーターズ（Waters）らのサンプル
　ウォーターズ（Waters, 1978）は、新奇場面で査定した**中流階級**のサンプルを分析した結果、乳幼児期の間では、これらの子どもが高い（時間的）安定性（96％という一致率）を示すことを見いだしました。これらの50名の乳幼児は、20年後に成人したとき、今度は成人愛着面接（AAI）を受けました（Waters et al., 2000）。3分類法（A, B, Cの3つの型へ分類する場合）を各年齢時で用いたところ（というのは、不安定型−非体制型という分類名は、彼らが乳幼児のときに査定されたころにはまだ開発されていませんでした）、参加者の64％が、乳幼児期と成人期前期とで同じ型に分類されることが見いだされました（$p < .005$）。次に、安定型／不安定型の2分類法（AとCをまとめて不安定型とし、B型と対比させる場合）で分析した場合には、これらの参加者の72％が、両年齢時において同じ型に分類されました（$p < .001$）。"人生でストレ

◆10　第3章の◆8を参照してください。

スフルな出来事を経験することと，安定型の乳幼児が成人期前期で不安定型になってしまう可能性との間には，有意な関連がありました（具体的には，母親がストレスフルな出来事を1つ以上経験したと報告している場合では66.6%の人が不安定型になっていたのに対して，母親がそうした経験はまったくないと報告した場合では15%でした（$p < .01$）"（p.687）。このことは，非連続性が常態（lawful）になっているという先の考えを支持しています。

フラーリー（Fraley）のメタ分析

フラーリー（Fraley, 2002）は，愛着の時間的安定性のメタ分析をするために，27のサンプルについて時間的安定性係数を算出しました。すべての研究において，第1時点というのは，12か月時に新奇場面で愛着を査定したものです。第2時点は，<u>13か月から21歳までの範囲にわたっており，それらをほぼ5つの時期に振り分けました</u>。その結果，年齢時期が，1, 2, 4, 6, 19歳の5つになりました。そして，第1時期から第2時期（これら5つの再査定の時点）にかけての時間的安定性の係数が算出されました。◆11

1歳時点−1歳時点の相関は高いものでした（$r = 1.00$）。しかし，1歳時点と他の時点との相関は，$r = .3 \sim .4$まで低いものでした。唯一の例外は，1歳時点と6歳時点との間の相関で，$r = .67$でした（なお，サンプルの大きさによって，重みづけられています）。

しかし，このような結果は注意して取り扱う必要があります。まず，このメタ分析には，**ハイ・リスク**のサンプルが含まれていました。そこでは，ほとんど連続性が期待できません。実際，他の年齢時点（群）と異なって，年齢1～年齢6の分析に含まれていた4つ研究すべては**リスクの低い**サンプルでした。第2に，2回目の愛着の安定性を査定する方法が研究間で異なっていました。これが査定誤差を生じさせていたかもしれません。

◆11 ここでの相関は，厳密には2つの年齢時点での査定結果がある研究だけを対象に算出された相関です。その理由は，相関係数を算出するためには，同じ2時点での愛着の査定をしている必要があります。しかし，研究によって，愛着が査定されている年齢が異なります。そのため，同じ2時点を査定している研究を1つにまとめ，暫定的に1つのグループとして扱い，相関係数を求めたわけです。例えば，1歳時点と6歳時点との両方で査定している研究をまとめて，1歳時−6歳時点群とし，相関を求めたわけです。ですから，年齢群により，研究（したがって，研究協力者）の数が異なります。そして，そこにどういう種類のサンプルが多く含まれているかにより，結果にバイアスがかかる可能性が生じます。ですから，本書の著者が言うように，注意して結果を見る必要があります。

グロスマン（Grossmann）・グロスマン（Grossmann）のサンプル

グロスマン・グロスマンは，ドイツのビーレフェルトとレゲンズブルグで，**中流階級のリスクの低いサンプルを対象に**，2つの縦断的研究を実施しました（第11章で解説）。ビーレフェルトの研究では，児童期初期（early childhood）の子どもの母親に対する愛着が，10歳の時点での愛着の安定性を予測していました（Grossmann, Grossmann, & Kindler, 2005）。ビーレフェルトの研究でもレゲンズブルグのでも，12か月と18か月時点での母親や父親への愛着の安定性と成人になってからの愛着との間には有意な関連は認められませんでした（Grossmann et al., 2005）。

バークレー縦断研究

メインらがバークレーで行った縦断的研究では，愛着は，12か月か18か月かの時点で，新奇場面法で査定されました。また6歳時点では，メイン・キャスィーディ（Main & Cassidy, 1988）の再会手続き法（reunion procedure）と分離不安テスト（SAT）の修正版で，さらに19歳の時点では成人愛着面接（AAI）で，それぞれ査定されました。サンプルは，189のリスクの低い家族でした（研究全体の説明，および愛着行動の予測可能性についての結果は，Main et al., 2005を参照）。

メイン・キャスィーディ（Main & Cassidy, 1988）は，乳幼児期で，回避型か安定型か非体制型かに査定された子どもの84%が，6歳時点で母親に対してそれとまったく同じかほぼ同じ愛着パターンを示していることを見いだしました[★7]。また，父親を愛着対象とした場合では，61%でした。新奇場面での行動の非体制性は，6歳時点でD－統制型（D-Controlling）の行動を示すことやSATでD－恐れ型（D-Fearful）と査定されることを予測していました。

成人前期までの予測可能性については，母親に対する乳幼児の愛着の安定性が，AAIの査定で安定－自律型（secure-autonomous）か不安定型かのいずれかになることを予測していました。回避型の乳幼児は，"AAIでは拒絶型（dismissing）となる傾向が強くあります。しかし，他の不安定型の子どもも，拒絶型になっていました"（Main & Cassidy, 1988, p.279）。6歳の時点で回避型だった子どもは，19歳の時点でもAAIで再び拒絶型となる傾向が強いようでした。ただし，他の型の子どもたちもまた拒絶型となっており，この関連性は有意ではありませんでした。非体制性については，D－統制型とD－恐怖型の6歳児のほとんどすべてが，AAIで不安定型になりました。また，AAIでの未解決型と分類不能のカテゴリーを3件尺度に換算して分析すると，

★7　2名の乳幼児だけが，両価－抵抗（C）型と分類されました。

乳幼児期での非体制型や6歳時での非体制型と同じとみなせる型（すなわち，D－統制型やD－恐怖型）が，"'成人'でのそれと同じ型（AAIでの未解決型／分類不能型）を予測していました"（p.287）。

コメント

　人が発達するに伴い，愛着も査定するときの手段や扱うモダリティ（様相）を変えなければなりません。新奇場面法や6歳時での再会手続き法では，焦点は，養育者との関係性を反映する子どもの行動に置かれていました（その行動は，子どもが内に体制化したものにもとづいています）。児童期中期には，SATやナラティヴ・ステム査定（narrative stem assessment）が，子どもの愛着に関する内的作業モデルを査定するための妥当性のある方法であることがわかってきました。AAIは，"虚を突いて無意識にあるものを引き出す"には巧妙なものを備えた方法で，愛着に関する成人の持つ心の状態についての言語的表象に焦点を当てています。ですから，異なった発達段階で，愛着を査定するために，非言語的，言語的なモダリティが利用されます。この点を念頭におくと，メインら（Main et al., 2005）◆12が愛着について単純な時間的安定性ではなく，むしろ異なった形態の予測可能性を考える必要があると述べています。この考えは，愛着の長期的にわたるいろいろな発達経路について，理解をより進展させるうえで，優れた視点を提供しています。

　メインらは，これらの異なった経路について説明をしています。すなわち，安定型の人は，環境に応じて，愛着と探索とに柔軟に注意を向けることができます。それに対して，回避／拒絶型の体制化を持つ人は，そうした柔軟性がなく，かたくなに探索に向けて注意を向け，愛着から注意をそらします。抵抗／とらわれ型（resistant/preoccupied）の体制化を持つ人も同様に柔軟性がないのですが，注意の方向はそれとは逆に，愛着へと向いています。非体制型／未解決の人は，愛着や探索に関して一貫したスキーマを構成することが難しくなります。

要　約

　愛着対象との経験が累積されるにつれて，およそ9か月の乳幼児は，この愛着対象に特定の愛着パターンを発達させます。このパターンは，生後9か月から18か月の

◆12　Main et al., 2005, pp.288-289 を参照。

間に，新奇場面法によって測定することができます。このパターンは，3つの体制化のあるパターン（すなわち，安定型，不安定－回避型，不安定－抵抗型）と不安定－非体制型に分類されてきました。これらのパターンの分布は，多様な文化でも驚くほどの一貫性があり，最も多いパターンは安定型です（およそ65％）。

　児童期初期以降，これらの愛着パターンは，成人期にまで持続していきます。しかし，その表われ方やそれゆえにその測定法も年齢に応じて変化していきます。これらのパターンに見られるどんな変化も，"規則性を持った非連続性"に沿って生じます。この規則性を持った非連続性は，養育の仕方や養育者の変化（あるいは交代），児童期にあった重篤でトラウマティックな出来事，あるいは青年期に受けた心理療法における変化などによって引き起こされます。変化の経路（筋道）は，初期に逆境や虐待の経験を持つ子どもでは，さらに一様でなく，予測できません。

第4章

愛着の体制化（そして非体制化）に影響を与えている要因とは何か

愛着の体制化への養育の貢献

養育とは何か？

　ボウルビー（Bowlby）は，"養育（caregiving）"という用語を**特**に用いて，子どもの愛着行動に対応する（相補的な関係にある）養育者の行動を記述しました。養育とは，端的に言って，愛着行動欲求を非活性化（deactivate）したり，脅威を感じている子どもに平静感や安全感を取り戻させたりするために，保護と安心感・慰め（comfort）を与えることです。そして，養育は，子育て（parenting）の一部です。子育ての他の部分には，例えば，食事を与えること，教えること，一緒に遊ぶことなどがあります。しかし，ボウルビーの言葉をそのまま使うと，"最優先"にされる"共有された2人でするプログラム"が，愛着－養育プログラムなのです（Bowlby, 1969/1982, p.378）。

　子どもの愛着行動システムが保護を**受ける**ように機能するのに対して，養育行動システムは保護を**与える**ように機能します。ですから，それは，親子関係においては，子どもの生き残りを促進します。

　ボウルビーは，子育て行動を，愛着行動のように細かいところは経験によって学ぶことはあっても，ある程度は事前にプログラムされた行動であり，その1つひとつの表出の仕方は，親が養育されたときの体験に影響されると考えていました。

　人間の子育て行動は，確かに，子育て本能の産物ではありません。しかし，学習の産物だと単純にみなすことも合理的ではありません。子育て行動は，生物学的

な側面に深く根ざしています。ですから，子育てには，非常に強い情動が伴うのです。ですが，私たち一人ひとりの子育て行動は，個人に固有なパターンを示します。というのは，それは，その個人の過去の体験によるからです。特に児童期での経験や，青年期や結婚前・結婚している間の経験，そして自分の子ども一人ひとりとの（養育）経験に規定されます（Bowlby, 1984, p.272）。

養育行動システムは，次のようなときに活性化されます。養育者が，①子どもが苦痛のサインを出していると知覚したとき，②子どもが不安・不快（discomfort）や恐怖や危険の状態に**潜在的に**あるいは**現実に**あると知覚したとき，そして，③危険を示す自然の手がかりに気づいたときです。一度，このシステムが活性化されると，養育者は，子どもを呼んだり，いるところを見つけて連れ戻したりといった行動を取ることで，子どもとの近接性を確保しようとし始めます。この後，子どもにストレスになっているものを取り除いたり，そこから子どもを引き離したりします。そして最後に，子どもを安心させる行動をします。

乳児や年少の子どもでは，通常，子どもの愛着システムと養育者の養育システムは，同時に活性化されます。そのときは普通，子どもも養育者もともに，互いに接近しなければいけないことを感じ取っています。しかし，ジョージ・ソロモン（George & Solomon, 1999, p.653）が指摘しているように，養育者のほうは子どもよりも認知的により成熟しており，現実のあるいは潜在的な危険性をよりよく察知できます。そのため，養育者の養育システムのほうは活性化されますが，子どもの愛着システムのほうはまだ活性化されていないという状況が生じることもあります。特に年長の子どもの場合は，養育者の保護をしたいという気持ちと子どもの自立をしたいという気持ちとの間に葛藤が生じることになります。逆に，子どもはおびえているけれども，養育者は明らかに危険がないことを知っているような状況もあります。例えば，よく観察される例では，子どもが愛着対象者から分離され，愛着対象でない人のケアのもとに置かれるときなどです（'ベビー・シッター'，友だち，教師など）。単に分離させられるということだけでも，子どもにしてみれば，"危険への自然な手がかり"です。しかし，養育者は子どもが安全であることを知っています。こうした状況では，養育者は，子どもの気持ちを十分に理解し，子どもに対して感受性のある，かつ安心を与える対応をしてやる必要があります。

ですが通常は，養育という言葉は，子育ての全体的または部分的機能を記述するために，それほど限定的には使われていません。エインスワース（Ainsworth）は，ボウルビーが養育を限定的な意味で定義する前の1970年代から研究をしていましたが，

その当時の著作には養育という言葉は使っていませんでした。彼女は、母親の感受性（maternal sensitivity）について研究し、いろいろなところでそれについて言及していました。彼女は、母親の感受性が、養育の全体を表わす特徴（属性）であると考えていましたし、また彼女が母親の行動を測定するために作った測度の中の一尺度として考えていました。

養育と他の子育ての側面との間の関連性

ボウルビーは、"*Attachment and Loss*（愛着と喪失）"（Bowlby, 1969/1982）の第2版の最終のページで、親子関係には"1つ以上の共有された2者で（行う）プログラムが含まれている"ことを強調しています。他のプログラムには、食事を与える－与えられるというプログラム、一緒に遊ぶというプログラム、学習者－先生のプログラムがあります。"それゆえ親子関係は、決して、愛着－養育プログラムだけを意味しているわけではありません"。ボウルビーは、共有された2者でのプログラムの中でも"最優先となっているものが愛着－養育プログラムです"（p.378）と指摘しています。

養育と他の子育ての領域との連関性については、驚くほど、ほとんど注目されてきていません。ただ、すでに多くの実証的証拠がありますので、先駆的な愛着研究者らは、この問題に対して何らかの回答をするために、論評を発表しています。

ジョージ・ソロモンは、養育行動システムについて、幅広く研究し論文を書いています。彼女らは、"*Attachment and caregiving*（愛着と養育）"（George & Solomon, 1999, p.665）という章の中で、世話をする、清潔にする、"愛情を示す行動"（この行動もまた、子どもの生存にとって非常に重要な役割を果たしていますが）などの親行動が、養育に関連した行動レパートリーの一部とみなされるべきかどうかを考察しています。そして、非常に多様な親行動が、子ども（特に、自分ではまだ何もできない乳児）を保護するのに不可欠であると結論づけています。

メイン（Main, 1999, p.846）は、乳児の愛着を補う行動システムを記述するために、ボウルビーが"養育"という用語を用いたと強調しています。そして、親が子どもの発達を促進するために、それ以外の行動も行っていることについて、ボウルビーは明確に述べていたことを私たちに思い出すように言っています。彼女はその例として、教えること、しつけをすること、物質的なサポートを与えること、役割モデルとして行動すること、遊ぶことをあげています。彼女は、さらに、次のような重要な指摘をしています。それは、"一部の子どもは、養育者との間に不安定型の愛着パターンを形成することで不利益をこうむるかもしれませんが、同時にそれらの子どもは、その

養育者の他の子育ての側面によって逆に得をしているかもしれません"という重要な主張です。

ジーナ・ボリス（Zeanah & Boris, 2000）は、親子関係のどのような特徴が子どもの愛着にとって重要なのかを考察しています。彼らは、次のように主張しています。すなわち、子どもの愛着にとって最も影響するだろうと考える養育者の行動とは、情動面での利用可能性、養育と温かさ、保護と安心感を与えることなどでしょう。それに対して、愛着にそれほど影響を与えないのは、教育、遊び、実用的な世話（instrumental care）、しつけなどです。

ラター・オコーナー（Rutter & O'Connor, 1999）は、"愛着が、関係性のすべてではありません"（p.824）とくり返し述べています。親子関係にはまた、"しつけ的な要素もあれば、社会的な経験を形成したり、よい行動の仕方をして見せたり、教えたり、会話しながらやりとりしたり（そしてそれゆえに、それに伴い思考も発達し）、遊び的なやりとりをしたりする"（p.836）ことなどが含まれています。彼らは、"効果的な介入と子育て訓練の方法が、愛着や養育の質に明確に焦点を当てて行っていません"という重要な指摘をしています。その例は、高い質の保育の提供、ペリー・プリスクール・プログラム（Perry Preschool Program）、子育て訓練方法（Patterson, Chamberlain, & Reid, 1982）によって開発され、後にウェブスター-スタラットンら（Webster-Stratton, 1996; Webster-Stratton, Hollinsworth, & Kolpacoff, 1989）によって改良されたもの）などです。彼らは、これらの広い層に基盤を置いた介入の仕方は、子育ての1つの特質、例えば感受性のある応答性（愛着を補うものですが）をうまく取り入れているかもしれないと述べています。ただ、これらの点に関して、私たちの理解には証拠がないために限界があります。

> しかしながら本当のところ、私たちは、（対人）関係での愛着的要素と非愛着的要素とがどういう関係にあるかについての実証的な証拠を持っていません。特に、子育てのある特定の側面が特定の結果をもたらすということに関しては何の証拠もありません。そのような証拠が非常に必要です。そして、そういう証拠を出すためには、子育てに関する異なった立場の考えを集め、そこから導き出される対立仮説を検証していくことが必要です（Rutter & O'Connor, 1999, p.836）。

愛着パラダイムにおいては、養育者-子どもの関係の非常に特定な側面に、ますます注目が向けられています。このように特定の側面にだけ焦点を限定したアプローチ

は，多忙な臨床家にとっては，役に立たないかもしれません。というのは，多忙な臨床家は，親子のやりとりの全体的な印象にもとづいて，子育ての十分さ（adequacy）について結論を出したいと思っているからです。しかし，全体的に見た印象での"十分に良い"子育ての仕方が，安定型愛着の形成をうながすのに必要な養育の仕方の中の感受性であるとみなすことには，注意する必要があります（以下で述べることを参照）。

愛着の安定性の体制化（あるいは非体制化）を規定するうえでの養育者の役割に関する実証的証拠

このセクションでは，乳児の愛着の体制性や非体制性を形成するのに中心的な役割を果たしていると考えられる母親行動の諸側面について考察します。

養育者の行動と子どもの安定した愛着との連関性は，人生の最早期から明白です。

> 生後1〜3か月と10〜12か月の母親行動（おそらく，その間の期間も含め）は，母親に対する乳児の愛着関係の安定性−不安（security-anxiety）の次元と有意に関連しています。……そしてこの関連性は，生後，最初の3か月でさえはっきりとわかります（Ainsworth et al., 1978, p.152）。

体制型愛着（A，B，C）の明確な先行因

アメリカのバルチモアでの研究で，エインスワースらは，新奇場面での乳児の行動と家庭で母親と過ごしているときに母親に示す乳児の行動との間の関連性を検討しました（Ainsworth, Bell, & Stayton, 1971; Ainsworth et al., 1978）。

母親行動の測度は，以下の行動分類にもとづいて考案されました。泣きに対する応答性，分離／再会に関連する行動，身体的密着に関する行動，対面でのやりとりに関連する行動，乳児の従順さに関連する行動，食事に関連する行動，そして一般的特徴です。母親の一般的特徴に関する6つの測度のうちの4つは，"サインに対する感受性−非感受性""受容−拒絶""協力−競合""接近可能性−無視"であり，それらは母親感受性尺度（Maternal Sensitivity Scales，第9章で詳述）として知られています。

エインスワースらが，さまざまな母子相互作用（母子のやりとり）を検討しています。そしてその中には，（ボウルビーが用いた狭義の意味での）養育もその一側面として含まれていたことは，興味深いことです。

エインスワースら（Ainsworth et al., 1978）は，乳児のA，B，C分類により，母親

行動の平均値を比較しました[★1]。以下，群間に5％以上の水準で有意差が認められた結果をまとめてみました。

- A群[◆1]とC群の乳児の母親は，B群の乳児の母親に比べて，**泣きに対する非応答性**において有意に高い得点を示していました。
- A群の乳児の母親は，B群の乳児の母親に比べて，（分離後）入室したときに**自分の子どもがいるのを確認する**ことが有意に少ないことがわかりました。
- A群とC群の乳児の母親は，B群の乳児の母親よりも，**身体接触をしている間に愛情を示す**ことが有意に少ないことがわかりました。
- A群の乳児の母親は，乳児を抱き上げたとき，**唐突で干渉的である**行動を有意に多く示していました。
- C群の乳児の母親は，B群の乳児の母親よりも，**身体的に密着しているときの子どもの扱い方が下手（不器用）である**とみなされることが有意に多くありました。
- C群の乳児の母親は，B群の乳児の母親よりも，**乳児を抱っこしながら通常行っている活動をしている**ことが多く認められました。その活動とは，通常，抱っこしながら乳児に食事を与えることです。しかし，サンプルのすべての子どもを見ても，9か月以降では，自分でお乳を飲もうとしたがります。そのため，乳児を抱っこして，乳児が自分でお乳を飲もうとするのを押さえようとし続けますと，乳児は反発したりします。その結果，授乳時間が楽しくないものになってしまったり奮闘しなければならなくなったりしてしまいます[★2]。

3群の間で最も大きな差は，母親の一般的特徴の評定で見いだされました。それは，以下のとおりです。

- A群とC群の乳児の母親は，B群の乳児の母親に比べて，有意に**感受性に乏しく，拒絶的で，干渉的で，無視する**という結果でした。
- A群の乳児の母親は，特に**拒絶的**でした（C群の乳児の母親は，受容－拒絶尺度で，平均すると，評定値が9件尺度の5点あたりにきていました）。

★1 原著書に提示されている表（p.145）には，対面でのやりとりや授乳に関連する行動を除外しています。
◆1 前章でのグループAと同じ意味です。C群，B群も同様です。
★2 39, 42, 45, 48週の観察にもとづいています。

母親の一般的特徴の4つの尺度と新奇場面法での分類による下位群との間の関連性についての結果は，次のようになっています。

感受性のある応答性：愛着の体制化の先行条件

エインスワースらは，乳児の愛着の体制化と関連する母親行動の中で最も重要な側面は，乳児のサインやコミュニケーションに対する**感受性のある応答性**であると結論づけました。この応答性は，様々な状況でもいろいろな形で現われ，多様なやりとりの中での母親行動の質を規定していると，彼女らは考えていました。ですから，感受性のある応答性や他の関連のある母親行動の測度は，母親行動をすべて反映しているとは言えません。ですが，"それらの測度は，ある母親が，赤ちゃんが行動的なシグナルとして示す自分の状態や欲求，そしてもっと後では望みやプランにあわせて，その赤ちゃんとのやりとりをうまく調整していくことのできる程度は，間違いなくとらえています"（Ainsworth et al., 1978, p.152）。

キャシィーディら（Cassidy et al., 2005）の研究は，今や，子どもの愛着行動に**特化した応答性**が，全般的な応答性よりも，愛着の体制性の重大な先行因であるかもしれないと示唆しています（この研究は，55ページの"伝達ギャップの橋渡し"という節でより詳細に説明します）。

内省機能

フォナジーら（Fonagy et al., 1998）は，他者の基本的な心的状態や意図だけではなく，自分自身のそれらについても考えることで，行動を理解する能力に対して，"内省機能（reflective functioning）"とか"メンタライゼイション（mentalisation）"という用語を用いてきました。愛着との関連で特に興味深いのは，養育者の持つ"乳児を，心を持った存在として，意図や気持ちや望みを備えた人間として，思い描く能力"です（Fonagy et al., 1994, p.246）。というのは，母親の内省機能と乳児の愛着分類との間に，関連性が見いだされたからです（Fonagy, Steele, & Steele, 1991）。また，愛着に関する親の心的状態と親の感受性との間にも，関連性が認められました（Fonagy et al., 1994; Slade et al., 2005）。

気持ちへの配慮（Mind-Mindedness）：母親の感受性のある応答性

母親の子どもへの感受性についても，さらに理解が進んできました。メインス（Meins, 1997）は，それを"気持ちへの配慮"と呼んでいます。この概念は，子どもの心的状態に対する感受性とそれを"読む"能力をとらえたものです。地域の保健セ

ンターや赤ちゃんクリニックから集められた65組の母子ペア（男児：33組，女児：32組，平均月齢：6か月）を対象にしたプロスペクティブ（前向き）研究では，気持ちへの配慮を測定する5つの測度（Meins et al., 2001）とエインスワースら（Ainsworth et al., 1971）が用いた尺度とで，母親の感受性が測定されました。乳児の愛着の安定性は，12か月時点で，新奇場面法で測定されました。

彼女らは，気持ちへの配慮の測定の2つのカテゴリーの"乳児の凝視方向の変化に対する母親の応答性"と"（乳児の）気持ちを適切に言い表わしてあげる（appropriate mind-related comments）"の2つが，エインスワースの母親感受性の測度と強く相関していることを見いだしました。"気持ちを適切に言い表わしてあげる"というカテゴリーは，12か月時点での愛着の安定性を規定するうえで，その分散の12.7％を説明していました。これは，エインスワースの母親感受性の測度の説明率を統制した後の結果です。不安定型の乳児の人数が少ないにもかかわらず，3群の母親を弁別することができていました。すなわち，不安定型の乳児の母親は，安定型の乳児の母親よりも，気持ち（心の状態）を適切に表現することが少なく，回避型の乳児の母親が一番少なかったことが明らかになりました。

情動（emotion）や感情（affect）の制御

愛着行動システムは，乳児の感情制御が発達するための場になっています。乳児の愛着欲求が活性化されるとき，乳児の感情は強く喚起されます。感受性の高い養育者とのやりとりで，養育者は子どもを落ち着かせ，それによって子どもの感情の喚起を低減させることができます。このようにして，養育者は，子ども自身が自己制御を獲得するための経験とモデルとを提供することになります[★3]。ですから，情動制御は，愛着理論の重要な副産物なのです。愛着障害を概念化する際に，情動調整が重要な役割を果たしますが，それは第4部で考察します。

愛着の非体制性（D）に固有な先行要因

リオンズ-ルース・ジェーコヴィッツ（Lyons-Ruth & Jacobvitz, 1999）は，愛着理論において恐怖（fear）が中心的な役割をしていることを理解することが，愛着の非体制性（化）を理解するうえで重要であると指摘しています。彼女らは，非体制型愛着の先行要因は，愛着対象の示す怖がらせる行動（frightening）や怖がっている行動（frightened）であると仮定したメイン・ヘッセ（Main & Hesse, 1990）を引用しています。

[★3] 愛着と情動制御の考察は，ゴールドバーグ（Goldberg, 2000）を参照してください。

メイン・ヘッセは，親からの虐待（maltreatment）によって子どもが直接に恐怖体験を持つことに加えて，多くの親の行動パターンが"直接，怖がらせたり，親の側が怖がっているのを見せたりすることで"，子どもを怖がらせてしまう可能性があるようだと述べています（Lyons-Ruth & Jacobvitz, 1999, p.175）。これらの行動には，普通ではない声や動きのパターン，普通ではない発話内容があります。このような親の行動は，未解決の対象喪失や悲嘆（grief）と関連しているようです。

カールソン（Carlson, 1998）は，ミネソタのサンプル（第11章参照）の非体制型愛着を回顧的（retrospective）に分析し，次のことを見いだしています。すなわち，愛着の非体制化は，生後1年の間に，①1人親家族であること，②母親が子育て困難の危険性を持つと判定されていること，そして，③養育の仕方に感受性が低く侵入的であること，④虐待やニグレクトがあるなどの要因と関連していました。一方，非体制化は，母親の医療歴，難産の程度，母親の薬物／アルコール乱用などのような内生変数（endogenous）とは関連していませんでした。さらに，非体制化は，乳児の気質や3か月時点での行動評定とも関連していませんでした。

児童期早期の非体制型愛着のメタ分析で，ヴァン-イーツェンドゥアンら（van IJzendoorn et al., 1999）は，虐待する親（165名）の群の48％の子どもが，非体制型であることを見いだしています。メイン・ソロモン（Main & Solomon, 1990）の分類法だけを用いたときには，この数値は77％にも上りました。興味深いことに，鬱の親（340名）の群では非体制型の子どもは21％であり，メイン・ソロモンの分類法を用いたときでは19％でした。

このようなことから，子どもへの虐待は，明らかに愛着の非体制化（性）に関連します。しかし，非体制化（性）は，"健常の"非臨床群にも認められます。ヴァン-イーツェンドゥアンら（van IJzendoorn et al., 1999）は，健常群では，割合が約15％であると報告しています。研究者らは，養育者の怖がらせる行動や怖がっていることを示す行動が，子どもにどのように伝わり，どのように内面化されるのか，そのプロセスをかなり詳細に探求し始めました。例えば，ブロンフマンら（Bronfman, Parsons, & Lyons-Ruth, 1999）は，非定型母親行動の査定分類尺度（AMBIANCE，アンビアンス）の中で，親の混乱した感情的コミュニケーションの5つの側面をコード化するシステムを開発しました。これらは，感情的コミュニケーション・エラー，役割／境界の混乱（役割逆転），怖がっている／方向性のない行動，侵入性／消極性，引きこもりでした。これらの行動頻度は，乳児の非体制型の愛着行動と有意に関連していることが見いだされました。またその研究によって，彼らは，"愛着に関して敵意・自己照合型（hostile or self-referential）"と"愛着に関して孤立無援－恐れ型

(helpless-fearful)"と命名した非体制型乳児の母親の群を見つけることができました。その研究は，その他にも，親が未解決の対象喪失やトラウマを持っていることと乳児の非体制型の愛着行動との間に関連性があることを，すでにわかっている結果ではありましたが，再度，検討しています。

愛着の体制化における子どもの気質と遺伝的要因の役割

気質要因

　乳児は，気質の行動面，情動制御面，社交性の面において，一人ひとり異なった特徴を示すと考えられています。これらの特徴は，信頼性ある尺度で測定することができます（例えば，改訂版乳児気質質問紙（Infant Temperament Questionnaire-Revised））(Carey & McDevitt, 1978)。気質のほとんどは遺伝的に規定されていますが，乳児間の個人差を示す多くの特徴の一部は，環境的に規定されたり，子宮内で獲得されたりします。例えば，妊娠中に見られる母親のストレスは，9か月時点での乳児のむずがりやすさと関連しています（O'Connor et al., 2002, 2003a）。

　"育てにくい子ども"と見える乳幼児は，養育者にとっては大きな問題になります。さらにまた，養育者自身も，その子と同じ"難しい"気質的特徴を共有しているかもしれません。ですから，気質は，親の養育が感受性の低いものになったり厳し過ぎるものになったりしてしまうリスク要因になる可能性がありますし，乳児にとっては愛着の不安定性や非体制化を形成させるリスク要因となる可能性があります。気質と愛着の体制化との間のこのような因果関係を除くと，その2つをつなげる他の証拠はほとんど存在しません。逆に，いくつかの研究は，気質と愛着の体制化との間には，直接的で決定的な関連性はないとしています。これらの結果について，以下に述べます。

1. 成人愛着面接を用いて出産前に測定された母親と父親の愛着の体制性と，その親それぞれに対する子どもの愛着分類との間に，非常に強い関連性が示されています（Steele, Steele, & Fonagy, 1996）。この年齢では，子どもの愛着の体制化は，まだ人（愛着対象）に特化しています。ですから，このような関連は，遺伝的に規定されることはありえないでしょう。
2. 社会経済的地位の低い母親と気質的にむずがりやすい乳児を対象とする介入

研究では，母親の感受性を高めるように計画された介入と 12 か月時点での愛着分類との間に有意な関連性があることが見いだされました（$p < .001$）。また，介入時と 18 か月時点で追跡調査をしたときの愛着分類との間にも，有意な関連（$p < .001$）が見いだされました（van den Boom, 1994, 1995）（第 16 章を参照）。
3. 乳児の苦痛を感じやすい傾向，気質の特徴，新奇場面での愛着分類の間には，有意な関連は認められませんでした（Nachmias et al., 1996）。
4. 同性の双子ペアのサンプルを 2 つ用いた研究（計 138 組；一卵性双生児（MZ）57 組，二卵性双生児（DZ）81 組）（Bokhorst et al., 2003）では，以下のような結果が得られました：

・同じ環境で育てられたことが，愛着安定性の分散の 52％を説明しました。残りの 48％は，環境に固有な特徴や測定誤差が説明していました。
・気質の反応性（reactivity）における MZ ペアの子ども間の相関と DZ ペアのそれとの間にみられた差（それぞれ，$r = .77$ と $r = .44$）は，気質の反応性に遺伝的要素があることを示しています。さらに分析をした結果，この研究者が用いたモデルでは，"同じ環境で育てられたことが気質の反応性にはほとんど影響していない（11％）"ことを示していました（Bokhorst et al., 2003, p.1777）。
・気質の反応性と愛着の 4 分類法（新奇場面法による分類での回避型，安定型，抵抗型，非体制型）との間の関連性は有意ではありませんでした。

ボックホーストらは，"現在の行動遺伝学的研究では，安定型／不安定型の愛着の発達で環境要因が決定的な役割を果たしていることを支持するたくさんの証拠が見いだされています"（Bokhorst et al., 2003, p.1777）と述べています。

愛着と自閉症

自閉症児が人との相方向でのやりとりをするのが難しいのを見るとき，自閉症児は果たして愛着の絆を形成し体制化された愛着パターンを発達させることができるのかという疑問が生じます。ラジャーズら（Rutgers et al., 2004）は，メタ分析のレビューの中で，自閉症児の愛着を詳細に検討した 16 の研究を取り上げています。これらの研究は，自閉症児も確かに愛着を形成していること，そしてさらには，このような愛

着が体制型であり，異なるパターンがあることを確証しています。ラジャーズらは，質的レビューと語り（narrative）によるレビューを実施し，自閉症児や DSM-IV-TR のカテゴリーで'広汎性発達障害であり他の障害を特定されない（PDD-NOS）'の子どもは，安定型の愛着を形成することができ，愛着行動を示すことを見いだしました。愛着の体制化の査定に伴う問題は，自閉的行動と混同されやすいこともあり，これらの研究では考慮されていました。新奇場面法を用いた研究を総合すると，安定型の子どもは全体の 53％で，健常群での割合に比べるとやや低い数値でした。精神遅滞のある子どもは，不安定型の愛着をより示していました。高い能力を持った子どもや自閉症状の重くない子どもでは，健常群との差はなくなりました。非体制型の愛着は，2 つの研究で測定されていましたが，見つけ出すことは可能でした。

特定の遺伝子

　2000 年に，ブタペストの研究者であるラカトスらは，愛着の体制化に遺伝の影響があることを示す結果を報告しました（Lakatos et al., 2000）。愛着の体制化は，リスクの低い家族の中から抽出した 12〜13 か月の健康な乳児 90 名のサンプルを対象に，新奇場面で査定しました。また，これらの乳児は，さらに，検査者には愛着分類の型を知らせずに，特定の遺伝子（ドーパミン受容体 D4 遺伝子の第 3 エクソンにおける 48-bp の反復多型◆2）について検査が実施されました。その結果，ある特定の遺伝子形態（7-反復対立遺伝子，7-repeat allele）が，17 名の非体制型の子どもの中の 12 名（71％）に認められたのに対して，非体制型でない子どもでは 73 名中の 21 名（29％）にしか認められませんでした。この差は，統計的に有意でした（$p < .005$）。7-反復対立遺伝子を持つ子どもが非体制型の愛着を持つ危険性は 4.15 であると推定されました。これらの著者らは，"リスクの低い非臨床群の乳児では，7-反復対立遺伝子を持っていることで，先天的に，非体制型愛着になりやすいのです"と述べています。

　さらに 2002 年にラカトスらは，遺伝子と非体制性（化）とのつながりについて，結果を発表しました（Lakatos et al., 2002）。ドーパミン受容体 D4 遺伝子の遺伝子型を持つ 95 名の子どもは，機能的 -521C/T 一塩基変異多型について，さらに解析されました◆3。-521 C/T 遺伝子型だけでは，どの愛着型になるかということには効果があ

◆2　48-bp repeat polymorphism in the third exon of the DRD4 gene.
◆3　95 children already genotyped for the dopamine D4 receptor gene were additionally genotyped for the functional -521C/T single nucleotide polymorphism (SNP).

りませんでしたが，それを持っていることが愛着の非体制性と 7-反復対立遺伝子との間の関連性を強めることは明らかになりました（$p<.025$）。"2つの危険因子（対立遺伝子）を持っていることで，愛着が非体制性になる見込み比率（オッズ比）は10倍になりました"（p.27, p.29）。ラカトスらは，この結果が"われわれの先の仮説，すなわちドーパミン受容体 D4 遺伝子が，健常なリスクの低い子どもの愛着行動の発達において何らかの役割を果たしていることを支持しています"（p.29）と結論づけました。

　2004 年に，ベイカーマンズ - クラネンブルグ・ヴァン・イーツェンドゥアン（Bakermans-Kranenburg & van IJzendoorn, 2004）は，ラカトスら（Lakatos et al., 2002）の結果を追試して報告しています。しかし，76 組の同性の一卵性と二卵性の双生児を対象にしたこの行動遺伝学的研究では，ラカトスらの結果は確認されませんでした。彼らは，愛着の非体制化と，7-反復ドーパミン受容体 D4 対立遺伝子との連関性も -521C/T 遺伝子型との連関性も見いだせませんでした。また，-521C/T 遺伝子型の変形型（variant）に加えて，7-反復ドーパミン受容体 D4 対立遺伝子を持っていると，非体制型になるリスクを高めることも確認できませんでした。そのため，彼らは，愛着の非体制化における遺伝子要因の役割が無視できる程度のものであると報告しました（上記を参照；Bokhorst et al., 2003）。ベイカーマンズ - クラネンブルグ・ヴァン - イーツェンドゥアンは"遺伝的な影響がいくらかあるということは，愛着の非体制化に環境が影響することとは矛盾しないでしょう"が，ラカトスらの報告した"遺伝的なリスクが 10 倍もの影響を持つ"という結果は，"愛着の非体制化に関するメイン・ヘッセの有力なモデルとは，容易に相容れないでしょう"（2004, p.212）と述べています。ブタペストとライデンのサンプルを合わせても，やはり関連性は認められませんでした。ベイカーマンズ-クラネンブルグ・ヴァン-イーツェンドゥアンは，"今日までの実証的結果は，非体制型の愛着行動の有無に対する説明として，遺伝的要因よりもむしろ子育ての一貫性のなさや親要因の影響を支持している"と結論づけています（2004, p.215）。

　この問題について，ガーベイ・ラカトス（Gervai & Lakatos, 2004）は，ベイカーマンズ - クラネンブルグ・ヴァン - イーツェンドゥアンの主張に対して反論を行っています。

　ガーベイらの最近の研究（Gervai et al., 2005）は，ラカトスら（Lakatos et al., 2000, 2002）の以前の結果を確認しています。子どもの持つこの遺伝的な違い（variation）が非体制型の愛着に対してどのようなメカニズムで，報告されているような効果を持つのかは，明らかではありません。ガーベイらは，今のところ，ドーパミン受容体

D4遺伝子のT.7単一型（haplotype）を持たないことが，初期の（安定した）愛着の発達にとって弾性（resilience）要因の1つになっていると示唆しています。ドーパミン受容体D4遺伝子は，脳の前頭葉でのドーパミン受容体の生成に関わっていると考えられています。ドーパミンと前頭葉は，おそらく，愛着形成に関連する機能にある役割を果たしています。これらのドーパミン受容体の密度は，生後6か月から12か月の間に増加します。そして，T.7単一型（haplotype）は，ドーパミン受容体の生成率を低下させるのかもしれません。これが，ちょうど，愛着の形成期に起こるのです。

この論争は未解決のままです。

愛着の世代間伝達

1980年代半ばに，成人愛着面接（AAI）実施要項（プロトコール）が導入されたことにより（George, Kaplan, & Main, 1984, 1985, 1996）（第8章で詳細に触れます），青年期早期とそれ以降の"愛着に関する心の状態（state of mind）"の査定が可能になりました。AAIのコード化システムは，成人に親との体験を説明させたときの体験の**質**（nature）や説明の**内容**ではなく，説明の**一貫性**（coherence）にもとづいています。愛着について，児童期でのつらい体験も解決され，成人期になったときには児童期の不安定性が"獲得された安定性（earned security）"に変わっていることもあります。メインらは，古典とも言える1985年の論文（Main, Kaplan, & Cassidy, 1985）において，安定型の乳児の親が"面接を受けるずっと前に"つらい愛着経験について考え，心的プロセスの中にすでに統合していた様子を記述しています（p.96）。AAIは，5つの主要なカテゴリーに分かれています。自律－安定型（autonomous-secure），拒絶－不安定型（dismissing-insecure），とらわれ－不安定型（preoccupied-insecure），未解決－非体制型（unresolved-disorganized），そして分類不能です。

愛着に関する親の心の状態と乳児の愛着安定性とのリンク

1985年に，メインら（Main et al., 1985）は，AAIによって査定された，愛着に関する母親の作業モデルの安定性と乳児の愛着の安定性との間に有意な関係があることを見いだしました（$p < .001$）。有意な関連性は，父親についても認められました（$p < .05$）。

愛着に関する親の心の状態と，その親の子どもの愛着パターンとの間の関連性は，後に続く多くの研究で見いだされています。ヴァン‐イーツェンドゥアン（van IJzendoorn, 1995）は，メタ分析をした結果，次のことを見いだしています。すなわち，13 のサンプル（661 名）のデータにもとづいて，乳児の愛着の 3 分類と親の 3 分類（乳児の安定／親の自律，乳児の不安定‐回避／親の拒絶，乳児の不安定‐抵抗／親のとらわれ）との一致率を算出したところ，一致率は 70% でした。9 つの研究のデータにもとづいた 4 分類（乳児の非体制／無方向性と親の未解決／非体制性を含めると）の一致率では，63% になりました。

ですから，愛着に関する親の心の状態（AAI での査定）と乳児の愛着の安定性（新奇場面法で査定）とのリンクを示す証拠が豊富にあると言えます。さらに，以前に述べたように，この連関は，母親の愛着表象が出産前に行われた査定結果によるものでした（Steele, Steele, & Fonagy, 1996）。このリンクは，愛着の伝達と呼ばれています。このことは，次のような疑問につながってきます。すなわち，愛着に関する親の心の状態が，どのようにして子どもの**行動**に伝達されるかです。

1978 年に，エインスワースらは，親の感受性のある応答性が子どもの愛着パターンに重大な影響をもたらすという結果にもとづき，次のように主張していました："乳児の愛着の安定‐不安という次元とよく連関している母親の行動の中で最も重要な側面は，……乳児のサインやコミュニケーションに対する感受性のある応答性です"（Ainsworth et al., 1978, p.152）。ですから，その後，AAI が導入され，乳児の愛着の体制化と親の愛着表象との間に連関があることが実証されたことから，感受性のある応答性が行動とのリンクを構成するという仮説が立てられました。しかし，もしこれが正しいとするなら，2 つの統計的な連関が示されなければなりません。1 つは，愛着に関する親の心の状態と親の感受性のある応答性とのリンクです。もう 1 つは，親の

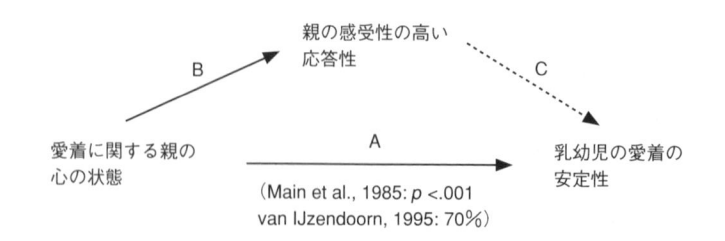

図 4.1　親の感受性の高い応答性と乳児の愛着の源との関連を示したモデル
（このモデルは van IJzendoorn, 1995, p.389 にもとづく）

感受性のある応答性（親の行動）と乳児の愛着とのリンクが実証されなければなりません。このようなリンクを図示すると，図 4.1 のようになります。

愛着に関する親の心の状態と親の感受性のある応答性とのリンク（B）

　1995 年のメタ分析において，ヴァン‐イーツェンドゥアンも愛着に関する親の心の状態と親の感受性のある応答性との間の関連性を検討しました。彼は，389 組（そのほとんどが母子のペア）を対象とする 10 の研究を分析した結果，効果サイズが .72 であることを見いだしました。この数値は，慣例的な基準からすれば大きいものでした。そして，この結果は，別の言い方をすると，親の愛着が親の応答性の変動の約 12％を説明していることを示すとしています。この結果は，親の愛着表象と"子どもが示す愛着の信号に対する親の応答性"（van IJzendoorn, 1995, p.390）との間に連関があるとする仮説を"支持するものと考えることができる"と述べています（p.395）。

　2005 年の章で，メインらは愛着に関する不安定−体制型の心の状態にあった親の感受性の低い行動について，推測ではありますが，ある説明を行っています。すなわち，そのような親は，暗に，児童期の主要な愛着対象（たち）に対して"**間違っているが感じられている安全感**"の状態を維持しようとしていたのかもしれないというのです。そのため，乳児の愛着行動は不安定−拒絶型の親に不安を喚起し，それに対して，乳児の探索行動は不安定−とらわれ型の親に不安を喚起するのです。というのは，乳児の愛着行動と探索行動は，親自身が児童期のころに自分の親と維持すべき最適な近接性（距離）として感じられていた心の状態に脅威を与えるからです。ですから，感受性の低い親の行動は，その親が"（子どものころから）ずっとよいと感じてきていて，しかも今も'作動している'心の状態"を維持するようにしている行為だと理解することができるのです（Main et al., 2005, p.292）。

親の感受性のある応答性と乳児の愛着の安定性とのリンク（C）

　このリンクについては，ヴァン‐イーツェンドゥアンは，1995 年のメタ分析では検証していません。しかし，彼は，上述のモデルにある子どもの愛着に対する影響源の効果サイズ（効果量）を算出するために，2 つの研究結果を用いています。その 1 つは，ゴールドスミス・アランスキー（Goldsmith & Alansky, 1987）の研究結果で，

母親の応答性と子どもの愛着の安定性（図4.1のリンクC）に関するメタ分析を行っています。もう1つは、彼自身の研究結果で、リンクAとBを検討しています。ゴールドスミス・アランスキーは、エインスワスの感受性のある応答性の評定尺度を用いて、乳児の安定性に対する親の感受性の効果を検討した結果、効果サイズが中程度であること（.68）を見いだしていました[◆4]。ヴァン-イーツェンドゥアンは、このリンクCの効果サイズを用いて、"親の心的状態が子どもの愛着に対して、応答性以外の伝達経路（メカニズム）を通って、及ぼした影響"（van IJzendoorn, 1995, p.398）が.36であることを見いだしました。"言い換えますと、影響の最も大きな部分は、エインスワスの尺度によって査定される応答的行動とは別経路（メカニズム）を通して起こっているのです"（p.398）ということです。彼は、"愛着の伝達が感受性のある応答性を経由して起こる"というのではうまく説明できていないということを指して"伝達ギャップ"と呼びました。

伝達ギャップ

1997年に、デゥ-ウォルフ・ヴァン-イーツェンドゥアンは、乳児の愛着に対する親の先行要因に関して、4,176組の母子ペアが関わっている66の研究のメタ分析結果を発表しました（De Wolff & van IJzendoorn, 1997）。親の感受性と乳児の愛着との間の連関として、$r=.22$ というやや小さい効果サイズが見いだされました（30の研究、1,666名）。エインスワス感受性尺度を用いた研究（16の研究、837名）だけで分析すると、効果サイズは $r=.24$ に上がりました。著者らは、ヴァン-イーツェンドゥアンの1995年の結論、すなわち"感受性のもともとの概念は、愛着の発達が形成されていくメカニズムのみをとらえているものではないのかもしれない"とくり返しています（De Wolff & van IJzendoorn, 1997, p.585）。

2001年に、母親の応答性と乳児の愛着との間のリンクが、96組の母子を対象にした研究で、さらに検証されました（Raval et al., 2001）。ラヴェルらはこう結論しています。

> 同じ研究の中で3つの要素すべてを測定することにより、伝達ギャップを説明するなり解消するなりしようとしましたが、……母親の愛着と乳児の愛着とのリン

◆4 エインスワスの母親感受性尺度の下位尺度です（第9章を参照）。

クの限定された部分だけが，母親の感受性／応答性を経由して伝達されているにすぎないのです（Raval et al., 2001, p.281）。

愛着の理論家たちは，困惑したままです。

伝達ギャップの橋渡し

2つのチームによる最近の研究が，この複雑な問題に光を当て始めました。

スレイド（Slade et al., 2005）は，40組の母子を対象にした研究において，成人愛着（AAIで評定）と母親の内省機能（親発達面接によって査定，第9章で解説）との間に，有意な関連を見いだしました（$p < .001$）。また有意な連関は，母親の内省機能と乳児の愛着との間にも認められました（$p < .007$）。スレイドらは，内省機能が愛着の伝達において"中心的な役割"を果たし，"伝達ギャップ"の解明に光を投げかけるかもしれないと述べています（p.294）。[★4]

もう1つの研究では，グリーネンバーガーら（Grienenberger, Kelly, & Slade, 2005）は，研究に新規に参加する45組の母子を対象に，母親の内省機能と母親行動とのリンクを検討しました。母親には，親発達面接が実施され，そこから内省機能が得点化されました（Slade et al., 2002）。母親に対する乳児の愛着は新奇場面法（第8章参照）で測定されました。その際，メイン・ソロモン（Main & Solomon, 1990）の非体制型愛着のコード化法（第9章参照）も用いられました。さらに，新奇場面での母親の行動は，非定型母親行動の査定分類尺度（アンビアンス，AMBIANCE）（第9章参照）を用いて，母親の混乱した感情的コミュニケーションがコード化されました。この測定道具は，もともとは，乳児の非体制型愛着がどのようにして起こるのかを探索するために開発されたものでした。グリーネンバーガーらも認めているように，その研究においては，アンビアンス（AMBIANCE）は"より広い意味で，愛着の非体制化だけではなく乳児の愛着の安定性を予測するため"に用いられていました（Grienenberger et al., 2005, p.302）。

その研究からは，次のことが明らかになりました。

★4 この研究の限界は，親と乳児の愛着との間にある相関が弱いことと，安定型の子どもを持つ母親の内省機能の得点が回避型の乳児を持つ母親の得点と区別されていないことです。これらの著者らは，この結果が予備的なものであり，さらに検討する必要があると述べています。

- 混乱した感情的コミュニケーションは，母親の内省機能とは逆相関がありました（$p < .000$）。
- 高い AMBIANCE 得点を示す母親は，抵抗型や非体制型の子どもを持つ傾向が，有意に高いことが示されました。
- 母親の行動は，媒介的な役割を持っているようで，その行動を通して母親の内省機能が子どもとの関係性に置き換えられるようでした。

著者たちは，内省機能を媒介する母親行動の具体的な側面として，"怖がらせることなく，また赤ちゃんを混乱させることなく，赤ちゃんの恐怖や苦痛を制御する"母親の能力をあげています。彼らの結果は，次のことを示唆しています。それは，"コミュニケーションの仕方や波長の合わせ方が間違っていることに加えて，攻撃的で侵入的な行動やおびえたり引きこもったりする行動が，母親の感受性よりももっと，愛着の伝達には重要となります"（Grienenberger et al., 2005, p.307）。

スレイドら（Slade et al., 2005）が以前報告しているように，この研究は不安定－回避型の愛着を予測していません。実際，不安定型愛着の3カテゴリー（回避型，抵抗型，非体制型）を合算した場合，アンビアンスは，乳児の愛着を5％の有意性水準でしか予想していませんでした（そしてこの効果のほとんどは，アンビアンス非体制性を正確に予測したことによります）。ですから，**感受性のある応答的行動**のどの側面が，乳児の**体制化された**不安定型愛着に影響を与えているのか，すなわち愛着を伝達しているのかについての疑問は，まだ十分に解決されていません。

この不思議な伝達ギャップに対する有望な解決が，キャシーディら（Cassidy et al., 2005）によってもたらされています。この研究は，まだ初期の段階にあります。また，この予備的な報告の時点では，サンプルの大きさは小さいものでした（18名）。これらの研究者は，特に，母親の感受性の測定に焦点を当てています。エインスワースの感受性の概念化を用いて（すでに述べましたが，乳児の信号に対する感受性が高い－感受性が乏しい，受容－拒絶，協力－競合，接近しやすさ－無視），一人ひとりの母親が，全体的に感受性が高いか乏しいかのいずれかに分類されました。18名の子どものうちで（新奇場面で）不安定型と評定された9名の子どもは，感受性の乏しい母親に育てられていました。しかしながら，**安定型**と査定された6名の子どももまた，感受性の乏しい母親に育てられていました（残りの3組の母子は，感受性の高い／安定型と評定されていました）。この結果や（この研究チームによってなされた）観察から，これらの研究者は，"感受性は重要ではあるが，通常の方法で測定されているような感受性の低さ（乏しさ）は，愛着の安定性と相反するもの（antithetical）

ではない"（p.41）と考えるようになりました。

　研究者たちは、不安定型の子を持つ母親と安定型の子を持つ母親を弁別する要因を見つけるための研究で、愛着と探索のバランスに焦点を当てました。このバランスは、母親が安全基地となることで達成できます。安定型の子どもを持つ感受性の乏しい母親は、最終的には、必ず子どもの愛着行動に応答しています。そのため、"赤ちゃんは、コード化する人が**感受性の乏しい行動**とみなした母親行動のほとんどを、感受性が乏しいとは判断していないのかもしれません——もっとも、これは、愛着システムの活性化に応答してくれることで、活性化が収まっている限りにおいてですが。それに対して、コード化する者が**感受性の高い行動**とみなした母親行動でもまた、赤ちゃんは、自分の愛着システムの活性化に応答してくれていなければ、感受性が高い行動とはみなしていないのかもしれません"（Cassidy et al., 2005, p.44）。

　キャシーディらは、全般的な感受性に焦点を当てるよりもむしろ、愛着行動に対する親の応答性（安全基地になってあげること）に焦点を当てることによって、伝達ギャップに橋渡しをする基礎を作ったと言えるのかもしれないと述べています。ですが、彼らは、さらに続けて、乳児の愛着の安定性を達成するために必要な母親の他の特徴（属性）をあげています。それは、①乳児を怖がらせないこと、②子どもに敵意を示さないこと、③子どもが自分1人で落ち着こうとすることを妨げないこと、そして、④子どもに適度な警告を与えることで愛着欲求を喚起すること以上には、子どもの探索行動を妨げないことなど、です。

要　約

　ボウルビーは、子どもの近接性を求める愛着行動に対する愛着対象の応答（行動）を養育と呼びました。愛着の体制化は、子どもが受ける養育の質によって規定されます。子どもに対する親の応答性という観点からすると、安定した愛着を形成している乳児の母親は、感受性が高く応答的ですが、不安定－回避型の乳児の母親は拒絶的で侵入的であることが見いだされており、不安定－抵抗型の乳児の母親は、乳児への反応が関与に乏しく予測不可能でした。非体制型の愛着は、養育者が怖がらせるような行動や怖がっていることを示すことと関係していることが見いだされています。

　養育の感受性と子育ての他の側面との関連については、まだはっきりとした見解はありません。

　ほとんどの親は、子どもの様々な気質に対して感受性のある応答をしています。感

受性のある応答性に問題のある親は，気難しい気質の子どもを問題児とみなす傾向があり，このことが不安定型の愛着につながるのかもしれません。

　愛着に関する親自身の心の状態や親の内省能力と，その親の子どもの愛着の安定性との間には，明確な相関があります。親のこのような心の状態が，子どもへの行動を通して，乳児に伝達されやすいようです。安定した愛着を形成するためには，乳児は次のことを知っておく必要があります。それは，愛着対象が（最終的にはいつか）自分に応答してくれるということ，その際，特に，自分を怖がらせたり，敵意を示したり，自分1人で落ち着くことを邪魔したり，探索するのに過度に干渉したりしないということです。

第 5 章

愛情の絆と愛着対象

　子どもはごく限られた例外的な環境を除くと，あらゆる環境において自分の世話をしてくれる主要な人（たち）に対して，そして通常はいつも自分の世話をしてくれてしかも祖父母のような継続した関係を持つ他者に対して，愛着を形成します[★1]。このような養育者が愛着対象になります。デイケア・センターや保育所のような場所での専門的な養育者も愛着対象だと定義できるかどうかについては，まだ論争が続いています。愛着対象の定義については，この章で考察していきます。

　1人の人間は，1人以上の愛着対象を持つことができますし，実際，しばしば複数の愛着対象を持っています。ボウルビー（Bowlby）は，この点について明確に定義しています。ボウルビーは，生後12か月までに愛着対象を複数持つことのほうが普通であると言っています。もしそうであるとすると，次のような疑問が起こります。それは，複数の愛着対象が各々との関係において，どのように内的に表象されるかです。言い換えますと，それらの人の表象はどのように構造化されるのでしょうか[★2]。このことについても，この章で論じていきます。その前に，愛情の絆について考えましょう。

★1　ボウルビーは，著作の中で母親と母親ではない対象（人）について言及していますが，"言及がなされている場合にはいつでも，それは，産みの母親よりも，むしろ子どもを母親のように養育する人，あるいは子どもが愛着を持つようになった人のことを指すと理解されるべきです"と明確に述べています（Bowlby, 1969, pp.177-178）。

★2　"体制化された（organised）"または"体制化（organisation）"という用語は，複数の愛着の内的表象の並び方（arrangement）を表現するために，よく用いられます。ここでは，"構造化された（structured）"とか"構造化（structure）"という用語を，あえて選んで用いています。そして"体制化された"と"体制化"という用語は，もっぱら，ある1人の特定の個人に対する特定の愛着の内的表象についてだけに用いることにします。

愛情の絆（affectional bonds）とは何か？

愛情の絆とは，強い情動を持った社会的な絆です。ボウルビーによれば，"社会的な絆" という用語は，"両者がともに（責務感や義務感を持って）関わる（commit）という非常に数少ない社会的関係（性）にのみ適用できます"（Bowlby, 1969/1982, pp.376-377）。ですから，絆とは関与すること（commitment）に基礎を置いています。

> 絆を形成するとは，実感として経験されていることで言うと，誰かを恋する，誰かを愛するのように絆を維持しようとすること，また失った伴侶のために嘆き悲しむことです。同じように，喪失への恐れは不安を喚起し，現実に生じた喪失は悲しみを引き起こします。このような2つの状況は，怒りをも喚起します。さらには，絆が（何の波乱もなく）維持され続けていることは安全感の源として体験されますし，絆を修復できたことは喜びとして体験されます（Bowlby, 1979, p.69）。

愛情の絆は，関係（relationship）と同義ではありません。関係は一時的ですが，愛情の絆は永続するものです。さらに，関係は，**2者関係（dyad）**のことですが，愛情の絆は，**個人**の持つ特徴であり，その個人の内的な表象として体制化されている必要があります。愛情の絆の本質的な特性は，相手との親密性を維持したいという願望です（Ainsworth, 1989）。

愛着の絆，すなわち1人の愛着対象に対する一個人の持つ絆とは，1つの愛情の絆で，愛着行動システムに関わるものです。他の愛情の絆とは，次のようなものです：①養育の絆，それは養育を行う行動システムに関わります。②性的な相手との絆，それは生殖システム，愛着システム，養育システムの3つに関わります。③永続する友情の絆，それは社交（時には親和的と呼ばれますが）システムに関わっており，ある友情関係の場合では，愛着システムと養育システムにも関わっています。そして，④きょうだいや血縁関係の絆，これは社交，愛着，養育の3つのシステムに関わります。異なるタイプの愛情の絆を，表5.1に提示しました。

"絆の形成"

"絆（bonds）" または "絆の形成（bonding）" という用語には，ある種の混同があります。愛着研究と関係のない文献の中では，"絆の形成" は，シェーファー（Schaffer,

表5.1　愛情の絆の異なったタイプ

愛情の絆	対象	行動システム
愛着の絆	子ども	愛着
養育の絆	親	養育

児童期は，これらの絆は，対照的でも相互的でもありません。たとえば，愛着は子どもから親に向けられますし，養育は親から子どもへ向けられています。子どもが成人期あるいは親の年齢へと成熟するにつれて，ある程度の愛着／養育の相互性ができてくるのが普通です。

性的相手との絆	性的な相手（パートナー）	生殖

性的関係の絆にしばしば伴う愛着や養育の要素は，相互的である傾向があります。そして，これらの要素は相補的なものになります。たとえば，一方のパートナーがケアと保護を求めるとき，もう一方は，親子関係と同じくらいにケアと保護を与えます。

永続的な友情の絆	友人	社交的，愛着，養育

友人は，その人なりの価値を持った人として認識されなければなりません。たとえば，誰かと交替可能であってはなりません。永続的な友人関係では，相互にこのように認識し合うことがほとんどで，通常，相互的に愛着／養育を行っています。

親以外の親族の絆	家族成員	社交的

通常，親以外の親族の絆では，1人の家族成員が，他の人よりも，より強く，より賢い，あるいはそのように認識されています。そして，もっぱら一方向の愛着－養育関係が存在します。例えば，きょうだい，甥／姪，そしておじなどです。しかしこれは，いつもそうであるとは限りません。特に，時間が経過すると，愛着／養育は相互的になってくるかもしれませんし，方向が逆になるときもあります。

1990, p.48）が指摘しているように，親のほうから絆を形成する場合にもっぱら使われています。

> "絆の形成"という言葉は，母親が自分の子どもとの情動的（emotional）関係を形成するプロセスを表現するときに広く使われてきました。ですから，絆の形成とは，関係の中では，母親から子どもに対する側面を意味しています（それとはちょうど逆で，愛着は子どもから親に対する側面を指しています[★3]）。

★3　しかし，シェーファーは"いつ母親の絆の形成は起こるのか"という問いに対して，次のように結論づけています："絆の形成の学説は，それが瞬間接着剤のように言われていますが，まったくの単純化のしすぎです"（Schaffer, 1990, p.57）。

愛着理論では，愛着は養育の絆と同じように，愛情の絆のことです。ですから，子どもは自分の愛着対象に対して愛着の絆を発達させますし，養育者は子どもに対して養育の絆を発達させます。これら2つの絆はともに愛情の絆であり，両者とも強い情動を伴っています。しかし，これらの愛情の絆には，質に大きな違いがあります。というのは，養育者は，愛着の絆を子どもに対しては形成しないからです。実際，ボウルビーは，親が子どもを愛着対象としようとすることは，"ほとんどいつも，親の病理を示すサインであり，さらに子どもが病理を発症する原因ともなります"とくり返し明言しています（Bowlby, 1969/1982, p.377）。

養育と愛

養育上の愛情の絆は，ですから，子どもをケアし保護することにコミット（commit）することであり，強い情動を伴っています。それは通常，愛（love）として体験されます。しかし，"養育"と"愛"という用語を同義語として扱うこと（例えば，子どもは愛されるがゆえに世話をされる）は，役に立たないばかりでなく，むしろ危険が多いかもしれません。児童期では，愛着も養育も子どもの（物理的）安全，保護，安全感への欲求にもとづいています。愛は，ボウルビーが雄弁に表現しているように，通常，これらの絆を形成する中で発達します。ですが，子どもにとって最初の欲求は安全性欲求です。愛されていても物理的な安全感を持てない子どもは，心身ともに危険があります。愛だけでは不十分なのです。

同様に，子どもは養育者によって適切かつ十分すぎるほど保護されているのに，養育者の子どもへの関与の仕方の質（commitment）が，愛情の絆というよりも，社会的な絆になっていることもあります。このような養育は，喜びや情動的な関与感や愛のような愛情の絆に関連する情動がまったくない文脈でなされており，"道具的養育（instrumental caregiving）"と呼べるでしょう。親子関係に代わる養育施設などに見られるかもしれません。

（危険からの）保護のない愛は，子どもを心身ともに脆弱にします。一方，道具的養育は，子どもに愛されていないとか価値がないと感じさせるようになります。ですから，保護のことだけを考えて子どもにどうしてやるかを考えるよりも，愛着や養育の絆は愛情の絆なのであると理解することのほうがいかに大切であるか，それはいくら語っても語り尽くせるものではありません。

愛着とは愛情の絆なのか？

はい，常にそうです。このことは，不安定な回避型，抵抗型，非体制型の愛着も，

愛着であることには変わりはなく，愛情の絆であり強い情動を伴っていることを意味しています。

養育の絆は愛情の絆なのか？

　通常はそうですが，いつもそうとは限りません。養育の絆は，ある状況では，愛情の絆というよりも社会的な絆かもしれません。つまり，養育の絆は，常に，"その相手が，特別な存在として大切であり，他の誰とも取り替えることができないという，比較的永続する絆"であるとは限りません（Ainsworth, 1989, p.711）。

愛情の絆が愛着の絆なのか？

　必ずしもそうではありません。特に，養育の絆は，愛着の絆ではありません。また，愛情の絆は，愛着の要素を伴わないで，性（生殖）行動や社交行動にもとづいているかもしれません。しかし，現実には，これらの愛情の絆は，相互的か相補的かにかかわらず，愛着と養育の要素を発達させる傾向にあります。

愛着対象はどのように定義されるか？

　キャスィーディ（Cassidy, 1999, p.13）は，愛着行動が起こるからといって愛着の絆が形成されているだろうとみなすことに対して警告しています。つまり，"たとえある関係に愛着の要素が含まれていたとしても，愛着の絆が存在しているだろうとは仮定できません"。例えば，安心・慰め（comfort）を求める行動を考えてみてください。愛着行動は次の3タイプの対象に向けられます：

　　1. 愛着対象である養育者。
　　2. 愛着対象にはまだなっていないが，愛着対象になるかもしれない養育者。
　　3. 愛着対象ではない対象で，これからも愛着対象にならない対象。

愛着対象は，今現在の養育者です。そのため，愛着対象がいない場面で，子どもがあまり知らない人のところに安心・慰めや保護を求めて行くとき，あるいはどうしようもない状況でまったく見知らぬ人にさえそのような行動をとるとき，そういう人は愛着対象にはなりません。見知らぬ人は，緊急時の"養育者"にすぎないのです。

　このことは，例えば保育をする人（保育者）や教師のような一時的な関係（性）が，

愛着として分類されうるのかどうか，そしてそのような養育者が愛着対象として考えられるのかという疑問を投げかけます。研究文献を調べる前に，エインスワースらに立ち戻って考えてみる価値があります。彼女らは，一時的な関係（性）は，おそらく"初期段階の愛着"として考えるのがよいと述べています。"状況がその関係を持続的なものにする場合には，愛着として定着していくかもしれませんが，その関係が短期間に終わるのならば，愛着は十分に形成されないままになるでしょう"（Ainsworth et al., 1978, p.274）。

職業としての子どもの養育者は愛着対象なのか？

乳児と（日中の）専門的養育者との関係が愛着関係であると定義することが正しいか否かを検証するために，ヴァン‐イーツェンドゥアンら（van IJzendoorn, Sagi, & Lambermon, 1992）は，5つの基準を提案しました。その5つの基準は，以下のとおりです：

1. その乳児‐養育者のサンプルに，回避型の分類が通常のサンプル以上に出てこない（そのような通常以上の出現頻度は，本当の回避型愛着というよりも愛着が形成されていないことを示しているのかもしれない）。
2. その乳児‐養育者のサンプルに，分類不能の事例が通常以上の頻度で出現していない。
3. その乳児‐養育者の分類型が，乳児‐親との分類型とは独立している（必ずしも一致していない）。
4. 養育者の感受性が，乳児‐養育者の新奇場面での分類と関連する。
5. 乳児‐養育者の分類が，後の社会情動的機能（の状態）を予測する。

これらの基準は，オランダやイスラエルで行われた研究で検証されました。オランダの研究では，もともと，80組の子どもと母親，そしてその父親と専門的養育者が参加しており，その2年後，そのうちの68名の子どもとその親たちや専門的養育者が追跡研究に参加しました。イスラエルの研究では，最初の査定に，86名の子どもと母親，父親，専門的養育者（メタペレット）が参加し，およそ3年半後には，そのうちの59名の子どもと30名の専門的養育者，30名の幼稚園教諭が追跡研究に参加しました。

これらの研究結果にもとづいて，ヴァン‐イーツェンドゥアンらは，乳児‐（専門

的）養育者との関係は，"実際の愛着関係です"と暫定的に結論づけています（van IJzendoorn et al., 1992, p.17)。

　ハウズ（Howes, 1999）は，子どもと保育をしてくれた人[◆1]との間の愛着関係に関する1つの研究について述べています（その研究は，彼女と同僚らとの共同によるもので，ヴァン-イーツェンドゥアンらの研究の後に出版されました）。対象となったのは，1,379名の家庭外保育を受けている子どもです。クラスター分析による愛着Q分類得点によって，子どもは，安定性による分類カテゴリーと一致するプロフィールに分類されました。彼女らは，ヴァン-イーツェンドゥアンらの第2と第4の基準は満たされていましたが，回避型の子どもが50％もいたことから第1の基準は満たしていないことを見いだしました。さらに分析して，年長の子ども（就学前の子ども）は"養育者と安定した愛着関係を形成している場合も時どきありました。そこでは，子どもは養育者を利用して，自分の社会的環境や学習環境を組織化して（整えて）いました。しかし，養育者と親密に接触していることはほとんどありません"（p.673）と明らかにしました。このことは，概念について，養育者は慰めや安心感を与える人というとらえ方よりも組織化してくれる（整えてくれる）人であるというとらえ方（それは，特に教師に当てはまりますが）を生み出しています。

　ハウズは，専門的な養育者が愛着対象として特徴づけられるかどうかを確かめる代案を示しています。これは，子どもよりもむしろ養育者の特質に焦点を当てたものです。次の3つの基準を提案しています：

　　1. 身体面・情動面での養育をすること。
　　2. 子どもの生活において連続性と一貫性をもたらすこと。
　　3. 子どもに情動的なエネルギーを注ぐこと（emotional investment）。

ハウズは，エインスワースが，養育をしてくれていない大人に対しても乳児は愛着を形成することができることを見いだしていたので，愛着対象を同定する基準の中にこの第1の基準を含めなかったと述べています。ハウズはまた，愛着対象の連続性や一貫性の問題が，専門的養育者を愛着対象とみなすときに，明らかに問題になると論じています。ハウズは次のように結論づけています。すなわち，最初の2つの基準（養育と一貫性）はネットワークの分析を通して調べることができるが，3番目の基準はさらに研究する必要があるとしています。

◆1　具体的には，親戚の家，他の人の家，あるいは保育所（child care centers）でした（Howes, 1999, p.673）。

ハウズは次のように考えているようです。それは、"子どもが自分の社会的ネットワークにおいて頻繁に利用することができる種類（カテゴリー）の大人は、代わりとなりうる愛着対象とみなすことができます。そして、この種類（カテゴリー）の人とは、父親、祖父母、保育してくれる人、教師などです"（Howes, 1999, p.675）。さらに別の3つの研究結果にもとづきながら、彼女は"保育場面での愛着関係の形成は、乳児－母親の愛着形成のプロセスと類似しているようです"と結論づけています。

　この考え方は、その後の研究（Howes & Oldham, 2001）の中で、さらに強まります。その研究論文は、次のような文章で始まります。"子どもが保育場面で養育者（たち）と愛着関係を築くことは、きわめてよく立証されています"（p.267）。この研究は、保育場面での代わりの養育者との愛着関係の形成に、どのようなプロセスが関わっているかに焦点を当てていました。10名の子どもを対象にしたこの研究では、①入園時の愛着行動の個人差（individual variations）が6か月後の愛着の安定性を予測できないこと、②保育場面で最初の数日から子どもは養育者たちを識別し始めていたことが明らかになりました。

　このような結論をしているにもかかわらず、ヴァン‐イーツェンドゥアンらやハウズは、専門的養育者を愛着対象とみなすことに理論的な問題があると認めています。ヴァン‐イーツェンドゥアンらは、1992年の論文の中で、"しかし、子どもは、専門的養育者の'喪失'をどのように解消しているのかが、依然として不明なままです。というのも、専門的養育者は定期的に交代するからです。早期にこのような喪失体験をすることで、親でない人との愛着の心的表象を、親に対する愛着の心的表象とは異なるものにするかもしれません"（van IJzendoorn et al., 1992, p.22）と指摘しています。ハウズは、保育をする人や教師を代わりの愛着対象とみなそうとする場合、連続性や一貫性がないという問題が出てくると認めています。◆2

　おそらくこの問題に決着をつけたのは、エインスワースでしょう。1994年に、マービン（Marvin）によるインタビューの中で、彼女は次のような質問をされました（Ainsworth & Marvin, 1995）。

　　ある子どもは、保育施設に1日中、それも生まれて間もないときから（例えば生後6週）ずっと預けられ、母親と過ごすのは、夕方から夜にかけてと週末だけだとします。それでもあなたは、その母親がこの赤ちゃんの主要な愛着対象であると考えますか。

◆2　先に述べた第2の基準を指します。

彼女の回答はこうです。

> はい。集団保育場面には，ほとんどいつも複数の養育者がいます。そして，子どもの世話をしてくれて，しかも日によっては来ない日もあるような複数の養育者の中から1人の人だけに愛着を形成することは困難です。しかし，もし（本当に）母親以外の養育者との間に長く持続し中断されることがないというような関係があるとするのでしたら，それならばもちろん，母親との間に通常に見られるのと同じ種類の関係が，その対象との間に形成されると思います。重要な点は，関係が持続し，まったく中断されないということ，……そのような状況のもとでは，母親ではない養育者が，母親との関係において通常形成されるのと非常によく類似した愛着対象になることも，あるかもしれないということです（Ainsworth & Marvin, 1995, pp.15-16）。

複数の愛着対象の表象はどのように構造化されているのか？

複数の愛着対象は，"誰もが皆，同じであるかのようには扱われません"（Bowlby, 1969, p.304）。乳児は，1人の人を特別な人として明確に弁別し，その人に愛着行動を集中させるのが普通です。ボウルビーは，この特別な人を，**主要な（principal）愛着対象**と呼んでいます。そして，他の愛着対象（たち）を，**二次的（subsidiary）な愛着対象**と呼んでいます。彼は，子どもが1人の対象に特に愛着を形成するという偏り（バイアス）を，**モノトロピー（monotropy）**と呼びました。

モノトロピーの妥当性については，比較的，最近になって疑問視されています。ラター（Rutter, 1995, p.551）は，愛着理論において長年の間に起こった4つの大きな変化の中の1つが，"'モノトロピー'の概念を捨てることでした"と述べています。ボウルビーは，子どもが1人以上の人に対して選択的な愛着を形成するということをはっきりと述べていたので，モノトロピーの概念にとっての問題は，"特別な"主要な対象との関係が，他の愛着対象との関係とどのくらい異なっているのかでした。

ボウルビーによると，子どもが主要な愛着対象と二次的な愛着対象をどうやって選択するかは，"おおむね，その子どもを誰が世話するかに"よっています（Bowlby, 1969, p.304）。ほとんどの文化において子どもは家族から世話され，そして，ほとんどの場合，子どもの主要な世話人はその子どもの母親です。しかし，"子どもの主要な愛着対象の役割は，その子の母親以外の人によって満たされうる"（p.304）と，ボ

ウルビーは明確に述べています。

　二次的な愛着対象について論ずる中で，ボウルビーは，二次的な愛着対象とみなされる人は，例えば遊び友だちなどのような人ではなくて，やはり愛着対象であるべきではないのでしょうかと懸念しています。また彼は，次のような誤解があることに懸念を述べ，その誤解を解いています。それは，2人以上の愛着対象のある子どもは自分の主要な愛着対象に対して"弱い"愛着しか持っていないのではないかとか，またその逆に1人の愛着対象しかいない子どもはその人に対して"特に強い"愛着を持つだろうかと言われています（Bowlby, 1969, p.308）。しかし，子どもというのは，自分の愛着を複数の対象に対して分散させるのではなく，むしろ，特別な1人にだけ愛着行動を向けるという強い偏りを持っているのです。

　ヴァン・イーツェンドゥアンら（van IJzendoorn et al., 1992）は，複数の愛着関係の影響の強さが異なることを"複数養育者のパラドックス"と呼んでいます。このパラドックスとは，異なる養育者への愛着関係の質が相互に一致していないというもので，追試によりかなり何度も確認されています。そうであるなら，例えばもし子どもが母親に対して安定した愛着を持っていて，そのことが仲間とよい関係を持つことを予測するとします。するとこの場合，異なる養育者との不安定な愛着関係の影響は，どうなるのでしょうか。不安定な愛着が仲間との関係に否定的な影響を持つということはありそうにもありません。しかしまた，それが肯定的な影響を持つこともないでしょう。

構造は，階層的なのか，統合的なのか，あるいは独立しているのか？

　概念的には，複数の愛着対象は各々との関係を次の3つの構造のいずれかとして表象されているのかもしれません。それは，階層的，統合的，独立的構造です。★4 階層的構造は，モノトロピーの概念を包含するもので，主要な愛着対象と二次的な愛着対象が"明確な選好的階層の中に"表象されています（Bowlby, 1979, p.130）。明らかに，これがボウルビーの見解でした。統合的構造とは，すべての愛着関係を単一の表象に統合することであり，どれか1つの愛着関係が他のものよりもより重要となることは

★4　ヴァン・イーツェンドゥアンら（van IJzendoorn et al., 1992）は，モノトロピーと階層性を，異なるモデルとして提示しています。そのため，この著者らは，4つのモデルを区別しています。彼らは次のように考えています。すなわち，モノトロピーは1人の重要な愛着対象を意味し，他の養育者は周辺的な影響しか持ません。次に，階層性は，1人の養育者が最も重要な愛着対象になり，他の人たちは"主要な愛着対象が利用できない場合に安全基地として機能する"二次的な愛着対象になる（p.10）としています。ボウルビーの著作では，モノトロピーと階層性が1つのモデルに組み込まれているため，このような区別はこの議論の中では明確になされていません。

ありません。このモデルによると，愛着関係は，1つのネットワークとしてみなされます。そしてそのネットワークの中では，安定した愛着が不安定な愛着を補償するというようになっています。最後に，独立的構造とは，愛着表象がそれぞれ独立しており，異なった発達領域に異なる影響をもたらすというものです。

愛着分類間の一致率

　複数の愛着についての内的表象構造は，異なる愛着対象に対する愛着分類の間の一致率を調べることで，実証的に検討することができると言われてきました（Howes, 1999）。そして実際，一致率の結果は，階層構造説を支持すると主張しています。そして，"階層的な体制化は，また，母親との愛着関係の安定性が，その後のすべての愛着関係の安定性に影響することも示唆しています"（Howes, 1999, p.681）。ただ，これは，1つの階層構造説の解釈としては問題があります。階層的構造であるからと言って，すべての愛着が類似した分類型にならなければいけないということはなく，むしろ主要な愛着対象が最も重要であり最も大きな影響力を持つということです。実際に，もし"愛着が2者のやりとりの独特な歴史を反映したものであると考えられる"（van IJzendoorn et al., 1992, p.9）とするならば，愛着の分類間の不一致は予期されるべきものです。

　愛着の分類間の一致率を検討した多くの研究は，特に母親に対する愛着と父親に対する愛着との一致率を検討してきました。

　11の研究のメタ分析において，フォックスら（Fox, Kimmerly, & Schafer, 1991）は"一方の親に対する愛着の安定性は，もう一方の親への安定性に依存している"こと，そして"一方の親への不安定型（回避型／抵抗型）が，もう一方の親への不安定型に依存している"ことを見いだしました（p.210）。この結果は，関連性としては弱いものでしたが，有意でした。したがって，このメタ分析は，母親と父親に対して形成された愛着の体制化が相互に一致していることを示していました。1990年に実施されたオランダでの研究データは，乳児の両親に対する愛着分類が一致していることを示していました（van IJzendoorn et al., 1992 に報告）。

　母親と父親とのそれぞれに対する愛着と子どもの有能さとの関連性を検討した他の多くの研究は，それぞれの愛着が互いに独立したものであることを示唆しています。例えば，メインら（Main et al., 1985）は，母親に対する子どもの愛着のほうが，より影響を持っていることを見いだしました。しかし，父親への愛着が，ある時のある結果に対しては，最もよい予測因子になることも見いだしています。例えば，メインらの研究では，知らない人に対する友好性は，よちよち歩きのころの父子愛着が最もよ

く説明していましたが，6歳のころの父子関係では説明できていませんでした。

　ハウズ（Howes, 1999）は，母子間の愛着と父子間の愛着の一致率の結果を説明するため，多くのメカニズムが，提案されてきていると報告しています。最もわかりやすいメカニズムによると，親たちは，子育てについて同じ態度を持っているかどうかにもとづいて自分の（結婚）相手を選び，そして互いが自分の子育て方略をモデルとして示すというものです。このモデリングの概念は，スティールら（Steele et al., 1996）の研究によっても支持されています。彼らは，母子のやりとりが，父子のやりとりの仕方に影響し，そのことが乳児の父親への後の愛着に影響することを見いだしています。一致率に関する別の説明は，子どもの特徴が，養育者とは関係なく，愛着の性質を決定するというものです（子どもの気質についての考察を参照）。

一致率の研究結果は，複数愛着の構造化を理解することに，どのように貢献したのか？
　ここで主張したいのは，階層的構造であるためには愛着関係が相互に一致している必要はなく，たとえ一致したとしても，そのことが複数の愛着対象の階層的構造化を支持するものとも否定するものとも言えないということです。この立場は，例えば，複数の愛着関係間の一致が階層的構造を支持するという立場をとるハウズ（Howes, 1999）とは異なります。彼女は，この立場に立って"愛着関係の一致性に関する文献は，階層的なモデルについて，結論的なものではないが支持しています"と結論づけています（Howes, 1999, p.682）。

　上で論じたように，一致性は，統合的構造説や独立的構造説でも，また階層的構造説でも予想されていません。一致性に関する結果は，興味深いものではありますが，複数の愛着対象の構造に関する私たちの理解をさらに深めてくれるものではありません。

愛着分類からどのように発達したか（developmental outcomes）の予測可能性

　複数の愛着対象の構造化に関する問いへのもう1つアプローチでは，愛着分類から子どもがどのように発達したか（発達結果）を予測できるかどうかを検討しています。子どもの主要な愛着対象との関係によって最もよく説明できる結果は，階層的構造説を支持しており，統合的構造説や独立的構造説を揺るがしています。愛着対象ネットワークによって最もよく説明できる結果は，統合的構造説を支持します。異なる愛着関係がそれぞれ異なった結果を予測するという場合，独立構造を支持しています。

　ハウズ（Howes, 1999）は，"母子や父子の愛着の安定性から子どもの有能性を予測しようとした研究では，一般的に，母子の愛着の安定性がより強い影響力を持ちます"

と報告しています（p.682）。これは，階層的構造を支持するものです。

　愛着対象として保育する人やメタペレットをも含めた研究では，階層的構造よりも，むしろ統合的構造や独立構造が支持されています。ハウズ（Howes, 1999）は，就学前児の仲間に対する社会的有能さが，母子の愛着の安定性よりも，保育する人やメタペレットとの愛着の安定性によって，より予測されることを報告しています。子どもの発達結果を予測するために，両親だけでなく保育をする人や教師も含めた養育者ネットワークを用いると，"統合的モデルのほうがかなり支持されます"（pp.682-683）。

　ハウズ（Howes, 1999）は，また独立的構造を支持する多くの研究結果を報告しています。例えば，ある研究では，よちよち歩きの子どもの見知らぬ人へのなれなれしさ（friendliness）は，父子の愛着の安定性によって最もよく予測されることを見いだしています。別の研究では，父子の愛着の安定性が，否定的な感情や対人葛藤を最も予測していました。さらにまた別の２つの研究は，３歳児点での問題解決ときょうだいとのやりとりは，父子の愛着によって最も予測されることを見いだしています。

　ヴァン・イーツェンドゥアンら（van IJzendoorn et al., 1992）は，"母子や父子の愛着を組み合わせることで，後の認知機能や社会情動的機能を予測することができるが，別々に分析すると予測できない"ことを見いだしました（p.20）。著者らは，この結果が統合的構造モデルを支持するものと解釈できるかもしれないとしています。しかし，このような他の側面（認知や社会情動的）の機能は，愛着のパラダイムに属してはいません。ですから，これらの結果は，様々な**愛着**関係の重要さの相対的な大きさを示してはいません。

発達結果の予測可能性に関する研究結果は，複数の愛着の構造化に関する私たちの理解に，どのように貢献したのか？

　想定できる３つの構造，すなわち階層的構造，統合的構造，独立的構造のすべてが，実証的に支持されています。しかし，統合的構造を支持する証拠は，専門的養育者の妥当性にかかっています。すなわち専門的養育者を定義する際，集団の中の１人の特別な個人と見るのではなく，養育者集団全員と見て，それが愛着対象になっているとみなすのです。このことは，理論上問題があると考えられてきています。また，独立構造説も理論的に疑問視されています。さらに，少なくとも独立的構造がどのように機能するのかのプロセスも理解されていません。ハウズは，次のように述べています。"明らかに，このプロセス（モデルの妥当性を検証する過程）が最もうまくいくのは，ある１つの発達領域では，異なった愛着対象の影響がより強くなるとかより弱くなるはずだとかということを説明できる（予測できる）理論があるときです"（Howes,

1999, p.681）。

ヴァン・イーツェンドゥアンら（van IJzendoorn et al., 1992, p.20）は，オランダやイスラエルで収集されたデータからの結果にもとづき，次のように報告しています。"階層的構造を支持するデータは，ほとんどありませんでした。私たちのデータ（研究協力者たち）の背景を考えると，母親ではない養育者を二次的な愛着対象としかみなさないというのは意味がありません"。彼らは，次のように結論づけています。すなわち，統合的モデルはいくらか支持されることが明らかになりました。また，彼らは，ネットワーク・アプローチを提唱し，様々な愛着関係の内的ワーキングモデルがいかに統合され，発達に関連するのかを理解しようとしています。しかし，統合モデルと独立モデルのいずれかを明確に選ぶということは難しいと強調しています。そして，さらに研究する必要があると結論づけています。

1994年に行われたボウルビー追悼講演において，ラター（Rutter, 1995）は，モノトロピーの概念の妥当性に疑問を投げかけました。しかし，選択的な愛着については非常にはっきりした階層性があることが今や明らかであると述べました。

主要な愛着対象は存在するのか？

愛着理論の特徴的な側面やそれに関連する実証的研究を概観してきた結果，複数の愛着対象の構造の問題は，その構造が明らかに階層的であることを示唆しています。愛着対象には階層があるという考え方の中心には，ボウルビーのモノトロピーの概念があります。すなわち，他よりもより好まれる愛着対象が存在するというものです。以下では，この問題に焦点を当てます。多くの証拠には矛盾するところがありますので，この研究領域のリーダー的な研究者の考えや見解，そして推測さえも大いに引用して考察していきます。

エインスワースら（Ainsworth et al., 1978, p.272）は，ボウルビーのモノトロピー概念の意味を，次のように明確化しています。

> しかし，ボウルビーは，1つの愛着対象しか存在しえないとは言っていません。そうではなく，1人の主要な愛着対象がおり，それ以外の人は二次的な愛着対象であるということを暗に述べていました。このことは，愛着対象の階層性を暗示しています。

これらの著者は，子どもが母親以外の愛着対象を安全基地として利用し，母親以外の愛着対象からの分離が苦痛をもたらすことを認めています。彼女らは，新奇場面での

分離で子どもの母親への反応と父親への反応との間には本当に小さな差異しか示されないという研究を引用しています。しかし，彼女らは，次のような証拠，特に1970年代のラム（Lamb）の研究に言及しています。それらの研究は，かなりのストレスをもたらす状況では主要な愛着対象がより好まれることが示されています。この結果は，彼女らが指摘しているように，ボウルビーのモノトロピーや愛着対象の階層性の概念と一致しています。

この論争の中心には，2つの問題があるようです。第1に，2人またはそれ以上の愛着対象が存在するところで危険を感じたとき，子どもは誰のほうを振り向くのでしょうか。第2に，もし子どもがより好んでいる愛着対象のほうを振り向いたとします。この対象は，つねに，子どものことを主に世話する人なのでしょうか？

メインは，"*Handbook of Attachment*（愛着ハンドブック）"の終章（Main, 1999, Item 13, pp.858-861）で，この2つの問題について触れています。モノトロピーや愛着の階層性の問題についての考察の始めで，彼女は，これら2つの問題を取り巻く疑問がまだ解決されていないと述べています。そして，ややユーモラスに，モノトロピーは緊急時には好まれるというワトソン（John Watson）の言葉に言及しています。

> 例えば，ヒョウが急に近づいてきているときに誰のところに逃げたらいいかをあれこれと議論すること（例えば，"どうだろう，今，木（A）にいるXは，私を上手に抱っこしてくれる。でも，岩（B）の上のYはグルーミング（毛づくろい）が上手だし，岩（C）の上のZは一番おいしいお乳を飲ませてくれるし，それに，……"というように）は，おそらく，子どもにとってあまり良いこととは思えません。（Main, 1999, p.859）

このような状況では，1人の対象に向けた自動的な反応のほうが他のものよりも優れているとみなされるでしょう。

メインは，第1の問題は私たちが人間の心を理解していくうえで重要であると，指摘しています。その理由として，"1人の人に主に焦点を向けている心は，一群の他の人たちに焦点を向けている心とは本質的に異なる心であるからです"（Main, 1999, p.859）と述べています。彼女の見解では，"私たちには，どの人が（子どもの）好んでいる人なのかを確定する技法が必要"（p.859）です。そして，その際，その技法は，人を個人的に傷つけない理論的根拠（ラッショナル）のもとに実施されるべきですと付け加えています。彼女は，多くの創造的な技法が試されており，その中には"前後に開閉するドアに，親（たち）がパッと入ってきたかと思えば，またすぐに出て行っ

てしまう"◆3 というようなものもあります（p.859）と述べています。一般的に，これらの研究では，母親のほうが好まれており，母親は明らかに主要な養育者になっています。しかし，問題は，まだ十分に探求されないままです。

　第2の大きな問題，すなわち主要な対象は何にもとづいて選択されるかということについて，ボウルビーは，主要な愛着対象と二次的愛着対象の選択は"誰が子どもの世話をするか"によると述べています。しかし，ボウルビーは，養育の質や量のことを表現しているのでしょうか。エインスワースは，1994年のインタビューの中で，"愛着が発達するのに不可欠なのは，養育行動ではなく，養育する対象がそこにいてくれることです"（Ainsworth & Marvin, 1995, p.14）と強調しています。そして，エインスワースは次のように続けています。

> もし2人の潜在的に愛着対象になりうる人が同時（期）に子どもに関わっているならば，赤ちゃんに対する2人の相対的な感受性の程度が子どもの愛着の成長により影響を与えると考えざるをえません。……実際に，2人のうちのより感受性の高い人のほうが，最初に愛着のプロセスを開始させることになるでしょう。しかし，必ずそうなるかというのはわかりませんが（Ainsworth & Marvin, 1995, p.15）。

　メインは，非常に興味をそそる疑問を提起しています。まだ証明はされていませんが，母親への早期の愛着のほうが，より強い影響を持つようです。それは，母親への愛着が不安定であり，父親への愛着が安定しているときでさえもそうなのです（このことは，エインスワースの直感，すなわち，もし両親が等しく子どもに関わりあっていたとするならば，感受性の違いこそが重要であるという考えと矛盾するように思われます）。分離不安テストやカプラン（Kaplan）・メインの絵画分析法（drawing system）を利用した彼女らの研究に触れながら，メインは，6歳児の持つ家族の全体表象は，"乳児期の母親（父親ではなく）への愛着の体制化にもっぱら影響されているようです"（Main, 1999, p.859）と述べています。この研究の協力者のうちの45名を対象にした追跡研究において，乳児期での母親に対する安定性・不安定性が，19歳で受けた成人愛着面接での愛着地位（安定／自律型か不安定型か）を予測していました。早期の父親への愛着は，成人愛着面接地位とは関連がありませんでした。児童期中期でも青年期でも，"子どもの愛着に関する全体的な心の状態（state of mind）は，母親によ

◆3　この表現は，新奇場面法の簡略版を意味しているようです。

って主に影響されているようです"(p.859)。

メインは，また，スウェーデンで行われた研究では，父親が家庭にいて母親が仕事で家にいないような場合でも，母親のほうがより好まれていることを見いだしましたと報告しています。メインは，この"驚くべき"結果は，乳児の母親に対する初期経験，母親の声を聴くという妊娠期間を含む初期経験に関連しているのかもしれませんと述べています。彼女は，この仮説は，同じような研究に養子縁組の親を対象にすることで，すなわち母親の持っているすべての"利点"を統制することで，検証できるかもしれませんと述べています。しかし，彼女はこれらの結果についての他の説明があることも認めています。例えば，母親は赤ちゃんが産まれる前から子育ての練習をしているということなどです。

要　約

愛着関係や養育関係は，一種の社会的な愛情の絆と言えるでしょう。その他の愛情の絆には，血縁の絆，性による絆，そして永続する友情の絆があります。そうしますと，2つの重大な問題が出てきます。それは，子どもの持つ関係の中のどれが，愛着のある愛情の絆となるのか，また子どもの持つ様々な愛情の絆の間には階層性があるのか，です。

子どもがある人に向けて愛着行動をしたということが，必ずしも，その人が（その子どもの）愛着対象であることを意味するわけではありません。愛着対象は，養育も含めた役割のもとに，その子どもと膨大な時間を一緒に過ごすことになります。愛着対象の中には，親だけでなく，その代わりに昼間に保育をする人も含まれます。もしその関係が，子どもが単に世話をしてもらうというだけではなく，むしろその関係が持続し，情動的にもコミット（関わる）したものであるとする場合には，（愛着関係の中に）含まれます。愛着の絆には階層性がありそうです。母親との愛着の絆は，ほとんどの場合，主要な絆となります。縦断的研究は，乳児の母親に対する安定した愛着（または不安定な愛着）が，（後の）青年期早期に成人愛着面接で見られる愛着に関する心の状態に反映されることを明らかにしています。

第6章

愛着理論は文化を超えて妥当性があるか？

　愛着理論では，特に文化の問題が重要になります。これまでにも述べてきましたように，愛着理論は進化理論です。愛着行動システムは，進化するうえで適応的な環境の中で進化してきたもので，子どもの保護と生存という生物学的機能を持っています。したがって，文化とは関係なく，人間という種すべてに適用できるはずです。ですから，もし愛着理論の中心となる特徴がすべての文化に適用できないということになると，愛着理論の普遍性や，それゆえに愛着理論それ自体に疑義を呈することになります。

　今や西洋社会では乳児の大多数は安定型愛着であることが確認されています。時どき，このことを，ヴァン-イーツェンドゥアン・サギ（van IJzendoorn & Sagi, 1999）は，"規範性仮説（normativity hypothesis）" と呼んでいます。しかし，安定型愛着が優勢であるという現象は，非西洋社会，特に初期の保育（child-care）を核家族の中で行うのではなくより広い親族や社会集団の中で共有されているような社会でも，当てはまるのでしょうか。すなわち，非西洋社会で行われた愛着研究でも，規範性仮説は支持されるのでしょうか。

エインスワースのウガンダでの研究

　しばしば看過されることですが，非西洋社会で複数の養育者が存在する社会で最初に愛着を探求した研究の1つが，エインスワース（Ainsworth）によるアフリカのウガンダでの研究です。そこでの研究が，後のアメリカのバルチモアでの研究や愛着理論への非常に大きな貢献をもたらす礎になったのです。ウガンダの乳児を対象にしたこの研究は，小規模で探索的なものでしたが，新奇場面法を開発するうえで，また（地

域の中で）保育を幅広く共有する社会でも，乳児が母親に愛着を形成し母親を安全基地として利用するという事実を確立したという点においても，非常に重要なものでした。

ボウルビー（Bowlby, 1969, p.305）は，エインスワースがウガンダの子どもたちを観察して，"愛着行動のほとんどを1人の特定の人に向ける傾向があることを発見しました"と報告しています。そして，エインスワース（Ainsworth, 1964）の次の結論を引用しています："'乳児は，たとえ複数の人が養育者として存在している状況であってもまた（複数の人に愛着を求めるような）機会が与えられていたとしても，1人の対象に愛着を求める'という仮説に矛盾するようなことは，私の観察の中にはまったくありませんでした"。

ケニヤのグシ（Gusii）

養育は，母親と他の養育者（特に年長のきょうだいたちで，仕事を比較的厳密に割り当てられた）とが共有していました。母親は，子どもの身体的なケアや健康に主な責任を持っています。一方，子どもを養育する者たちは，社会的活動や遊びにより携わっています。

グシ族の乳児26名を対象にした研究（Kermoian & Leiderman, 1986）では，61％の乳児が母親に対して安定型の愛着を持っていると分類され，54％が母親以外の養育者に対して安定型の愛着を持っていることが示されました（なお不安定型の愛着は，査定されていません）。

マリのドゴン（Dogon）

トゥルーら（True, Pisani, & Oumar, 2001）は，マリの田舎に住む27組の母子と2つの農村の15組の母子を対象に研究を行いました。乳児の主要な養育者は母親，祖母，他の家族成員のようでしたが，母親は1日のほとんどを子どものそばで過ごし，夜も乳児と一緒に寝ていました。そのため，母親はずっと主要な愛着対象になっていました。

新奇場面法での査定には，安定型（B），不安定－回避型（A），不安定－抵抗／両極型（C）だけでなく，不安定－非体制／無方向型（D）も含まれていました。母子の愛着分類に関する結果を，表6.1に示しています。

表6.1 マリの2つのサンプルでの愛着分類の分布

	町 (%)	村 (%)	全体 (%)
安定型（B）	68	64	67
不安定－回避型（A）	0	0	0
不安定－抵抗型（C）	8	7	8
不安定－非体制型（D）	24	29	25

　非体制型として分類された乳児を，A，B，C分類に"最もよく適合した（best fit）"カテゴリーに再分類したところ，安定型が87%，回避型が0%，抵抗型が13%という分布になりました。

　このような結果は，規範性仮説を支持していますが，回避型に分類された乳児が1人もいないことに関しては問題が残ります。興味深いことに，トゥルーらは，これが，乳児の愛着システムと授乳システムとが"複雑に織り合わせられている"（True et al., p.1461）ことによるのかもしれないと主張しています。つまり，母親たちは，回避型の愛着を形成することに関係している"接触をいやがったり，愛着を求めるのを拒否したりするといった行動を，一貫して取り続けることができませんでした"（p.1462）。

イスラエルのキブツ

　キブツのケトゥーラ（Ketura）[★1]のウェブ・サイトには，イスラエルのキブツ主義にもとづく子育て（child rearing）を，次のように述べています：

> 初期の理想主義者たちは，核家族単位が時代遅れであり，キブツ全体が1つの大きな家族単位になるべきであると感じていました。子どもたちは，子どもの家に，1人の養育者と眠ります。この養育者は，子どもたちの必要に応えるためにいました。これは,実験としては非常に興味深いものでした（ベッテルハイム（Bruno Bettelheim）は，その著書"*Children of the Dream*（夢の子ども）"の中で，その

★1　www.ketura.org.il/child.html

ように分析しています）。ですが，親や子どもにとっては，ともに苦痛なものと感じていました。

今日，どのキブツにいる子どもたちも，少なくとも10代になるまでは自分の親とともに生活し，眠ります。そして子どもの家は，今やデイケアや活動のセンターとなっています。

子どもと親が別々の家で眠るという仕組みは，イスラエルのキブツをユニークな共同保育にしました。1977年に，キブツでの子育ては，フォックス（Nathan Fox）によって，以下のように記述されています：

> 共同子育ては，乳児が病院から家庭に連れてこられた生後4日目から始まります。赤ちゃんは乳児の家に留められ，そこで訓練された養育者すなわちメタペレットの世話を受けます。母親は，6週間の分離を経て，希望に応じて自分の子どもの世話をします。しかし，赤ちゃんは，夜には必ず乳児の家で眠ることになっています。

> 母親は徐々に自分のキブツでの義務に復帰するにつれて，メタペレットは乳児の世話の大部分の責任を担うようになります。3,4か月ごろには，多くの乳児は，第2のメタペレットのケアのもとにおかれます。この女性は，子どもが幼稚園に入園するまでずっと，それらの子どもの集団の主要な養育者になります。子どもが1歳半になるまでに，子どもの親は1日に1回，午後4時から3時間ほど，子どもをみることができ，ほとんどの子どもは親の家に戻って行きます（Fox, 1977, p.1229）。

フォックスは，初期の研究で，キブツにいる乳児の主要な養育者，すなわちメタペレットとの愛着関係と乳児の生みの親との愛着関係を比較，検討しました。サンプルは，7つのキブツ主義の施設の子ども122名でした。実験計画は，13のエピソードからなり，母親，メタペレット，見知らぬ人の存在／不在が操作されました。サンプルの抽出と分析は，乳児が産みの親の家族の中で通常どういう位置を占めているかも考慮されていました。

　フォックスは，母親とメタペレットが，一般的に愛着対象としては同格であることを見いだしました。母親とメタペレットが見知らぬ人のもとに子どもを残して退出するときの分離への抵抗には，何ら有意差は認められませんでした。しかし，再会行

動には，差が認められました。このことについて，フォックスは，"子どもたちがメタペレットよりも母親のほうに愛着を形成しているようです"（Fox, 1977, p.1234）と結論づけています。全体的に，その研究は，メタペレットが，ほとんどの子どもにとって，母親と"交換可能な愛着対象"であることを明らかにしました。

この研究に続いて，サギラ（Sagi et al., 1985）は，新奇場面法を用いて，18のキブツからの乳児86名と家族とともに暮らしている乳児36名を査定しました。キブツの乳児の59%は，母親に安定した愛着を形成していました。それに対して，母親とともに暮らす乳児のうちの75%は，安定型の愛着でした。この結果を著者らは，キブツの子どもの共同での寝方（配置）によって起こったと説明しています。

この仮説を検証するために，1994年に，サギラ（van IJzendoorn & Sagi, 1999に報告されている）は，キブツで共同して寝ている乳児23名と，自分の親と寝ているキブツの乳児25名の愛着の安定性を査定しました。共同で寝る乳児の48%が親と安定した愛着を形成していました。それに対して，親と一緒に寝る乳児の80%が親と安定型の愛着を形成していました。

ナイジェリアのハウサ（Hausa）

ナイジェリアのハウサにある一夫多妻制は，母親と複数の大人が子どもの世話を共有するという文化を促進しています。しかし，子どもの身体面の欲求は，もっぱら産みの母親が満たします。

18名の乳児の記述的研究において，マーヴィンら（Marvin et al., 1977）は，ハウサの乳児が，愛着行動や探索行動の表出の仕方で西洋の乳児と違っていますが，父親を含めた複数の愛着対象に対して愛着を形成することを観察しました。しかし，ほとんどのハウサの乳児は，主要な愛着対象として，最も頻繁に乳児を抱っこしたり，やりとりしたりする人を選んでいました。この対象は，必ずしも産みの母親ではありませんでした（乳児－養育者の愛着の安定性は分類されませんでした）。

ボツワナのクンサン（!Kung San）

ボツワナの北西部のクンサンは，狩猟採集社会で，ヴァン・イーツェンドゥアンら（van IJzendoorn & Sagi, 1999）が指摘しているように，この点で，愛着システムを含

めた生物学的システムが進化したと信じられている環境（EEA）に類似しています。ヴァン‐イーツェンドゥアンらが報告しているように，コンナー（Konner, 1977）が研究したクンサンの乳児たちは，小さな半遊牧民的な集団の中で生活し，昼夜，母親と密接な距離に常にいて，求めればいつでも母乳を飲むことができました。"この狩猟採集生活において，乳児－母親の絆は，より広範な養育者の社会的ネットワークの中でさえも，保護や励まし（励ましてさせようとする）という機能を果たしているようです"（van IJzendoorn & Sagi, 1999, p.719）。

ザンビアのエフェ・ピグミー（Efe or Pygmies）

この狩猟採集生活では，子どもたちは最初の数年間は複数の養育者が存在するシステムで育てられます。乳児は，出生時から母親だけでなく大人の女性たちにも育てられ，養育者の幅広いネットワークが養育の責任を担っています。モレーリ・トロニック（Morelli & Tronick, 1991）は，18週の乳児が60％の時間を自分の母親よりも他の人たちと過ごすこと，そして最初の18週間，平均して14.2名の養育者が関わっていることを報告しています。このような形での保育の仕方ですが，生後7か月から12か月の間，乳児は自分の母親がケアをしてくれることをより好んでいました。ヴァン‐イーツェンドゥアン・サギは，モレーリ・トロニックが"複数の養育者が存在する文脈でも，乳児と母親との間に特別な絆が出現しているのを見いだしました"（van IJzendoorn & Sagi, 1999, p.719）と報告しています。

学術的論争

2000年10月に，愛着の普遍性に対する問題と愛着理論の妥当性の普遍性に対する問題が"*American Psychologist*（「アメリカ心理学者」誌）"に論文として掲載されました。この論文に対しては，2001年の10月に同じ雑誌でこの領域をリードする研究者による5つのコメント論文と，それについて元の著者の回答論文が掲載され，論争の火花を散らしました。元の論文でなされた主張，それに対するコメント論文および著者の応答は，以下のように要約されます。

ロスバウムら（Rothbaum et al., 2000）の論文は，次の主張から始まります。すなわち，

西洋（アメリカ，カナダ，西ヨーロッパ）の達成理論は，普遍的な価値を持つと仮定されますが，実際にはその根底にアメリカの個人主義があり，自民族中心的であると主張しています。そして，彼らは，同じ批判を愛着理論にも向けています。彼らは，愛着理論家たちが文化的影響のあることを認めていると踏まえたうえで，さらに，文化の役割を過小評価していると批判しています。さらに，文化を考慮するとき，理論の中核よりも理論の周辺部に焦点を当てていること，例えば，特定の行動や安定型／不安定型の愛着の分布などを問題にしすぎると批判しています。彼らの目的は，愛着の統一された理論から，愛着の（ある国や文化に）固有の理論（p.1094）へ，さらには"愛着の心理学"と呼ばれるもの（p.1096）へと移行していくことでした。

彼らの論文では，焦点が愛着理論の核となる仮説の3つに当てられていました。

1. **感受性仮説**（The sensitivity hypothesis）：子どもの信号への応答の感受性が乳児の愛着の安定の最も重要な先行因となっている。
2. **有能仮説**（The competence hypothesis）：社会情動的有能さは，安定した愛着の結果である。
3. **安全の基地仮説**（The secure base hypothesis）：乳児は母親がいることによって保護され安心できると感じているときに，環境を探索する。

感受性仮説

ロスバウムらは，感受性を査定するのに用いられた基準がすべての文化に適切であるということを問題視しています。彼らは，エインスワースの感受性の評価，特に，**受容**と**協力**の定義がアメリカにおける子どもの自律性に価値を置くことを反映していると述べています。日本では，応答性は"情動的な親密さ"や"子どもが自分の情動を制御できるように助けること"として表現されています（Rothbaum et al., 2000, p.1096）。アメリカでは，探索の促進と情報とに焦点があるのに対して，日本では母親への依存性の促進と情動に焦点があり，このことから著者らは，2つの文化には"感受性の持つ目的に基本的な違い"（p.1097）があると結論づけています。

有能仮説

ロスバウムらは，愛着の理論家たちが有能さを，探索，自立性，自己表現，感情制御，そしてポジティブな仲間関係などのような個体化と関連する行動で定義していると述べています。西洋ではこのような性質に価値が置かれますが，日本では集団志向的達成，他者への信頼，社会的調和に価値が置かれています。同様に，アメリカでは

情動的開放性や社交性に価値が置かれていますが，日本では表出を押さえることが良いとされています。したがって，西洋社会に偏った有能測度を使っている限り，日本における安定性との関連を予想することができません。

安全基地仮説

ロスバウムらは，日本の赤ちゃんがアメリカの赤ちゃんに比べてそれほど探索行動を示さないことが観察されたという5つの研究を引用しています。彼らは，日本固有な概念である**甘え**，すなわち"他人の愛に依存し，それをあたりまえのように思い，他人がいいようにさせてくれることに浴すること"（Rothbaum et al., 2000, p.1100）は日本人の愛着関係の特徴を示すもので，母親と再会したとき，アメリカの子どもに比べてより依存的な行動を示すと論じています。"不安定－両価"型に関連する行動が日本における普通の**甘え**関係の特徴です。このことにより，日本ではこの分類型の子どもの率が高いことが説明できます。

ロスバウムらの結論

彼らは，論文の冒頭で，自分たちが"愛着の基礎に生物学的・進化論的な生得的傾性があることを否定するものではありません"（Rothbaum et al., 2000, p.1095）と述べていますが，"理論の中核となる仮説が，すべての文化に適応できるわけではないという証拠を示すことにより，……愛着理論の普遍性に疑問を投げかけます"（p.1102）と結論づけています。彼らは"愛着に関する新世代の研究と理論"（p.1102）を提案しています。徹底した研究と検証のプロセスを経た後に"2，3の愛着の普遍的な事実が残るでしょう。しかし，これらは，抽象的な原理（例えば，近接性や保護を求める，喪失したことで苦しむ）に限定されるでしょう"（p.1102）と予測しています。

コメント

パサーダ・ジェイコブス（Posada & Jacobs, 2001）

パサーダ・ジェイコブスは，ロスバウムらに対して，次のようにコメントしています。

ロスバウムらは，中国，コロンビア，ドイツ，イスラエル，日本，ノルウェー，アメリカのサンプルから得た証拠を見落としており，その証拠は，パサーダら（Posada et al., 1995）で提示したように，安全基地という現象の普遍性を支持しています。

また，感受性－安定性のリンクに関しては，"問題は，文化によって，感受性の高

い行動に違いがあるかどうかではありません"。違いがあることは，予想されていました。そうではなくて，"鍵となる問題は，感受性と安全性が関連しているかどうかです"（p.822）。さらにここでもまた，ロスバウムらは，コロンビア，チリ，日本での研究の証拠を軽視しており，これらの証拠は感受性－安定性のリンクを支持しています（もっとも，日本での初期の研究では，そのリンクは支持されていませんが）。さらに，ロスバウムらは，やりとりや身体的近接性や接触についての母親の好みを比較したところ，日米間に差が見いだされなかったという結果を見落としています。そして，利用できる証拠は，感受性－安定性のリンクの普遍性を支持しています。

　愛着理論家たちは，コンピテンスが安定性の1つの測度であるとも，安定性が直接に影響してできたものであるとも主張しないでしょう。安定性は，コンピテンスや他の結果に影響するたくさんの要因の中の1つでしかありません。"問題は，コンピテンスの定義に文化差があるかどうかではありません。むしろ，安定性が，理論がそうあるべきだと予測する社会化の結果と，関連しているか否かなのです"（p.822）。ロスバウムらは，日本の安定型の1歳児が，不安定型の乳児よりも，自分の母親により従順で，好奇心が強く，仲間とうまくやっていくコンピテンスがあるという結果を見落としています。

チャオ（Chao, 2001）

　チャオは，ロスバウムらが文化を様々な社会集団の価値や規範としてではなく国家として定義している，そのおおような（cavalier）態度を批判しています。彼らは，こうしたとらえ方や，個々の問題と一般性の問題とをバランスよくとらえられていないことで，"理論的な破綻"（Chao, 2001, p.823）を来たしていると述べています。文化は，時が経てば変化し，ジェンダーや階級で異なって表現されます。もし愛着理論を，ロスバウムらが主張するように，"世界に存在する無限の数と多様性のある文化の，1つひとつに固有なものを'作り上げるとするなら'，無限の違いを持つ文化に，無限の数の愛着理論が存在することになるでしょう"。そして，"あまりにも理論が多くなりすぎれば，結果的に理論がないのと同じことになってしまいます"（p.823）。

ヴァン-イーツェンドゥアン・サギ（van IJzendoorn & Sagi, 2001）

　ヴァン-イーツェンドゥアン・サギは，皮肉なことにも，愛着における個人差がはじめて実証的に研究されたのが，ウガンダにおいてである（Ainsworth, 1967）ことを指摘しています。そして，愛着理論の普遍性や文化間の妥当性に関する研究は，それ以降，ずっと続けられています。彼らは次のように指摘しています。

ロスバウムらは，日本での愛着に関する実証的研究を選択的に引用しています。彼らの本文の中心部分で，彼らが引用していたのは，関連する研究6つの中の2つでしかなく，しかも彼らの主張の大部分は状況証拠にもとづいています。
　日本は，同質の文化ではなく，異なる地域でなされた愛着研究では異なる結果が示されています。例えば，東京で実施された研究（Durrett, Otaki, & Richards, 1984）は，西洋社会で見いだされた愛着型頻度の分布と類似した結果を示しました。ですが，札幌で行われた少ないサンプルを対象とした研究では，不安定－抵抗型の乳児の頻度が通常以上に見られました。ロスバウムらは，札幌の研究を，多くの日本の子どもたちが不安定型の愛着に分類されるという証拠として引用しています。しかし，新奇場面での分離は，乳児が20秒以上苦痛を感じているときには，終了させるべきであったのです。
　さらに，このコメント論文の中で，ヴァン‐イーツェンドゥアン・サギは，1つの研究について言及しています。その研究では，まず日本の母親は，理想的な子どもについて述べるように求められます。次に，その記述を，甘えや愛着や依存の概念について専門家たちが同意した定義と比較されました。その結果，母親たちは明らかに安定型の子どもを好んでいました。この研究では，また感受性と安定性との間に強い連関があることが見いだされました。
　また，ヴァン‐イーツェンドゥアン・サギは，同一文化内での個人差のほうが文化間の個人差よりも大きいかもしれないと述べています。しかし，ロスバウムらの選択的なレビューでは，彼らは，愛着の普遍性と規範性を反駁するだけの新しい実証的証拠を出していませんでした。

コンドウ‐イケムラ（Kondo-Ikemura, 2001）

　コンドウ‐イケムラは，ロスバウムらが，日本人のサンプルにおける愛着理論の妥当性を明確にする重要な実証的結果を見落としていると批評しています（p.825）。さらに，ロスバウムらは，測度の意味を誤解したり歪曲したりしていると述べています。
　ロスバウムらが言及しなかった日本での研究では，愛着の安定性と母親の感受性との間に，また母親の安定性と子どもの安定性との間に有意な相関があることが見いだされていました。
　ロスバウムらが言及していない2つの研究では，研究者たちは，愛着の測度（愛着Q分類法と成人愛着面接の中の未解決尺度）を日本人のサンプルにあわせて修正していました："研究する者は，文化的なバイアス（歪み）を持っていなければなりません。そして，その文化での行動レパートリーを十分に意識して，適切に概念を評価しなけ

ればなりません。研究がより注意深く実施されればされるほど，結果も愛着理論により一致したものとなります"（p.825）。

ロスバウムらは，"愛着理論の文化間の妥当性を反駁する実証的証拠を提示することができません"。日本人研究者のコンドウ-イケムラは，ロスバウムらの論文が"日本人の科学的態度を変化させようとする，事実の裏づけのない外国（アメリカ）からの圧力の（もう1つの）例にならないことを望みます"（p.826）と述べています。

ジヤード（Gjerde, 2001）

ジヤードは，愛着研究において文化的な問題に十分な注意が払われてこなかったことに同意しながらも，ロスバウムらの根拠と結論には問題があると強く感じています。感受性やコンピテンスは，その地域の言葉で定義されるでしょうし，文脈に応じて愛着型の度数分布に変動があったとしても，それは理論には何の問題にもならないと述べています。

ジヤードは，ロスバウムらを愛着理論に対して"異文化視する見方（exoticising gaze）"を向けていると批判しています。日本文化のユニークさについての理論は，1つの決まったパターンを持っています：すべての日本人は，ある特殊な特徴（例えば，**甘え**）を共有しており，同質性が強調され，その特徴は他の文化にはほとんど関連性がなく，しかもそれは長い間，日本の中で広く一般に存在してきたのだろうと考えられているパターンです。心理学者が日本を西洋から理解しようとするときに注目する特徴は，普通，依存や社会的調和です。ジヤードはそのような考え方が，他の民族集団の"文化的市民権（cultural citizenship）"を剥奪する危険性を潜在的に持っており，"ロスバウムらは自分たちの行った日本文化についてレビューがどのような政治的前提に立ち，それがどのような意味を持つのかをもっと詳細に検討したほうがよいでしょう"（p.826）とコメントしています。

ロスバウムらの回答（Rothbaum et al., 2001）

ロスバウムらは，2000年の論文で様々な研究について言及できなかった点に関して，次のように回答しています。すなわち，感受性－安定性仮説の普遍性について自分たちが持っている懸念は，"これらの構成概念の西洋を基盤として作られた測度で相関が見いだされるかどうかの問題をはるかに越えていました"（pp.827-828）と述べています。さらに，西洋の感受性や安全基地の査定方法を日本人に適用することは，これらについての日本人のとらえ方が大きく異なっているので不適当です，と述べています。

ロスバウムらは，何人かのコメンテイターからなされた指摘，すなわち文化によって親の感受性や社会的コンピテンスの表わし方が異なるということは問題ではないとする指摘に反対しています。そして，"彼ら（研究者ら）が問題にしている構成概念が十分に定義されていないとき，仮説が何を意味するかはわかりません"（p.828）と指摘しています。

　ロスバウムらは，5つのコメント論文のうちの4つでなされていた批判を取り上げ反論しています。その批判とは，ロスバウムらが愛着の地域文化固有な（土着の，indigenous）心理についての論文で主張したことが，"これまでに西洋の愛着理論が行ってきた価値ある貢献を捨て去ろうとするものです"（p.828）というものでした。彼らは，それに対して，（研究対象となっている異なる文化の参加者が定義するような）ストレス状況下での親子の自然なやりとりをビデオ録画するほうが，地域文化固有な心理を探求するには特に有効的な方法になると述べています。さらに彼らは，文化に固有な愛着理論を検討する中から，"すべての人間に共通する感受性やコンピテンスや安全基地などの特性（propensities）を記述してくれるような豊かな理論が生まれるのではないでしょうか"（p.828）と強く主張しています。そして，西洋人が"アイディアの国際マーケット"で指導権（ヘゲモニー）を持っているので，"自分たちの開発した理論を世界中のすべての人間に適用しようとしてしまうのです"（p.828）が，むしろ，愛着理論は文化的多様性を系統的に研究することで，特に"愛着理論家たち自身がそれを率先するとき，より豊かなものになるでしょう"（p.828）と述べています。

　最近，ベーレンズ（Behrens, 2005）は，札幌で行われた研究の愛着分類の問題を再検討しました。45名の日本の母親と平均6歳の子どもを対象に，成人愛着面接（AAI）と6歳児用のメイン・キャシィーディの分類基準（Main & Cassidy, 1988）を用いた研究で，ベーレンズは，不安定型の母親がより不安定型の子どもを持つ傾向があること，また不安定型の愛着には（以前の札幌研究とは異なって）1つの型以外のものがあることを見いだしました。また，比較的多くの割合の子どもが"非体制型"や"分類不能"に分類されていましたが，母親の"未解決"の心の状態が子どもの"非体制型"愛着と相関することを見いだしました。

要約

　エインスワースのウガンダやバルチモア（アメリカ）の研究に始まり，その後，他

の多くの異文化での研究がなされ，それらの研究では愛着理論がいろいろな文化に適用できることを見いだしてきました。また，この理論の適用可能性は，ロスバウムらの論文に対するコメントによってさらに支持されましたし，最近のベーレンズの研究によっても確認されています。文化によって異なるのは，母親の感受性の表出の仕方であったり安全基地行動の表われ方であったりします。このような行動上の違いは，理論の適用可能に関する妥当性を否定するものではありません。

第 2 部

愛着と養育の査定[★1]

第7章

はじめに

　愛着や養育の性質を概観するにあたっては，まず，それらがどのようにして査定されるのかを検討することが必要です。どんなにその理論に説得力があったとしても，その構成要素を査定したり測定したりする方法がなかったとしたら，その理論は使い物にはなりません。信頼性のある査定法がなければ，その理論を検証することも，その理論を介入などの実践に応用することもできません。[◆2]

　以下に述べるものは，利用可能な査定法すべてを網羅したものではありません。古典的なもの，広く用いられているもの，あるいは近年開発され潜在的に臨床的有用性が示されているものについて報告します。

★1　"査定"（assessment）という用語が，"測定"（measurement）という用語に比べて好んで用いられてきました。このことは，エインスワースの流れをくんでおり，彼女はマーヴィンとのインタビューの中で（Ainsworth & Marvin, 1995），測定は"正確な量あるいは等間隔の順序に対して数字を割り当てる"ことを意味していると指摘しています。さらに彼女は続けて，"パターンの分類や行動記述のマッチングに焦点を当てているので，査定という言葉を用います"（p.10）と述べています。このことは，本書第2部に含めた測定道具の一部（そこでは，数量的得点化がなされています）を，測度（measure）◆1と表現するほうがより正確であることを否定するものではありません。

◆1　測定（measurement）と測度（measure）は同じではありません。測定とは，ある属性における数量や質的違いを表わす記号に置き換えることを言います。それに対して，測度とは，ものさしそのものを指しています。ですから，測定とは，ある長さを5cm，1mといった数値に置き換えることで，測度は長さの計測道具それ自体を指しています。心理測定での測度とは，例えば，不安尺度，自尊感情尺度，記憶の再生項目数などを指します。

◆2　理論の妥当性や有効性は，その理論から予想されることを測定可能なものに置き換え，数量的に検証することで，はじめて実証できます。またその理論の実践への応用の有効性も，その理論にもとづく介入法や治療法の効果を数量的に測定できてはじめて，検証することができます。逆に，こうした実証性のない介入法は，本当に有効なのかどうかがわかりません。なお，愛着理論にもとづく介入の有効性を検証した研究は，第16章，第17章でレビューされます。

第 7 章　はじめに

愛　着

　愛着の査定については第8章で述べます。前述したように（第2章），愛着とは行動システムのことです。子どもは，養育者との経験にもとづき，自分が愛着に関連する行動をしたときに期待できる養育者からの応答についてイメージやスキーマを形成します。そしてそれらは，愛着対象や自己についての内的作業モデルへと統合されるようになります。したがって，愛着は，愛着システムが喚起されたときに観察される行動を通して，すなわち愛着についての子どもの作業モデルへアクセスすることによって，査定することができます。ただここで，行動と内的表象の区別は，それほどには明確ではないということを思い出してほしいと思います。子どもが示す行動は，内的作業モデルにもとづいています。ですから，もし子どもが行動の基礎にしているそのようなモデルを持っていなかったとしたら，子どもの行動はまさにランダムにしか見えないでしょう。しかし，小さい子どもの場合は，基礎にある内的作業モデルが行動として表わすものしか測定することはできません。後に子どもがそれらのモデルを直接的に表現しうるようになってからはじめて，内的作業モデルへのアクセスは可能となります。

　愛着について最もよく知られた査定法は，新奇場面法（Strange Situation Procedure）です。この方法では，愛着システムを活性化する特定のストレッサーに反応して示される子どもの行動が査定されます。この方法は，最も"純粋な"行動査定法です。ですが，上述したようにこの方法により，子どもがどのような作業モデルを形成してきたかを推論することができるのです。というのは，この方法は，子どもの行動の体制化を見いだそうとするものだからです。

　Q分類法（Qソート法，Q-sort techniques）のような観察測度もまた，行動を査定しています（114ページ参照）。この方法は，日常場面での比較的長時間の観察にもとづいていて，愛着システムを活性化するために特別のストレッサーを導入することはしませんが，それらストレッサーは観察の過程において自然に発生するであろうと仮定しています。

　第2グループの査定法では，愛着についての子どもの作業モデルや内的表象にアクセスしようとする試みがなされています。それは，様々な方法によってなされます。

◇1　新奇場面法では，約20分程度の観察を行うのに対して，愛着のQソート法では1時間30分以上の観察を行います。

行動　　　　　　　　　　　　　　　　　　　　　　　　　　　　内的作業モデル

　↓　　　　↓　　　　　↓　　　　　　　　　　　↓　　　　↓

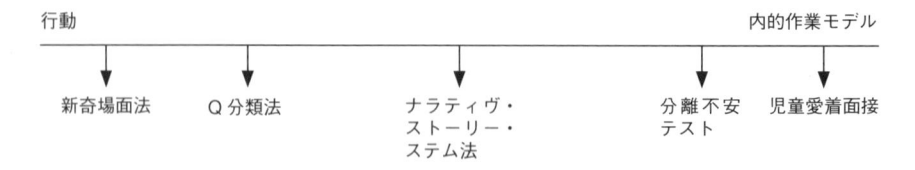

新奇場面法　Q分類法　ナラティヴ・　　　　　分離不安　児童愛着面接
　　　　　　　　　　ストーリー・　　　　　テスト
　　　　　　　　　　ステム法

図 7.1　主要な愛着査定法によって査定されるものの連続軸

通常，それは，児童愛着面接（Child Attachment Interview：CAI）のように，子どもに直接質問をするか，一般的に愛着に関連するテーマに対する子どもの反応を査定するかによってなされます。分離不安テスト（Separation Anxiety Test）やこれに関連する絵画にもとづいた愛着査定法は，CAIのような"純粋な"内的作業モデルの査定法と非常に似通っています。ナラティヴ（語り）／ストーリー・ステム法（narrative or story stem techniques）は，内的作業モデルと行動とが組み合わさったものを査定します。その際の行動は，子ども自身が行ったものではなく，子どもが人形や動物の玩具を介して演じた行動について査定を行います（上記のすべての愛着査定法の関係については，図 7.1 を参照してください）。

なお，子どもの愛着の査定方法に加えて，成人愛着面接（AAI）についても，後で紹介します。

養　育

第 4 章で述べたように，愛着システムと相補的な関係にある養育者の行動システムが養育行動システムです。第 9 章では，養育者に焦点を当て，養育者の子育て行動や子育てに関する表象を査定する方法を紹介します。行動と表象の区別がなされていますが，愛着の場合と同じように，養育者によって示される行動は内的表象にもとづいているということを思い出していただきたいと思います。

愛着理論に対する証拠ベースを構築していく初期の段階において，エインスワース（Ainsworth, 1969b）は，愛着パターンの違いにつながる養育の要素や質を探索し記述しました。この結果，養育者の感受性に対する一番はじめの査定法である**母親感受性尺度（Maternal Sensitivity Scales）**が生み出されることになりました。この査定法は，養育者の行動観察にもとづいています。十数年後，エインスワースとともに働いていたクリッテンデン（Crittenden, 1979-2004）は，ケア指標（CARE-Index）を考

案しました。養育者の感受性は中心的構成概念のままですが、この査定法では、焦点が親子のやりとりへとわずかにシフトしています。それ以後、愛着の非体制化の先行因として仮定されている非典型母親行動の査定法が開発されました。この方法は、アンビアンス（Atypical Maternal Behavior Instrument for Assessment and Classification：AMBIANCE、非典型母親行動の査定分類法）と呼ばれています（Bronfman, Parsons, & Lyons-Ruth, 1993, 1999）。妥当性についてはさらに検討を行う必要がありますが、これは潜在的には、特にハイ・リスク群において、非常に有用な査定法となりそうです。この章で述べる養育者の行動観察にもとづく査定法の最後のものが養育者行動分類システム（Caregiver Behavior Classification System）です（Marvin & Britner, 1996）。この査定法は、養育者についての10の評定尺度から構成されており、感受性についてのみ測定を行うものです。この方法は、私たちが養育の複雑性をさらに理解しようとするときには重要な手助けとなる可能性が高いものです。

　養育者の行動を査定する様々な方法についてレビューする中で、それぞれの手続きは養育者の行動の異なった側面を検討していることが明らかになってきました。したがって、どの手続きを用いるのかという選択は、特定の臨床的問いやリサーチ・クエスチョンに左右されます。

　親の表象に焦点を当てた2つの査定法についても述べます。親発達面接（Parent Development Interview：PDI）は、自分の子どもについて、親としての自分自身について、そして子どもとの関係についての親の表象を査定しています。この改訂版には、親の内省機能についてのコード化も含まれています。最後に、養育経験面接（Experiences of Caregiving Interview）について述べます。PDIにもとづき作成された臨床スタイルの半構造化された集中面接は、養育についての母親の内的作業モデルを査定しています。

愛着や養育の査定法についての説明の提示形式

　まず、導入部分では、それぞれの査定法や、場合によっては関連する一群の査定法についてその理論的背景を述べます。そしてそれぞれの査定法について、以下の見出しにもとづき、その詳細を述べます。

- **誰がいつその査定法を考案したのか？**　著者（作者）とオリジナル版の公刊年。
- **改訂版は存在するのか？**　改訂版の詳細と現在利用できるバージョン。

- **何を査定しているのか？**　連続軸モデル（図 7-1）に従って，査定法が何を査定ないし測定しているのか，すなわち行動かそれとも表象か，について述べます。そして，査定によって生み出される結果の種類についても述べます。つまり，査定結果として出されるものが，カテゴリカルな分類（例えば，新奇場面法での安定型や回避型）なのか，あるいは愛着に関連した特定の次元における数量得点（例えば，愛着 Q セットの安全性得点，114 ページ参照）なのかについて述べます。
- **どの年齢層に対して用いるのか？**　著者が査定法の適用を奨励している年齢の範囲について述べます。
- **方法**　どのようにして査定法が実施されるのか，そして得点化や評定手続きはどのようなものなのかについて述べます。
- **信頼性**　査定法の信頼性に関する別々の研究から得られたデータについて，その要約を述べます。著者と公刊年については，論文の簡潔な要約を明示することが必要な場合には，それも含めて脚注（★部）に述べます。信頼性には，様々な種類があります。これらについては，後述する"研究や統計に関する専門用語の解説"のところで述べます。
- **妥当性**　妥当性とは，ある変数の操作的定義が，理論の真に意味していることを実際にどのくらい反映しているのかに関わっています[◆3]。妥当性の説明やそれを査定するために用いられる様々な方法については，以下の"研究や統計に関する専門用語の解説"において述べます。
- **臨床的有用性**　査定法の信頼性や妥当性，そしてその実施のしやすさに関して今までに言われていることにもとづき，それが臨床場面でどのくらい有用なのか（役に立つか）を要約します。その有用性を査定するにあたり，その査定法を訓練したり実施したりするときや査定結果を出すときに必要な時間やリソース（資源）についても，考慮に入れました。もし結果を容易に解釈できなかったり，あるいは査定法の実施や得点化が非常に困難であったりコストが非常にかかったりする場合は，その査定法は臨床的に有用ではないとみなされます。

◆3　妥当性とは，"ある測度が測定しようとしているもの（現象）をどれだけ正確に測定できているかの程度"を言います。ですから，"ある測度の妥当性が高い"ということは，その測度が，測定しようとしている現象を非常に正確にとらえられていることを意味します。

第7章　はじめに

研究や統計に関する専門用語の解説

クラスター分析

クラスター分析（cluster analysis）は，ケース（例えば，調査対象者，出来事）を等質なグループ（クラスター）へ分類する統計技法です。結びつきの程度は，同じクラスターに分類された調査対象者同士では強く，逆に異なったクラスターに分類された調査対象者同士では弱くなります。

相関係数

2名の異なった評定者から得られたデータであれ，2つの異なった時点において得られたデータであれ，2つ以上の得点間における一致度を査定するためには，主に2つの統計量が用いられます。連続変量データについては，一致度の査定は，相関係

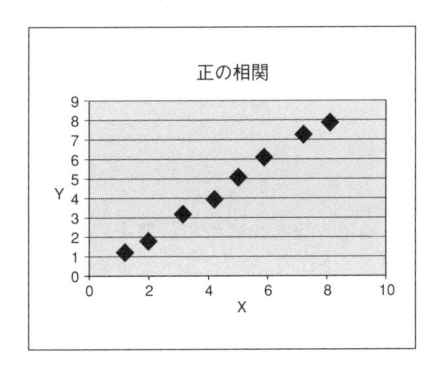

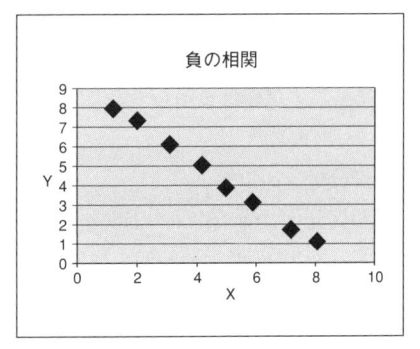

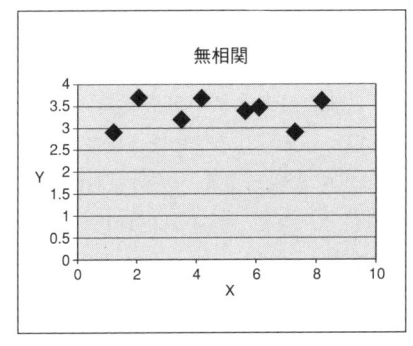

図 7.2　相関係数

数（Correlation coefficient）を用いて行われます。カテゴリカル・データについては，通常，**カッパ統計量**が用いられます。相関係数とは，2つの変数がどれだけ密接に関係しているのかを表わす.00から1.00の間の値です。そして，.00は相関関係がないことを示し，1.00は起こりうる中で最も強い相関関係があることを示します。相関を記す際に最もよく用いられる統計量は，ピアソンの積率相関係数（Pearson product-moment correlation coefficient）であり，そこでは r という記号が用いられます。r の値は，.00から1.00の間を変動します。ピアソンの r は，また，相関関係の方向性をも示しています。.00から＋1.00はポジティブな方向での関係を，.00から－1.00はネガティブな方向での関係を示しています。ポジティブな相関関係は，一方の変数が増加すれば他方の変数も増加することを示しています。ネガティブな相関関係は，一方の変数が増加すれば他方の変数は減少することを示しています（図7.2参照）。符号がプラスであってもマイナスであっても，r が1.00に近づけば近づくほど関係の度合いはより強くなります。.50を超える相関は，2つの変数間に比較的強い相関関係があることを示していると考えられます。査定法に**信頼性がある**とみなされるためには，.70以上の相関係数が期待できることが必要となります。しかし，ある状況では，特に非常にサンプル・サイズが大きい場合には，.50を下回る係数であっても，許容できる程度の**信頼性**を示しています。

偏相関分析

　偏相関分析（partial correlation analysis）の目的は，第3の変数の影響を取り除いた後で，2つの変数間の相関を検討することです。この分析法は，第3の変数の影響によって2つの変数が関連しているかのように見えてしまう誤った相関や第3の変数によって隠れてしまっていた相関を見つけ出すのに役立ちます。

2種類のデータ

　愛着の査定や測度には，2種類のデータがあります。1つは，カテゴリカルなデータで，単一のカテゴリー評定が与えられることを意味します。もう1つは連続変量データで，数量的尺度での得点を意味します。一例をあげると，100～200cmの尺度で測定された身長は連続変量データです。それに対して，"非常に低い""低い""平均的""高い""非常に高い"として報告された身長は，カテゴリカルなデータです[◇2]。

[◇2] "非常に低い"から"高い"という評定は連続変量データとして扱われることもありますが，ここでは，本来，得点にバラツキがある調査対象者を，例えば，"非常に低い"という単一のカテゴリーに割り振るということを強調するために，この評定をカテゴリカルなデータとしています。

効果量（効果サイズ，エフェクト・サイズ，effect size）

2つの変数間にある関係が統計的に有意なものかどうかを知ることに加えて，それがどのくらいの大きさなのか（効果量）を知ることもまた有用です。効果量により，この関係の強さを確定することができます。

因子分析（factor analysis）

因子分析とは，本質的には，多数の変数を含んだ複雑なデータ・セットの背後にある（基礎をなす）因子を同定するために考案されたデータ還元技法です。この技法は，多数の変数を取り上げ，それらの間にある相関や関係を調べることで，それらの変数をまとめ上げる大きな因子をいくつか同定します。この技法は，変数がどこで"共変動"しているかを調べます。なお，"共変動する（co-vary）"とは，調査対象者の回答が同じように変動する傾向を持つことを意味します。例えば，性格テストの質問紙には100項目の質問があります。これら100の変数は，個々に検討を行うとしたら非常に扱いにくいものですが，因子分析を用いるとこれらの変数には5つのグループ（因子）に集約される傾向があります。そして，これら5つの因子は，相互に関連（相関）がありません。社交性に関する質問への回答は，共変動する傾向があるかもしれません。気質や不安に関する質問も同様です。ですから，因子分析は，5つの因子を同定しています。これらを用いることにより，煩雑なデータをより簡潔に記述したり探索したりすることができるのです。いったん因子を同定したら，その固有値を検討することが可能となります。固有値とは，因子が変数間の分散をどの程度よく説明しているのかを表わしています。固有値が1以上であれば，通常，因子は変数をよく記述しているとみなされます。◇3

カッパ統計量

カテゴリカル・データでは，カッパ統計量（Kappa statistic）が用いられます。カッパ統計量は，通常，2名以上の評定者が同じデータを複数のカテゴリーへと割り当てるときに，評定がどの程度一致しているのかを検討する際に用いられます。カッパ統計量は，また，異なった査定間や測度間の対応性を検討する際にも用いられることがあります。**相関係数**と同様に，カッパ値（κという記号が用いられる）は，完全に一致していることを示す1.0から，まったく一致していないことを示す.0の間の値を

◇3　固有値にもとづく因子数の決定としては，固有値の推移にもとづくスクリー法と固有値1以上という基準がよく用いられていますが，固有値1以上という基準は，厳密には，因子分析ではなく，主成分分析の基準です。

取ります。κの符号がマイナスの場合には，評定者が互いに同じカテゴリーに割り振ることを避ける傾向があるというネガティブな一致度があることを意味します。カッパ値が .70 以上であれば，通常，よい一致率があるとみなされます。しかし，これよりも低いカッパ値でもなおかつ，高いレベルの一致率を示しうることがあります。それは，より複雑なデータ・セットである場合やサンプル・サイズが小さい場合です。こうした場合では，カッパ統計量は高いレベルに達しないことがありますが，それでもよい一致率を意味していることがあります。

信頼性（Reliability）

すべての査定や測度には，2 つの要素があります。すなわち，①変数における"真の"得点と[4]，②測定誤差です。ある査定や測度は，測定誤差のレベルが低い場合には，信頼性があるとみなされます。真の値と誤差を直接的に観察することは不可能ですが，私たちは多くの方法で信頼性を査定することができます。信頼性とは，ある査定法が，いつ実施されたのかや誰が実施したのかといったような状況要因に影響されることなく，査定していると主張している構成概念を査定できるかどうかを表わしています。このことを説明するためによく用いられる簡便な説明に，ものさしをイメージするというものがあります。ものさしは長さを測定するために作られたものですが，ものさしを作るために用いられた素材が，気温の変化に伴って大きく伸張したり収縮したりするものであったら，そのものさしには信頼性があるとは言えません。このものさしを用いて異なった 2 時点で同じ距離を測定したとしたら，距離そのものの変動ではなく，気温に左右され，異なった測定値を示すことでしょう。また，ものさしは基準的な測度であり，2 名の人が異なったものさしを用いたとしても同じ測定値を得るであろうということが保証されています。上述したように，信頼性は多くの方法で確かめることができます。本書の中で触れるそれらの方法については，この後で，簡潔に説明します。

◆4　"真の"得点（値）とは，ある測度（ものさし）で測定した得点（値）から，測定誤差を差し引いたものを言います。その理由は，本文中に説明されているとおりです。すなわち，物質（現象）でも心理（現象）でもそれを測定するとき，必ずいくらかの測定誤差が生じます（特に心理現象ではそうです）。例えば，ある心理現象（性格）をある測度や検査法（性格検査）を用いて測定するとき，被検査者内の要因（例えば，体調や気分，検査材料・尺度項目への反応の仕方，場所など），測定者内・間の要因（例えば，体調，場所，被検査者，検査の熟練度など）によって，測定結果が影響されることがあります（被検査者が自分 1 人で回答するか，面接形式で受けるかによっても影響されます）。ですから，"よい測度（検査法）"とは，こうした影響を最小限にし，いつも誰が実施しても同じ結果が得られるものを言います。そして，それを確認するのが信頼性の検証です。

第7章　はじめに

評定者内信頼性

　評定者内信頼性（Intra-Rater Reliability）とは，同じ評定者が，異なった時点で，ある調査対象者に対して一貫した得点をつけているかどうかということです。評定者内信頼性は，同じ評定者に，ある調査対象者に対して2度得点をつけることを求めることで査定できます。評定者は，ビデオや他の録画・録音機器を用いて，1つのセッションに対して2回以上にわたり，あるいは同じ調査対象者に対して異なった2時点で得点をつけます。もし評定者が一貫した得点を調査対象者に対してつけていたとしたら，その得点は調査対象者の持つ特徴を意味していると言えるでしょう。しかし，もし評定者が同じ得点をつけて**いなかった**としたら，その得点は，調査対象者の（持つ）何かを示しているというよりも，むしろそのときのテスト・セッション中にあったある条件についての何かを反映していることになります。評定者内信頼性は，評定者が同じ判断を下した回数のパーセンテージ，**相関係数**，あるいは**カッパ統計量**を用いて報告することができます。

評定者間信頼性

　評定者間信頼性（Inter-Rater Reliability）とは，2名の異なった評定者が同じ調査対象者に対して同じ得点をつけているかどうかということです。評定者間信頼性は，2名以上の評定者に，同じ時点あるいは異なった時点のいずれかにおいて，ある同じ調査対象者に対して，独立して得点をつけるよう求めることによって査定されます。もし2名の評定者が同じ得点をつけていたとしたら，その得点は調査対象者の何らかの特徴を表わしていると考えられます。もし同じ得点をつけていなかったとしたら，その得点は，調査対象者の何かと関係があるというよりもむしろ，評定者により関連があると言えるでしょう。評定者間信頼性は，**相関係数**，**カッパ統計量**，パーセンテージを用いて報告することができます。パーセンテージを用いる場合には，2名の評定者がつけた評定や得点が一致していた回数について報告する必要があります。

再テスト信頼性（時間的安定性（stability）としても知られている）

　再テスト信頼性（Test-Retest Reliability）とは，異なった時点での査定や測度において，調査対象者が同じ評定や得点を受け取るかどうかを意味しています。再テスト信頼性は，知能のような時間の経過に伴ってかなりの一貫性が期待される変数にのみ適していますが，気分や発達の熟達度（developmental attainment）のように時間の経過に伴って変化するものには適していません。愛着理論では，子どもの愛着行動は，内的作業モデルがあるために，子どものいる環境に特に変化がないかぎり，ある程度

99

の時間的安定性があることが予測されています。ですから，2度の査定を長い時間を空けて実施した場合でも，完全な一致が得られることはないでしょうが，ある程度のレベルの時間的安定性は見いだされることが予想されます。そして，実際にそのような安定性が見いだされたとき，この査定法には信頼性があると言えるでしょう。再テスト信頼性は，通常，**相関係数**や**カッパ統計量**によって報告されます。

有意性：p 値

時として，信頼性と妥当性が p 値を用いて報告されることがあります。p は確率のことを意味しており，ある出来事や結果が偶然に起こる見込み（可能性）を表わしています。ここで言う確率とは，ある出来事が偶然に起こるということに関するものです。1.0 という p 値は，ある出来事が偶然によって必ず起こるだろうということ，すなわち偶然そうなる確率は 100％ であることを意味しています。.0 という p 値は，ある出来事が偶然によっては起こらないということ，すなわち偶然そうなる確率は 0％ であるということを意味しています。統計的に有意だとみなすためには，通常，ある出来事が偶然によって起こる確率が 5％ より小さくなければなりません。言い換えると，p は，.05 より小さくなければなりません。p 値が .0 に近づけば近づくほど，出来事はより有意であるとみなされます。.05 より小さい p 値（$p < .05$ と表記）は，結果の確からしさを示すために報告されます。時どき，p の実際の数値が報告されずに，"統計的に有意ではありません" と述べられることがありますが，このことは確率が 5％ より小さい値に達しなかったことを意味します。◆5

妥当性

妥当性（Validity）は，ある査定が有用なものであるためには，非常に重要です。妥当性とは，ある査定法が査定していると主張しているものを本当に査定しているかどうかを意味しています。例えば，もし新しく考案された質問紙が調査対象者の野心のレベルを査定していると主張しているとしたら，妥当性があることを示すために，この質問紙が本当に野心を査定していることを実証する必要があります。そのためには，この質問紙が，回答者の知能や質問紙に回答しようとする動機づけ，調査者の意図に沿って回答してあげようとする回答者の気持ちなどを測定していないことを，実

◆ 5　相関値の高さと有意性の高低を区別しておくことは大切です。例えば，$r = .20$，$p < .01$ と $r = .70$，$p < .05$ では，前者は確率的には有意ですが，2変数間の関係は弱いと言えます。それに対して，後者のほうが確率的には有意性は低いですが，変数間の関係が強いことを意味しています。ですから，p 値だけにとらわれていて，変数間の関係の強さを見落とさないことが重要です。

証する必要があります。愛着で言うと，査定されているのが，まさに愛着の質であり，子どもや母親あるいはまったく関係のないものの別の側面ではないということを，実証する必要があります。本書で触れる妥当性を確認する方法については，この後で，簡潔に説明します。なお，妥当性は，1つの方法による1回の検討で確立されることはめったにありません。ですが，検討を重ねていけば確立しうるものであるということを知っておいて下さい。

構成概念妥当性

　構成概念妥当性（Construct validity）とは，査定法や測度の操作的定義が理論の真の意味していることを実際に反映している程度です。

併存的妥当性（収束的妥当性（Convergent validity）としても知られている）

　併存的妥当性（Concurrent validity）とは，査定法の結果と他のより妥当性が確認された査定法の結果とを比較するという方法によって検証されます。査定法は，同じ種類の行動の査定法として広く受け入れられている"ベンチ・マーク"や"ゴールド・スタンダード"◇4と比較されます。愛着研究では，例えば，多くのストーリー・ステム法は，同じ時点での親や観察者が行ったQ分類法での査定結果と比較されてきました。新しい査定法での得点が，同じ調査対象者に対して，すでに妥当性があることがよくわかっている他の測度で得られた得点と一致することが実証できた場合には，これら2つの査定法は，その調査対象者の同じ側面を測っていることになります。しかし，ここで注意すべきことがあります。すなわち，この新しい検査法は必ずしも，その方法が査定していると主張しているものを査定しているということを実証しているわけではありません。むしろ，それは単に，オリジナルの査定法（すでに妥当性が確立されていると言われている方法）が査定しているものと類似した何かを，この新しい方法も査定していることを証明しているだけなのです。そして，もしオリジナルの方法の前提が誤っているとしたら，実際には，どちらの査定法も査定していると主張しているものを査定していないということになります。併存的妥当性は，通常，一致率（％），**相関係数**，**カッパ統計量**によって検討されます。また**因子分析**を用いることによっても検討することができます。

◇4　この両者は，基本的には，その分野における評価基準を指しています。

弁別的妥当性

弁別的妥当性（Discriminant validity）とは，併存的妥当性と密接に関係するもので，査定法が理論的に無関係な変数を査定していないかどうかに関わるものです[◆6]。もし弁別的妥当性が実証できなかったとしたら，その査定法には，査定しようとしていた変数以外の変数をも測定している可能性があります。弁別的妥当性は，**カッパ係数**，**相関係数**，パーセンテージを用いて検討されます。

予測的妥当性

予測的妥当性（Predictive validity）とは，ある特定の査定法によって得られた評定や得点が，理論から予測されるパフォーマンスや行動を予測しているかどうかということです。先に述べた野心を査定するための質問紙を例にするならば，もし理論が，調査対象者の野心のレベルは職場での地位と関連していると言っているのであれば，その査定法での調査対象者の評定や得点は，5年後のキャリア・アチーブメント（達成）と関連していることが予測されます。愛着理論では，安定型愛着を持つ子どもは独立性を発達させうると言っています（第11章参照）。したがって，18か月時点での愛着測度での子どもの査定結果が，5歳時点での学校の中でのその子どもの独立性のレベルを予測することが期待されます。もしこのことが実証できたならば，その査定法は予測的妥当性を持っているということができます。予測的妥当性は，通常，**相関係数**，パーセンテージ，**効果量**を用いて検討されます。

分散分析（ANOVA）

分散分析（analysis of variance：ANOVA）とは，3つ以上の群（サンプル）を比較するための統計法です[◆7]。分散分析は，サンプル間のどこかに違いがあるかどうか，あるいはそれらのサンプルすべてが，同じ母集団（population）からきているかどうか

◆6 　測度は，理論的に相関があると予想される構成概念（の測度）とは相関していなければなりませんし，理論的に相関することが予想されない構成概念（の測度）とは相関してはいけません。このように測度には，理論的に相関することが予想されるものとそうでないものを弁別する力が必要です。

◆7 　サンプル（sample），群（group），母集団（population）という用語が，本書を通して出てくるので，簡単に解説を加えておきます。推計統計学では，ある母集団（例えば，日本人）についての愛着パターンの出現分布を調べたいとき，すべての日本人を調べることは困難ですから，日本人の中から無作為に人を選び出しています。こうして選び出された人たちが，サンプル（標本）です。これらの人の集団を群（グループ）と呼ぶこともあります。

　特に実験では，群という用語をよく用います。例えば，実験では，実験協力者を実験群と統制群にランダムに振り分け，実験群には実験操作（処遇）を与え，統制群（あるいは比較群・対照群とも呼ぶ）には何も与えません。この2群が無作為に母集団から抽出されているとすると，もし2群間に差が見いだされた場合，その差は，実験操作の影響であると推測できます。

を決定するために用いられます。そこでは，群間の得点の分散が，それぞれの群内の個人の得点の分散と異なっているかどうかが検討されます。これにより群（サンプル）間の差が，単に偶然の変動によって生じているか，あるいは真に群間に差があるのかを確定します。結果は，F 比で報告されます。その際，その F 比が統計的に有意かどうかを決定する p 値と一緒に報告されます。もし有意であれば，群（サンプル）は，有意に互いに異なっているということを示しています。概して，サンプルが小さければ小さいほど，有意となるためには F 比が大きくなる必要があります。愛着研究では，安定型と不安定型の子どもがある測度で異なった平均値を示した場合には，ANOVAは2群間の差が有意なものであるかどうかを決定するために用いられます◇5。もしその測度が安定型愛着と不安定型愛着を区別しているとするならば，その測度には妥当性があると考えることができます。

◇5　2群を比較する場合には，t 検定を用いても，分散分析を用いても，基本的には同じ結果となります。

第8章

愛着の査定法（アセスメント法）

子どもの行動観察にもとづく愛着の査定（アセスメント）

　愛着の安定性の最初の査定法は乳幼児のために開発されました。ですから，それらは愛着行動の観察的査定にもとづいています。これらの手法のねらいは，子どもの愛着システムが活性化されたときに喚起される行動や反応にもとづいて愛着の安定性を査定することです。愛着システムの活性化は2つのレベルで行われました。第1は見知らぬ人を部屋に入れることです。第2は養育者からの分離です。ここでの子どもの行動は，特定の対象（たち）との関係の中で子どもが発達させてきた内的作業モデルにもとづくものだと仮定されています。

　表8.1のリストは愛着の査定法を子どもの年齢順に並べたものです。

分離－再会手続き（Separation-reunion procedure）

新奇場面法（ストレンジ・シチュエーション法（Strange Situation））

誰がいつその査定法を考案したのか？
　エインスワース・ウィティッグ，1969年（Ainsworth & Wittig, 1969）。

改訂版は存在するのか？
　1978年，エインスワースら（Ainsworth et al., 1978）
　1986年，1990年に，メイン・ソロモン（Main & Solomon, 1986, 1990）

第8章 愛着の査定法（アセスメント法）

表8.1 愛着の査定法／測度

査定法・測度	誰が考案したか	いつ	対象の月年齢	何を査定しているか
新奇場面法（ストレンジ・シチュエーション法）（Strange Situation Procedure）	エインスワース・ウィティッグ（Ainsworth & Wittig）	1969	9〜18か月	行動
就学前期用新奇場面法（Preschool Strange Situation Procedure）	キャシィーディら（Cassidy, Marvin, & the MacArthur Working Group）	1987	3〜4歳	行動
愛着Qセット法（Qソート法，Attachment Q-set）	ウォーターズ・ディーン（Waters & Deane）	1985	1〜5歳	行動
メイン・キャシィーディの幼稚園児用愛着分類システム（6歳児再会手続き）（Main and Cassidy Attachment Classification System for kindergarten-age children（Sixth year reunion procedure）	メイン・キャシィーディ（Main & Cassidy）	1988	6歳	行動
分離不安テスト（Separation Anxiety Test）	クラッグスブラン・ボウルビー（Klagsbrun & Bowlby）	1976	4〜7歳	表象
4尺度付き分離不安テスト改訂版（Separation Anxiety Test with four scales）	スロー・グリーンバーグ（Slough & Greenberg）	1990		表象
分離不安テスト：長期間分離絵画版（Separation Anxiety Test using long separation pictures）	ジェイコブセンら（Jacobsen, Edelstein & Hofmann）	1994		表象
マッカーサー・ストーリー・ステム検査バッテリー（MacArthur Story Stem Battery）	ブレザートンら（Bretherton, Oppenheim, Buchsbaum, Emde & the MacArthur Narrative Group）	1990	3〜8歳	表象
ストーリー・ステム査定プロフィール（Story Stem Assessment Profile）	ホッジズ（Hodges）	1990	4〜8歳	表象
マンチェスター子ども愛着物語課題（The Manchester Child Attachment Story Task）	グリーンら（Green, Stanley, Smith, & Goldwyn）	2000	4〜8歳	表象
子ども愛着面接（Child Attachment Interview）	ターゲットら（Target, Fonagy, & Shmueli-Goetz）	2003	7〜12歳	表象
友だち・家族面接（Friends and Family Interview）	スティール・スティール（Steele & Steele）	2003	青年期早期	表象
児童青年期用愛着面接（Attachment Interview for Childhood and Adolescence）	アンマニーティら（Ammaniti et al.）	1990	10〜14歳	表象
青年用分離不安テスト（Separation Anxiety Test (adolescents)）	ハンスブルグ（Hansburg）	1972	11〜17歳	表象
成人愛着面接（Adult Attachment Interview）	ジョージら（George, Kaplan, & Main）	1985	成人	表象

何を査定しているのか？

新奇場面法が査定しているのは乳幼児が主要な養育者に対して向ける愛着行動です。ただし上述のように，この行動は子どもが持つ内的作業モデルの性質を反映しています。この方法によって，①主要な4分類のどれか1つへの分類と，②近接性希求，接触維持，回避，抵抗の4つの評定が7件法でなされます。さらに，上で述べた非体制性の程度について9件法により評定が行われます。

どの年齢層に対して用いるのか？

9～18か月までの乳幼児。

方　法

新奇場面法は構造化された手続きで，一連の3分間のエピソード◇1から構成されていて，エピソードが進むにつれて子どもへのストレスが徐々に増大するようになっていきます。これら一連のエピソードは，子どもの愛着システムを活性化し，子どもの反応を観察できるように考案されています。エピソードの順序は表8.2に概説しています。

これらのエピソードは実験室で行われます。この実験室には，子どもが没頭できるように玩具が備えつけてあります。実験室には通常，訓練を受けた観察者が子どもと親や実験者とのやりとりをコード化できるようにマジック・ミラーが備えつけてあります。ですが，エピソードであったすべてのことはビデオ録画もします。やりとりは次の観点からコード化されます。それは，子どもが探索をどのくらいするか，分離時に苦痛や苦悩をどのくらい示すか，そして最も重要なのが再会時に子どもがどのような行動を見せるかです。

エインスワースら（Ainsworth et al., 1978）は3つの主要な愛着パターンを同定し命名しました。すなわち，安定型（B），不安定－回避型（A），不安定－抵抗型（C）でした。また，それに加えて，これらを8つの下位グループに分けています。後にメイン・ソロモン（Main & Solomon, 1986, 1990）は，不安定－非体制／無方向型の愛着パターン（D）を同定しました。メイン・ソロモンは，新奇場面法で乳児を非体制型／無方向型であると判定する手順（1990）の中で，非体制性や無方向性の指標に7つの見出しをつけて，明確に定義しています。そして，その強度を評定するために9件評定尺度（"いくらか"から"極度に重篤な"まで）を作っています。（A，B，C，Dタイプの詳細な描写や記述，非体制性や無方向性の指標，9件評定尺度については，

◇1　エピソードによっては3分より短いものも長いものもあります。詳細は，表8.2を参照してください。

表8.2 新奇場面法の手続き

エピソード番号	その場にいる人	持続時間	行為の簡単な描写
1	母親, 幼児, 観察者	30秒	観察者は母親と幼児を実験室に導き入れて, 退出します。
2	母親と幼児	3分間	幼児が遊んでいる間, 母親は遊びに参加しません。2分後, 必要であれば, 元気づけて遊ぶようにうながします。
3	見知らない人 (ストレンジャー), 母親, 幼児	3分間	見知らない人が入室します。最初の1分間：見知らない人は黙っています。次の1分間：見知らない人は母親と会話をします。最後の1分間：見知らない人は幼児に接近します。3分経ったら, 母親は（子どもに気づかれないように）そっと退出します。
4	見知らない人と幼児	3分間かそれ以下（最長3分間）*	最初の分離エピソード。見知らない人の行動が, 幼児の行動に向けられます。
5	母親と幼児	3分間かそれ以上（最短3分間）**	最初の再会エピソード。母親は子どもに挨拶したり, 慰めたりします。そして, 子どもを再び遊びに取り組ませようとします。そして, 母親は"バイバイ"と言って退出します。
6	幼児だけ	3分間かそれ以下*	2度目の分離エピソード
7	見知らない人と幼児	3分間かそれ以下*	2度目の分離エピソードは継続したままで, 見知らない人が入室します。そして, 子どもに合わせて行動します。
8	母親と幼児	3分間	2度目の再会エピソード。母親が入室し, 子どもに挨拶し, 抱き上げます。その間に, 見知らない人はそっと退出します。

* 幼児が過度に苦悩を示した場合は, エピソード（の時間）が短縮されます。
** 子どもが遊びに再度没頭できるようになるためにもっと時間が必要なときは, エピソード（の時間）が延長されます。

第3章を参照してください)。

信頼性
● 評定者間信頼性

良好。4名による共同観察で高い相関が報告されています[1]。また、3つの主要な型への分類の手続きでもやはり高い相関が報告されています[2]。

> これらの結果から、次のことが示唆されます。新奇場面法の分類システムは、経験を積んだ評定者が使用する場合には満足のいく高い信頼性を示しますが、それほど経験を持っていない評定者の場合には一致度が若干低いということです。ですから、分類の一致度を高めるためには、事前の訓練をすることをすすめます (Ainsworth et al., 1978, p.46)。

メイン・ソロモン (Main & Solomon, 1990) は、研究室に新任で入ったコーダー(コード化する人)を使って、D/非D型について愛着の型の分類をさせ、評定者間信頼性を算出したところ77〜80%でした。

また、彼女らの報告によると、メインと他のコーダーとの一致率は、2つのハイ・リスク/虐待のサンプルで83%と94%でした。また、上述の研究の1つで、新奇場面法の4つのカテゴリーすべて(A, B, C, D)について一致度を検証したところ、研究室の人の間での一致度は88%でした。

妥当性
● 構成概念妥当性

判別(関数)分析 (Ainsworth et al., 1978) を行った結果、3つの主要な愛着パターン(A, B, C)は、相互に明確な相違を持ち、有意な違いがあることが示唆されています。このことから、愛着を分類するのにカテゴリーを用いたアプローチが妥当であり、カテゴリカルなアプローチで愛着パターンを特定できることが示唆されました。エインスワースらの3分類法の妥当性と、その後メイン・ソロモン (Main & Solomon,

---

★1 エインスワースら (Ainsworth et al., 1978) では、頻度を表わす測度では探索行動や泣きといった特徴との間に高い相関 ($r=.93$) が見いだされました。やりとり行動に関する測度との間でも、$r=.75$ (回避) から $r=.94$ (抵抗) までの高い相関を示していました。
★2 エインスワースら (Ainsworth et al., 1978) では、タイプAの一致率は96%、タイプBでは92%、タイプCでは75%でした。下位グループの場合では一致率がこれよりもっと低く、ズレが最も大きかったのは、下位グループA1・A2でした。

1986, 1990）によって同定された非体制／無方向型（D）の妥当性は，その後の数多くの研究で実証されています。

臨床的有用性

　これは，非常に広範に用いられており，非常に高く評価された技法（手続き）で，臨床的にも有用です。この技法により，有用なデータが得られます。このデータは，関係性を査定し，適切な介入を行うために利用でき，有用な情報を提供してくれます。しかし，この技法には，トレーニングを受けたコーダーが必要です。多くの臨床的な目的でこの方法を用いるのには，時間や金銭的なコストがあまりにも大きすぎるかもしれません。また，この技法は乳幼児用で，理想的には9～20か月齢の子ども用であることを心に留めておくべきです。

就学前期用新奇場面法（Preschool Strange Situation）

誰がいつその査定法を考案したのか？
　キャスィーディら，1987年（Cassidy, Marvin, & MacArthur Working Group, 1987）。

改訂版は存在するのか？
　1990年，1991年，1992年（Cassidy et al., 1990, 1991, 1992）。

何を査定しているのか？
　愛着行動。

どの年齢層に対して用いるのか？
　3，4歳の就学前児。

方　法
　もとの新奇場面法を用いてもかまいません。また，新奇場面法の修正版（養育者-子どもの3分間の再会を2回含むもの）を用いてもかまいません。この方法の分類システムから，以下の分類が得られます[★3]。

★3　カテゴリーの記述は，ソロモン・ジョージ（Solomon & George, 1999）やテッチ（Teti, 1999）によります。

● B　安定型
　親を安全基地として使用し，そこから探索を行います。再会時の行動とコミュニケーションは，落ち着いていてオープンで円滑です。

● A　回避型
　コミュニケーションは，人にとらわれず（脱愛着的で），淡々としています。親を身体的・感情的に回避しています。ただし，やりとりを完全に回避するわけではありません。

● C　両価（アンビバレント）型
　分離に強く抵抗し，再会時には近接性を強く求めます。赤ちゃんがするような恥ずかしそうな行動と微妙な抵抗とが入り混じった様子を示します。

● D　統制型（Controlling）
　あからさまに親を統制しようとする様子が見えます。親に対して懲罰的な行動と，自分が養育者であるかのような行動のどちらか，あるいは両方を示します。

　　懲罰的統制型：親に対して，怒ったり，罰を与えたり，屈辱を与えたりする行動や拒絶的行動を行います。
　　養育的統制型：親に対して養育行動を行います。親と子の役割が逆転していることがうかがわれます。
　　一般統制型：懲罰的な行動と養育的な行動の両方の特徴を持つ統制行動を，親に示します。あるいは，これら2つのタイプとは，類似しない他の統制的行動を示します。

● IO or U　不安定／その他型，分類不能
　子どもの示す行動が，上述のどの型の基準にも該当しません。

信頼性
　ソロモン・ジョージ（Solomon & George, 1999）は，"マッカーサーのグループでは[1]，結果を保証するには，少なくとも75％の一致率が必要と考えます"（p.298）と報告し

◆1　この技法を開発したグループのことです。

ています。ブリトゥナーら（Britner, Marvin, & Pianta, 2005）の報告によると，5カテゴリー分類で84％の一致率，安定型－不安定型の2分類で93％という高い評定者間信頼性が得られています。

妥当性

　テッチ（Teti, 1999）によると，構成概念的妥当性に関する証拠は'よくて，断片的なもの'◇2です（p.215）。キャシィーディ・マーヴィンの方法を用いた分類と表象に関する測度との間では，理論的に想定される対応関係が，安定－不安定の2分類法で検討した場合には認められました。ですが，上述の4つの不安定型を考慮に入れて検討した場合には，2つの研究でそれが認められませんでした。さらに，1つの研究では，キャシィーディ・マーヴィンの方法による分類と愛着Qセットとの間で，弱い関係しか得られませんでした。

臨床的有用性

　この方法は，就学前期児の愛着を査定するための有用なシステムのようです。

メイン・キャシィーディの幼稚園児用愛着分類システム（6歳児再会手続き）(Main and Cassidy Attachment Classification System for kindergarten-age children（Sixth year reunion procedure））

誰がいつその査定法を考案したのか？

　メイン・キャシィーディ，1988年（Main & Cassidy, 1988）。

何を査定しているのか？

　1時間の分離の後に親と再会したときの子どもの行動。

どの年齢層に対して用いるのか？

　6歳児。

◇2　複数の結果が報告されていますが，そこにはこの分類の妥当性を支持する結果とそうでないものとがありました。

方 法

 "この方法の基盤にあるのは，実験室で，親と1時間分離した後に再会した最初の3～5分の間に，その再会に対して子どもがどういう反応をするかを詳細に分析した結果です"(Main & Cassidy, 1988, p.416)。1988年の論文に記述されている2つの研究では，('ウォーム・アップ'の時間の後に) 1時間の分離セッションがあり，その間に子どもは実験者と一緒に，自由遊びをしたり，査定を受けたりします。

 6歳児を対象とした分類システムは以下のとおりです[★4]：

● 安定型

 親と再会するとすぐに，楽しそうにやりとりをします。子どものほうから会話を始める場合もあれば，親のほうから始めた会話に応答する場合もあります。再会している間を通して落ち着きを保っています。

● 不安定－回避型

 再会しても，会話ややりとりは最小限しかせず，感情的に淡々としていて，遊びに没頭しています。巧みにその場を離れて，おもちゃを取りに行ったりすることがあります。

● 不安定－両価（アンビバレント）型

 親に対して，大げさなほど親密さや依存性を示します。近接性を求める行動は，両価性（アンビバレンス）や抵抗（例えば，いやがる）が見られます。親にいくらかの敵意を示すこともあります。

● 不安定－統制型

 親に対して子どものほうが親の役割を取ることがあったり，親を統制（コントロール）したり指図したりします。それは，親に屈辱を与えるといった懲罰的な行動や，親を慰め励ましたり親を導いたりしようとする養育的行動でなされます。

● 不安定－分類不能型

 再会時の行動が，回避型，両価型，統制型に合致しない場合にはここに分類されます（メイン・キャスィーディが中産階級のサンプル（$n = 83$）を対象に行った1988

★4 メイン・キャスィーディ（Main & Cassidy, 1988）にもとづいています。

年の研究では，この型の反応は，まれにしか見いだされませんでした）。

信頼性
● 評定者間信頼性
メイン・キャスィーディ（Main & Cassidy, 1988）は，評定者間一致率がすべての母子対で83%（κ = .74），すべての父子対で77%（κ = .62）であると報告しています。ソロモン・ジョージ（Solomon & George, 1999）が報告している数多くの研究では，評定者間一致度は70〜82%でした。ただし統制型（D-controlling）のカテゴリーに関してはこれらより一致度が低いことが示唆されています。

● 再検査信頼性
メイン・キャスィーディ（Main & Cassidy, 1988）は，短期間（1か月間）の時間的安定性が62%であると報告しています。1歳時から6歳時までの長期間の時間的安定性は，A，B，C，D分類で母親を対象とした場合では82%（κ = .76），父親を対象とした場合では62%でした。

妥当性
● 併存的妥当性
ソロモンら（Solomon et al., 1995）の報告によると，69名の幼稚園児のサンプルでは，人形遊びによる分類と再会時の行動による分類（メイン・キャスィーディの方法で）との間に79%の一致率（κ = .74；p < .001）が得られました。高い一致率が得られたのは，再会手続きで査定された安定型の子ども（80%）と両価型の子ども（75%）でした。しかし，回避型と査定された子どもでは，より低い一致率（55%）でした。ソロモンらは"再会時の行動で母親に対して統制的（統制型）と分類されていた8名の子どもすべては，人形遊び課題では，恐れ型（Frightened）に分類されました"（p.455）と報告しています。

● 予測的妥当性
メイン・キャスィーディ（Main & Cassidy, 1988）の報告では，"6歳時点での母親に対する愛着の分類は，乳幼児期での母親に対する愛着分類から，高い確率で予測することができました"（p.419）。ソロモンら（Solomon & George, 1999）が報告している多くの研究では，メイン・キャスィーディのシステム（分類法）で査定された愛着の安定性が，母親から子どもへの年齢相応の関与やサポート，子どもの社会的コン

ピテンス，子どもが抱く仲間からの受容感の表象，子どもの自尊感情などと関連していることを示していました。[◇3]

ソロモンら（Solomon et al., 1995）によると，統制型と分類された子どもは，母親に対して体制型の愛着方略を用いていると査定された子どもに比べて，問題行動や攻撃性において有意に高いことが見いだされました（2変数とも，$p < .04$）。彼女らは，この結果が"6歳児の愛着分類システムの妥当性を示すうえで重要なステップです"と述べています（p.458）。

ビュロ・モス（Bureau & Moss, 2001）は，この分離－再会手続きを使って，103名の子どもの愛着パターンを，5〜7歳時に査定しました。その後，8〜10歳時に，マッカーサー・ストーリー・ステム検査バッテリー（Bretherton et al., 1990b）で，102名の愛着パターンを査定しました。その結果，不安定型や統制型の愛着パターンを持つ子どもは，自分の親のことを，（自分が恐怖や苦悩を感じている場面では）自分を助けてくれるだけの力がなく，また（対人的葛藤の場面では）攻撃的であると描写していることが示されました。

臨床的有用性

この方法は，就学前児の愛着を査定するのに有用な手法と思われます。

Q分類法（Qソート法）

Q分類という用語は，心理学研究の数多くの領域（その最たるものが人格研究）で使用されてきた記述的な方法を意味します（初期の適用例のレビューはWittenborn, 1961を参照）。Q分類法は，研究対象とする領域や要因に関連すると考えられる複数の特徴のセットが何であるかを定義する方法です。次に，配列法・配列の手順（set methodology）に従って，これらの特徴（文，語句，言葉など）で，ある個人を記述するように並べ替えます。文献の中でQ分類法（Q-sort methodology）というときは，こうした一般的な手続き（仕方）を指しています。ですが，個々のテストを指す場合は，'Q-セット'と呼ばれます。愛着という研究領域の中にはたくさんのQセットがありますが，最も注目に値するものは児童用愛着Qセットや成人用愛着Qセットです。

Q分類法には，3つの段階（要素）があります：

◇3 Solomon & George, 1999, p.301 右の段の"一貫性（coherence）"の節を参照。

1. 1セットの記述項目を作成すること
2. これらの項目にランクづけをし、ある個人に合う得点を振り分けること
3. データを集約し分析すること

　第1段階では、研究している要因や領域を、多くの"項目（文・語句）"を使って、理論的に記述することが必要です。各"セット"は、カードに印字されたこれらの項目からなっています。第2段階では、ある項目が、記述しようとしている個人をどのくらい特徴づけているかにもとづいて、パイル（カードを積み重ねたもの）へと並べ替え、振り分けていきます。第3の段階では、データを集約し、分析を行います。

　Q分類法により並べ替えた配列結果は、"基準配列"と比較することもできます。この基準配列は、その領域の専門家に依頼して、あるタイプの被検査者の理想的な典型例をあたかも記述するかのように項目（群）を配列してもらうことで作成したものです。例えば、愛着研究の中では、基準配列が安定型愛着の子どもについての配列であることもあります。ある人に関する配列結果と基準配列との相関が高いということは、その個人が基準配列によって記述されている典型例と非常に類似しているということを意味しています。愛着という観点で言えば、これは安定型の子どもであることを意味します。

　Q分類のデータについて因子分析を行い、どの項目がどの因子に負荷するのかを確定したり、特定の項目がまとまり、因子を形成するかどうかを確かめたりすることも可能です。

愛着Qセット法（Attachment Q-sort：AQS）

誰がいつその査定法を考案したのか？
　ウォーターズ・ディーン、1985年（Waters & Deane, 1985）。

改訂版は存在するのか？
　愛着Qセット第3版（1987年）

何を査定しているのか？
　行動。AQSからは、子どもの安全基地行動の記述と愛着安定性得点が得られます。この安定性得点は、対象となっている子どもを基準配列と比較するときに、安定から不安定までの連続軸上のどこにその子が位置づけられるのかを表わしたものです。し

かし，AQSでは，不安定型愛着のどのタイプに分類されるのかはまったくわかりません。また，非体制型の愛着も分析には含まれていません。

どの年齢層に対して用いるのか？

1～5歳の子ども。しかし依存性や社会性の基準配列は，1～3歳児に適用できる行動の記述や描写も含んでいます。

方　法

愛着Qセットは90の項目で構成されています。[◆2] 1枚のカードには，1つの項目（行動記述文）とその行動の程度を表わす文章が印刷されています。[◆3] AQSは様々な環境（家庭や公的な場，あるいは屋内や屋外）での安全基地行動を記述するのに用いることができます。[★5] AQSは，愛着に関連のある様々な行動の連結体を網羅するよう設計されており，安全基地行動，探索行動，感情的反応，社会的認知といった広範な領域に関する項目を備えています。観察者は，決められた長さの時間の間，子どもを観察します（ウォーターズは，1セッションあたり1.5～2時間くらいで，少なくとも2セッション観察することをすすめています）（Waters, 時期不詳）。

信頼性：観察者が完成した配列（ソート）

●評定者間信頼性

良好。同一の子どもを異なる評定者が異なるときに観察した場合でも，評定者間で類似した結果が得られるようです。[★6]

信頼性：親が完成した配列

観察対象となっている子どもの母親に，Qセット法のトレーニングを行います。そして，子どもを1週間観察してもらい，その週の最後の日の観察後，Q-セットを完

◆2　http://www.psychology.sunysb.edu/attachment/measures/content/aqs_items.pdf 参照。
◆3　1つのカードには，ある状況での具体的な行動を記述した文章が書かれており，その下にはその行動の程度を判断する際に必要な程度（中度，軽度）を表わす文章が添えられています。なお，訓練用の項目リストには，それぞれの項目の理論的根拠も詳細に書かれています。
★5　全90項目のセットとそれに付属する説明は，Stony Brook Website 上の Measurement Library（www.psychology.sunysb.edu/attachment）から入手できます。
★6　ウォーターズ・ディーン（Waters & Deane, 1985）は，1つの先行研究を報告しています。そこでは，2人の観察者が，3～4回の家庭訪問を行います。そのうち，1回は単独で，もう1回は2人一緒に行きます。単独の家庭訪問と2人一緒の家庭訪問の両方が終わったところで，観察者はそれぞれ独立にQセットのソートを完成させます。1人の子どもに対する2人の観察者のQセットの分類結果の間の相関は，非常に高い信頼性を示していました（$r = .75 \sim .95$）。

成してもらいました。さらに次の週も，母親にこの課題を行ってもらいます。こうして得られた2つの得点を合わせることで，1つの合成得点が得られます。[7]

● 評定者間信頼性

母親が完成させた配列と観察者が完成させた配列との間には，中程度の相関が認められました。[8]

● 再検査信頼性

良好。母親は，2回行った配列（ソート）で類似した得点を示す傾向がありました。[9]

妥当性：親が完成した配列

● 併存的妥当性

低い。新奇場面法の得点とQセット法での得点との比較が行われましたが，その結果は統計的には有意ではありませんでした。[10]

妥当性：観察者が完成した配列

● 併存的妥当性

良好。観察者の完成した配列を新奇場面法の結果と比較した場合，AQSの結果から（新奇場面法による）安定型愛着と不安定型愛着とを弁別することができました。[11]

★7 ヴァン・ダム・ヴァン・イーツェンドゥアン（van Dam & van IJzendoorn, 1988）は，オランダ語訳された75項目のシンプルな親版を使用しました。39家族が対象（子どもの平均月齢は18か月（±2週間））の研究でした。母親に，新奇場面に参加するために研究室に来てもらう前後の2回，AQSの配列をしてもらいました。母親は，研究助手の援助のもとに，この手続きの基本的トレーニングを受けました。母親のQセットの結果は，安定性，依存性，社交性，社会的望ましさ（Waters & Deane, 1985）に関する12か月児の基準配列と相関していました。

★8 同上。母親の配列から算出した合成得点と観察者の配列から算出した合成得点との間の相関は，$r = .59 \sim .93$ でした。相関係数の平均値は，$r = .80$ でした。

★9 同上。約10日間の間隔で再検査を実施したときの信頼性係数は，安定性得点で $r = .75$，依存性得点で $r = .78$，社会的望ましさ得点で $r = .82$ でした。

★10 新奇場面で安定型（B）と不安定型のグループ（A／C）との間で，Qセットの愛着の安定性得点を比較しました。安定型の子ども（平均値：-.429）のほうが，不安定型グループの子ども（-.377）よりも，得点が低い傾向にありました。そこで分散分析（ANOVA）を行ったところ，統計的に有意ではありませんでした（$F = 1.4, p = ns$）。これは，社会的望ましさの影響を調整しても，有意とはなりませんでした（$F = 1.96, p = ns$）。Qセットで測定された安定性得点と，新奇場面で測定された抵抗，回避，近接性を求める／接触維持の得点との間の偏相関係数も有意ではありませんでした。

★11 同上。

● 予測的妥当性

　低い。AQSの予測力は、まだ実証できていません。ただそのように報告した著者らは、実証できなかった理由として考えられる要因をあげています。[★12]

臨床的有用性

　この方法は、幅広い年齢層の子どもに対して、また多くの場面で使用することができます。このことは、この方法の生態学的妥当性を高めるかもしれません。愛着Qセット法には、他の愛着の査定法よりも優れている点がもう1つあります。それは、評定者が、観察者であれ親であれ、同じ行動（群）について子どもを評定していることを保証しているという点です。これにより、評定者バイアスが得点化に影響を及ぼす危険性を下げてくれるかもしれません。経験を積んだ観察者は子どもの愛着について信頼性の高い記述を行うことができますが、親はそうはできないようです。子どもが不安定型の愛着で、親の感受性の低さがその原因の1つであるとしたら、親による評定は外からの観察者の評定と同じくらい客観的ではありえません。ですが、親が自分の子どもをこのQセット法で評定した結果は、臨床的に有用な情報になるかもしれません。特に、親が自分の子との関係をどのように見ているかを査定するうえでは、確かに有用でしょう。

　AQSは有用なツールかもしれませんが、安定型愛着と不安定型愛着とを区別することしかできないため、不安定型愛着の中でどのタイプかという区別を明らかにすることはできません。AQSの結果は一次元であり、そのため臨床的には有効性に限界があります。さらに、この方法でうまく測定できるかどうかは、観察時間中に子どもにストレスフルなことが起こり、その結果近接性を求める行動が起こるかどうかにかかっています。ですから、必ずそうなるという保証はありません。また、Qソートを行うには長い時間を要します。

[★12] ヴァン‐ダム・ヴァン‐イーツェンドゥアン（van Dam & van IJzendoorn, 1988）は、妥当性を確認することができませんでした。しかし、原因として可能性のあるものを多くあげ（例えば、文化的妥当性、標本サイズが小さいことなど）、この方法に妥当性がないと結論づけることはできないと報告しています。新奇場面法によってとらえられた愛着の側面は、Qセットによってとらえられた側面と若干異なるのかもしれません。仮にそうであるとするなら、両者が完全に収束することは期待できないでしょう。もしそれが本当であるとしても、彼らの結果は明らかに母親のQセット法の妥当性に疑問を投げかけるものです。

子どもの内的作業モデル／表象にもとづく愛着査定

就学前期の初期に，子どもは愛着関係についての知識を感覚運動的な表象でコード化することから，心的表象でコード化することへと移行し始めます。こうした心的表象をとらえる技法は，愛着表象が乳幼児期から児童期を経て成人期までどのように発達するのかを研究する手段になってくれます。

愛着関係について子どもが抱く内的表象にアクセスするためのアプローチには，3つの主要な技法があります：①絵画を見せながら子どもに反応させる方法，②人形や動物の玩具を使って，文章ステム完成課題をさせる方法，③現実の愛着関係について子どもに質問をする方法です。

絵画反応課題（Picture Response Tasks）

理論的背景

絵画完成課題は，子どもが持つ愛着関係についての表象（すなわち，内的作業モデル），そして愛着関係についての信念や感情を取り出すために考案されました。これらの課題の趣旨は，愛着に関連した絵画を子どもに見せて，それに対する子どもの反応を評定することです。子どもに絵画を見せることによって，間接的に子どもの内的表象にアクセスできるのです。絵画を見せるというのは，子どもにとって受け入れやすいアプローチでもあります。というのも，子どもは大人から絵本のさし絵について話されるのに慣れているからです。子どもの反応を，子どもが現実に経験している（あるいは経験した）ことの証拠と受けとめることはできません。というのは，絵画の中の登場人物について子どもに聞くと，ファンタジーや作り話の要素が喚起されることがよくあるからです。絵について子どもが話したことから，それが実際にその子の身に起きたことだと推測すべきではありません。もちろん，子どもの実生活での個人的な詳細が出てくることはあります。そこで査定されているのは，あくまで，愛着対象や愛着関係について子どもの持つ一般的な表象です。

方　法

絵画反応課題では，大人の面接者が愛着に関係した絵を提示します。そして子どもに，絵の中の子どもがどう感じていてこれから何をするだろうと思うかを話すよう求めます。

課題は，使用される絵の数とタイプ，特に描写されている分離の深刻さによって異なっています。また課題は，面接者が子どもに引き起こそうとする情動の程度でも異なります。

分離不安テスト（Separation Anxiety Test：SAT）

誰がいつその査定法を考案したのか？
　ハンスブルグ，1972年（Hansburg, 1972）（11～17歳までの青年期を対象に）。

改訂版は存在するのか？
　4～7歳児を対象とした改訂版（Klagsbrun & Bowlby, 1976）。
　1994年の改訂版（Jacobsen, Edelstein, & Hofmann, 1994）。
　4尺度を備えた改訂版（Slough & Greenberg, 1990）。
　1987年の改訂版（Kaplan, 1987, Main et al., 2005 に記載）。

何を査定しているのか？
　表象。

どの年齢層に対して用いるのか？
　4～7歳（児童版），11～17歳（青年版）。

方　法
　子どもは，分離に関連した場面の写真を6枚提示されます。この写真は，ストレスの程度が軽度のもの（ベッドに寝ている子に，親が"おやすみ"を言う場面）から，もっとストレスフルなもの（子どもが，自分のもとから2週間離れる両親をじっと見送っている場面）まであります。ハンスブルグのオリジナル版は，ペンとインクで描かれた12枚の絵でした。児童版（4～7歳児用）でこの12枚の中から除外された6枚は，もっと深刻な分離場面が描かれていました。例えば，母親が救急車で運ばれていくところを子どもがじっと見つめている場面，父と子が母親の棺の傍らに立っている場面などです。こうした場面は4～7歳の子どもには苦痛が強すぎるであろうと判断されました。被面接児に絵を1枚見せて，その絵の中の子どもがどんな気持ちか，またその子どもは（これから）何をすると思うかという質問をします。被面接児が，絵の中の子どもがどう感じているかが答えられない場合には，寂しい，悲しい，怒っている

などのありえそうな反応のリストを見せます。このとき，子どもは，このリストの中から1つの感情（気持ち）だけを選ぶ必要はないと伝えられます。

ソロモン・ジョージ（Solomon & George, 1999）は，次のように報告しています。すなわち，カプラン（Kaplan）が，"絵に対する子どもの様々な反応を分類するシステムを開発しました。この分類システムを用いることにより，情動に対する子どものオープンさや，分離によって生じる感情を建設的に解決する方法を思いつく能力にもとづいて，子どもの愛着のグループを識別することができます"（p.303）と。この分類システムでは，4つのタイプを分類することができ，これらは新奇場面法での分類結果と非常によく似ています。

> B. リソースフル型（Resourceful）：子どもは，自分を脆弱に感じる気持ち（feelings of vulnerability）に対してオープンであり，分離への対処の仕方について建設的に話し合うことができる。非体制／無方向型になることはない。
> A. 不活性型（Inactive）：子どもは，自分の弱さ（vulnerability）や不安について話すことはできるが，どうやって対処したらよいかについて建設的な方法を考えつくことができない。
> C. 両価型：子どもはしばしば，相反する反応を示す。例えば，親に対する怒りと親を喜ばせようとする反応との間を揺れ動く。
> D. 恐れ型（Fearful）：子どもは，わけのわからない恐怖を示す。また，分離に対処するための建設的な方法を思いついたり，言ったりすることがない。思考はひどく混乱し（disorganised），方向性がない（disoriented）。

信頼性
● 評定者間信頼性
良好（情報が限定されています[★13]）。

妥当性
● 併存的妥当性
中程度の良好さ（情報が限定されています[★14]）。

★13 クラッグスブラン・ボウルビー（Klagsbrun & Bowlby, 1976）は，61名の子どもを対象に，小学校で1学期に研究を行いました。クラッグスブラン・ボウルビーは，オリジナルの予備研究では，信頼性の検証を行うことができませんでした。しかし，評定者間一致度は高かったと確信していると報告しています。
　カプラン（Kaplan, 1987）は，12か月時点での新奇場面法で検査をした38名を対象に，研究を行っています。その結果，カテゴリーの信頼性は76%であると報告しています。

臨床的有用性

この方法はかなり幅広く使用されていて，改訂版もいくつか作成されてきました。信頼性と妥当性に関する数値は良好のようですが，情報は限定されています。

分離不安テスト：長期間分離絵画版
(Separation Anxiety Test using long separation pictures)

ソロモン・ジョージ（Solomon & George, 1999）の報告によると，ジェイコブセンら（Jacobsen et al., 1994）は，1994年に長期間（長時間）にわたる親からの分離を描いた一連の絵を使って分離不安テストを改訂しました。評定者間信頼性[15]，再検査信頼性[16]，併存的妥当性[17]，予測的妥当性は良好でした。この測度は，IQの効果を統制した場合でも，7〜15歳児の認知発達課題，自尊感情，教師報告による注意や授業参加の程度，自己の不安定感，GPA（成績評価平均点）[◇4]などをうまく予測していました。

4尺度付き分離不安テスト改訂版（Separation Anxiety Test with four scales）

1990年，スロー・グリーンバーグ（Slough & Greenberg, 1990）は，SATを，写真6枚を使った4〜7歳児向けものに改訂しました。その写真には，ストレスの軽度なもの（親がベッドにいる子どもを毛布でくるんでやり，部屋から出て行く場面）から，ストレスの比較的強いもの（両親が2週間，子どものもとを離れる）までの様々な分離状況に置かれた子どもが写っていました。これらの写真はクラッグスブラン・ボウルビー（Klagsbrun & Bowlby, 1976）のバージョンと内容的には同じシナリオでしたが，アップデートされ，次のような修正がなされました。それは，情動表出が写真からわからないようにするために，すべての写真で，子どもの後頭部しか見えないようになったことです。子どもは，写真の子どもがどんな気持ちだと思うか，そう思うのはなぜか，その次に何をすると思うかと質問されます。その次に，もっと直接的に，もし自分が同じ状況にいたら，自分ならどうすると思うかという質問がなされます。これ

★14 クラッグスブラン・ボウルビー（Klagsbrun & Bowlby, 1976）では，新奇場面法の分類とSATの分類との一致率は4群で68%（κ = .55）でした。子どもの学校適応状況の教師による査定とSATの分類との相関はr = .57, p < .001 でした。

★15 ジェイコブセンら（Jacobsen et al., 1994）によると，κ = .80〜.87 でした。

★16 同上。κ = .78 でした。

★17 同上。この表象テストによる分類と，同時に行ったメイン・キャシーディ（Main & Cassidy, 1988）の再会行動テストによる分類との間の一致度は，安定vs.不安定の2分類で89%，B，A，Dの3分類では80%でした。またこの方法による分類と，18か月時に実施した新奇場面法による分類との間にも，82%の一致率が得られました。

◇4 GPA (Grade Point Average)または成績評価平均点とは，各履修科目の成績評価点にその単位数（credit）を掛けた点数の総計を，取得総単位数で割って得られる成績平均点のことを言います。

らの回答（述べていること）に対して，3つのSAT要約評定尺度が作られます。

1. **愛着**：4件尺度（4＝高，1＝低）で，脆弱さと欲求の程度が評定されます。ストレスの強い分離の3つのシナリオに対して，分離に関連した感情が起こっていることをどのくらい認めているのかを評定します。
2. **自己信頼（self-reliance）**：4件尺度（4＝高，1＝低）で，軽度の分離の3つのシナリオに対してどのくらい落ち着いていられるか，対処できるかについて評定します。
3. **回避**：3件尺度（3＝高，1＝低）で，気持ちのうえで重要な問題について話し合うことを拒む程度を評定します。6つのシナリオすべてに対する反応で，質問に対して答えることができなかったり，答えることを拒否したり，あるいは感じていることを言おうとしない程度を評定します。

これらに加えて，**情動的開放性**の尺度が作成されました。これは9件尺度（9＝強い，1＝弱い）で，子どもが自己コントロールを失わずに，脆弱に感じる気持ちをどのくらい表出することができるかを評定するものです。情動的開放性の得点は，6つのシナリオに対する子ども自身の反応と，写真に出てくる子どもがするだろうと（被面接児が）思う反応の2つに対して与えられました。

評定者間信頼性は，中程度の良好さでした。被面接児が写真の子どもについて行った描写の情動的開放性尺度得点の一致度は，両評定者がまったく同じ数値の評定をしている場合では50％，評定値に1点の違いがある場合を含めると74％でした。被面接児が自分自身について行った描写を評定した場合では，数値が完全に一致している場合で50％，1点違っている場合も含めると71％でした。併存的妥当性は低いものでした。しかし，報告されている結果は少なく，曖昧なものです。[★18]

★18 スロー・グリーンバーグ（Slough & Greenberg, 1990）によると，5歳児の場合，愛着尺度得点は，3分間の母親からの分離の後に実施したメイン・キャスィーディ（Main & Cassidy, 1988）の測度上での安定性の評定と正の相関を示しました。自己記述についての回避尺度の得点が，最も高い相関を示しました（$r = -.46$, $p < .001$）。しかし，これらの評定は，より長い時間（90分）の分離の後の再会行動に対する評定とは，関連がありませんでした。
　子どもが自分自身について話しているのか，写真の中（登場人物）の子どもについて話しているのかによって，子どもの得点に違いが見られました。自己に関する陳述についての愛着尺度得点と写真の子どもに関する陳述に対する愛着尺度得点とが異なる子どもの場合，情動の開放性得点に有意差がありました。情動的開放性得点が自分自身と写真の子どもで同じだった子どものほうが，自分自身よりも写真の子どものほうが高かった子どもよりも，高い情動的開放性得点を示していました（$F = 3.28$, $p < .05$）。

臨床的有用性

　信頼性には限界があり，妥当性はかなり低いため，この測度を臨床に使用するのは困難です。しかし，SATの最新版は，使っている写真について言えば，オリジナル版よりもよいと思われます。上記の研究結果からわかることは，子どもは，自分自身について質問された場合と，写真の中の子どもについて質問された場合とで，反応の仕方が異なっているのかもしれないということです。

ナラティヴ・ストーリー・ステム技法[4]
(Narrative Story Stem Techniques：NSSTs)

なぜナラティヴ（語り）技法を使うのか？

　NSSTsで使われる人形遊び技法は，以前に作られた絵画課題から発展したものの1つです。これらの技法で得ようとしている情報は絵画課題の場合と同じです。すなわち，愛着関係について子どもが抱く表象を活性化して取り出すことなのです。これらの技法は，比較的，子どもに脅威を感じさせずに，愛着関係という問題に子どもを関わらせる方法として作られています。子どもは，大人に話をしたり話のシナリオを始めから終わりまで通して話すように言われたりすることに慣れています。ですから，そうすることによって心の平静や安定を乱す可能性は低いと思われます。ナラティヴ技法は，子どもに直接質問をするのと比べると，難しさや大変さが多分に少ない査定法です。大人ならば自分の感情や認知を内省するよう求められればそうできるでしょう。しかし，子どもは大人とは違い，内省することに困難を感じます。ですから，子どもに，語り（ナラティヴ）という形式を与えることで，子どもが回答するときにある構造を作ってやることで，子どもはもっと自由に思っていることを話すことができるのです。子どもに提示されるステム（シナリオ）の内容には様々なストレッサーがあり，分離だけに限定されてはいません。

◆4　ステム（stem）とは，もともと木の幹・軸，語の語幹などを意味する言葉です。ストーリー・ステムとは，ある出来事のシナリオの骨格を表わす語句や文章を意味します。ストーリー・ステムを使って査定するとき，まずどういう場面で何が起こるかを，人形や絵画を使って子どもに提示します。この部分がステムです。子どもは，これを手がかりにそのお話の残りを完成します。そのとき，子どもはそこに自分の過去の経験（内的作業モデル）から期待・予想・情動などを投影します。場面設定が愛着のテーマに関わるものであれば，そこには子どもの持つ愛着に関する内的作業モデルが現われると考えることができます。なお，具体例は129～131ページにあるとおりです。

なぜ人形を使うのか？

　ナラティヴの中に人形を使うことで，面接にもっと遊び的な要素を帯びさせることができます。子どもの生活において遊びは子どもが自分のファンタジーや現実の両方を探索できる領域です。ストーリー・ステム技法は，子どもの生活にある特定の出来事の表象を直接に引き出そうとするものではありません。もっとも，そうしたことが起きることはありえます。この技法がねらっているのは，愛着人物（たち）や彼らと子どもとの関係に対して子どもが持つ一般的な予期を取り出すことです。ストーリー・ステム技法は，こうした遊びという形で提示されるので，子どもに脅威を与えることはないでしょう。特に被虐待児にとってはそうでしょう。

方　法

　ストーリー・ステム完成課題のほとんどは，1つの基本的な方法に沿っています。子どもに一式の人形が提示されます。人形の家族メンバーの人数は様々です。またその中には被面接児と同じ性別の子どもが含まれています。動物が含まれている技法もあります。大人の面接者が人形を使って，ストーリーの始まりを実演して見せて，こう言います。'さあ，この後，どうなるかなあ。（お人形を使って）して見せてくれるかな。どうだろうねえ'。すると今度は，子どものほうが人形と語りの両方のコントロールを引き継ぎます。プロンプト（うながすこと）やプローブ質問[◆5]を使って，特定のストーリーでの反応や子どもが何を言おうとしたのかなどを明確にさせたりします。

　提示されるステムの数，子どもの中に引き起こされる不安の程度，あるいはこれら以外の多くの方法論上の細かいことにより，技法ごとに違いがあります。どのくらい被面接児と人形とを同一視するかにも，技法によって違いがあります。

　まず，マッカーサー・ストーリー・ステム検査バッテリー（MacArthur Story Stem Battery：MSSB）を説明します。他のストーリー・ステム・バッテリーは，MSSBとの関係の中で開発されてきました。ストーリー・ステム技法が，大変有用であることは証明されてきています。今や50名余りの研究者からなるコンソーシアム（協会）ができています。これらの大半は臨床家で，約10か国で使われています。

◆5　プローブ質問（probe question）とは，もとになる質問をした後，被面接者が質問の意味を十分に理解できていなかったり，十分に答えられなかったりしたときに，さらに詳細に聞き出すためにする質問を言います。

マッカーサー・ストーリー・ステム検査バッテリー
(MacArthur Story Stem Battery：MSSB)[19]

誰がいつその査定法を考案したのか？
　ブレザートンら，1990年（Bretherton et al., 1990b）。
　MSSB開発の基礎になる枠組みを作ったのは，3組の共同研究者グループでした。彼らはもともと，ナラティヴ技法について別々に研究を行っていました。愛着文章完成課題を開発したブレザートン・リッジウエイ（Bretherton & Ridgeway, 1990）が，ブチャスバウミ（Buchsbaum），エムドゥ（Emde）と共同で開始し，その後そこにオッペンハイム（Oppenheim）が加わりました（愛着人形遊び面接については，Oppenheim, 1997を参照してください）。
　MSSBのストーリーの中には，他のナラティヴ・ステム法のストーリー・セットで使われているものもあります。

何を査定しているのか？
　愛着表象，親をどう知覚しているか。

どの年齢層に対して用いるのか？
　3〜8歳まで。

方　法
　子どもを引きつけるために，ステムは生き生きとした様子で提示されます。子どもの反応をうながすために，"このお話の中で，他に何か起きたかな？"といった中立的なプロンプトが使われます。さらに，ねらいを定めたプローブも使われます。例えば，ケガをした子どものステムを見せている間に，被面接児がこの子ども（子どもがケガをしたこと）について何も触れなかったら，面接者は次のように尋ねます。"（あの子の）ケガをした手に，誰かが何かをしてくれるかな"。この手続きの所要時間は約40分で，すべてがコーディングのために録画されます。
　この検査バッテリーは，親子関係の文脈で葛藤や情動が絡む出来事などを扱った14の項目からできています。

---

[19] MSSBの正式な記述は，エムドゥら（Emde, Wolf, & Oppenheim, 2003）を参照してください。

ウォーム・アップ：誕生日
1. こぼれたジュース（愛着／権威）
2. 犬が迷子になり，また再会する（愛着）
3. ママの頭痛（倫理的なジレンマ）
4. ママやパパへの贈り物（エディプス的）
5. 3人組（Three's a crowd）◆6（仲間葛藤）
6. 熱いグレービー・ソース（倫理）
7. 失くした鍵（家族の葛藤）
8. キャンディーを盗む（倫理）
9. 出発・別れ（愛着）
10. 再会（愛着）
11. 洗面所の棚（倫理的なジレンマ）
12. 公園でのロック・クライミング（征服，愛着）
13. 子どもがのけ者にされる（エディプス的）
14. クッキーが入った入れ物（倫理的なジレンマ）
最後：家族の楽しみ

● コーディング・システム

ロビンソンら（Robinson et al., 1992）が開発したコーディング・システムは，様々なステムでプローブできる共通のテーマにもとづいています：そのテーマとは，道徳的ルール，向社会的行動，共感，排除，愛着，親による養育・不養育（non nurturance），葛藤／攻撃性 です（Robinson & Mantz-Simmons, 2003 も参照）。

これ以外のコーディング・システムも開発されています。ブレザートン・オッペンハイム（Bretherton & Oppenheim, 2003）は"どのコーディング法を選択するかを決める基準は，協力者である子どもの年齢とサンプル・サイズだけでなく，それぞれの研究の目的が何であるかです"（p.69）と言っています。

信頼性

● 評定者間信頼性

オッペンハイムら（Oppenheim, Emde, & Warren, 1997）の報告によると評定者間信頼性は良好です。[★20]

◆6　アメリカで放映されたある TV 番組（コメディー）の名称です。
★20　オッペンハイムら（Oppenheim et al., 1997）は，このバッテリーを使用して，51 名の子どもを対象に，子どもが抱く母親の表象を 55 か月時と 66 か月時で査定しました。$\kappa = .85$ でした。

ウォーターズら（Waters, Rodrigues, & Ridgeway, 1998）の報告によると，MSSBのもとになった技法を用いて行った3歳と4歳の時点での査定結果の間には，中程度だが有意な相関がありました。

● 再検査信頼性
良好から中程度です。[21]

妥当性
オッペンハイムら（Oppenheim et al., 1997）は，子ども問題行動チェックリスト（CBCL）（Achenbach, 1991）との関連で，中程度の良好な予測的妥当性を報告しています。[22]

ある研究では，情動に関する親と子どものナラティヴの間に世代間のつながり（リンク）があるかどうかを検証しました（Steele et al., 2003b）。妊娠中に AAI で査定された愛着に関する母親のナラティヴと，その子どもたちが5歳の時点で MSSB から抜粋された11のサブ・セットを使って査定されたナラティヴとを，比較しました。その結果，母親が愛着面接で自律-安定型であると評定されていた場合，子どもが制限設定（limit-setting）のテーマを使うことが有意に多いことが示されました（$p < .01$, 両側検定）"（p.172）。

臨床的有用性
幅広く使われています。

ストーリー・ステム査定プロフィール（Story Stem Assessment Profile：SSAP）

以前は'子ブタ'の話ステム査定法（'Little Pig' Story Stem Assessment）という名称で知られていました。

★21 オッペンハイムら（Oppenheim et al., 1997）では，母親とのやりとりについて子どもが抱く予期や表象を査定するためのコーディング・システムが開発されました。因子分析を行った結果，固有値が1以上の3因子が得られました。それらは，母親に関するポジティブな表象，母親に関するネガティブな表象，しつけでした。1年の間隔で行った再検査信頼性は，高い値を示しました。ポジティブな表象で $r = .52$, $p < .001$；ネガティブな表象で $r = .39$, $p < .01$；しつけで $r = .37$, $p < .01$ でした。

★22 オッペンハイムら（Oppenheim et al., 1997）によると，上述の3因子に関する評定と CBCL の外在化問題行動得点との相関は中程度で，統計的に信頼性があるものでした。母親に関するポジティブな表象（得点）と外在化問題行動得点との相関は負の値を示しました。つまり，4歳の時点で母親に対してよりポジティブな評定をした子どもは，母親の評定による外在化問題行動が4歳時点でも（$r = -.20$, $p < .10$），5歳時点でも（$r = -.25$, $p < .05$）少なかったのです。

誰がいつその査定法を考案したのか？

ホッジズ，1990年（Hodges, 1990）。

改訂版は存在するのか？

改訂評定マニュアル，2002年。

ホッジズらによるもの，2004年（Hodges et al., 2004）。

何を査定しているのか？

表象。この方法で査定されるのは，様々な領域での親子関係について子どもが持っている期待です。

また，情動制御に関係した防衛や回避の側面も査定できます。複数の評定結果を合成することで，愛着の安定性のような包括的な構成概念の得点を算出することができます。

どの年齢層に対して用いるのか？

4～8歳まで。

方 法

この検査バッテリーは13のステムで構成されています。その中の5つには，まだ予備段階の評定スキーマがついていて，臨床場面で被虐待児を査定したときの経験にもとづき作られました。残りの8つのステムは，MSSBから選ばれたものです。ステムは，MSSBの標準の人形家族（被面接児と同性の子ども，同性の年下のきょうだい，母親，父親）を用いながら，決まった順番で提示されます。被面接児は，登場する2人の子どもに名前をつけるように言われます。ただし，その名前は，被面接児本人やきょうだいの実際の名前は避けさせます。家族の人形に加えて，動物の玩具も使われるシナリオが2つあります。ステムは，以下のようになっています。

1. **泣き声が外から聞こえる**：人形家族は家にいます。子ども（主人公）の人形が，家の外に出て行きます。家の裏手から泣き声が聞こえてきます。
2. **子ブタちゃん**：子ブタちゃんは，他のブタさんたちのもとを離れて，他の動物たちを通り抜けてどんどん歩いて行きます。そのうち今度は，自分が迷子になってしまうし，他のブタさんたちの姿も見えないし，どうやって戻ったらいいのかわからないと叫びます。

3. **象がドシンドシンと歩く**：動物たちと人形家族が家の外にいます。象がやって来て，ドシンドシンと大きな足音を立てながら歩き回り（'この象さんは，時どき少し荒々しくなります'），子どもたちや動物たちをおびえさせます。
4. **自転車**：主人公の子どもと友だちが，お母さんに，自転車で外に行ってもいいかと尋ねます。お母さんは"いいわよ，でも気をつけてね"と言います。子どもたちは自転車をうんと飛ばします。すると主人公が転んでしまいます。
5. **絵を学校から持って帰った**：主人公は学校で絵を描きます。"これは本当によく描けた。帰るとき，家に持って帰ろう"。そして放課後，主人公は絵を持って家に帰り，玄関のドアを叩きます。

● MSSB から選ばれたステム

1. **ジュースがこぼれた**：家族がテーブルに着いてジュースを飲んでいます。主人公がもっと飲もうとしてテーブルの向こう側に手を伸ばしたら，ジュースの瓶を床に落としてしまいました。
2. **お母さんは頭痛がする**：お母さんと主人公がテレビを見ていると，お母さんが"頭が痛いから，テレビを消してしばらく横にならなくちゃ。その間は，静かに何かしていてね"と言います。友だちが玄関のところまでやって来ていて，中に入って一緒にテレビを見たがっています。
3. **3人組（Three's a crowd）**：親たちが隣どうし垣根越しに話をしている横で，主人公と友だちが庭でボール遊びをしています。小さなきょうだいが一緒に遊びたがると，友だちはそれを拒んで，"その子も一緒に遊ばせてやるのなら，もう友だちにはならない"と言います。
4. **手を火傷した**：家族は夕食を待っています。お母さんは電気コンロのところで料理をしていて，子どもに"気をつけなさい，お鍋が熱いのよ"と言って注意します。主人公は，待てずに鍋に手を伸ばします。すると，その料理が床に落ち，手を火傷してしまいます。
5. **鍵を失くした**：主人公が部屋に入っていくと，両親は，どちらが鍵を失くしたか，怒りながら言い争っています。
6. **洗面所の戸棚**：母親は，"お母さんがいない間は洗面所の戸棚にある物に触ってはいけない"と子どもたちに注意して，少しの間，近所へ出かけて行きます。下の子ども（きょうだい）は指を切ってしまい，絆創膏が必要になります。
7. **怪物（あるいは泥棒）が暗がりの中に**：主人公はベッドにいます。両親はソフ

ァーに座っています。すると，物音が聞こえて光が消えてしまいます。主人公は，怪物（あるいは泥棒）がいるのではないかと恐くなります。
8. **のけ者にされる話**：両親はソファーに座っています。主人公は，お父さんに"お母さんと2人だけにして欲しいので，しばらく自分の部屋で遊んでいてほしい"と言われます。子どもがその場を離れると，お父さんとお母さんがハグをしていました。

　基本的な実施の仕方は他のNSSTsとほとんど同じです。面接者は，1つひとつのステムを導入するとき，被面接児に助けてもらいながら，最も適切な登場人物を使って"場面設定をします"。次に面接者は，ストーリー・ステムを見せながら，子どもの気持ちが乗ってくるように，そのステムに描かれている情動やジレンマを劇的に生き生きと表現して聞かせます。そして，面接者は，子どもに対して"次は，何が起こるでしょう？（人形で）して見せたくれるかな"と言ってうながします。反応によっては，決まった特定のプローブの仕方があります。中立性を保ったプロンプト質問をすることもあります。これらは明確化のために行います。実施には，通常約1時間かかります。

　すべての面接は，ビデオ録画されます。そして録画されたものを書き起こし，言語的，非言語的なナラティヴ反応を取り出します。子どもの反応の評定には，言語的な反応と非言語的な反応とに同じ重みが与えられます。その理由は，この技法が取り出そうとする養育に関する表象の多くは，言語的には検索できないと考えられるからです。

　SSAPの評定システムでは，各ストーリーに対して，約40個のテーマや特徴の有無について3件法で評定を行います。その内容には，次のものが含まれています：①親に関する表象（例えば，子どもの苦悩に気がつく，拒絶的である慰めや安らぎを与える）。②子どもに関する表象（例えば，必要なときには大人に助けや援助を求める，危機に瀕しているとき大人に対して子どものほうが親のようにふるまう）。③防衛や不安の回避の指標（例えば，課題に取り組むのをやめる，ステムのもともとの枠を変えてしまう）。非体制性の指標（例えば，描写の中で説明もなくある大人をよい人から悪い人に（あるいはその逆に）してしまう，大惨事になるというファンタジー，極端な攻撃性）などです。これら各々について，それぞれについての基準と例とを詳しく記載したマニュアル（Hodges et al., 2004）があります。

　個々のテーマに対する評定値は，詳細な臨床的査定として用いられますし，愛着分類の構成要素としても扱うことができます。また，評定値を使って，次のような包括的な構成概念の得点を算出することもできます：例えば，愛着の安定性，不安定性，

防衛的回避や非体制性などです。また，大人や子どもそれぞれのポジティブな表象やネガティブな表象も算出できます。例えば，愛着の安定性は，語り（ナラティヴ）の中で，親が次のようなことをしているときに評定されます：子どもが苦悩にあるときや助けが必要なときに気がついている，慰めや安らぎと愛情を与えている，制限設定する，懲罰的でない，子どもを拒絶しない，子どもに対して攻撃的でないときなどです。また，愛着の安定性は，語り（ナラティヴ）の中で，子どもが次のようなことをしているときに評定されます：必要なときに親に助けを求める，苦悩していることを素直に認める（苦悩していないとか，助けや慰めなんか必要ないと自分で自分に思い込ませようとするのではなく），困難にあったとき子ども自身の努力で対処したり援助を積極的に求めることができる（特にそれが現実的なときには），過剰に攻撃的だったり自分を危険にさらしたりしない，過剰に親の言いなりになるわけでもなく親を制御する（あるいは親の役割をとる）わけでもない，などです。

信頼性

評定システムのトレーニングを受けた評定者間の一致度は，平均87％でした。構成概念得点のアルファ（a）係数[7]は高く，内的整合性の高さを示唆しています（Hodges et al., 2003a）。

妥当性

4歳から8歳までの養子の子ども118名のサンプルを対象に調査した結果，個々のテーマに対する評定値および包括的構成概念の得点とが，強さ／困難さ質問紙（Strength and Difficulties Questionnaire：SDQ）や子ども行動チェックリスト（CBCL）の総得点や下位尺度得点と，有意に相関していました。これらの子どもの中の48名は，虐待を受けておらず，乳児期に養子になりました。63名は虐待を受けており，その後4歳以降に養子になりました。

同じサンプルで，個々のテーマに対する評定値と包括的構成概念の得点は，子どもが虐待を受けたことがあったかどうかということと有意に関係していました。つまり，この技法は，虐待を受けた子どもとそうでない子どもとをうまく弁別できることを実

◆7 アルファ（a）係数とは，信頼性を示す指標の1つで，内的整合性の程度を表わすものです。ある1つの構成概念（例えば，自尊感情，不安）を測定するとき，通常，複数の項目を用いて測定しますが，その際，そこに含まれている項目が同じ構成概念を測定している必要があります。それを保証するためにアルファ係数が算出されます。慣習的には，.70以上あれば"十分な内的整合性がある"とみなされています。因子分析の結果，1つの因子に負荷した複数の項目も，内的整合性があることが保証された場合に，はじめて1つの因子得点として合成することができます。

証しています。虐待を受けた群の中で，養子縁組前の逆境の程度も，やはり，ストーリー・ステムへの反応の違いと有意な関連を示していました。これは，この測度が虐待の重篤度が高いものとそうでないものとを弁別することができることを意味しています。査定を養子縁組の1年後と2年後とにくり返すと，愛着の安定性が高まる方向へ有意に変化していました。このことは，この測度が，子どもが新しい家族に慣れていくことに伴って起きる変化をとらえるのに使用できることを示唆します（Hodges et al., 2003b, 2003c）。

重要なことですが，4歳以降に養子になった被虐待児のSSAPへの反応は，その子の養子縁組の親が成人愛着面接で示した反応との間で相関がみられ，これはSSAPの併存的妥当性があることを示しています（Steele et al., 2003a）。注目すべきことは，こうした相関関係が養子縁組の3か月後にはもう現われているということです。このことは，養子縁組の親が，4歳以降に養子になった子どもに与えた影響がいかに早いかを示しています。特に，自律−安定型の親や未解決型の親のもとに養子になった子どもは，SSAPでより最適なプロフィール，あるいは問題があまりないプロフィールを示していました。

現在のところ，養子になっていない子どもについての標準化されたデータはありません。

臨床的な子どもを対象とした小規模の研究（未公刊）では，性的虐待を受けた子どもと対照群との間や，詐病の子どもと対照群との間に，興味深く統計的にも有意な差が見いだされています。こういった結果は2000年以降，愛着と養子縁組に関する多くの会合や学会会場で発表されています。

臨床的有用性

有用です。この方法は間接的で，脅威を与えない形式であるため，とりわけ虐待を受けた子，弱さ（脆弱性）を持つ子には有用です。子どもに，その子ども自身やその子どもの経験について直接に質問するということはまったくありません。そのため，苦悩や回避を最小限にすることができます。動物が登場する2つのステムを使うことで，さらにもう一歩，置き換えをしやすくできています。著者らは，通常子どもがこの査定法によく耐えることができ，仮に最初は気乗りしなかった子どもでもそのうちに査定のプロセスに引き込まれていき，楽しむようになると報告しています。

13のステムを実施するので，不安の強い子どもでも十分に長い時間をかけて，課題に安心して回答できるようになります。ステムにはいろいろなテーマがあるので，子どもは，様々なところから始めて，様々なテーマを出して展開する機会が与えられ

ています。言い換えると，子どもがいろいろな反応の中に同一のテーマをくり返し現わすということは，意義あるパターンの表象がその基底に存在する可能性が高いということを意味しています。評定スキーマに細かい事項まで書いてあるため，臨床的に役に立てられる，より卓越した分析をすることができます。

マンチェスター子ども愛着物語課題
（The Manchester Child Attachment Story Task：MCAST）

誰がいつその査定法を考案したのか？
　グリーンら，2000 年（Green et al., 2000）。

改訂版は存在するのか？
　現在，コンピュータ版を試行中です。
　マニュアル改訂版（2004）は，ベースラインの構造化査定を含めることで，子どもの発達に特化して現われる特徴（変数）と，愛着のシナリオに固有に示される特徴（変数）とを区別することができます。ビネット[8]の数は，オリジナル版では 6 つだったのが，4 つに減らされました。愛着に関係のないビネットは，実施の始めと終わりに，オリジナル版と同じものが用いられます。

何を査定しているのか？
　学童期初期の愛着表象です。この方法からは，次の 4 つの連続変量尺度による得点が得られます：メンタライジング（mentalising），メタ認知，非体制化，語りの一貫性（coherence）です。また，"不安緩和方略"について，カテゴリーによる総合的評定も得られます。

どの年齢層に対して用いるのか？
　学童期前後（およそ 4 歳半～ 8 歳半まで）。

◆8　ビネット（ビニェット，vignette）とは，一般に，人や状況などを描写した文章，あるいは小さな作品を意味しますが，ここではストーリー・ステムと同じ意味で使われています。例えば，質問紙などで虐待を調査するとき，虐待の様子を描写する文章（虐待場面を人，状況，行為などを含めて描写した文章）を提示しそれについて質問を行いますが，その描写文をビネットと呼んだりします。

方　法

　MCAST は，6つの一連のストーリー・ステムで構成されています。テストが始まる前に，子どもは人形の家やいろいろな物を見せられます。そして，自分の代わりになる人形と主要な養育者になる人形とを選ぶように言われます（後者は，面接者が関心を持っている対象人物です）。MCAST には，他の NSSTs とは異なる特徴が数多くあります。MCAST が焦点を当てているのは親子の2者だけであり，家族全体ではありません。MCAST では，子どもが自分を人形と同一視することを重視します。具体的には，子どもにいろいろある人形の中の1体と自分を同一視するように求めます。また，新奇場面と同じような愛着に関連した思考や行動を喚起するために，（他の NSSTs よりも）もっと強い不安や苦悩を引き起こさせます。

● ビネット（ストーリー・ステム）

1. 日課の朝食
2. 子どもが悪夢を見て目を覚ますと，家には自分1人です。
3. 子どもが戸外で遊んでいると，転んで膝をけがしてしまい，痛んだり出血したりしています。
4. 子どもは急にお腹が痛くなります。
5. 養育者と一緒に買い物している途中で，子どもが人ごみの中で迷子になります。
6. 家族旅行

　ストーリー・ステム1は，愛着に関係のない対照条件（ベースライン）として入れられています。ストーリー2，3，4，5は，愛着に関係した"苦悩の"ビネットです。ステム6は，愛着に関係のない締めくくりのビネットです。

　基本的なやり方は，他の NSSTs と同じです。しかし，"苦悩"のビネットの各々には導入段階があり，そこで面接者は被面接児が明らかにストーリーに引き込まれ主人公の子どもに共感的になるまで，主人公の子どもが苦悩をしていることを強調します。1つひとつのビネットについて，被面接児は，人形を使ってストーリーを終わりまで演じ，その後に，そこでそのように演じた理由を明確化させるための一連の質問やその時の心理的状態がどうして起きたのかを取り出す質問を，数多くされます。例えば，"この子どもの人形（主人公の人形）は，今どんな気持ちかな？"や"この親の人形は，今，何をしたいと思っているのかな？"。面接の最後には，自由遊びの時間が設けられています。そこでは，子どもは，この人形家族が一緒にやりたいと思うことを遊び

で表現するよう求められます。これは，面接終了前の"沈静時間"として設けられています。

● コーディング・スキーマ

この方法のコーディング・スキーマの特徴は，新奇場面法のコーディング法と成人愛着のコーディング法とを組み合わせた点にあります。その理由は，これら両方の方法が，この発達年齢の子どものナラティヴ表象に関連しているからです。このコーディング法のおかげで，新奇場面手続きと類似した4愛着分類のコーディング結果を出すことができます。それに加えて，安定性，メタ認知，メンタライジング，非体制性（化），語りの一貫性に関する連続変量得点も得られます。

信頼性

● 評定者間信頼性

良好。評定者らの分類結果は一致する傾向にありました。[23]

● 再検査信頼性

良好。ただし，時間的安定性は安定型の子どもでより高いものでした。[24]

妥当性

これまでの研究から示されていることは，この方法を使うと，4歳半以下の子どもでは非体制性の得点が本来よりも高くなる傾向があるのに対して，8歳半以上の子どもの場合では安定性の得点が実際よりも高くなる傾向にあるということです。

● 構成概念妥当性

グリーンら（Green et al., 2000）の報告によると，MCASTの内容的妥当性は，その項目の因子分析の結果から支持されています。すなわち，因子分析の結果，最も説

★23 グリーンら（Green et al., 2000）によると，カテゴリー分類の場合：安定型 vs. 不安定型（B vs. A/C/CC）では一致率は98%（κ = .88）でした，D vs. D 以外では一致率は82%（κ = .41）でした。完全な非体制型を除くと，愛着カテゴリー（A/B/C/CC）の一致率は98%（κ = .74）でした。完全な非体制型の子どもを強制的にABCのどれかに分類した場合は，一致率は80%（κ = .622）でした。
★24 2度目の面接が，5.5か月（中央値）後に行われました。ABCの分類で，76.5%が同じ分類にありました。安定型の子どものほうが，不安定型の子どもよりも，同じ分類に留まっていました。安定型のビネットの数と時間的安定性との間に，関連性がありました。2度目の面接に来ることに同意した子どものほうがより安定しているというバイアスがあました。すなわち，安定型の子どもの76%が再面接に同意していたのに対して，不安定型では47%しか同意していませんでした。このことは，結果にバイアスを与えている可能性があり，心に留めておくべきでしょう。

明量の多かった因子には，"愛着行動のサイクルや愛着の安定性に最も関連する項目（近接性を求める，不安が緩和される，探索（遊び）を始める）が含まれていました"（p.60）。個別のビネットについても弁別的妥当性が見いだされました。このことから，彼らは，6個より少ないビネットを用いた方法でも一般的な使用には十分なものであるかもしれないと述べています。その後のバージョンでは，ビネット数を減らし，最も弁別力があるものだけにしました。

● 併存的妥当性

ゴールドウインら（Goldwyn et al., 2000）は，学童期前期の健常児34名を対象に検討した結果，MCASTと分離不安テストとの全般的な一致度は，80％（$\kappa = .41, p < .01$）であることを見いだしました。また，この研究では，MCASTで非体制型にコードされたことと，同時に実施された母親の成人愛着面接での未解決型の分類との間に，有意な連関があることが報告されています（$n = 30$，77％の一致率，$\kappa = .49, p < .10$）[★25]。母親の未解決型の表象と様々な年齢における子どもの非体制型愛着との間に強い連関があるとするなら，この技法には併存的妥当性があると結論づけてもよいでしょう。

低リスクのサンプルで妥当性を検討したところ，非体制性と症状得点との間に関連が示されました。臨床群で妥当性を検証したデータがあります（Green & Goldwyn, 2002; Green et al., 2001）。それは，非体制性と，親評定による症状，ADHD，母親の情動表出，子どもの言語発達などとの間に，強い関連があることを示しています。

MCASTは，現在，イギリスやヨーロッパで行われた10の発達研究や介入の質的研究で使用されています。

臨床的有用性

MCASTは実施が容易です。ただ，反応のコーディングと分析にはより専門的なトレーニングが必要です。トレーニングは比較的短期ですみますが，ビデオ録画ができる設備が必要です。

"誘導段階"で，面接者が意図的に子どもを感情的に引き込もうとした結果，ある程度の苦悩や苦痛が引き起こされるかもしれません。グリーンらはこの点に触れ，次のように主張しています。引き起こされる不安や苦痛の程度は，子どもが日常生活の中で普通に経験している程度のもので，すぐに消えてしまい，過度の害を生じること

★25 MCASTとAAIとの愛着の3分類での一致率は，有意でありませんでした。安定 vs. 不安定の2分類でも，有意でありませんでした。しかし，MCASTとAAIという査定法の違いを考慮すれば，この比較を併存的妥当性の指標とみなすのはあまり適切ではないでしょう。

はなく，それゆえ倫理的に問題はないと述べています。

面接技法

子ども愛着面接（Child Attachment Interview：CAI）

誰がいつその査定法を考案したのか？
　ターゲットら，2003年[26]（Target, Fonagy, & Shmueli-Goetz, 2003）。

改訂版は存在するのか？
　これが最新版です。以前のものの改訂第 3 版（1997）は，予備調査の後，大幅に修正されました。

何を査定しているのか？
　それぞれの親との愛着の安定性についての表象と，愛着に関する全般的な心の状態です。

どの年齢層に対して用いるのか？
　7 〜 12 歳まで。

方　法
　CAI は半構造化面接です。所要時間は 20 分から 1 時間です。面接の様子は，通常，録音もしくは録画されます。面接のプロトコル（実施要項）は，AAI（後で説明します）をもとにしていますが，AAI とは異なり，CAI の焦点は愛着に関連した最近の出来事と，母親と父親のそれぞれとの現在の関係性がどのように表象されているかに置かれています。
　CAI 面接は，14 の質問とプローブからなっています。

　　　1. あなたの家族には誰がいるの？（誰が一緒に住んでいるの？）

★26　チチェッティ（Cicchetti）らも，これと類似したプロトコルを独自に開発し，10 年間にわたって使用してきました。ただし，コーディング・システムはありません。

2. あなた自身のことを表わす言葉を3つ教えてくれる。（例えば？）
3. お母さんと一緒にいるとどんな感じかを表わす言葉を3つ教えてくれる？（例えば？）
4. お母さんがあなたのことで怒ったら，どんなふうになる？
5. お父さんと一緒にいるとどんな感じかを表わす言葉を3つ教えてくれる？（例えば？）
6. お父さんがあなたのことで怒ったら，どんなふうになる？
7. あなたの気持ちが動揺して，助けがほしかったときのことを教えてくれる？
8. あなたが病気になったら，どうなる？
9. あなたがけがをしたら，どうなる？
10. 今までに，あなたの身近な人が誰か亡くなったことはある？
11. 前にあなたが大切に思っていた人で，最近もう会わない人はいる？
12. 親のもとから離れて，一晩とか1日以上，過ごしたことがある？
13. お父さんやお母さんは時どき言い合いをする？ それが起きたときのことを教えてくれるかな？
14. お母さんやお父さんのように，なりたい，あるいはなりたくないと思うのはどんなところ？

CAIでは，被面接児が言うことと非言語的コミュニケーションの両方にもとづいて得点化がされます。子どもの反応は8種類の尺度にもとづいて評定されます。その中の3つ，すなわち'とらわれた怒り（preoccupied anger）''理想化''拒絶（dismissal）'は，母親に対してと父親に対してが，別々に評定されます。得点の範囲は1点（最小）から9点（最高）までです。

- **情動の開放性**：愛着人物とやりとりについて話すとき，情動を表出したりラベルをつけたりすることのできる能力や，なぜそのような情動が起こったのかをやりとりの中に根拠づけながら話すことのできる能力を査定します。[27]
- **とらわれた怒り**：これはAAIの"巻き込み型怒り尺度（Involving Anger scale）"[28]から適用されました。しかしAAIと違って，怒りだけでなく，巻き込み型の誹謗中傷や侮蔑も含みます。

★ 27 ターゲットらに影響を与えたのは，スラウフ・フレッソンの感情制御モデル（Sroufe & Fleeson, 1986）と，情動の開放性が愛着に関連した子どもの語り（ナラティヴ）の重要な側面であり，愛着の安定性の指標の1つであることを明らかにした研究（Oppenheim, 1997; Slough & Greenberg, 1990）でした。
★ 28 Main & Goldwyn, 1994

- **理想化**：子どもがどの程度，自分の親を根拠や裏づけのない"理想的な"親として話すかを測定します。
- **拒絶**：愛着（の重要性や意義），親と一緒にいること，愛着経験をどのくらい積極的に否認しているかを測定します。
- **自己体制化（self-organization）**：自発的で建設的な葛藤解消法を思いついたり提案したりできるかということに関する自己効力感の内的表象を測定します。[29]
- **愛着人物の肯定的な面と否定的な面とについての言及する割合のバランス**：この尺度は，安定型の子どものほうが親の肯定的な側面と否定的な側面とをより容易に認識し統合できるだろうという前提にもとづいています。ですから，愛着対象についての子どもの話が，どのくらいバランスがよくとれているかを測定しています。
- **実例の使用**：関連性のある精緻化された具体例を出す能力を測定しています。
- **葛藤の解消**：葛藤に対する建設的な解決法を述べる能力を評定します。[30]

子どもの回答にみられる一貫性，発達，内省の全般的な性質（質の高さ）に対して，1つの得点が与えられます。言語面の分析とは別に，面接や質問への子どもの反応に対する行動分析も行われます。考慮に入れるのは，アイ・コンタクト，声のトーンの変化，顕著な不安，面接者との関係での姿勢の変化，言語的表出と非言語的表出との矛盾などです。

　安定型愛着と分類されるためには，CAIのすべての尺度において5点以上の点を取らなくてはなりません。ただし，理想化，拒絶，とらわれた怒りの尺度では3点が必要です。また，母親と父親とのそれぞれについて，安定性のレベル（非常に安定，安定，不安定，非常に不安定）の評定がなされます。

信頼性

● CAIの主要な分類に対する評定者間信頼性
　情報が限られています。

● 再検査信頼性
　良好。3か月間隔での分類は46ケースでかなり安定していました。中央値は.63で

---

[29] Cassidy, 1988; Oppenheim, 1997; Sroufe, Fox, & Pancake, 1983
[30] Oppenheim, 1997

した。母親の表象に対する安定性の分類は .75 以上で，父親の表象では .65 以上でした。1 回目の査定で非体制型とコード化された子どもすべてが，3 か月後でも同じ非体制型にコード化されていました。尺度得点の時間的安定性は，尺度によって相当のばらつきがありました。[★31] 33 名の子どもが 1 年後に再検査を受けました。尺度得点の時間的安定性は中程度でした。相関係数の中央値は .40 でした。ここでも，尺度の間で時間的安定性にかなりのばらつきがありました。[★32]

妥当性

● 弁別的妥当性

中程度の良好さ。父親・母親をそれぞれ対象に査定した愛着分類が安定型の子どもと不安定型の子どもとの間には，平均年齢において統計的に有意な差はありませんでした。性別でも社会的階層でも，愛着の安定性を予測することはできませんでした。アフリカ系やアジア系の子どもが占める割合は，安定型群と不安定型群とで同じ程度でした。父親・母親をそれぞれ対象に査定した愛着表象が安定型の群と不安定型の群との間では，言語性知能においてほぼ同じでした。これは特筆すべきことで，というのは愛着表象のコーディングでは言語的一貫性を重要視するからです。表出言語得点も 88 名の下位サンプルから収集されました。父母の両方との愛着が安定型である子どもでは表出言語が若干優れていましたが，統計的には有意でありませんでした。

● 予測的妥当性

AAI で査定された愛着に関する母親の現在の心の状態と，CAI で査定された子どもの愛着分類（ステータス）との間での予測的妥当性は良好です。[★33]

臨床的有用性

この測度から，子どもに関する興味深い重要な情報が得られるかもしれません。しかし，心理的・身体的虐待やニグレクトを現に行っている親や行っているおそれのある親と一緒に生活している子どもに対して，CAI を使用する際には注意が必要です。

★31 母親に対する怒りは，3 か月の間隔を置いても時間的に安定しているようですが，父親に対する怒りはそうではありませんでした。母親に対する理想化も父親に対する理想化も，時間的に安定していませんでした。こうした結果にもかかわらず，情動の開放性，具体例の使用，一貫性は，3 か月の間隔を置いても，時間的に非常に安定しているようでした。親ごとの尺度では，拒絶だけが，父親に対しても母親に対しても，高い時間的安定性を示していました。

★32 情動の開放性や具体例の使用，そして特に一貫性や父親に対する怒りはかなりの時間的安定性を示しました。それに対して，親別の尺度（特に，理想化と父親に対する怒り）は，時間的安定性がありませんでした。

この方法は，親との関係性について子どもに内省させようとするもので，子ども（の安全）が保護されていない場合には，子どもの防衛や対処メカニズムを脅かすことになりかねないからです。この検査は実施や評定のための訓練が必要です。

友人・家族面接（Friends and Family Interview：FFI）

誰がいつその査定法を考案したのか？
　スティール・スティール（Steele & Steele），2003 年。

改訂版は存在するのか？
　見いだされていません。

何を査定しているのか？
　愛着の表象，特に愛着関係の語りにおける一貫性。

どの年齢層に対して用いるのか？
　この面接法は，児童期中期の終わりから青年期始めの子ども（児童・青年）用に開発されました。この方法は，こうした若年層が直面する発達上の中心的問題が，友人関係，自己感（sense of self）の変化，内省力の出現（自己や友人，家族について最も好きなことや最も好きでないこと，あるいは，それらに対する両価的（アンビバレントな）気持ち）などについてであるという前提にもとづいています。

★33　母子のそれぞれの主要な愛着分類の間の一致率は，高い有意性を示していました（一致率は64％；$\kappa = .29$, $p < .01$）。しかし，とらわれ型と分類された7名の子どもの中で，その母親がAAIで安定型と分類された子どもは誰もいませんでした。非体制型と分類された6名の子どもの中で，母親がAAIで安定型と分類された子どもは1人しかいませんでした。母親のAAI（分類）と子どもの父親への愛着の安定性との連関の強さ（一致率65％, $\kappa = .29$, $p < .01$）は，子どもの母親への愛着の安定性と同程度の強さでした。父親に対する愛着が，とらわれ型と分類された8名の子どもの中で，母親がAAIで安定型と分類された子どもは，誰もいませんでした。父親に対する愛着が非体制型と分類された6名の子どもの中で，母親がAAIで安定型と分類された子どもは，1人だけでした。こうしてみると，とらわれ型や安定型のほうが，他の分類型に比べて，子どもの愛着の安定性を予測する力をより持っているようです。安定‐自律型と分類された母親の中の66％の母親の子どもは，CAI分類でその母親に対して安定型の愛着を持っており，また，66％の母親の子どもは，CAI分類で父親と安定型愛着を持っていました。とらわれ型と分類された25名の母親の中の18名（72％）の母親の子どもは，その母親に対して不安定型の愛着を持っており，82％の母親の子どもは父親と不安定型の愛着を持っていました。AAIでの未解決型の分類は，父母のいずれに対しても子どもが不安定型になるかどうかを予測していませんでした。CAIによる父母両方との関係で非典型的な分類（非体制型）となった子どもは，母親のAAIが未解決型である事例でしか見いだされませんでした。

方 法

面接は以下のような導入説明で始まります：

> 私はあなたについて知りたいと思っています。例えば，あなたがどんな人なのか，どんなことをするのが好きなのか，そして何よりも，友だちや家族との関係について，あなたがどう考え，感じているのかです。どんな人や人間関係についても言えるだろうと思いますが，人は，自分自身や他の人のことで，一番好きなこと（そのままであってほしいと思うこと），一番好きではないこと（変わってほしいと思うこと）があると思います。ですから，こういうことについて，これからいろいろな質問をしながら，話を聞いていきたいと思います。

面接は，自己，仲間（親友），きょうだい，親についての26の質問から構成されています。被面接者は，これらの領域の各々について，最も好きなことと最も好きではないことを述べるように言われます。具体的なプローブ質問もあります。例えば，どのような意見の対立が起こるか，またそのときどのように話し合うかなどです。面接では，最初から最後まで一貫して，被面接者は日常生活からの具体的な実例をあげながら自分の話をすることが求められます。"こうした若年層にとって一貫性を保ちながら話すのに最も負荷がかかると思われる質問"（Steele & Steele, 2005, p.147）は，面接の最後にされます。例えば質問25です：

> では，あなたと両親との関係は，あなたが小さかったころに比べて，変わったと思いますか。ちょっとふり返って，考えてみてくれますか。

面接の様子は，録音（後に逐語録にするため）・録画されます。

● コーディング

この方法のコーディング・システムでは，以下のカテゴリーに含まれる多くの次元について4件尺度で評定されます：

1. 一貫性
2. メタ認知，あるいは内省的思考機能
3. 安全基地として利用できることを示す証拠
4. 自尊感情に関する証拠

5. 仲間関係
6. 不安と防衛

信頼性

評定者間信頼性，再検査信頼性は 2005 年の論文（Steele & Steele, 2005）では報告されていません。

2005 年の論文の報告によると，一貫性の 4 つの評定基準（すなわち，真実性，経済性，関連性，様式（話し方））の内的整合性を，クロンバック（Chronbach）のアルファ（a）係数を使って検討しました。その結果，得られた a は .74 以上で（範囲 = .74 〜 .88），高い内的整合性が示されました。

妥当性

●弁別的妥当性

スティール・スティールは，AAI の弁別的妥当性（すなわち，高度な教育を受けた人であっても AAI においては一貫性が低いこともあれば，逆に技能や教育のない人（unskilled）でも AAI で一貫性が高いこともあります）は，"児童期中期での愛着の安定性を測定する面接法ベースのどのような測度にとってもクリアすべき基準です"(p.141) と述べています。2005 年の論文で報告された 11 歳の子ども 57 名を対象にした研究では，知能検査（WISC-Ⅲ^{UK}）の "語彙" と "類似" の下位尺度を使用した場合，子どもの言語性知能と観察された愛着の一貫性との相関は，有意ではありませんでした。◇5

●予測的妥当性

2005 年の論文で報告された子どもを対象とした研究（11 歳の時点で実施したフォロー・アップ）では，年齢が，全般的な一貫性と有意な正の相関を示していました（$r = .26$, $p < .05$, 片側検定）。このことは，成熟するに伴い，"子どもがメタ表象能力を示す潜在的な可能性が高まる"(Steele & Steele, 2005, p.149) ことを示唆しています。

FFI での安全基地の利用可能性に関する査定結果は，父親を対象とした場合も母親を対象とした場合も，一貫性に関する 5 つの評定と，有意な正の相関を示しました。著者らは，確かに，これらの相関値が $r = .40 〜 .60$（と中程度の高い値をしていたの）ではあったが，だからと言って "子どもの語りにおける一貫性に見られるレベルの

◇5 AAI における語りの一貫性は，教育水準や知能，言語能力と無関係であり，あくまで愛着分類を反映したものであるということです。

違いを，親からの温かさや支持の経験の違いに，直接，帰属することはできません"（Steele & Steele, 2005, p.149）と指摘しています。彼らは，FFI における一貫性の働き方が AAI で想定される一貫性の働き方と非常に類似しているようであると述べています。その働き方とは，"経験を体制化することです。すなわち，心の中で，それもメタ表象レベルで経験を内省し評価し，それを書き換えることです"（p.154）。

　女児でも男児でも，FFI における一貫性の下位尺度の質や真実性は，AAI で母親が自律－安定型と分類される場合に，一貫して有意に高いことが示されました。その他の結果は，父親の AAI 分類が男児の（語りの）一貫性にある特有の影響を及ぼすことを示しています。これ以外の性別に関連した結果は，相関や回帰分析の結果のところで報告されています。

　2005 年の論文に報告された結果の中で，12 か月時点での母親に対する愛着の安定性と，FFI による 11 歳時点での（語りの）一貫性との間の相関は，（Steele & Steele, 2005 の表 7.2 によると）見いだされていません。しかし，さらに分析すると，乳幼児－母親の愛着の安定性との間にいくつかの関連性が見いだされました。特に，FFI の非言語面での落ち着き（non-verbal ease）との間に関連性が見いだされています（H. Steele, 私信, 2005）。

臨床的有用性

　FFI は，比較的近年に開発された手法です。幅広く使用されていることや評定者間信頼性が実証されていることから，この面接法は，11 歳以上の子どもで愛着を査定する有用な手法であることが証明されるかもしれません。しかし，FFI は長時間の面接であり，26 項目の質問とそれに続くプローブを実施するとなるとほとんどの臨床的場面では時間がかかりすぎることになるでしょう。加えて，実施とコーディングに訓練が必要です。にもかかわらず FFI という手法とそこで扱われる構成概念に慣れ親しんでおくことは，臨床実践に有用である可能性が高いと思われます。

児童青年期用愛着面接
（Attachment Interview for Childhood and Adolescence : AICA）

誰がいつその査定法を考案したのか？

　アンマニーティら，1990 年（Ammaniti et al., 1990）。

改訂版は存在するのか？
ありません。

何を査定しているのか？
児童期後期と青年期前期における愛着関係の心的表象。

どの年齢層に対して用いるのか？
10～14歳の子ども。

方 法

AICAは，（後述する）AAIの一種の改訂版で，児童期後期・青年期前期の子どもを対象としています。面接構造と質問の順番は，（AAIから）変更されていませんが，言葉使いは単純化され，被面接児の年齢に適したものにされてきています。AICAは一種の半構造化面接で，通常は録音・録画されます。

AAIのコーディング・システムを使用して，愛着に関する全般的な心の状態にもとづき，青年を4カテゴリーの中の1つに分類します。

1. 愛着関係を拒絶している。
2. 安定しており，愛着の価値を率直に高く評価する。
3. 愛着関係にとらわれている。
4. 過去の喪失やトラウマに関して未解決である。

これに加えて，面接の逐語は12の9件評定尺度にもとづいて得点化されます。

5つの尺度では，'子どものころに多分あったであろう経験'とそのころの各親との関係性（愛情があった，拒絶的であった，ニグレクトを行っていた，過干渉であった，達成することを強いた）を査定します。"表象に関わる"7つの尺度では，愛着に関する現在の心的表象（理想化，怒り，侮辱，受動性，逐語録の一貫性，記憶の欠落，メタ認知）を査定します。理想化，怒り，侮辱の3つは，父親と母親それぞれについて，別個に得点化されます。

AICAに対する反応は，メイン・ゴールドウイン（Main & Goldwyn, 1998）がAAI用に開発したコーディング・システムにもとづいてコード化されます。一貫性尺度は，子どもの発達段階を考慮するために，非常に注意深く査定されねばなりません。成人の場合であれば，非一貫性（一貫性を欠く）と評定される可能性があることでも，10

歳児であれば，洗練された思考がいまだ不足していても，発達的には正常なことにすぎないのかもしれません。

信頼性
●評定者間信頼性

よく訓練されたAAIのコーダーにコード化を行ってもらうと，コーダー間で高い一致率を得ることができます。

妥当性
●併存的妥当性

10歳と14歳の被面接児での愛着の4分類の頻度分布は，青年や成人若年層を対象にした他の研究で実施したAAIでの頻度分布と，統計的な差がないという結果が得られています。AAIのコーディング・システムは，AICAにも十分な信頼性を持って適用できるようです。

臨床的有用性

良好。しかし，AAIと同様，実施し得点化するのに時間とコストがかかります。この方法は，有用な情報を提供してくれますし，AAIのようにより脅威を喚起するものと比べると，より子どもに優しいアプローチであることがわかります。青年期では気分や親との関係が変動するのが普通で，この母集団が抱えるリスクのようなものですが，AICAはそれらに影響されることなく，基底にある愛着の要因を引き出すことができるように思われます。しかし，AICAは未公刊であるため，臨床家がアクセスするのは困難かもしれません。

成人愛着面接（Adult Attachment Interview：AAI）

AAIは成人を対象としたものですが，ここに含めた理由は，このセクションで述べた測度のいくつかがAAIとの関連で妥当性の検証がなされているからです。さらに先にも述べたとおり，AAIはナラティヴ（語り）の測度への関心を急速に高めることに貢献しました。

誰がいつその査定法を考案したのか？

ジョージら，1984年（George, Kaplan, & Main, 1984）。

改訂版は存在するのか？

1985 年，1996 年（George, Kaplan, & Main, 1985, 1996）。

何を査定しているのか？

表象。この方法によって，新奇場面法と類似した 5 つのカテゴリー分類が得られます：自律型，拒絶型，とらわれ型，未解決－非体制型，分類不能。

どの年齢層に対して用いるのか？

成人。

方　法

AAI は半構造化面接で，通常，録音・録画されます。成人に対して，児童期の記憶を想起して，それを現在の視点・立場から評価するように求めます。親との関係に関する一般的なこと，それを裏づけたり矛盾したりする特定の自伝的記憶，親との現在の関係に関することなどについて，行ったり来たりしながら交互にプローブを行っていきます。この面接法には 15 の標準質問があり，決まった順番に質問が行われます。そして，1 つひとつの質問には，一群の標準プローブがあります。これらの質問は，以下の領域を扱います。

- 最初に，"ウォーミング・アップ"質問として，家族構成について述べてもらう。
- 被面接者と父親や母親との関係（性）を言い表わす 5 つの記述語（形容詞や語句）やそれらにまつわる記憶や経験，そしてなぜこれらの記述語を選んだのか。
- 子どものころ，父親と母親のどちらを最も身近に感じたか。それはなぜか。
- 子どものころ，自分が動揺したり傷ついたり病気になったりしたときに，どうしたか。具体例をあげる。
- 親と初めて分離したときのことについて，何を思い出したか。
- 今までに，親から拒絶されたと感じたことがあったか。
- 今までに，親に恐怖や脅威を感じたことがあったか。
- 成人になってからの自分の性格が，子どものころに経験したことにどのように影響されたと思うか。
- なぜ両親は，そのようにふるまっていたと思うか。
- 親との関係は，時間を経てどのように変わっていったか。
- 養育された経験が，自分自身の子どもに対する反応にどのように影響していると思うか。

さらにまた，被面接者は，以下のことについて聞かれます：

(a) 自分にとって重要な人が亡くなったという明確な喪失体験。
(b) 心的外傷体験（重篤な虐待を含む）。

　面接の所要時間は約1時間です。面接は逐語で文字に起こされ，コード化されます。コード化は，自伝的記憶の内容についてではなく，その体験や影響をどのように評価し報告したかにもとづいてなされます。被面接者の愛着の性質は面接中の語りの一貫性に現われます。ですから，コーディングでは被面接者の述べている内容とそれに対する評価が明らかに矛盾するようなことが重視されます。

　AAIのコーディング・システム（Main & Goldwyn, 1984, 1998）を用いることにより，愛着に関する全般的な心の状態について，以下の分類がなされます。

自律－安定型（autonomous-secure）
　記述・描写には一貫性があり，整合性（consistency）を備えている。質問への回答も明確であり，関連性があり，話がもつれたり冗長に延々と続いたりすることはない。自律型と分類するときの基準は，安定した平穏無事な児童期を過ごしていたかということではなく，成人として様々な過去の体験を内省し，一貫性を持って話すことができるかどうかということである。

拒絶－不安定型（dismissing-insecure）
　親について述べることが非常にポジティブであるのに，それに関連して想起された出来事はそのことを裏づけていなかったり，そのうちに矛盾し出したりする。被面接者は，子どものころの愛着の経験を想起できないと言い張ることがよくある。愛着に関連した情報に対して注意を最小化しているように思える。

とらわれ－不安定型（preoccupied-insecure）
　被面接者は，混乱，怒り，受身的なとらわれを愛着対象に対して示す。彼らの面接には，しばしば，長くもつれた文章が見られる。面接することで，愛着に関連したことに過剰に注意を向けさせてしまうように思われる。

未解決－非体制型（Unresolved-disorganized）
　これに分類される被面接者は，特定の心的外傷（例えば虐待）に関係して話しているとき，その語りが体制化されていない。特定の出来事について話している間に，かなりのモニタリングや推論ができなくなっているに違いない。

分類不能（cannot classify）

これは比較的近年提案されたカテゴリーである（Hesse, 1996）。矛盾したパターンが組み合わさった語りを示す被面接者を分類するために作られた。

信頼性

● 再検査信頼性

良好から中程度。2回の査定結果の間に，高い一致率が報告されています。ただし，未解決型の時間的安定性はあまり高くありませんでした。これは，おそらく悲哀（grieving）プロセスを反映したものでしょう。[34]

妥当性

● 弁別的妥当性

中程度の良好さ。[35]

● 予測的妥当性

親を対象としたAAIによる評定と，その親の子どもを対象にした新奇場面法による分類との間で，良好な予測的妥当性が示されました。[36]

- [34] ベイカーマンズ・クラネンブルグ・ヴァン・イーツェンドゥアン（Bakermans-Kranenburg & van IJzendoorn, 1993）は83名の母親を対象とした研究で，2回の面接を，異なった面接者により，2か月の間隔をおいて実施しました。78%（κ = .63）の被面接者が，2回の面接でも同じ分類を与えられていました。自律型の被面接者のうちの83%が，同じ分類でした。しかし，未解決型を考慮に入れて算出すると，2度の査定で分類型が変わらなかった人の割合は，これより少なくなりました（61%）。これは，未解決型に分類された人の多くが持つ原因である悲哀（grieving）プロセスが変化しやすい性質をしていること反映しているのかもしれません。そこで，この面接を受ける間近に対象喪失を経験していた人をこのカテゴリーから除いて分析を行ったところ，再検査信頼性は上昇しました。
- [35] ウォーターズら（Waters et al., 1993）では，AAIに類似した実施要項（プロトコル）を用いて，職業経験に関する面接（記録）をコード化しました。その結果，職業経験に関する面接中の談話スタイルは，AAI実施中の談話スタイルと無関係であることがわかりました。また，ベイカーマンズ・クラネンブルグ・ヴァン・イーツェンドゥアン（Bakermans-Kranenburg & van IJzendoorn, 1993）は，愛着には無関係の自伝的記憶の再生，知能，応答スタイルの社会的望ましさが，AAIでの談話スタイルに効果を及ぼさないという結果を報告しています。
- [36] ヴァン・イーツェンドゥアン（van IJzendoorn, 1995）では，18のサンプル（n = 854）のメタ分析で，子どもの愛着の不安定型と安定型を予測する力が示されました。"未解決"と分類された子どもを除くと，AAIの"拒絶型（dismissing）"は，新奇場面法での"回避型（avoidant）"を予測し（合成 r = .45），AAIでの"とらわれ型（preoccupied）"は新奇場面法での"両価型"を予測していました（合成 r = .42）。"未解決型（unresolved）"は，新奇場面法での"無方向／非体制型"と一致していました（合成 r = .31）。"未解決型"を含めて分析すると，AAIの予測力は最も低くなりました。しかしこれは，報告された"とらわれ型"の成人や"アンビバレント型"の子どもの数が非常に少なかったことと関係しているのかもしれません。

第8章　愛着の査定法（アセスメント法）

臨床的有用性

　この方法は，良好な信頼性と妥当性を持っているようです。そのため乳幼児の愛着の予測や介入のターゲットになる人の選定に有用となりうるでしょう。この方法は面接や評定に非常に長時間かかるため，適用に限界があります。AAIの実施や評定のためのトレーニングも，専門的でかなりの費用がかかります。このため，AAIは大半の臨床家にとって選択肢の中から除外されてしまうかもしれません。

第9章

養育の査定

養育の観察にもとづく査定

表9.1は，養育の査定を子どもの対象年齢順に列挙したものです。

表9.1 養育の査定

査定法・測度	誰が考案したか	いつ	対象の月年齢	何を査定しているか
非典型母親行動の査定分類検査（アンビアンス）（Atypical Maternal Behavior Instrument for Assessment and Classification：AMBIANCE）	ブロンフマンら（Bronfman, Parsons & Lyons-Ruth）	1993	乳児	非典型的な母親の行動
母親感受性尺度（Maternal Sensitivity Scales）	エインスワース（Ainsworth）	1969b	乳児と幼い子ども	母親の全般的な特徴
ケア指標（CARE-Index）幼児ケア指標（Toddler CARE-Index）	クリッテンデン（Crittenden）	1979	0～15か月児，15か月～3歳児	母親-乳児のやりとり
親発達面接：乳児，幼児，改訂，簡易版（Parent Development Interview: Infant, Toddler, Revised and Brief Versions）	エイバーら（Aber et al.）	1985	乳児，幼児	子どもとの関係に関する親の表象
養育者行動分類システム（Caregiver Behavior Classification System）	マーヴィン・ブリトナー（Marvin & Britner）	1996	就学前児	養育者の行動
養育経験面接（Experiences of Caregiving Interview）	ジョージ・ソロモン（George & Solomon）	1996	幼い学童児	母親の養育に関する内的作業モデル

母親感受性尺度（Maternal Sensitivity Scales）

誰がいつその査定法を考案したのか？
　エインスワース（Ainsworth, 1969b），バルチモア研究（Ainsworth, Bell, & Stayton, 1971; Ainsworth et al., 1978）の初期の段階で。

改訂版は存在するのか？
　見当たりません。

何を査定しているのか？
　母親の全般的な特徴。

どの年齢層に対して用いるのか？
　乳幼児の母親。

方　法
　観察された母親の特徴が，次の4つの9件尺度で評定されます：

● 尺度1：赤ちゃんの信号に対する感受性の高さ／低さ[★1]
　この尺度は，乳幼児の行動に潜んでいる信号やコミュニケーションを正確に知覚し解釈する母親の能力，およびその理解にもとづいて適切に，そして迅速にそれらに**応答する**母親の能力を扱っています。ですから，母親の感受性は，次の4つの本質的な要素からなっています：

　　　　(a) 信号に対する母親の気づき
　　　　(b) それらの正確な解釈
　　　　(c) それらへの適切な応答
　　　　(d) それらへの迅速な応答

★1　尺度1と尺度2の記述は，2006年7月にストーニー・ブルック（Stony Brook）のウェブ・サイトにアクセスして得たエインスワースの"母親感受性尺度"（1969年改訂，ジョンズ・ホプキンズ大学，バルチモア，謄写版）から取ったものです。
　　（http://www.psychology.sunysb.edu/attachment/measures/content/ainsworth_scales.html）

です。
　この尺度の得点の範囲は1～9点で，それぞれの得点は以下のように定義されています：

　　　9. 感受性が非常に高い
　　　7. 感受性が高い
　　　5. 感受性が一貫しない
　　　3. 感受性が低い
　　　1. 感受性が非常に低い

　"感受性が非常に高い"母親は，赤ちゃんの信号を鋭敏に感じ取り，それらに迅速かつ適切に応答します。物事を赤ちゃんの視点から見ることができます。
　"感受性が非常に低い"母親は，ほとんどいつも，母親自身の願望，気分，活動に注意が向けられているようです。ですから，そうした母親が子どもに介入するのは，たいてい母親自身の中で起こった信号からです。この母親は，赤ちゃんの行動の意味を無視したり歪めたりするのは日常茶飯事で，その応答は本質的に不適切でありバラバラであり中途半端です。

●尺度2：赤ちゃんのしている行動への協調（cooperation）／干渉
　この尺度でとらえようとしている中心的な問題は，母親の介入が，よいタイミングで赤ちゃんの状態や気分や関心にうまく合わせて行われるのではなく，むしろ赤ちゃんのしている活動に割り込み，それを中断させ止めてしまうことの程度です。この干渉の程度は，2つの点を考慮して，査定されます：

　　　(a) 赤ちゃんのしている活動に，実際に物理的に干渉する程度
　　　(b) 実際に中断した頻度

　ここでも尺度の得点範囲は1～9点で，それぞれの得点は以下のように定義されています：

　　　9. 顕著に協調的
　　　7. 協調的
　　　5. いくらか干渉的
　　　3. 干渉的

1. 非常に干渉的

　"顕著に協調的"な母親は，赤ちゃんを1人の分離した能動的で自律的な存在とみなし，望むことや活動はそれ自体，正当性を持っていると考えています。ですから，子どもの自律性を尊重し，干渉や直接的なコントロールをする必要性が最小限になるように環境を整えます。

　それに対して，"非常に干渉的"な母親は，赤ちゃんを1人の分離した能動的で自律的な人として敬意を払わず，望むことや感情それ自体の正当性にも敬意を払いません。このような母親は，赤ちゃんが自分のものであり，自分は赤ちゃんを思いのままにする権利があると考えているように見えます。ですから，自分の意思を赤ちゃんに押しつけ，自分の基準に赤ちゃんを合わせ，あるいは赤ちゃんの気分や願望や活動にはおかまいなしに自分自身の気まぐれに合わせようとします。

● 尺度3：受容／拒絶[★2]

　この尺度は，①赤ちゃんについての母親の肯定的感情と否定的感情のバランスと，②母親自身の葛藤的な感情を統合し解決することができている程度とに関わっています。

　非常に受容的な母親は，乳幼児が怒っていたり反応しなかったりするときでも，乳幼児を受容します。時には，赤ちゃんの行動にいらだつこともあるでしょうが，赤ちゃんを敵対者のように扱うことはありません。

　非常に拒絶的な母親は，しばしば赤ちゃんに対して怒り，憤慨しています。そして，赤ちゃんが，自分の人生に不当な邪魔をしていると言ってこぼします。あるいは，赤ちゃんが望むことに一貫して邪魔をしたり，全般的に叱責的でいらだった雰囲気を漂わせることで拒絶感を与えたりすることもあります。

● 尺度4：接近可能性／無視

　この尺度は，母親が家にいるときに子どもが母親に対して心理的にどのくらい接近できると感じているか（接近可能性）に関わっています。家にいるときという意味では，物理的な接近可能性と言ってもよいでしょう。

　接近可能な母親は，注意散漫になったり他のことで注意していなければいけないことがあっても，赤ちゃんの信号やコミュニケーションに気を配ることができるように

[★2] 尺度3と尺度4の記述は，Ainsworth et al., 1978, pp.142-143 から取ったものです。

見えます。

　接近可能ではない母親や無視する母親は，しばしば，あまりにも自分自身の考えや活動にとらわれてしまい，赤ちゃんのいることにすら気づかず，ましてその信号を認識することなどありません。

信頼性
● 評定者間信頼性
　良好。[3]

妥当性
　母親感受性尺度の平均値は，愛着パターンのA群・C群とB群とを，有意に弁別しています（Ainsworth et al., 1978）。実際，エインスワースらは，群間で最も大きな差が出たのは，全般的な特徴の評定（母親感受性尺度）であったと報告しています。1978年の著書以来，母親の感受性の高い応答性を査定するのに母親感受性尺度が広く使われていることからも，その有効性は証明されてきています。いくつかの研究では，4尺度すべてではなく，その2つだけが使われています。

臨床的有用性
　母親感受性尺度は，臨床的に有用で，むしろ十分に利用されてきていないくらいです。特に，子どもへの心理的虐待やニグレクトの理解にとっては，有用かもしれません。

ケア指標（ケア・インデックス）（CARE-Index）

誰がいつその査定法を考案したのか？
　クリッテンデン，1979年（初めて出版されたのは，Crittenden, 1981）。

---

[3] エインスワースら（Ainsworth et al., 1978）では，4つの尺度は，39，42，45，48，54，（可能であれば）51週に，家庭訪問において評定されました。5名のうちの2名の判定者は，不可抗力とはいえ，他の査定（結果）についても知っていました（ハロー効果が生じないようにするために，2つの方法が取られました）。評定者間信頼係数の平均値は，感受性の高さ－感受性の低さで.89，協調－干渉で.86，受容－拒絶で.88，接近可能性－無視で.87でした。

改訂版は存在するのか？

1979 年～ 2004 年に，いくつかの改訂。

何を査定しているのか？

大人と乳幼児とのやりとりの質。クリッテンデンは，"大人とは，母親のことを意味することが多いが，この手続きは，父親，他の親族，保健訪問者，デイケアの職員，乳幼児介入員にも使用できます"（Crittenden, 2005，英語版ウェブ・サイト[1]，p.1）と述べています。

ケア指標は，2 者一対[2]の文脈（dyadic context）で，大人のほうの示す全体的感受性を査定します。"ケア指標で査定される感受性は，個人の特徴ではありません。それは，特定の関係の特徴[3]なのです。したがって，同じ成人が別の子どもには異なる感受性の程度を示すことがありえます"（Crittenden, 2005，英語版ウェブ・サイト，p.1）と，クリッテンデンは強調しています。ですから，ケア指標は，大人と子どもの特徴を査定しています。

どの年齢層に対して用いるのか？

出産から 15 か月まで。幼児用ケア指標は，15 か月から 3 歳の子どもに使用されます。

方　法

査定は，脅威のない状況下で，3 分間から 5 分間の短い時間，録画された遊びのやりとりにもとづいて行います。録画は，家庭やクリニックあるいは実験室で行われます。

コーディング・システムは，乳児の出す信号への大人の感受性を表わす中心的な構成概念にもとづいて構造化されています。クリッテンデンは，これが個人の特徴を表わすように思えたとしても，この手続きによって操作的に定義されているように，感受性は 2 者の関係性を表わす構成概念であることを強調しています。

やりとりにおける行動の 7 つの側面が，コード化されます：

    1. 表情
    2. 言語表現
    3. 位置や身体接触

◆ 1　http://www.patcrittenden.com/care-index.html および http://www.iasa-dmm.org/care-index.pdf を参照。
◆ 2　ここでは特に，2 者が不可分の 1 つ（一対）となった関係を強調しています。
◆ 3　これは，関係性とも呼べます。

4. 愛情
5. 番を交互に交代
6. 統制（コントロール）
7. 活動の選択

最初の4つの側面は，2者の間の感情を査定します。最後の3つは，時間の随伴性です。ケア指標のコーディング・マニュアル（Crittenden, 1979-2004）で，クリッテンデンは，ケア指標が愛着理論への力動的－成熟アプローチを構築するよりも何年前に開発されていたのではありますが，"その最も基本的な2つの構成概念はすでにケア指標の中に組み込まれていました"（p.4）と指摘しています。

やりとり行動の7つの側面は，7尺度の1つに寄与します：

・3種類の大人記述語：感受性のある，統制的，応答しない
・4種類の乳児項目：協調的，養育が難しい，強迫的，受動的

クリッテンデンは，ケア指標が直接に愛着パターンを査定するものではないと述べています。というのは，この手続きは"個人の自己防御的方略を喚起するような"（Crittenden, 2005, 英語版ウェブ・サイト, p.2）ストレスフルな状況を用いないからです。むしろ，それは愛着と関連のある2者一対の特徴を査定しています。

信頼性

コーダー（コード化をする人）は，約8日間のトレーニングを受けた後，コード化の信頼性の試験を受けます。幼児用ケア指標は，さらに5日間のトレーニングと練習，および信頼性の試験を受ける必要があります。ペアになったコーダー同士の波長が互いに非常に合ってしまい，国際的な標準から徐々に離れていかないようにするためにも，コーダーは他の熟達したコーダーに相談し，定期的にオリジナルのテープ教材を使いながら研鑽を積むことが不可欠です。"そのため，最初の信頼性（の認定）は，1年半分しか与えられず，さらなる取り組みと持続的な能力を示すことでそれを更新しなければなりません。その後の信頼性（の認定）は，さらに長期に延長されますが，他の熟達したコーダーとのケア指標上級セミナーに定期的に参加することでそれを維持しなければなりません"（Crittenden, 2005, 英語版ウェブ・サイト, p.4）。

妥当性

● 併存的妥当性

　クリッテンデン（Crittenden, 2004）は，ケア指標がやりとりでの感受性を査定しているとしても，それが他の手続きとはいくつかの点で異なることを指摘しています。それらの違いの中でも，ケア指標だけが，乳児の適応の"強迫的"あるいは抑制的なパターンを査定しています。ですから，ケア指標は比較的，ユニークな測定道具で，養育行動や乳児の適応を評定する他のシステムとはまだ比較検討されていません。

● 予測的妥当性

　クリッテンデンは，ケア指標のコーディング・マニュアル（Crittenden, 2004, p.8）の中で，クリッテンデン・ボンヴィリアン（Crittenden & Bonvillian, 1984）が"この測度を用いて，中産階級の低リスクの母親と，聴覚障害を持つ母親，低所得の母親，精神遅滞の母親，虐待的な母親，ニグレクトの母親との間に違いがあることを見いだしました"と報告しています。

非典型母親行動の査定分類検査（アンビアンス）（Atypical Maternal Behavior Instrument for Assessment and Classification：AMBIANCE）

誰がいつその査定法を考案したのか？

　ブロンフマンら，1993 年（Bronfman, Parsons, & Lyons-Ruth, 1993）。

改訂版は存在するのか？

　1999 年（Bronfman, Parsons, & Lyons-Ruth, 1999）。

何を査定しているのか？

　非典型的な母親の行動，特に親による乳幼児との混乱した感情的コミュニケーションの側面。ブノワら（Benoit et al., 2001）は，アンビアンスは"そもそも，乳幼児の非体制型愛着の起源や，その型が情動面や行動面の問題とどのように関連しているかをたどることを目的とした研究道具として考案されました"（p.662）と指摘しています。しかし，彼女らは，現在の予備研究で"この方法が，臨床研究，特に治療の効力性・効果性を査定することを目的とした研究にも，適用しうることが実証されています"（p.662）と述べています。

どの年齢層に対して用いるのか？

幼児。

方 法

最初のコーディング・システムは，新奇場面法のすべてのエピソードで観察された母親の行動にもとづいていました（Lyons-Ruth et al., 1999）。アンビアンスは，5分間の遊びのやりとりでの非典型的な母親の行動をコード化するためにも用いられていました（Benoit et al., 2001）。

アンビアンスでは，以下の得点が算出できます[4]：

(a) 親の混乱した感情的コミュニケーションの5つの異なった次元の総得点
  - **感情的コミュニケーションの間違い（エラー）**：例えば，言葉では接近するように言いながら，距離を取る。
  - **役割／境界の混同（役割逆転）**：例えば，幼児に元気づけてもらおうとする。
  - **おびえた／無方向な行動**：例えば，おびえた表情を見せる，震えた声や高く緊張した声を出す。
  - **侵入性／否定性**：例えば，幼児を手首で引っぱる；歯をむき出しにする；幼児の顔をぼーっと見る；攻撃するような格好をする。
  - **引きこもり**：例えば，腕をぐっと固くして，幼児を自分の体から離して抱く。
(b) 各5次元の得点を加算した要約得点
(c) 混乱したコミュニケーションの質的な水準に関する7件尺度
(d) "混乱した／混乱していない"コミュニケーションの2分類

信頼性

● 評定者間信頼性

リオンズ・ルースら（Lyons-Ruth et al., 1999）は，高い評定者間信頼性を報告しています[5]。ブノワら（Benoit et al., 2001）もまた，高い評定者間の一致率を報告しています[6]。ですが，ブノワらは，いくつかの尺度の信頼性がかろうじて受け入れられる程

---

[4] Benoit et al., 2001, Lyons-Ruth et al., 2004 に記載されています。
[5] 非典型的行動得点全体 $r = .67$；感情的コミュニケーションの間違い（エラー）の下位得点 $r = .75$；役割混同の下位得点 $r = .76$；無方向性の下位得点 $r = .73$；引きこもりの下位得点 $r = .73$；混乱したコミュニケーション分類の一致率＝87%，$\kappa = .73$。
[6] 混乱した行動総数の評定者ペア間の相関値の範囲は，$r = .74 \sim .91$ でした。混乱（disruption）の水準に関しては，$r = .60 \sim .72$ でした。"混乱した（disrupted）／混乱していない"の2分類については，2人の評定者の一致率は100%で，3人目の評定者は1つを除くとすべてで一致していました（全体の $\kappa = .77$）。

度のものでしたとも述べています。そしてこのことは，"この道具をもっと幅広く使えるようにするためには，より徹底的な訓練とマニュアルのさらなる明瞭化が必要なことを示唆しています"と述べています。

妥当性
● 併存的妥当性
　アンビアンスの5つの下位得点（5次元）は，家庭で観察された母親の行動と有意な相関を示しました（Lyons-Ruth et al., 1999, 2004）。

● 予測的妥当性
　予測されたように，非典型的な母親行動の頻度は，乳児の愛着行動の非体制性の程度（愛着行動の非体制性の水準を9件尺度で査定）と有意な相関を示しました（$r = .39, p < .01$）（Lyons-Ruth et al., 1999）。また，感情的コミュニケーションの誤り，無方向性，そして否定的-侵入的行動は，乳児の非体制性の水準とも有意に関連していました。
　ブノワら（Benoit et al., 2001）は，彼女らの介入研究でアンビアンスを"遊びでのやりとりにおける非典型的な行動や混乱したコミュニケーションを減らすための2つの短期介入の効果を測定する指標として"（p.611）用いました。著者らは，予測が支持されたと報告しています。その予測とは，アンビアンスの得点が，養育者の感受性を高めることをねらった養育者訓練の効果を反映するだろうというものです。彼女らは，このデータがさらに"アンビアンスは，臨床的な問題のある養育者行動やその治療効果を検出する力が非常に高いことを示しています"（p.622）と述べています。

養育者行動分類システム
(Caregiver Behavior Classification System)

誰がいつその査定法を考案したのか？
　マーヴィン・ブリトナー，1996年（Marvin & Britner, 1996）。

改訂版は存在するのか？
　見当たりません。

何を査定しているのか？

分離-再会手続きにおける親の行動パターン。

どの年齢層に対して用いるのか？

就学前児。

方　法

この親の分類システムは，新奇場面法や他の分離-再会手続きでの親子のやりとりの観察からコード化されます。状況全体での親の行動に注意を向けますが，特に分離と再会のときに注意が払われます。それに加えて，次の5つの次元の養育者の行動に特に注意を向けます：凝視，近接や接触の組織化，談話の質，感情制御，しつけや子どもの行動の構造化です。

評定尺度は，"理論的にも実証的にも，子どもの愛着方略と結びつけられてきている，愛着-養育の文脈での養育者行動の質を表わしています"（Britner et al., 2005, p.88）。親のパターンの10次元のパターン（ten dimensions of patterns of parental patterns）を区別します。以下の10次元がそれぞれ，9件法で評定されます。

1. 愛情
2. 愛着に関する過剰な関与
3. 役割逆転
4. 拒絶
5. ニグレクト
6. 達成することへの圧力
7. 否定的感情
8. 感受性
9. 親の喜び
10. 有能に探索することのサポート

養育者行動分類システムは，以下のように構成されています。[★7]

● 秩序ある安定型（ordered-secure）：ベータ
　親は，新奇場面で，子どもに対して落ち着いて親密な行動のパターンを示します。

★7　ブリトナーら（Britner et al., 2005）の表2から取りました。

落ち着いて，子どもの遊びをモニターしたり必要なときには慰めたりします。

● 秩序ある不安定型（ordered-insecure）：アルファ
　親は，子どもとの親密で養育的なやりとりを回避したり軽視したりします。子どもとやりとりすることを最少にし，するとしても養育とは関係ないことに限定します（例えば，一緒に探索するなど）。

● 秩序ある不安定型（ordered-insecure）：ガンマ
　親は，子どもの愛着行動，親密さ，依存を必要以上にさせようとします。ですが，同時に他方でその結果として重荷になってくることに憤ります。

● 無秩序な不安定型（disordered-insecure）：デルタ
　親は，子どもの養育をするにあたり，いくらかの混乱や義務の放棄を示します。すなわち，"実行的"役割を取ろうとしないように見えます。この親は，第2の最適合カテゴリーとして，アルファ，ベータ，ガンマに分類されます。

● イオータ
　親は，アルファ，ガンマ，デルタやその組み合わせとは明らかに異なるパターンを示します。多くの下位パターンが，同定されてきています。

信頼性
● 評定者間信頼性
　ブリトナーら（Britner et al., 2005）は，高い評定者間信頼性を報告しています。9件法での正確一致度は78％で，誤差1点以内での一致度は89％でした。5つの養育者行動カテゴリーの正確一致度は86％で，養育者行動の安定−不安定の一致度は90％でした。

妥当性
　養育者の5分類カテゴリーと就学前新奇場面法での子どもの分類との間に高い水準の一致率が見いだされました（$p < .01$）。ベータ／非ベータ（型）の母親と安定型／不安定型の子どもとの正確一致度は85％でした。著者らは，外的妥当性を確立するには，このシステムを親子以外のやりとりの文脈に適用し，比較検討する必要があると指摘しています。

臨床的有用性

　この査定法は，潜在的には非常に有用です。著者らが指摘するように，さらに妥当性を検証する必要があり，いくつかの試みはすでに行われています。この査定は，2つの非常に重要な特徴を持っています。第1に，この査定法がストレスフルな手続き（つまり，新奇場面）での親の養育行動を査定していることです。著者らが指摘しているように，このことは，この査定法が"よりストレスフルでない状況ではおそらく観察することのできないような養育システムの行動をうまくとらえる"（Britner et al., 2005, p. 96）ことができるとしています。第2に，この査定法は，感受性の査定だけでなく（これも含まれていますが），他の9つの養育の次元までも評定しています。ですから，この査定法は，愛着パターンの先行因に関する私たちの理解をより広げてくれるでしょう。

養育や子どもとの関係に関する養育者の内的作業モデル／表象にもとづく養育の査定／測度

親発達面接（Parent Development Interview：PDI）

誰がいつその査定法を考案したのか？

　エイバーら，1985年（Aber et al., 1985）。

改訂版は存在するのか？

　いくつかの改訂版があります。

　2004年版：改訂版親発達面接（PDI-R）（Slade et al., 2004）。PDI-R は，親の内省機能を評点するために使えます（Slade et al., 2002）。この面接法は，異なる対象集団用の版（乳児版，幼児版，改訂版，簡易版）が作成されています。

何を査定しているのか？

　子ども，親としての自分，子どもとの関係に関する親の表象。

　PDI-R（Slade et al., 2004）は，フォナジー（Fonagy et al., 1998）や彼との共同研究（London Parent-Child Project）にもとづき，内省機能がより適切にコード化できるように改訂されてきています。

どの年齢層に対して用いるのか？

異なる版が，乳児や幼児を持つ親に使用できます。

方　法

PDIは，45項目を用いた半構造化面接です。AAIのように，関係の内的作業モデルを査定することを意図しています。したがって，AAIと同じように，親は，子どもとの関係を言い表わす5つの形容詞を選ぶよう求められます。面接では，親が，子どもの行動や思考や感情についてどのように理解しているかを探索しようとしています。それに加えて，親が子育てをするときの内的な感情経験を話すように求められます。同様に，親は，一定範囲の状況で子どもが内的に何を経験していると思うかを話すように求められます。面接は，実施に1時間半から2時間かかります。

PDIのコーディング・システム (Slade et al., 1993) は，3つのセクションに分かれます。

● 親の感情経験のコード

最初のセクションのねらいは，親が子育てをしているときの感情経験に関する表象の特徴を査定することです。ですから，著者らは，これらをコード化するときには確かに親の思考や感情を考慮することは重要ですが，このコードは親の子どもに関する表象を査定するためのものではないことを強調しています。感情経験の6つのコードは，怒り，困窮 (neediness)，分離の苦痛，罪悪感／恥，喜び／快，有能性／効力感です。

● 子どもの感情経験のコード

第2のセクションのコードは，子どもの感情経験に関する親の表象を査定します。感情経験のコードには，次の4つがあります。すなわち，怒り，依存性／独立性，分離の苦痛，喜び／快です。

● 表象の質

第3のセクションのコードは，"子どもに関する表象の一貫性や親の表象に関する知覚の豊かさに現われる，表象の全体的な質"（Slade et al., 1993, p. 3）を査定します。

ほとんどの尺度が，9件法で得点化されます。非常に低い得点は，情動経験を回避し，否認し，重視しない努力をしていることを示します。一方，非常に高い得点は，より混乱しより強い水準の情動を示したりしています。いくつかの尺度は3件法で得点化

され，一貫性と知覚の豊かさは 5 件法で得点化されます。

信頼性
● 評定者間信頼性

高い評定者間信頼性が報告されています。例えば，エイバーら（Aber et al., 1999）は，訓練を受けた 4 名の評定者間に平均 .87（範囲：.80 〜 .95）の評定者間信頼性があると報告しています。

妥当性
● 構成概念妥当性，予測的妥当性

スレイドら（Slade et al., 1999）は，子どもに関する親の表象が，成人愛着やマザーリング（mothering）の変数と結びついていることを見いだしました。エイバーら（Aber et al., 1999）は，母親が子育てをするときの感情経験の変化が，肯定的なマザーリングや"日常のわずらわしいこと"から予測されると報告しています。スレイド（Slade, 2005）によると，ヘーメリン‐カットナー（Hermelin-Kuttner, 1998）は"妊娠中の母親の自我の柔軟性が，乳児が 10 か月のときに実施した PDI での怒り水準の低さと分離の苦痛水準の高さを予測していた"（Slade, 2005, p.277）ことを見いだしています。

臨床的有用性

子ども，親としての自分自身，子どもとの関係に関する親の表象や，親の内省機能を，ある程度深く探るうえで臨床的に有用な査定法です。

養育経験面接（Experiences of Caregiving Interview：ECI）

誰がいつその査定法を考案したのか？
ジョージ・ソロモン，1996 年（George & Solomon, 1996）。

改訂版は存在するのか？
見当たりません。

第9章　養育の査定

何を査定しているのか？
　母親の養育に関する内的作業モデル

どの年齢層に対して用いるのか？
　学童期前期の子ども

方　法
　これは，PDIから適用した臨床形式（スタイル）の半構造化された集中面接です。母親は，親としての自分自身や子どもとの関係について話したり，愛着に関連した問題（分離，学校に入るときのことなど）をどのように乗り切っていったかについて話したりするよう求められます。母親の反応は，その内容とそこに現われた思考過程について，評定されます。それらは，以下の4つの尺度で評定されます：

安全基地：母親の持っている養育の表象が，母親自身の真摯な関わり（コミットメント）と身体的・心理学的安心感や保護を与える能力をどのくらい反映しているかを査定します。
拒絶：子どもと自分自身（親）が養育関係にあることに不本意であると感じている程度を，養育の表象がどのくらい反映しているかを査定します。
不確かさ：養育の表象が，養育者としての自分，子ども，その関係について自分が思っていること（意見）に対して疑問，疑い，混乱，揺らぎをどのくらい反映しているかを査定します。
無力感：養育の表象が，自分自身や子どもやそれとの関係をうまく制御できていないと思う程度をどのくらい反映しているかを査定します。

　それぞれの尺度は，7件法です。真ん中以上の得点は，測定されている表象の特徴を示しているとみなされます。ですから，安全基地尺度について4点以上の評定があったとしたら，その母親の表象は養育の安全性があることになります。
　ここでの最大の関心事は，学童期前期の子どもが現実的な心理的脅威を与える状況下に置かれているとき（例えば，分離，物理的安全性やストレスなど），それに対する母親の感情，思考，行動を自分自身がどう評価しているかです。たとえ，それらが現実のものとは異なっていたとしてもです。また，出来事や子どもの行動に対する母親の評価が，仮に評定者の評価とは異なっている場合であっても，評定のためにはその母親の評価に関心が払われます。

信頼性

● 評定者間信頼性

　良好。評定者間の一致率は，4つの次元とも，高いものでした。[★8]

妥当性

● 併存的妥当性

　良好。養育に関する母親の表象の評定と子どもの愛着との間には，高い連関がみられました。[★9]

　母親の表象は，プロフィールで最も高い得点を示した次元にもとづいて分類されました。したがって，例えば，"安全基地"の次元で最も高ければ，"安全基地"と分類されました。これらの母親の分類は，子どもの分類と比較され，32例中26例で一致が見られました。[★10]

　養育経験面接と成人愛着面接の間にも，高い一致率が示されました。[★11]

臨床的有用性

　良好。

[★8] ジョージ・ソロモン（George & Solomon, 1996）の幼稚園児のいる母子32組による研究。24の面接について，2名の評定者の相関係数が算出されました：安全基地 $r = .77$，拒絶 $r = .81$，不確かさ $r = .90$，無力感 $r = .85$。

[★9] 同上。母親の次元の得点について分散分析を行った結果，子どもの愛着の安定性の分類型の間に有意な差が示されました：安全基地 $F = 11.04, p < .000$，拒絶 $F = 9.59, p < .000$，不確かさ $F = 4.45, p < .01$，無力感 $F = 8.97, p < .000$。

[★10] 同上。81%, $\kappa = .75, p < .000$。

[★11] 69%, $\kappa = .58, p < .000$。

第3部

愛着の体制化と機能の相関

第10章

どの領域の機能が,愛着と相関すると仮定されていて, その間にはどのような影響経路がありそうか?

　かなりの多くの証拠(のベース)は,愛着パターンと子どもの心理的・行動的な機能[◆1]との間にはっきりとした連関性があることを示しています。まだあまりはっきりとしないのは,そこに関わっているメカニズムの説明です。そこでこの章では,まず,愛着と機能状態との関係について,理論上最も重要な2つの問いについて考察します。そして第11章では,これらの関係についての研究課題や証拠ベースについて述べます。

　愛着と機能との関係について,理論上最も重要な2つの問いとは:

1. まさに,どの機能領域が愛着と相関していると仮定されるのでしょうか。
2. 仮に愛着の安定性が他の行動システムの機能と関連していることが見いだされたとすると,ではその間にはどのような影響経路があるのでしょうか。これについて5つのモデルが想定できます。

これらの問いについて,1つずつ考えていきます。

どの機能領域が愛着と相関していると仮定されるか

　愛着の安定性については,様々な機能領域(要因や変数)との関連性が研究されてきました。ベルスキー・キャスィーディ(Belsky & Cassidy, 1994)は,"愛着と関連

◆1　本書で使われている"機能"のもとの言葉はfunctioningで,正確には,機能状態や機能水準を指しています。例えば,表10.1の"情動制御"であれば,情動を制御できている水準を意味しています。

（リンク）していると考えられてきた発達現象が，非常にたくさんありました"と指摘しています。そして彼らは，"ボウルビー（Bowlby）やエインスワース（Ainsworth）の理論化が，愛着と明確に関連すると仮定していないとしても，暗黙にそれを想定する理論の大きな連続軸を作り出す出発点となりました（p.381）"と結論づけています。同様に，トンプソン（Thompson, 1999）も，"早期の愛着がその後の**あらゆる**重要な側面での発達（結果）を予測するものであるとは，明らかに，想定していません"（p.272）と述べています。

表10.1は，愛着の安定性と関連していると仮定される機能領域をおおまかに3つの幅のとらえ方（"せまいとらえ方"◆2から"広いとらえ方"，そして"非常に広いとらえ方"◆4）にまとめたものです（Belsky & Cassidy, 1994; Thompson, 1999にもとづく）。これらのとらえ方は，1つの連続軸を形成していると考えることができます。

"これらのとらえ方の中のどれを，今ある証拠は最も支持しているのでしょうか"に答えるには，次の理論的な問いについて考えてみる必要があります。

表10.1 愛着の安定性と関連する機能領域についての異なったとらえ方

とらえ方	愛着の安定性と関連していると仮定される機能領域
せまいとらえ方	親や重要な他者との関係への信頼や確信，その関係内での調和 情動制御 自立（や依存性），自我の弾性，自己効力感 人との関係での親密さ 対人的（社会的）コンピテンス 対人関係の発達障害
広いとらえ方	上記に加えて： 見知らない大人や仲間への社交性 他者理解や他者志向性
非常に広いとらえ方	上記に加えて： 言語的・認知的コンピテンス 遊びコンピテンスや探索スキル コミュニケーション・スタイル 自信や自我機能に影響される他の結果

◆2 これは，"愛着の安定性が最も直接に関わると想定されている関係上の親密性で，予測性が最も高い（Thompson, 1999, p.272）"と考えられる側面だけを含めたとらえ方です。
◆3 これは，愛着関係だけでなく，見知らない他者との関係まで広げたとらえ方です（Thompson, 1999, p.272）。
◆4 これは，愛着の安定性が，表の中にあげてある側面に影響することを通して，人格全体の発達に影響を与えるとするとらえ方で，最も推定的なものです（Thompson, 1999, p.272）。

愛着が影響する仕方には，どのような経路が考えられるか

　5つのモデルが，想定できます。
　愛着の安定性が対人関係の親密さに関わる側面（機能領域）に影響しているという見方（せまいとらえ方）では，愛着の理論家たちの間で，意見の相違はほとんどありません。というのは，これらの影響は，理論的に"システム内で起こる"あるいは"領域固有に起こる"ことが予想されることだからです。しかし，もし愛着の安定性と他の行動上の機能との間に関連がみられる場合はどうでしょうか。例えば，遊びコンピテンス（非常に広いとらえ方）と関連がみられたらどうでしょうか。このような場合の影響経路は，どのようになっているのでしょうか。愛着の安定性は，この機能（遊びコンピテンス）に，直接に影響するのでしょうか（**モデル1**）。それとも，他の要因（遊びの自信）とともに，影響するのでしょうか（**モデル2**）。見いだされた愛着の安定性の影響は，真のものなのでしょうか，それとも見せかけのものなのでしょうか。例えば，愛着の安定性も遊びコンピテンスも，おそらく，第3の独立した要因（"？"）によって，別々に影響されているのかもしれません（**モデル3**）。これら3つの可能性は，モデル1，2，3（図10.1, 図10.2, 図10.3を参照）のように図式化することができます。
　図10.3に示されているように，愛着の安定性と他の行動システムとの間に観察される関連性は見せかけのものです。それは，愛着の安定性と，例えば遊びに対する自信とは，第3の独立した要因，ここでは特に共通する子育てスタイルに，別々に影響されているからです。
　当然，この第3のモデルは次のような重要な疑問を呼び起こします。その疑問とは，養育での感受性やコンピテンスと子育ての他の領域での感受性との間の関連性を示す証拠とは，いったい何なのかということです。第4章で述べたように，この問題についての十分な証拠はありません。ですから，この問いへの答えやこのモデルの妥当性については，今のところまだわかっていません。しかし，養育と子育ての他の領域とを概念的に区別することは，研究者にとっても臨床家にとっても，最も重要なことであることに変わりはありません。

モデル4：愛着の安定性は，もう1つの行動システムの機能に影響している。その際，そのシステムにつながる感じ（feeling state）に影響することで（経路を経て），その機能に影響を及ぼす。

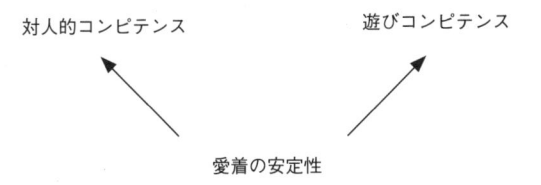

第10章　どの領域の機能が，愛着と相関すると仮定されていて，その間にはどのような影響経路がありそうか？

```
       対人的コンピテンス           遊びコンピテンス
              ↑                          ↑
               \                        /
                \                      /
                      愛着の安定性
```

図 10.1 モデル1：愛着の安定性が他の行動システムの機能に影響している（非常に広いとらえ方）

```
   対人的コンピテンス      遊びコンピテンス
         ↑                ↑        ↑
          \              /          \
           \            /            \
          愛着の安定性          遊びに対する自信
```

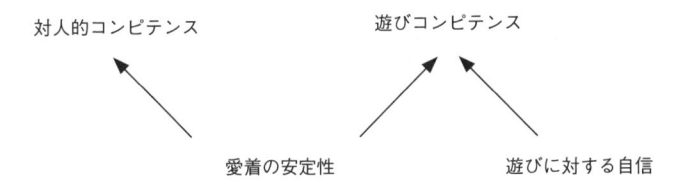

図 10.2 モデル2：愛着の安定性は，他の要因（例えば自信）と一緒に，他の行動システムの機能に影響を与えている

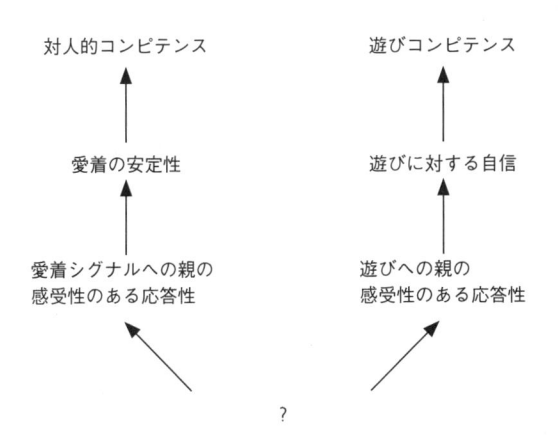

```
   対人的コンピテンス           遊びコンピテンス
         ↑                          ↑
      愛着の安定性              遊びに対する自信
         ↑                          ↑
   愛着シグナルへの親の         遊びへの親の
   感受性のある応答性          感受性のある応答性
              ↑                ↑
                     ?
```

図 10.3 モデル3：愛着の安定性は，他の行動システムの機能には影響しない

173

ボウルビーは"親子の2者で行うプログラムでは愛着−養育が'最優先'になります"と結論しましたが，このことは，子どもの物理的安全性が何よりも最も重要であるということを意味しています。第3章で述べたように，安全性（safety）とは客観的な状況を指すのに対して，安全性（security）はその状況に対する感じ（feeling state）[5]を指しています。そうであるなら，愛着の安定性は，他の行動システムとつながった感じを経由して（コンピテンスに直接に影響するのではなく），その行動システムの機能に影響するということもありうるでしょう。ですから，愛着の安定性は，例えば，遊びコンピテンス，探索スキル，認知的コンピテンスなどへの自信（これらの機能は"広いとらえ方"に含まれます）に影響しているのかもしれません。さらに，愛着の安定性は，愛着−養育以外の領域の親の感受性を経由せずに，影響しているのかもしれません。

このことは，先のモデルを少し修正することで，図示できます（図10.4を参照）。

エインスワース・ベルの研究（Ainsworth & Bell, 1974）は，このモデルを支持しているようです。彼女らのコンピテンスの第3の定義によると，子どもは養育者に影響を与えることで環境に影響を与えることができ，それにより一般的な"コンピテンス（有能）感"を高めることができます。そしてこのことが，他の領域でのコンピテンスをさらに発達させていきます（これを，完全に発達したものとみるか，年相応の発

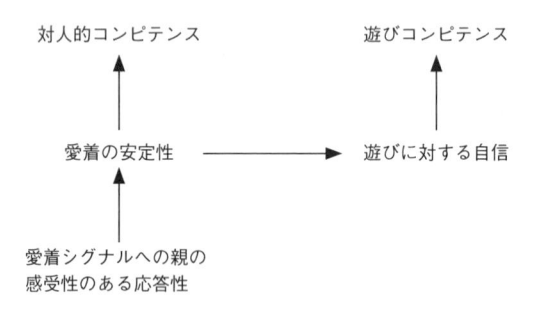

```
               対人的コンピテンス          遊びコンピテンス
                     ↑                        ↑
               愛着の安定性  ──────→  遊びに対する自信
                     ↑
               愛着シグナルへの親の
               感受性のある応答性
```

図10.4 モデル4：愛着の安定性は，もう1つ行動システムとつながる感じ（feeling state）を経由して，その行動システムの機能に影響する

◆5 feeling state を"感じ"と訳しましたが，ある状況に対して主観的に体験されているもの，あるいはそこから起こっている主観的な気持ちを指しています。また，著者らは，それ以外にも，図10.4にある自信（self-confidence）を"感じ"と表現しています。この場合，自分の能力への信頼する主観的な気持ちを指しています。

達とみるかは別として)。彼女らはシグナルに対する母親の応答性が社会的コンピテンスの発達を支えているということを見いだしていますが、この結果は、この主張にいくらかの実証的な裏づけを与えています。

　ですが、さらにもっと違った可能性も考えられます(**モデル5**)。グリーンバーグ(Greenberg, 1999)は、ボウルビーの言葉を用いながら、次のように説明しています。"親と子どもとの間に安定し信頼できる絆が形成されるにつれて、親は、子どもに対して好ましい作業モデルを形成していきます。親は、この作業モデルを通して、応答性や温かさ(warmth)や信頼を形成する原因帰属を行います。そして、このモデルのおかげで、相互的で協調的なやりとりができるようになります(p.482)"。ですから、養育−愛着関係の中には、フィードバックのループがあるのかもしれません。安定型の子どもは、養育者から高い感受性を持って**応答される**という形で、養育者と(ポジティブに、信頼を持って)関わっています。このことは、養育の愛情の絆を強化するだけでなく、子育ての他の(養育以外の)領域での感受性をも形成しているのかもしれません。この考えは、最後の5番目のモデルに図示しています(図10.5を参照)。

結　論

　現在あるデータから、これらのどのモデルが、愛着の安定性がどのような経路を通って機能に影響するのかを理解するためのヒューリスティックス(発見法)として最も役に立つのかを確定することはとても困難です。ですが、1つだけ明らかなことがあります。それは、2変数間に相関がみられたからと言って、この影響の方向や経路

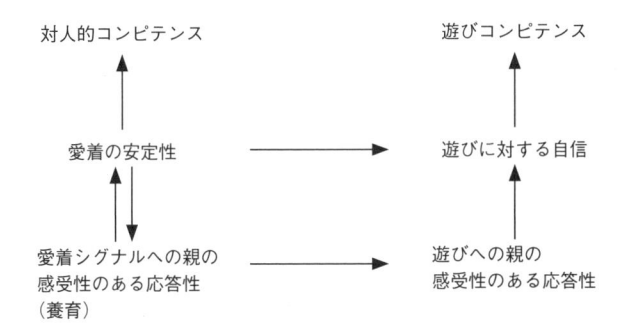

図10.5　モデル5：1つのフィードバック・ループがあるのかもしれない。そこでは、愛着の安定性が子育ての他の領域(例：遊び)での養育者の感受性を高め、その結果、その領域での子どものコンピテンスを高めているのかもしれない

がどうなっているのかについては，何も言えないということです。この経路を検証するためには，モデルの中のすべての変数を測定し，これらの変数の個別の影響を算出しなくてなりません。縦断的研究では，媒介変数（愛着の安定性が変化するかどうかも含めて）も測定しなくてはなりません。このためには，理論についてよくわかっていて方法論的にもしっかりしている研究をする必要があります（第11章のはじめを参照）。また，モデルの3つの側面すべての変数を，信頼性の高い測度で測定する必要があります。すなわち，いろいろな領域での，親の感受性，子どもの感じ（feeling states），子どものコンピテンスの3つを測定する必要があります。さらに，縦断的研究であるならば，時間を追って，くり返し同じ測度を用いて測定する必要があります。養育の感受性と愛着の安定性との間のつながり（リンク）はすでに立証されていますが，他の領域での親の感受性と子どもの感じとコンピテンスとの間のつながりについては，研究が非常に必要です。たくさんの重要な研究がすでに行われてきましたが，機能領域に関する"愛着の境界"や"派生的な難問"（Belsky & Cassidy, 1994, pp.381-383）については，まだ解明されていません。

有能に機能すること（competent functioning）につながる経路を理解することの必要性は，単なる学術的な興味を超えたものであるということを認識しておくことが重要です。というのは，それが治療に重要な意味を持っているからです。どの機能領域であれ，そこでの能力が欠如している子どもを治療するとき，その能力に影響している要因や影響経路を考慮しなくてはなりません。これを考慮しない治療法は，おそらく効果がないでしょう。

要 約

愛着の安定性／不安定性は，多くの領域で，子どもの機能がどのように発達するかを確率論的に予測するための指標として，受け入れられるようになっています。まだあまり明らかでないことは，どの領域が愛着の安定性と関連しており，それらの関連性がどのようなメカニズムによっているのかということです。影響の仕方は直接的かもしれないし，間接的かもしれません。実際，養育の感受性と関連する子育ての他の側面も，子どもの機能に影響しているかもしれません。

第11章

愛着の安定性／不安定性と子どもの機能との相関関係についての証拠

研究上の問題

横断的研究か，縦断的研究か？

"機能（functioning）に及ぼす愛着の安定性の影響とは何か"という問いにも2つの提起の仕方があります：

1. 今の愛着の安定性が，同じ時期のあるいは同じ時（点）の機能（水準）に，どのような影響を及ぼすのか？（横断的研究）
2. 以前の愛着の安定性が，その後の機能（の水準や発達）にどのような影響を及ぼすのか？（縦断的研究）

ここでいう"後の"という言葉は，愛着の査定とそれに続く後の機能の査定との間に，いくらかの時間的ズレ（期間）があることを意味しています。

現在進行中の縦断的研究に非体制型の愛着を含めることには，ある難しさがあります。非体制／無方向型のカテゴリーを同定し査定することは，愛着理論や愛着研究では比較的最近できるようになったことです。ですから，それよりも少し前に始まった縦断的研究には含まれていませんでした。ミネソタ親子プロジェクトは，そのような研究の1つです。しかし，この研究に関わる研究者は，愛着査定に使ったもとのビデオテープを（できそうなものについては）再び取り出してきて，非体制型愛着のカテゴリーを含めた子どもの愛着を再分類しました（ミネソタ親子プロジェクトの研究結果の多くは，以下の研究レビューで報告します）。

標準的サンプルか，非標準的サンプルか？

　正規のまたは標準的なサンプルというのは母集団のことで，そこには極端な事例（人）がごく少数しか含まれていません。そこで標準的サンプルは，ある母集団の一般的な特徴を調べるときには適切です。しかし，分布の両極にあるごく少数の人に見られる異常な特徴を調べるときにはあまり役に立ちません。

　愛着に関する多くの研究は，標準的サンプルを用いて行われてきました。現在，正規母集団では愛着パターンの分布は，安定型が全体のおおよそ3分の2で，不安定型が3分の1であるということは，すでによく受け入れられています。なお，その15％近くが，不安定－非体制型であることになります（詳細は第3章）。このことは，サンプル・サイズに関する研究上の問題点を提起しています。例えば，60名の標準的なサンプルの場合，40名近くが安定型の愛着を持っている（B）のに対して，11名近くが体制化された不安定型の愛着（AとC）で，残りの9名が不安定－非体制化の愛着を持っている（D）と予測されます。分析するうえでは，40名と20名という数で，安定型と不安定型の2つに分けることで，検定力をいくらか高めることができます（実際のところ，研究レビューで見受けられるように，標準的サンプルを用いた多くの研究では，安定型愛着と不安定型愛着との区別しかしていません）。しかし，この9名の非体制型は，分析をするときに問題になってきます。

　非体制型愛着の出現率は，特定の社会集団や臨床群ではずっと高くなることが知られています。例えば，幼児期早期での非体制型の愛着のメタ分析で（van IJzendoorn et al., 1999），低い社会経済的地位（SES）の母集団では，幼児の24％が非体制型に分類され，アルコールや薬物乱用の母親の集団では非体制型は43％に上り，虐待をしている親の集団ではその子どもの48％が非体制型であることがわかっています。

　さらに非体制型愛着は，愛着を査定しているころやその後に，ある範囲の問題を持つ可能性があることがわかっています。それらの問題には，対人関係に関わる機能領域だけでなく，非対人関係の機能領域の問題も含まれています（それらの結果は，以下の研究レビューで述べます）。

　標準的サンプルでの研究は，体制化された安定型／不安定型の愛着を持っていたことの結果としてその後の機能領域でどういうことが起こるかを探索するのには適切であり有用です。ですが，早期に非体制型の愛着であったことでその後どの機能領域でどのようなことが起こるかを理解するには役に立ちません。非体制型愛着についてより深く理解するためには，①非体制型の愛着や，②子どもの持つ機能の問題（障害があると診断できる基準値に達している問題を含む）の出現率が高くなると予想されるサンプルを対象に，検討する必要があります。しかしこのようなサンプルは，どのよ

うな特徴の人を含めるかの選択基準において，特徴がはっきりしています。例えば，ある特定のはっきりとした問題を抱えた親の子ども（虐待されていることがわかっている子ども）やハイ・リスクのサンプル（社会経済的地位の低い家庭の子ども）などです。それに対して，例えば，問題を抱えている割合が低いと予想されるサンプル（例えば，中流家庭）は低リスクのサンプルとみなされています。臨床的サンプルは，クリニックに照会されたことのある子どもや障害を持っていると診断された子どもなどです。

つまり，ハイ・リスクのサンプルや臨床的サンプルは，深刻な問題や精神病理を抱えている子どもを研究するのには，より適しています。しかし，この一般的なルールにも重要な例外があります。並外れて大きなサイズの標準的なサンプルであるならば，十分な検定力のある分析をすることができるぐらい多くの人数の深刻な問題を持つ子どもが含まれていると期待できます。しかし逆に，こうした研究には十分詳細なところまで緻密にデータ収集がされていないという問題があります。

結論として，ここにあげた研究上の問題は，研究者にとって大きな課題となっています。グリーンバーグ（Greenberg, 1999）は，以下のようなタイプの研究では，愛着と外在化される病理との間のリンクをより深く理解することはできないだろうと考えています。

- **低リスクの母集団での研究**：精神病理の基準出現率が低いことが予想されます。
- **ランダム抽出によらないサンプルにもとづく研究**：容易に得られるボランティアでは，不安定型の子どもが少ししか含まれていません。
- **サンプル・サイズが小さい研究**：このような研究では，有意な関係を検出するのに十分な検定力を持っていません。
- **単一原因モデルにもとづく研究**：これは，単純化しすぎたモデルであり，仲介変数や媒介変数さえもが考慮されていないことがよくあります。

グリーンバーグは，"そのような研究は，大きい主効果が予測されている場合を除いては，愛着の効果を証明することも反証することもできません"（Greenberg, 1999, p.474）と述べています。

証　拠

　①幼児期早期での安定した愛着とその後の機能（水準の良さ）や，②早期の不安定な愛着とその後に情動面・行動面で抱える問題との間に，統計的に有意な関連性があるという証拠がたくさんあります（そのほとんどは，ミネソタ親子縦断的研究[★1]によるものです）。1975年に開始したとき，ミネソタ縦断研究のサンプルは，ミネアポリス公衆衛生課から募集された妊娠第3期の初産の母親267名[★2]でした。すべての母親は貧困層であり，大部分はシングル・マザーで，ほとんどがかなり低い教育レベルで，多くが若年でした（最も若い母親は，12歳でした）。母親の多くは，非常にストレスフルなライフ・イベントを経験していました（例えば，家族内葛藤がよく起こる，薬物乱用，頻繁な転居など）。つまり，この研究でのサンプルは，ハイ・リスクのサンプルだと言えます。

　親子プロジェクトの主な目的は，ハイ・リスクの環境にいたとしても，よい子育てや健康な親子関係を生み出すことのできる要因を見つけ出すことでした。愛着理論は，この研究の枠組みとなりました。

　母親は，研究に参加したとき，自分（母親）の特性や環境，親の期待や子育てについて広範囲に査定されました。母親と子どもの査定は，子どもの誕生後も引き続き行われました。乳児期には，誕生（1〜3日間），3か月（2回），6か月（2回），12か月（2回）の時点で，親の査定，子どもの気質，親子のやりとりの観察が行われました。それ以後は，2歳6か月になるまでは6か月ごとに，3年生になるまでは年1回，9歳と13歳の間で3回，16歳・17歳6か月・19歳・23歳・26歳・28歳でそれぞれ査定が行われました。データ収集は，教師からの行動面と情動面での健康さについての報告も含まれていました。現在，研究者らは，20歳代後半になった参加者の適応（状態）について査定しています。そしてこの期間での適応と，乳児期やそれ以降引き続き行

[★1] ミネソタ親子プロジェクトとしても知られています。この研究に関する情報は，ミネソタ大学のウェブ・サイトで見ることができます（http://education.umn.edu/icd/parent-child）。この研究の詳細や結果は，"*The Development of the Person*（人の発達）"（Sroufe et al., 2005a）として出版されています。

[★2] サンプル・サイズは出版された報告によって異なるかもしれません。これは，それぞれの研究で扱った特定の研究目的（リサーチ・クエスチョン）に関連するデータに限定して，分析をしているためです[◆1]。

[◆1] もともとのデータ収集では，様々な側面について測定・査定されています。しかも，すべての研究協力児・者が，すべての測度で，（縦断的研究では）毎回測定・査定されているとは限りません。何らかの理由で，ある測度やある時期についてのデータが欠けている研究協力児・者も出てきます。そして，個々の論文では，ある特定の研究目的に関連した変数だけを取り出し分析します。その結果，関連するデータが収集されている研究協力者の数が，研究目的（リサーチ・クエスチョン）により異なるということが起こります。

第11章　愛着の安定性／不安定性と子どもの機能との相関関係についての証拠

われた査定結果とを結びつけ，発達を通しての（時間的）安定性や変化に関わる要因を見いだそうとしています。

研究は，非体制／無方向型の愛着のコーディング・システムの開発よりも先に始まっていたため，12 か月と 18 か月時での新奇場面における初期の愛着の査定は，A，B，C の 3 分類だけが使われていました。しかし，新奇場面のデータがビデオテープにまだ残っていたもとの参加者の中の 157 名は，非体制／無方向型について再コード化されました（Carlson, 1998）。そしてこの分類を組み込んだ分析が行われました。

ミネソタ研究は，17 歳 6 か月時に行われたキディー感情障害・統合失調症目録（Kiddie Schedule for Affective Disorders and Schizophrenia：K-SADS）を用いた面接から，精神病理の 1 つの指標を作り出しました（Carlson, 1998）。ワインフィールドら（Weinfeld et al., 1999）は，12 か月と 18 か月に査定された回避型と非体制型の愛着が，この精神病理の指標で得られた分散のうちの 16％を説明していたと報告しています。彼らは，この結果が"非常に有意性の高いものであり，このように長い期間が経っていることを考えると，特に感銘的です"（Weinfeld et al., 1999, p.81）と述べています。カールソン（Carlson, 1998）は，回避型愛着やその他の変数を統制したとき，愛着の非体制性の評定が，精神病理の査定を有意に予測していたと報告しています（$p < .05$）。カールソンの結果を要約して，ワインフィールドらは，次のように述べています。すなわち，"愛着の生育史の影響は，他の変数の影響を取り除いた後でも，依然として有意でした。ところが，乳児の気質などの対立仮説にもとづいて初期に取った測度は，結果を有意に予測してはいませんでした"（Weinfeld et al., 1999, p.81）。

ミネソタ研究について書いた 2005 年の著作，"The Development of Person（人の発達）"の中で，スラウフら（Sroufe et al., 2005a）は，17 歳 6 か月時での全般的な病理を予測する因子で，生後 6 年間の中で最も強力な単一の予測変数をあげるならば，それは非体制型の愛着ですと述べています（$r = .34$）。"つまり，養育者－幼児の 2 者関係での重篤な制御不全（dysregulation）が，青年期の終わりころのより重篤な障害（disturbance）と結びついています。回避型愛着は，それほど強くではありませんが，有意に相関しており（$r = .25$），抵抗型愛着では相関はみられません"（p.246）。

グロスマン（Grossmann）・グロスマン（Grossmann）による 2 つの縦断的研究（ビーレフェルト・プロジェクトとレゲンズブルグ・プロジェクト）もまた，愛着の相関に関して重要な結果を見いだしています。ビーレフェルト・プロジェクトは，1976 〜 77 年に開始し，もとのサンプルは北ドイツ在住の中流階級家庭 49 組でした。そのうちの 78％が，21 〜 22 歳時で参加していました。総合的査定バッテリーは，いくつかの時点で実施されました。それは，1 歳時，24 か月時，36 か月時で新奇場面を，両

親には子どもが6歳と10歳のときに分離不安テストと成人愛着面接を，そして子どもにも成人愛着面接を16歳と22歳の時点で行いました。

　レゲンズブルグ・プロジェクトは，1989年に始まりました。サンプルは，低リスクの家族51組でした。21〜22歳時での参加率は75％でした。査定バッテリーで少し変更された点は，母親との再会場面法が4歳6か月，6歳，8歳のときに含まれていたことです。これらの研究の結果は，以下で説明します。

安定型の愛着と機能（状態）の良さ

- 25名の男児と23名の女児のサンプルで，18か月の安定型の愛着を持つ子どもは，24か月の時点でポジティブな感情をより高く示し（$p < .01$），"いや"と言ったり，泣いたりぐずったり，ネガティブな感情を示したり（すべて$p < .05$），母親に向けて攻撃的なふるまい（$p < .01$）をしたりすることが，より少ないことがわかりました（Matas, Arend, & Sroufe, 1978）。
- トンプソン（Thompson, 1999）は，次の結果を見いだした多くの研究を引用し，紹介しています。生後2年目の間に行われた追跡査定で，母親と一緒に課題をする間（母親との自由遊び）に，安定型愛着の子どもは，**熱狂，素直さ，ポジティブな感情，感情の共有**などをより示していました（一方，欲求不満や攻撃性はより少ないものでした）。トンプソンは，"生後2年目の間，安定型愛着の幼児は両親とより調和的な関係を維持する傾向があります"（p.274）と結論づけました。
- ビーレフェルト・プロジェクトでは，母親への愛着の安定性の合成指標が録画され，10歳児と家族とがやりとりをしながら課題を遂行する中で，意見の不一致がより少ないことや"個々別々に遂行することよりも，**一緒に連携して遂行することを，相対的により優先する**"ことと有意に相関していることがわかりました（Grossmann, Grossmann & Zimmermann, 1999, p.778）。
- トンプソン（Thompson, 1999）はまた，スレイド（Slade, 1987）の研究をあげています。その研究では，安定型愛着の子どもは，不安定型愛着の子どもよりも，生後2年目の間，より長くまた**より複雑な象徴遊び**を示しており，特に母親がその遊びに最大限（サポーティブに関わることで）貢献することが許されている実験条件では，より高度な象徴遊びを示していました。トンプソンは，スレイドの結論を引用して，"安定した2者関係は一緒のほうが'作業'がよりよく進みます"（Thompson, 1999, p.275）と述べています。

- 愛着の体制化と幼稚園教師への依存性について，ミネソタ大学付属保育所の2つのクラスに通う子ども40名のサンプルを対象に検討しました（Sroufe et al., 1983）。子どもの月齢の範囲は47〜60か月で，平均月齢は52か月でした。子どもの愛着は，だいたい，12か月と18か月には安定型でした。"依存性"は，教師に過度に助けを求めたり，仲間関係を犠牲にしてでも教師からの注目を求めたりしようとすることと定義されていました。この研究から，幼児期に安定型の愛着を持っていた子どもは，幼稚園教師への**情動的依存性**が有意により少なく，また**ポジティブな方法で注意を引こうとすること**が有意に多いことがわかりました。著者らは，以下のように結論づけています：

  > 不安定型愛着群が，愛着の査定で異なった行動を示していたにもかかわらず，いずれも依存性は高かったという結果は，過剰な依存性の起源が早期の幼児−養育者の関係の中にあることを示唆しています（Sroufe et al., 1983, p.1615）。

- 10歳のサマー・キャンプで，安定型愛着の生育歴を持つ子どもは，大人との接触を求めることがより少なく，回避型や抵抗型の子どもはより依存的だと評定されていることがわかりました。依存性における違いは，15歳での追跡調査においても引き続き見られることがわかりました（Sroufe, Carlson, & Shulman, 1993）。

- ワインフィールドら（Weinfield et al., 1999）は，3つの研究を報告しています。それらの研究結果は，安定型愛着の生育歴と次の変数との間に関連性を見いだしています。その変数とは，幼児期での**道具の使用での粘り強さ**，5歳時での**目標指向性**や**達成指向性**，見知らぬ実験者と**競争ゲームをするときにより努力すること**でした。ワインフィールドらは，**依存性**，**自立性**（self-reliance），**効力感**についてのこれらの結果から，早期の愛着の生育歴が"子どもの世界に対する自分の有能感（コンピテンス感）を育てていく"ことに貢献していると結論づけています（p.77）。

- ワインフィールドら（Weinfield et al., 1999）は次のように報告しています。ミネソタ親子プロジェクトでは，"他者のことを考慮する"といったQソートの記述にもとづき，共感性を複合的に評定しています。幼稚園教師によるこの評定は，生育歴に安定型愛着を持つ子どもと不安定型愛着を持つ子どもとを有意に弁別していました。この研究では，また，幼稚園の子どもの自由遊び時間に，

仲間が示している苦痛への共感的反応も評定されていました。生育歴に安定型愛着を持つ子どもは，回避型の生育歴を持つ子どもよりも，より高い共感性を示していました。抵抗型の子どもは，仲間が苦しんでいるのを見ると自分も苦痛を感じる傾向がありましたが，共感的反応には有意な違いは見られませんでした。彼女らは，愛着が児童期における共感性を予測するのに役立つだろうと結論づけています。

- ワインフィールドら（Weinfield et al., 1999）は，彼女らの縦断的研究での結果が，愛着の安定性と対人的コンピテンスとの間に予想されていた関係を支持していると報告しています。教師による社会的コンピテンス（有能さ）の評定を用いることで，安定型の生育歴を持つ子どものほうが"驚くほどより有能である"（p.80）ことが明らかになりました。

  安定型の生育歴を持つ子どもは，児童期中期のより複雑な対人関係の中でも，より高い対人的コンピテンスを示すことも見いだされました。また47名の子どもを対象にしたより詳細な研究は，安定型の生育歴を持つ子どもが，不安型の生育歴を持つ子どもに比べて，サマー・キャンプにおいて友人関係をより作りやすく，集団からより受け入れられやすく，様々な対人関係をより上手く調整していることを示していました。ワインフィールドら（Weinfield et al., 1999）は，これらの結果が，青年期にも当てはまると報告しています。さらに，安定型の生育歴を持つ青年は，いろいろな側面において，より社会的に有能であると評定されていると報告しています。例えば，リーダーシップ能力，友人関係での親密さ（女子のみに見られ，男子では見られませんでしたが）などです。ワインフィールドらは，社会的コンピテンスについての彼らの結果が愛着理論を強く支持していると結論づけています。

- 安定型の子どもは，不安定型の子どもよりも，**きょうだい関係においてより協調的である**ことが見いだされました（Teti & Ablard, 1989）。しかし，きょうだい関係をより協調的にしているのは，子どもの愛着とは別の，感受性の高い養育の持つ側面の1つかもしれません。

- レゲンズブルグ・プロジェクトで，安定型の青年は，不安定型の青年よりも，愛着対象とのネガティブな経験についてどう思うかと問われたとき，**ポジティブな防衛**（**内省性，利他性，ユーモア**など）をすることが有意に多く示されていました（Grossmann et al., 2005）。

愛着とストレス反応

　急性のストレスに対して身体面で必ず生じるコーピング反応の1つが，血中のコルチゾールの上昇です。これは幼児期初期から始まります。コルチゾールの分泌は，視床下部−下垂体−副腎系軸（HPA）の一部です。ストレスに対する反応には個人差があり，持続しがちです。この個人差は先行経験の違いだけでなく，気質の違い（Boyce, Barr, & Zeltzer, 1992）によっても起こります。先行経験は，感作する（感受性を高める）ことによっても，また子どもがある経験をストレスフルととらえるかどうかの知覚の仕方を形成することによっても，ストレスへの反応に影響を与えます。"*Why stress is bad for your brain*（なぜストレスは，あなたの脳に悪いのか）"というタイトルの論文で，スポルスキー（Sapolsky, 1996）は，持続するストレスと過剰なコルチゾールと海馬へのダメージとの間には有意な相関があることを示す証拠を簡潔にまとめています。海馬は，記憶には，不可欠な部分です（Squire, 1992）。長期にわたる高いレベルのコルチゾールは，海馬の細胞死を引き起こします。コルチゾールのレベルが長期に上昇すること（そのレベル自体は有害なレベルではないのですが）で，海馬の神経細胞は，一般的によくある脳への脅威によって影響されやすくなります。この脅威には，低酸素，てんかん発作，低血糖，身体的外傷，有害化学物質などがあります。脳の他の領域（帯状回や前頭葉）も，人生の早期にコルチゾールが過剰なレベルになることにより，悪い影響を受けてしまうこともありえます（Gunnar, 1998）。

　ガンナー（Gunnar, 1998）は，愛着の安定性が人間の幼児にとってHPA軸のストレス反応を和らげるように作用すると仮定しています。例えば，ナチミアスら（Nachmias et al., 1996）は，18か月の安定型愛着の子どもが，母親がいるところで見知らない人（道化師）から接近され怖がる反応をしていても，コルチゾールは上昇しないことを明らかにしています。この結果は，安定型の子どもでは，見知らない人と出会う場面で気質的に抑制されていたと評定されたかどうかの違いとは，関連していませんでした。それに対して，気質的に抑制されかつ不安定型の愛着を持つ子どもは，道化師に接近されたときに唾液のコルチゾールが有意に上昇しました。また，このタイプの子どもにとっては，母親の侵入性や（子どもの苦痛な気持ちも考えずに）道化師の方へ行かせようとする母親の感受性の低い勇気づけが，コルチゾール反応を高めるということも示されています。非体制／無方向型の愛着を示す幼児は，新奇場面の間，コルチゾールのレベルがより高くなることが見いだされています（Hertsgaard et al., 1995）。新奇場面は，児童虐待やニグレクトの経験に比べると，中程度のストレッサーでしかありません。つまりこれらの結果は，これらの子どもがストレスに対していかに脆弱かを示しています。

早期の不安定型の愛着とその後の情動面・行動面での問題

愛着の不安定性と行動面や情動面で問題を持つこととの関連性について，1つの全体像が見えてきました。それは，不安定－回避型の愛着が行動面での問題やネガティブな感情に関連性を持っているのに対して，不安定－両価／抵抗型の愛着は不安や社会的な引きこもりに関連性を持っているということです。ですが，最も大きな問題を抱えているのは，非体制型の愛着を持つ子どもです。これらについては，後で論じます。

不安定－回避型の愛着

- リオンズ・ルースら（Lyons-Ruth, Alpern, & Repacholi, 1993）は，乳幼児期での非体制型の愛着が，5歳での教師によって評定された子どもの**敵対的**行動を最も予測していることを明らかにしました。しかし彼女らは，この群の子どもの多くが，その基底に回避的方略を持っていると考えています。
- ミネソタ親子プロジェクトは，1，2，3学年時での教師による攻撃性の評価にもとづき，男児では，早期の回避型愛着の生育歴が児童期での**攻撃性**と関連していた（$p < .05$）ことを明らかにしています（Egeland & Carlson, 2004）。
- ミネソタ研究の結果にもとづく他の研究（Egeland & Carlson, 2004）では，**反社会的行動**が幼児期から始まった青年の群が，反社会的行動が青年期に始まった群や過去に一度も反社会的行動をしたことのない群と比較されました。その結果，幼児期に始まった群は，一度も反社会的行動をしたことのない群よりも，12か月と18か月で回避型の愛着であった可能性が高いことが見いだされました。
- ワインフィールドら（Weinfield et al., 1999）は，ミネソタ親子プロジェクトで得られた次のような結果を報告しています。保育所と小学校で教師（子どもの愛着の生育歴について知らされていない）は，不安型の愛着の生育歴を持つ子どものほうが，安定型の生育歴を持つ子どもよりも，**ネガティブな感情，怒り，攻撃性**がより見られると査定していました。また，同様の差が遊び場面での子ども同士のやりとりの中で起こる問題でも見られました。ワインフィールドらはまた，次のような結果を引用しています。すなわち，回避型の子どもは，彼らの**遊び相手をいじめる**傾向が有意に高かったのです。安定型の子どもは，いじめる側にもいじめられる側にもなったことはけっしてありませんでした。そして，抵抗型の子どもは，回避型の子どもとペアになったときに，よりいじめ

- レゲンズブルグ・プロジェクトでは，就学前の仲間同士のやりとりで，回避型の子どもは，安定型の子どもに比べて，仲間に対してより**敵対的**で，仲間を**スケープゴート**にしやすいことが示されていました（Suess, Grossmann, & Sroufe, 1992）。

不安定−両価／抵抗型の愛着

- ワインフィールドら（Weinfeld et al., 1999）は，抵抗型の生育歴のある子どもが，安定型や回避型の生育歴がある子どもよりも，一般的により不安が高く，強引でなく，自信がないことを報告しています。彼女らは，その例として2つの研究結果をあげています。1つの研究では，抵抗型愛着の生育歴を持つ4歳半の子どもは，回避型や安定型の子どもよりも，新奇な対象と関わることによりためらうことが見いだされました。もう1つの研究では，抵抗型の子どもが，安定型や回避型の子どもよりも，小学校の教師からより受動的で引っ込み思案だとみなされていたことが見いだされました。
- グリーンバーグ（Greenberg, 1999）は，愛着の安定性と**不安障害**についてのミネソタ親子プロジェクトからの結果を報告しています（Warren et al., 1997）。精神科面接を受けた17歳の青年172名のうちの15%は，最近，不安障害と診断されたか，不安障害の病歴を持っていました。このうち，乳幼児期に安定型と査定されていた人が12%，回避型であった人は16%，両価型とされた人は28%でした。子どもの気質と母親の不安の要因を統制したところ，幼児期の両価型愛着は，中程度ですが有意に不安障害を予測していました。しかし，グリーンバーグは，障害全般をみると，幼児期に安定型であった人が，両価型の幼児であった人よりも，特に発症率が低いというわけではなかったと指摘しています。

不安定−非体制型の愛着

- グリーンバーグ（Greenberg, 1999）は，マサチューセッツ州のケンブリッジで行われている縦断的研究の結果を報告しています。そこでは，就学前の子ども64名のサンプル（もとのサンプルの80%）について，教師が，子どもの敵意や多動性を評定しました。その結果，仲間や大人に対して**敵対的**であると評

定された子どもは，幼児期に不安定型の愛着であった可能性が有意に高く，特に非体制／無方向型と査定されやすかったのです（非体制型と査定されたのは71％であったのに対して，安定型は12％でした）。また，養育者が慢性的な鬱症状を持っている可能性が高いことがわかりました。

- グリーンバーグ（Greenberg, 1999）は，さらにピッツバーグでのハイ・リスクのサンプルの追跡研究の結果について報告しています。その研究では，幼児の愛着の安定性は，3歳時での問題行動を中程度予測していました。5歳時での追跡調査では，12か月のときの不安定型愛着だけが，子ども問題行動チェックリストで親が評定した問題行動を予測していました。臨床的にも問題のある**攻撃性**が，幼児期に安定型愛着と査定された子どものうち17％に，両価型のうちでは28％に，回避型では31％に，そして非体制型では60％に見られました。幼児期での非体制型の愛着と2歳時での親による難しい気質の評定の**どちらともが**，5歳時での攻撃性を強く予測していました。その2つの要因を持つ子どもは攻撃性において上位1％に入っていました。

- グリーンバーグ（Greenberg, 1999）は，自分も共同研究者として関わっていた3つの研究について報告しています。これらの研究では，クリニックに照会された子どもで，**反抗挑戦性障害**（Oppositional Defiant Disorder：ODD）の基準を満たす子どものサンプルについて，愛着の安定性を検証したものでした。この研究のうち2つでは，臨床群の子どもの80％近くが不安定型愛着を示しましたが，対照群の子どもでは30％しか不安定型愛着を示していませんでした。臨床群の子どもでは，**統制型**（Controlling）の分類が（他の群に比べて）非常に高い率を示していました。統制型は，非体制／不方向型愛着が発達する中で変容したものだと仮定されています。

- ミネソタ縦断研究は，幼児期の回避型愛着と非体制型愛着との両方が，17歳のときの**解離**を予測することを示しました。幼児での非体制性は，19歳時の解離症状に有意に関係していました。ワインフィールドらは，"非体制型愛着と解離との関係は，児童期のトラウマの影響を取り除いた（統計的に統制した）後でも，残るものです"（Weinfield et al., p.82）と報告しています。

乳幼児期の非体制型の子どもに関する研究から，それらの子どもの行動が，後の児童期では，コントロール，怒り，敵意，反抗などの特徴を持っていることが浮き彫りになりました。しかし，これらの研究は，これらの子どもが，問題をこのように外に表出すると同時に，内的には，自信や社会的コンピテンスが低く，学業では苦闘してい

ることを示しています。そしてまた，これらの子どもの内的表象を査定した結果，自分（子ども自身）や養育者を，脅威的な存在や予測不可能な存在として，あるいは脅威におびえる存在や無力な存在として描いていることが示されました。ソロモンら（Solomon et al., 1995, p.447）の報告によると，"統制型の子どもの人形遊びのテーマの特徴は，大惨事とか無力さ"あるいは遊びを完全に抑制してしまうことです。彼女らは，この抑制してしまうことを"もろい方略"と呼んでいます。これらの子どもの苦悩や脆弱性や"もろさ"については，愛着障害のところで，再び考察する必要があるでしょう。

考　察

不安定型愛着とその後に抱える問題との間のはっきりした関連性について，いくつかの推測的な説明があります。

例えば，ドジエら（Dozier, Stovall, & Albus, 1999）は，回避型－外在化と，抵抗型－内在化とのリンク（つながり）についての論理的根拠を次のように説明しています。回避－不安定型愛着の方略は，愛着欲求の表出を最小限にすることです。この方略では，愛着対象（たち）が利用できないことやそれに伴う苦痛が予期されるので，このタイプの人は，それらから防衛的に注意をそらそうとします。このように経験や情報を防衛的に排除してしまうことは，この人たちが，自分が何を感じているか，また何がそのように感じさせているのかを考えることを抑制したり，それらに対する現実感を失ったりする原因となります[★3]。自分自身から注意をそらしてしまい，ネガティブな表象が解決されないために，苦痛や苦悩は外在化され表出されます。その結果，最小化方略は，このタイプの人を**外在化**障害になりやすくします。

逆に，抵抗型の方略は，愛着欲求の表出を最大にすることです。この方略では，このタイプの人は，注意を自分自身の苦痛や愛着対象（たち）が利用できるかどうかに**向けます**。ネガティブな表象に対する気づきが高まっているので，苦痛・苦悩は，内的に表出される可能性がより高くなります。その結果，最大化方略は，このタイプの人を**内在化**障害になりやすくします。

エッグランド・カールソン（Egeland & Carlson, 2004）は，解離がどのように理論的・実証的に非体制／無方向型の愛着やトラウマの生育歴とリンクしているかについて，次のように述べています。第4章で述べたように，幼児期で非体制型愛着になる原因

★3　以前に述べたように，回避型の人は，それでもやはり愛着行動システムが強く活性化されている間は，心理生理的に測定可能な苦痛を経験しています。

は，子どもに脅威を与えたり混乱させたりする親の行動であると考えられます。すなわち，愛着対象（通常は，親）は，本来，子どもにとっての安全地帯であるべきなのに，脅威や恐怖を与える源となってしまっているからです。そのため，子どもは，解決できない葛藤にとらわれてしまい，接近することも逃げることもできなくなってしまっているのです。そして，そのうちに，感じていることや経験は，"どこかにしまい込まれて"しまったり，意識から切り離されてしまったりすることになります。こうした子どもは，後に受けたトラウマと直面したとき，"通常の認知的・情動的処理から，この不快な刺激を切り離して"（p.43）しまいがちです。このことは，早期に愛着が体制化されないことで，後に受けたトラウマの影響を受けやすくする（脆弱性）というモデルを示唆しています。エッグランド・カールソンは，これらの結果が，なぜトラウマは必ずしも解離と結びつくわけではないかを説明するのに役立つでしょうと述べています。すなわち，それはまず先に愛着が体制化されていなかったことがあり，そのことが子どもや青年が後に受けたトラウマからの影響を二重に受けやすくさせているということなのです。

　しかし，その関連の仕方は，すべてがすべて，線形的で直接的なものではありません。トンプソン（Thompson, 1999）は，愛着と就学前の問題行動との間に，直接的な関連性を見いだすことができなかった追跡調査のいくつかをあげています。ある研究では，環境ストレスや親子関係での問題や他の要因などの経験が，愛着と後の問題行動との間を媒介していることが明らかになっています。

　エッグランド・カールソンは，以下のように述べています（Egeland & Carlson, 2004）。

　　要するに，愛着関係における早期の障害（disturbances）は，一般に，病理とみなされてもいないし，病理を直接に引き起こすものともみなされていません。むしろ，それは，精神病理につながる可能性のある発達過程の中での障害（disturbances）の基礎になります。はじめは，対人関係の障害（disturbances）として始まり，そのうちに神経生理的・感情的制御に影響を与えることで個人の障害（disorder）になっていくという，そのプロセスを理解することが，発達精神病理学の分野での中心的な課題なのです。

早期の愛着と後の機能との間のつながり（リンク）について仮定されるメカニズム
　早期の愛着と後の社会的機能との間のリンクを説明する増加モデルと相互作用モデルを支持する証拠が増えてきています。例えば，ミネソタ縦断研究は，幼児期の愛着

の安定性が，9年後の幼児期中期での友人関係のコンピテンスの分散の13％を説明していることを明らかにしています。しかし，愛着の査定結果と2歳から3歳半の間の親の適切な元気づけや指導を査定した結果とを合成すると，説明される幼児期中期の友人関係得点の分散は2倍になりました（Sroufe et al., 2005b）。スラウフらは，"同じように，青年期早期で伸びてくる自律性の（親による）サポートの査定結果を，愛着の査定結果と合成することで，後の青年期の仲間関係のコンピテンスやその他もろもろの予測力を高めます"と報告しています（Sroufe et al., 2005b, p.58）。

近年報告されたミネソタ研究の他の結果の分析では（Carlson, Sroufe, & Egeland, 2004），早期経験の青年期の機能に及ぼす影響と時間経過に伴う表象の質や行動の変化との間の関係を検証するために，構造方程式モデルが使われています。早期の経験は12か月と18か月に査定された愛着の質に，また幼児期の経験は24か月時に実験室での問題解決手続きで査定された母子関係の質にもとづいていました。結果は，早期の経験と青年期の社会的機能との間に間接的なつながりがあることを示唆していました。彼らは，以下のように報告しています。"表象上の経験と行動上の経験とが相互作用しながら寄与しているということを示すモデルは，そのような相互作用的寄与を想定しないモデルよりも，そのデータに有意により適合していました"（Carlson et al., 2004, p.66）。この結果は，早期の経験が青年期の社会的機能に影響を与える経路を図示することで，よりわかりやすくなります。これらの影響経路として，児童期初期・中期と青年期初期での対人関係に関する表象が重要であるということは，"表象は経験を運ぶものである"という仮説を支持しています（Carlson et al., 2004, p.78）。

幼児期のころからプロジェクトに参加していた子どもが成人へと成長していくにつれて，縦断的研究は早期の愛着の長期的な影響に焦点を向けるようになってきました。スラウフらが述べているように，"浮かび上がってきている絵は，発達の複雑さを示すものです"（Sroufe et al., 2005b, p.59）。しかし，スラウフらはまた，"ほとんどいつも，……愛着の生育歴を他の要因（様々な年齢での仲間関係の経験や後の親との関係など）と合成すると，結果の予測力はより高くなります"（p.62）と報告しています。これらの結果は，直接的に間接的に，幼児期の愛着が永続的な影響を持つことを示しています。

要　約

横断的研究からも縦断的研究からも，安定型の愛着と多くの機能領域との間に明確

な関連性があるとする結果が示されています。また愛着の安定性は，生理的なストレス反応を和らげてくれるようです。早期の不安定－回避型愛着と後の攻撃性，反社会的行動，ネガティブ感情との間には強い関連性があります。そして，不安定－抵抗型愛着と後の不安や受動的な引きこもり行動との間にも強い関連性があります。不安定－非体制型愛着は，解離と同様，その後の敵対的行動や攻撃的行動と強く関連しています。この章では，仮定されているメカニズムについて論じてきました。

第4部

愛着障害とは何か

第12章

愛着障害の２つのバージョン

　愛着障害についての論議には２つの流れ（discourse）があります。その１つは，厳密で科学的な探求にもとづくもので，そこでは理論や国際的分類法や証拠を注意深く参照しながら愛着の障害（disturbance）を理解しようとするものです。この流れの論議は，学術雑誌や書籍などで行われていて，そこでなされた主張や論述には引用文献が明記されています。その文献の著者らは，著名な愛着理論家や研究者です。それには，ボウルビー（Bowlby）やエインスワース（Ainsworth）だけでなく，ティザード（Tizard），ホッジズ（Hodges），チショルム（Chisholm），オコーナー（O'Conner），ジーナ（Zeanah），そしていろいろな研究チームの研究者らが含まれています。この人たちの研究は，次の章でレビューします。

　もう１つの流れは，ある臨床実践や非学術的な書物やインターネット上のウェブ・サイトにあるものです。この流れの論議は，しばしばボウルビーや学術文献を形ばかり引用し，その後すぐ愛着理論にもとづかない，論拠や証拠に裏づけられていない主張をします。特に，そして本当に困ったことですが，（前者の流れにもとづく治療法ではなく，それに取って代わる）もう１つの"愛着"療法があり，それに有効性があるかのような，しかしほとんど裏づけのない主張をしています。

国際的分類法

　愛着障害は，２つの主要な国際的分類法である ICD-10 や DSM-IV-TR の中に，診断ガイドラインとともに記載されています。以下は，それを要約したものです。

ICD-10とDSM-IV-TRの愛着障害の分類法

　ICD-10（疾病と関連衛生問題の国際統計分類（10版，WHO，1992）の精神・行動障害の分類法）には，2つの異なった愛着障害が記載されています。それは，児童期の反応性愛着障害（Reactive Attachment Disorder of Childhood：RAD）[◆1]と児童期の脱抑制性愛着障害（Disinhibited Attachment Disorder of Childhood：DAD）です。

　DSM-IV-TR（精神障害診断統計マニュアル，4版，テキスト改訂）（アメリカ精神医学会，2000）では，幼児期・児童期初期の反応性愛着障害（Reactive Attachment Disorder of Infancy or Early Childhood：RAD）が記載されています。これには，抑制性タイプと脱抑制性タイプの2つの下位タイプがあります。

　ICD-10もDSM-IV-TRも，RADを，広汎性発達障害と明確に区別しなければならないと明記しています。また，いずれの分類法も，RADが虐待的な子育てや劣悪な子育てが原因で起こりやすいと述べています。しかしいずれも，虐待やニグレクトがあったことを理由に即座にRADと自動的に診断することのないようにと警告を発しています。実際，"すべての被虐待児や被ニグレクト児がこの障害を示すとは限りません"と明記しています（WHO, 1992, p.128）。

　多くの臨床家がこの"診断名"をよく使っていることからしても，ICD-10の次の注意事項が見過ごされていることがわかります。その注意事項とは，社会面での機能（functioning）の障害に関しては，"明確な診断基準がいまだ定まっておらず，最適な下位区分や分類についても合意ができていません"（WHO, 1992, p.277）ということです。

　図12.1は，DSM-IV-TRやICD-10にもとづく愛着障害の2つのバージョンの中核的な特徴や関連する症状群を示したものです。

　ICD-10には，DSM-IV-TRに含まれていない多くの記述語が含まれています：

- RADの先行因としての虐待やニグレクトのタイプ（すなわち，**作為**や**不作為**）。
- RADの関連した情動障害（disturbances）や児童期中期・後期で起こる可能性のあるDADの情動障害。
- RADもDADも，仲間との対人的なやりとりが下手であること。

◆1　RAD, DADの中に含まれるChildhoodという言葉の訳語として，本書では一貫して，児童期という用語を用いてきました。ですので，この章でも，他の章との統一をはかるために，あえて児童という言葉を用いました。なお，精神医学では，この言葉に対しては一般に"小児期"という用語が当てられています。

第4部 愛着障害とは何か

- ほとんどの文脈で、人との関係を形成すること（social relatedness）が、著しく障害されており（disturbed）、発達に不相応である。
- この障害（disturbances）は、発達遅滞だけでは説明できず、広汎性発達障害の基準にも該当しない。
- 5歳前に発症する。
- 重篤なニグレクトをされたことが明らかである。
- 同定できるような、より好まれる愛着対象が存在しない（ようだ）。

DSM-IV-TRの反応性愛着障害（RAD）

脱抑制タイプ（型）

拡散的愛着、それは適切に相手を選んで愛着を示す能力が著しく欠けていることに見られるような、無差別的な社交性に現われている。例えば、あまり見知らない人に対して過度のなれなれしさを示す、愛着対象を選ぶ際の選択性がない。

抑制タイプ（型）

ほとんどの社会的なやりとり（相互作用）を始めたり、それに応答したりすることが一貫して発達レベル相応にできない。それは、過度に抑制的で、過度に警戒心が強く、両価性が高く、非常に矛盾した反応に現われる（例えば、養育者が慰めたりなだめたりすることに対して、接近しようとすると同時に回避したり抵抗したりというように混乱した反応を示す。あるいは、硬直したまま、強い警戒心を示すこともある）。

ICD-10の脱抑制性愛着障害（DAD）

- 愛着対象の選択性が拡散している。
- 幼児期にまといつき行動が一般的に見られ、あるいは無差別的ななれなれしさを示す。
- 仲間と互いに心を打ち明け合う親密な関係を作ることが難しい。
- 関連した情動障害◆2・行動障害（disturbance）があることもある。

ICD-10の反応性愛着障害（RAD）

- 分離や再会のときに、特に、強い矛盾したあるいは両価的社会反応を示す。
- 幼児は、顔をそむけたまま近づいてきたり、抱っこされているとき強く目をそむけたり、なだめられることに対して接近・回避・抵抗の混ざった反応をする。
- 情動障害（disturbance）のおそれがある。その際、みじめそうに見え、応答性がなく、引きこもりで、自分自身や他の人が苦しんだり悩んだりしていることに攻撃的な反応をする。
- 恐怖心が強く、警戒心が過度な事例も一部にはある。
- ネガティブな情動反応によって、人と一緒に遊ぶことが妨げられる。
- 身体的成長が損なわれている可能性がある。

図12.1　愛着障害の中核的な特徴

◆2　精神医学では、emotional disturbance を"情緒障害"と訳すことが多いようです（例えば、情緒障害児、emotionally disturbed children）。なお、心理学では通常、emotional という言葉には、"情動"という用語が当てられます。そして、感情（affect）、情緒（sentiment）などの言葉と区別します。本書では、この慣習に従い一貫して訳し分けてきましたので、この部分でも混乱を避けるために、あえて精神医学の用語を用いませんでした。

第12章　愛着障害の２つのバージョン

もう１つのバージョン

　"愛着障害"の"診断名"は，近年，爆発的に用いられるようになってきています。それは，2006年7月16日に，"Google"のウェブ・サイト検索エンジンにその言葉を入力すると，検索結果がなかなか出てこず，結果的には4,990,000の項目が出てきたことからもわかります。[★1]しかし，悲しいことですが，この用語がこれほどまで多く使用されるようになったからと言って，愛着障害が意味していることへの理解が進んでいるわけではありません。"愛着障害"の子どもは，嘘つき，泥棒，良心に欠ける，あるいはいろいろな他のネガティブな特徴を持つと記述されています。これらの非常に混乱した子ども，あるいは周りを混乱させる子どものこのような特徴や記述が持っている"悪者扱い"的な語調は，過去にこれらの子が虐待やニグレクトを受けた経験があるとわかったとしても，必ずしもすぐにぬぐい去られるとは限りません。

　見た目にはっきりわかるこれらの存在を特徴づけるために，項目を無限に作り上げてもよいという許可書でもあるかのようです。愛着障害の"症状"のリストは，インターネットで簡単に見つけることができます。そして次のような項目が含まれていることは珍しくありません：

- アイ・コンタクトを避ける——特に親とは。だが，嘘をついているときは，目をジッと見たまま話す。
- 無意味な質問をくどいほどしたり，延々とムダ話をしたりする。
- 火，血，流血シーン，武器，あるいは邪悪なものに，強く心を引きつけられる。
- 食べ物に関連した問題行動がある——隠れ食い，暴食，食事拒否，異物食。
- 動物への残忍性。
- 良心の欠如——ひとかけらの良心の呵責も示さない。

もっとこうした例を見たいのなら，アメリカ合衆国のエバーグリーン人間行動コンサルタンツ（Evergreen Consultants in Human Behavior, 2006）のウェブ・サイトに45項目の症状チェックリストがあります。項目は，'ない''少し''いくらか''かなり''該当する'で評定するようになっています。上にあげた項目に加えて，このチェックリストには，次の項目が入っています：他の人に危害を加える（加害者，いじめ），

★1　2005年4月21日の時点で，Googleで"愛着障害"という用語を検索したときには，出てきた項目数は78,400でした。

搾取する（人を操ったり，統制したりする），親分ぶる（威張り散らす），窃盗をする，夜尿症，便失禁，因果的思考の欠如，学習障害，言語障害，自己への誇大感などがあります。

"*Handbook of Attachment Interventions*（愛着介入ハンドブック）"（Levy, 2000）の中で，トーマス（Thomas, 2000, p.72）は，次のように述べています："愛着障害の子どもは，これから起ころうとしていることを知らせると，より悪い方向に行動します。これらの子は，その情報を使って，自分の周り（環境）やそこにいる人たちすべてを操ろうとします"。彼らの報告書には，"愛着療法，反応性愛着障害，愛着問題に関する APSAC 研究班"（Chaffin et al., 2006）が疑問視している"愛着障害理論"の支持者たちのウェブ・サイトがたくさん列挙されています。

これらのリストは，すべてを網羅しているわけではありませんが，ほとんどすべてと言ってもよいでしょう。このリストは，ICD-10 や DSM-IV-TR と一致していません。そして，部分的にザスロー・メンタ（Zaslow & Menta, 1975）やクライン（Cline, 1991）の裏づけのとれていない知見にもとづいています（第 18 章を参照）。愛着の体制化は，ほとんど言及されていません。過去に有害な経験をしていることが，しばしば述べられています。またこれらの行動の多くは，児童虐待・ニグレクトが原因で起こった可能性が高いとしていますが，愛着理論のパラダイムの中でその原因を説明していません。また，これらの子どもの行動の問題は，愛着とはまったく関連のない領域に属している場合もあります。またこれらの子どもの一部は，7 歳児になっても，向社会的行動を示さないとか"無神経なほど無感情"であるといったことが見いだされてきています。これらの側面は，ある双生児研究（Viding et al., 2005）からすると，非常に遺伝性が高いように見られ，もしそうだとすると，これらの子どもの遺伝的な脆弱性を指し示すものということになります。ですから，このような点に関する結果は，非双生児を対象とした研究で追試する必要があります。もちろん，これらの子どもは，遺伝的な問題に加えて，こうした問題行動を学習した親から虐待を受けていたかもしれません。

要　約

国際的分類法での愛着障害の定義ともう 1 つのバージョンの愛着障害について述べました。前者は，ICD-10 や DSM-IV-TR に記載されています。これら 2 つの国際的分類法の間に見られる小さな違いを列挙しました。もう 1 つのバージョンのほうは，多

くのウェブ・サイトやいくつかの著書・刊行物に掲載されています。これは，愛着理論に関係するものでもなければ，厳密な実証的根拠にもとづくものでもありません。ですが，治療的介入法を生み出してきています。その介入方法の有効性は，証明されていませんし，有害である可能性もあります。

第13章

愛着障害研究

　愛着障害に関する科学的研究は，ティザード（Tizard）やホッジズ（Hodges）らの 1970 - 1980 年代の重要な研究を除けば，最近になってようやく行われるようになってきました。しかしそれらも，逆境の中に産まれ育った子どもについての数少ないサンプルを対象とした研究しかありません。ある研究は，愛着障害の現象をよりよく理解するため，縦断的に調査をしてきました（European Commission Daphne Programme, 2005）。この章では，これらの研究の中で最も重要で最近のものを紹介し，その意義や問題について評価します。ですが，こうした評価をする前に，研究においてどういうことが重要なのかについて述べておく必要があるでしょう。

研究法に関する問題

　愛着障害に関する科学的研究を評価するとき，次のような研究法上の問題が出てきます。

新居へ引っ越した子どもの愛着行動を査定するタイミング

　以前にも述べましたが，愛着対象との分離やその喪失は，抵抗や絶望感を含む強い感情を引き起こします。ですから，新居に移ったすぐのころに子どもの愛着を査定することは適当ではありません。というのは，この子どもは，まだ分離や喪失に適応しようとしているだけでなく，これから作れるかもしれない新しい愛着対象と関わろうとしているときだからです。こうした移行期は，愛着自体（移行期の愛着を問題にするのであれば別ですが）を査定するにはよい時期とは言えません。また，移行期とみ

なすことのできる期間は，子どもの年齢や成熟の程度によって異なります。

愛着行動を査定する際の情報源の信頼性

　愛着行動の最も厳密な査定方法は，子どもを直接観察することです。ですが，これは非常に時間がかかり，そのため最も経費がかかる方法です。もし直接観察法が用いられない場合は，子どもの主要な養育者（たち）からの情報が，おそらく，十分に信頼性のあるものでしょう。それ以外となると，信頼性が損なわれることになります。

主要な養育者のいるところでの愛着行動の査定

　前に述べたように，愛着行動は，愛着対象がいない場合には見知らぬ人に向けられることがあります。ですから，研究の目的が，主要な養育者への愛着行動の質を調べることでしたら（愛着障害に関する研究では，通常そうですが），養育者に対する愛着行動を査定しなければなりません。

ある1人の養育者と子どもとの関係が愛着関係であるかどうかの確かさ

　オコーナー・ジーナ（O'Connor & Zeanah, 2003）が指摘しているように，新奇場面法は，子どもと養育者との愛着における個人差を調べるために考案されました。そしてこの方法は，"何らかの愛着が存在するだろう"という前提にもとづいています。このことは，エインスワースが産まれたときから親と一緒に生活する子どもに焦点を当てて研究してきたので，理解できるでしょう。しかし，産みの親のもとから離れて育った子どもには，この"愛着が存在するだろう"という前提は成り立ちません。オコーナー（O'Connor, 2002, p.779）が別のところでも指摘しているように，"それゆえ，何が選択的な愛着関係を構成しているかを定義することが非常に重要です"。ですが，そのような信頼性のある測度は，今のところ存在しません。

サンプル・サイズが小さい

　愛着障害を研究するうえでの問題の1つは，その研究に参加協力した子どものうちで，ある特定の障害を持つと査定される子どもは，ほんの数名しかいないということです。これは，特に，抑制性障害のタイプについて言えます。

証　拠

　この研究レビューの中では，愛着障害（抑制性・脱抑制性）に関連する研究のみを報告します。これらの研究の多くでは，子どもの機能の他の側面についても査定されていますが，ここでは報告しません。

イギリスの養護施設の小さな子どもたちとその後の発達

　1970～1980年代に，ティザード，ティザード，ジョセフ（Joseph），リー（Rees），ホッジズ[★1]は，4か月未満から少なくとも2歳まで養護施設に継続して在所していた一群の子どもたちについて，愛着分類とその後の発達に関する一連の論文を出版しました。ホッジズは，この養護施設を次のように書いています：

> 施設の子どもたちは，職員の数が十分に配置されていても，常にケアをしてもらえていたというわけではありませんでした。2歳までには，平均して24名の人が少なくとも1週間，これらの子どもの世話をしていました。平日の5日の間でさえも，平均して6名の人が，子ども6名1家族グループに対して世話をします（夜の職員は除いて）……職員訓練の一環として，職員は家族グループの間でローテーションをしていました。彼らは，この仕事に就いたり休んだり，大学へ行ったり，休暇をとったりし，最終的には職場を去ってしまいます。このような職員の移動は，すべて，子どもたちにとってはまったく予想できないことでした。愛着関係の発達にとって大切な条件の中でも最も基本的な条件ですら，養護施設では普通の家族とは非常にかけ離れているのです（Hodges, 1996, p.65）。

この施設環境のもう1つの重要な特徴は，ここでの養育の中に心の（情動的な）つながりがないということです。職員は，ある子どもがどういう気持ちなのか，うれしいのか，愛情を感じているのか，不安なのか，怒っているのかを報告することが非常に少ないのです。ホッジズが述べているように，職員は子どもとの間に親密な愛着関係を持たないようにと強く言われています。というのは，"1人の大人に強い愛着を持

[★1] 次の要約は，ホッジズ（Hodges, 1996）の許可を得て，転写したものです。

つようになった子どもは，家族グループをスムーズに運営していくことの妨げになりやすいからです"(Hodges, 1996, pp.65-66)。さらに，それは，"子どもたちにも職員たちにも，互いに愛着を持つことを許してしまうのはよくないことだと考えるからです。というのは，職員は最終的にはその施設をやめていくため，愛着関係もそれにより壊れてしまうことは避けられないからです"(p.66)。

それ以外の側面では，養護施設はすばらしいケアをしていました。子どもたちは，身体的には非常によくケアされており，楽しんだり遊んだりする設備が整っていました。ホッジズが述べているように，"ここは，かなり純粋な意味での，母性剥奪になっていました"(Hodges, 1996, p.64)。さらに付け加えて，"こういう形での養育は，部分的にはティザードの研究のおかげで，今はもう一般には行われていません"と述べています。

子どものほとんどは，2歳から7歳の間に施設を出ていました。ほとんどは，養子縁組の家族に引き取られ，一部の子どもは産みの親のもとに返されました。ほとんどの子どもにとって，これが，常に自分のそばにいてくれる大人に対して選択的な愛着を形成するはじめての機会でした。

これらの子どもの行動や発達が，普通の家族の中で育った2歳児の群と比較されました。

施設での2歳

ほとんどの子どもは，どの保育士が部屋に入って来ても，走って行って抱き上げられようとします。そして，その保育士が部屋を出て行くときには，泣きながら後追いします。普通の家族で育った子どもの3分の2は，母親に対してそのような反応はしません。ですから，これらの子どもの明らかに"不安定な"愛着行動は，"通常の'不安定型'愛着パターンとも非常に異なります"(Hodges, 1996, p.67)。

ホッジズは，施設の子どもの愛着行動を次のように書いています：

> 非常に多くの人に対して，愛情を分散して向けています——まさに知っている人なら誰でもよいというくらいです。ですが，どの人をどのくらい好いているのかは，はっきりしていました。これらの子どもは普通，ある特定の保育士に対してか，あるいは少なくとも毎週面会に来てくれる場合は母親に対してか，そのいずれかに好みを示しました(Hodges, 1996, p.67)。

ですが，これらの子どもは，好みを示した大人とでさえも，ほとんど接触することは

ありませんでした。ほとんどの日，保育士ならばほんの数分間接触する程度で，母親とはまったく会うことがありませんでした。一方，対照群の家族で育った子どもたち[◆1]は，少ない数の人（平均で4名）に対して愛着行動を示していました。これらの子どもの主要な愛着対象は，通常，母親でした。

施設の子どもたちは，恥ずかしがり屋で，知らない人には警戒心を持っていました。家族で育てられている子どもは，見知らない人に対しても比較的気楽にしており，"これはより広い人たちとのつながりを経験していることを反映しているのでしょう"(Hodges, 1996, p.67)。しかし，それ以外の側面では，施設の子どもたちは，家族の子どもたちとそれほど違ってはいませんでした。

コメント

愛着の体制化が，'恐怖を感じたときに，ある対象（人）に接近しようとするためにくり返し用いることのできる方略である' と定義されるとしたら，上の描写から考えて，施設の子どもの愛着行動は，不安型に体制化（anxiously organized）されたもののように考えられます。それは，ある対象を後追いしたり，それに向かって走って行ったり，抱き上げられたいという気持ちを表わすような行動の中に，読み取ることができます。ホッジズが提案しているように，愛着行動は（異なった人たちから受ける）一貫性のある養育スタイルに対して体制化されるようです。つまり，この養育スタイルとは，多くの養育者から期待できる養育の一般化されたパターン，あるいは "多かれ少なかれ養育者たちが示す同じパターンの行動"（Hodges, 1996, p.67）であり，ある1人の特定の対象（人）への期待ではありません。ですから，これらの子どもには抑制性愛着障害の徴候はありません。

では，養護施設の子どもたちは，なぜ引っ込み思案で，見知らない人に警戒心を持つのでしょうか。というのは，家族のもとで育つ子どもたちは，見知らない人に対して比較的気楽にしています。ホッジズは，家族のもとで育った子どもがこのように見知らない人に比較的気楽にしていられるのは，施設の子どもに比べて，ずっと広い社会的ネットワーク（いろいろな人たちとの接触）を経験してきたことを反映しているからだと述べています。それに対して，施設の子どものいる環境は制限され，すべてが予想される範囲内にあり，何ら新奇なものがありません（見知らない人も含め）。

◆1　比較群（comparison group）と同じ意味です。

4歳半

養子になった子どもたち

　24名の子どもたちは，養子になりました。"ほとんどの子どもは，はじめにあった後追いやまといつき行動をしなくなりました"。ですが，これらの子どもは，家族の中で育った子どもに比べて，よりおおげさに愛情表現をしたり，注意を引いたりしようとしていました。養子縁組の母親の中の83%は，子どもが自分に深く愛着を持っていると感じていました。しかし，一部の子どもは，見知らぬ人に必要以上になれなれしさを示したり，慰めてもらおうとしたりしました。

産みの親に返された子どもたち

　大半の子どもたちは，なおも，非常にまといつきました。ホッジズは，この行動は，不安定感が継続していることの現われのようだと述べています。多くの母親は，自分の子どもが帰ってきたことについて両価的に感じていたり，子どもをまた施設に送り返したほうがよいのではという不安に駆られたりしていました。これらの子どもも，家族の中で育った子どもに比べて，よりおおげさに愛情表現をしたり，注意を引こうとしたりしていました。そしてまた，一部の子どもは，見知らぬ人に必要以上になれなれしくしたり，慰めてもらおうとしたりしていました。

施設に残った子どもたち

　施設職員によると，26名の子どもの70%は，"他の誰のことも，特に気にかけていません"。このことは，抑制性愛着障害の可能性を示しています。これらの子どもは，家族の中で育った子どもに比べて，愛着行動が未熟で，まといつきが多い傾向があり，注意を引こうとしていました。

家族の中で育てられている子どもたち

　この群の子どもの中で，見知らぬ人へ過剰になれなれしくしたという子どもは，報告されていません。

コメント

　施設にいたことのある子どもたちの大半では，愛着行動が体制化されていることを示しています。しかし，養子縁組の母親の17%は，子どもが自分に対して深く愛着を持っていると感じていませんでした。このことは，ある抑制性の愛着障害が持続していることを示しています。産みの親に戻された子どもの多くが示した愛着行動は，

不安定感が持続していることを示しているようでした。さらに，養子になった子どもや親もとに戻された子どもの一部で，見知らない人に過剰になれなれしくすることが報告されていましたが，家族のもとで育てられている子どもにはまったくそういった報告はありませんでした。ですから，施設にいたことのある子どもの多くが示す愛着行動は，脱抑制性愛着障害が持続していることを示しています。家族のもとで育つ子どもでは，見知らない人に過剰になれなれしくする子どもは1人もいなかったという結果は，これらの子どもが適切に相手を選んでいる（適切な選択性を持つ）ことを示しています。

8　歳

養子になった子どもたち

　養子縁組で母親の大半は，自分に親密な愛着を持つようになったと感じていました。これらの子どもの愛着行動は，あまり脱抑制性がなく，もはや見知らない人から慰められようとはしません。ですが，ほぼ3分の1の子どもは，まだ，見知らない人に過剰になれなれしくしていたと報告されていました。担任の教師は，これらの子どもの行動の特徴として，注意を引こうとする，落ち着きがない，言うことをきかない，けんかっ早い，友だちに人気がない，と報告していました。

産みの親に返された子どもたち

　これらの子どもは，他のどの群の子どもよりも，親に抱きしめてもらおうとすることが少なかったです。また半分くらいの母親しか，子どもが自分に親密な愛着を持っていると感じていませんでした。親もとに帰すのが遅ければ遅れるほど，母親への愛着はより低くなる傾向がありました（この傾向は，養子縁組群では見られませんでした）。これらの子どもは，他のどの群よりも，見知らない人からの慰めや愛情をより受け入れていました。これらの子どもの担任の教師も，これらの子どもの特徴として，注意を引こうとする，落ち着きがない，言うことをきかない，けんかっ早い，友だちに人気がないと報告していました。この群の子どもは，他の群に比べて，最も大きな問題を示していました。

コメント

　ホッジズは，養子になった子どもと親もとへ戻った子どもの違いは，養護施設にいたときの個人の持つ特徴の違いによって説明できるとする証拠はないと報告しています。むしろ，"その違いは，養子縁組の親や子どもを自分のもとに戻された親が，子

どもに非常に異なった家族環境を与えていることと関連しているように思われます"(Hodges, 1996, p.69)と述べています。ホッジズは，愛着の絆の発達についてのこれら2群の違いを，次のように説明しています。養子縁組の父母は子どもを欲しがっているのに対して，実の父母の多くは子どもが戻ってくることを両価的に感じています。さらに，養子縁組の父母の多くは，はじめは，乳児を養子にすることを望んでいたので，子どもの依存的な行動に対してより耐性があったのかもしれません。それに対して，実の父母は，家族の中で育った子どもに比べて，手もとに戻ってきた子どもがもっと自立していることを期待していました。

　養護施設で育った子どもは，普通よりももっと遅い時期に最初の愛着を形成し始めたとしますと，これらの子どもの未熟で年不相応と見える愛着行動に対して，十分に応答してあげることが愛着の形成には重要だったかもしれません。しかし，こうした十分な応答性は，特に実父母に戻された子どもには欠けていたようです。ホッジズはこれらのことから，実父母に戻された子どもにおいて8歳のときに見いだされた結果，すなわち，"戻されるのが遅くなればなるほど自分への愛着を持っていると報告する母親の数が減少する傾向があるという現象"を説明できると述べています（養子になった子どもでは，こうした現象は見られませんでした）。実父母に返された子どもは，もしまだ非常に小さいときに返されていたのであったならば，親からもっと十分な応答性のある養育をしてもらえたかもしれません。しかし，子どもの年齢が上がれば上がるほど，親からの応答性は減少していたのかもしれません。

　養子の子どものほうが，実父母に戻された子どもよりも，より適切に相手を選ぶことができるということが示されています。

16　歳

　養子になった子どもや親もとに返された子どもは，養子になったり親もとで育てられたりしたことのない子ども（対照群）と対にされました。

養子になった子どもたち

　家族関係は，これらのほとんどの子どもにとっても，その養子縁組の父母にとっても満足のいくもので，対にされた子ども（対照群）と比較しても，差はありませんでした。これらの子どものほうは，対照群の子どもほどには，それほど抱きしめられたがりませんでした。親たちは，ほぼ全員が自分に親密な愛着を持っているとみていました。しかし子どものほうは，対照群に比べて，きょうだいとの関係により問題を感じていました。5分の1から5分の2の親は，子どもが親しくする友だちを選んでい

ないと報告していました。

産みの親に返された子どもたち

養子群や対照群の子どもに比べて，産みの親に返された子どものほうが家族関係でもっと頻繁に問題があると報告されていました。返された子どもは，親に対して愛着を示すことがより少なく，他の群に比べても愛情を示す程度がより低く，また家族会議（話し合い）に関与する程度も低く，親と自分を同一視する程度も低いものでした。これらの子どもは，きょうだい関係において，特に大きな問題を抱えていました。5分の1から5分の2の親は，子どもが親しくする友だちを選んでいないと報告していました。

両　群

16歳で養子縁組の父母や実父母と一緒に生活を始めた，もとは養護施設にいた子どもは，対照群には見られない重要な特徴を共有していました。ホッジズは，5つの大きな特徴をあげています：

1. 大人の注意を引こうとすること
2. 友だち関係が下手であること
3. 特別の友だちを持つ傾向が低いこと
4. 何でも打ち明けられる人として友だちに接しないこと
5. 親しくする友だちを選んでつきあっていないこと

養護施設で育った青年は，対照群の青年に比べて，これらの特徴のうちの4と5を示す可能性が非常に高いのです。ホッジズは，これらの特徴は一種の"養護施設出身症候群（ex-institutional syndrome）"とみることができると述べています。ですが，この症候群は，養護施設にいた人の半分の者にしか起こらないので，次のような注意書をしています："一般にこれらの特徴は，対照群との**違い**であり，これらすべてが問題を含んでいるわけではないということを強調しておきます"（Hodges, 1996, p.73）と。

コメント

ホッジズは，8歳時の過剰になれなれしい行動（overfriendly）と16歳での見知らない人に好意を持って接する（friendly）こととの間には関連は認めませんでしたが，"8

歳での**大人**に対する過剰ななれなれしさと 16 歳での親しくする友だちを選ぶことの間には有意な連関がありました"（Hodges, 1996, p.73）と報告しています。実の親のもとへ戻された子どもは，養子になった子どもに比べて，16 歳になっても，引き続き，家族関係の問題をより抱えていました。また，仲間関係での問題は，これら 2 群に共通して報告されていましたが，実の親のもとへ戻された子どものほうが養子になった子どもよりもより大きな問題を抱えていました。これらの差は，施設を出た後の環境における違いによるようです。

　青年期で友だちに無差別に親しみを示すことは，初期の施設での経験のなごりと見ることができます。青年期では，社会的志向性がますます友だちのほうに向かい，その友だちの中から大人になってからの愛着対象になる人が出てくるのです。

カナダで養子になったルーマニア人孤児

1 歳半から 3 歳 1 か月（Chisholm et al., 1995）

　1989 年後半に，チャウシェスク政権の転覆の後，ルーマニアの孤児院から養子に出された子どもたちは，初期の重篤な剥奪（early deprivation）を経験しました。国営の孤児院の状態は，悲惨なものでした。チショルムらは，子どもと養育者との比率を，幼児では 10 対 1 から 3 歳以上の子どもでは 20 対 1 であったと書いています。これらの子どもは，"注意を注いでくれない養育者がひっきりなしに代わる状態に置かれていて，愛着関係を形成することがはばまれていました"（Chisholm et al., 1995, p.1092）。

サンプル

● ルーマニア人孤児群（RO）

　この群は，46 名の子どもで，カナダで養子になる前にルーマニアの孤児院に少なくとも 8 か月間は過ごしたことのある子どもでした。親面接をしたとき，子どもの年齢は 17 〜 76 か月（中央値：30 か月）で，養子縁組の父母のもとには 4 か月から 25 か月（中央値：11 か月）の間，過ごしていました。

● カナダ生まれで，養子になっていない，また施設を経験したことのない対照群（CB）

　対照群は，29 名の子どもで，ルーマニア人孤児群（RO）の子どもの年齢と性に一致した子どもが，それぞれ選ばれました。

● 早期に養子になったルーマニア人孤児対照群（RC）

第2の対照群は，29名の子どもでした。月齢が4か月になる前にカナダで養子になり，養子になるまではルーマニアの孤児院にいました。養子になったときの子どもの月齢は，0～4か月（平均：2.3か月）でした。

測　度
● 愛着の安定性

愛着Q分類の安定性尺度で，負荷量の最も高かった項目[★2]と最も低かった項目[★3]の計23項目でした。

● 無差別になれなれしい行動

(a) 子どもは，見知らない人がいても苦痛・苦悩を示さず，歩き回っていたか。
(b) 子どもは，見知らない人に対して，どのくらいなれなれしかったか。
(c) 子どもは，内気になったことがあるか。
(d) 子どもは，はじめて会う大人に会ったとき，通常すぐに何をするか。
(e) 子どもは，いやがらずに見知らない人と帰宅するか。

各項目が0か1で得点化されました。総得点の範囲は0～5です。

● 親の役割への関心のなさ（Lack of investment in the role of parent）

これは，子育てストレス尺度（Parenting Stress Index）（Abidin, 1990）の中の下位尺度で，7項目からなっていました。アビディン（Abidin）は，この下位尺度の基底にある構成概念が，ボウルビーの愛着の内的作業モデルの考えに一致すると述べています。

結　果
● 愛着の安定性

ROの子どもは，CBの子どもやRCの子どもよりも，有意に低い得点を示していました（それぞれ，$p < .006$, $p < .05$）。またCB群とRC群との間では，安定性の得点において有意な違いはありませんでした。CBやRCの子どもよりも，ROの子ども

★2　例えば，"子どもは，あなたを基地にして探索を行う"。
★3　例えば，"子どもは，あなたに対して過度に要求し，かんしゃくを起こす"。

に有意により特徴的であった項目は，"降ろされたがり，降ろすと今度はむずがり，あるいはすぐにまた抱き上げられたがる"と"怒ると，自分のいるところを動こうとせず，泣く"でした。

● 無差別になれなれしい行動

RO の子どもは，RC の子どもよりも，有意に無差別になれなれしい行動をしていました。これらの差の例として，RO の子どもでは 61% が，"はじめて会う大人に接近するのが普通である"のに対して，RC の子どもでは 34% でした。また，RO の子どもでは 52% が"いやがらずに見知らない人と帰宅する"のに対して，RC の子どもではそれが 28% でした。無差別のなれなれしさ得点と愛着の安定性との間には，RO 群にも RC 群にも，有意な相関はありませんでした。

● 親の役割への関心のなさ

RO の子どもの愛着の安定性と親の子育てへの関心のなさとの間には有意な負の関連性が見いだされました（$p < .01$）。

チショルムらは，親の報告する無差別になれなれしい行動と子どもの愛着の安定性との間に関連性がなかった理由は不明であると書いています。この著者らは，無差別のなれなれしさは，"子どもが通常よりも遅くに愛着を形成するためには適応的に機能しているのかもしれません"（Chisholm et al., 1995, p.293）と示唆しています。ルーマニア人孤児の親は，そのような行動を，警戒するよりもむしろかわいらしいと思っていた可能性がありそうです。しかし，もし子どもがさらに発達する中でこの無差別ななれなれしさが持続するとすれば，親は"何の懸念も持たずにふらっと歩きまわり，いやがることもなく見知らない人と一緒に家に帰ってくる"（p.293）子どもの安全を心配するだろうと予想されます。さらに，親は，"時間が経ってもなかなか親子関係が深まっていかないとき"（p.293），失望したかもしれません。

コメント

"怒ると，自分のいるところを動こうとせず，泣く"という項目は，RO の子どもにより特徴的でしたが，このことは，体制化された行動をとることができないことを示していて，抑制性の RAD が持続していることを示しています。

愛着の安定性と無差別のなれなれしさとの間に相関がなかったことは，それらが独立した次元であることを示しています。

4歳半から9歳2か月（Chisholm, 1998）

この追跡研究論文では，1995年の論文で報告された査定を第1期（Time 1），この1998年の論文での追跡査定を第2期（Time 2）と，それぞれ呼んでいます。

サンプル（1995年の研究と同様）
● ルーマニア人孤児群（RO）

● カナダ生まれで，養子になっていない，また施設を経験したことのない対照群（CB）

● 早期に養子になったルーマニア人孤児対照群（EA）（月齢は，50〜64か月）

測　度
● 愛着の安定性：行動査定

分離－再会手続き，クリッテンデンの援助を受けながら開発されました。ビデオ録画がされ，就学前愛着査定（Preschool Assessment of Attachment：PAA）（Crittenden, 1992）を用いてコード化されました。パターンがあまり普通でもなくより極端なものを，非典型の不安定型パターンとみなしていました。

● 愛着の安定性：面接査定

1995年の研究で用いられた測度で，愛着Qセットにもとづいていました。

● 無差別になれなれしい行動：2項目測度

5項目の査定から2つの極端な項目（"子どもは，苦痛を示さず歩き回る" と "子どもは，いやがらずに見知らない人と帰宅する"）が用いられました。他の測度としては，子ども行動チェックリスト，子育てストレス指標，スタンフォード・ビネー知能検査が実施されました。また，子どもの孤児院での過去の経験や現在の一般的な行動についても査定されました。

結　果
● 愛着の安定性：第2期（PAA）

RO群での不安定型愛着パターンの率が63%であったのに対して，CB群やEA群ではそれぞれ42%と35%でした。非典型の不安定型は，CB群やEA群よりも，RO群で有意に多く見られました。RO群の12%は，防衛的・強制的（defended/coercive）

(A/C）と査定されていたのに対して，CB群やEA群では，この愛着パターンを示す子どもはいませんでした。さらに，"不安定型（その他）"と査定された子どもは，RO群では9%でしたが，CB群やEA群では1人もいませんでした。

● 愛着の安定性：第1期－第2期の比較（愛着Q分類）
　群内分析を行った結果，RO群の子どもは，第1期から第2期にかけて有意に得点が上がっていました（Chisholm, 1998, p.1099）。

● 無差別になれなれしい行動：第2期
　RO群の子どもは，無差別ななれなれしさの測度において，CB群やEA群の子どもよりも，有意に高い得点を示していました。

● 無差別になれなれしい行動：第1期－第2期の比較
　5項目の測度において，RO群の子どもは，第2期も第1期と同じくらい無差別になれなれしい行動を示していました。それに対して，EA群の子どもでは，有意に得点が下がっていました。RO群の親の71%は，自分の子どもを"過度になれなれしい"と記述していました。また，90%は，この行動が時間の経過に伴ってほとんどあるいはまったく改善していないと報告していました。

　チショルムは，スピッツ（Spitz, 1945）やゴールドファーブ（Goldfarb, 1955）の施設に収容された子どもについての主張と異なり，ルーマニア人孤児が"養子縁組の親と愛着関係を形成できていました"（Chisholm, 1998, p.1102）と述べています。
　"無差別のなれなれしい行動が，早期に施設に収容された経験のある子どもの特徴であるとする重要な証拠"をこの研究が示していることについて，チショルムは"この行動が，養子縁組の後ではどのような機能を持っているというのでしょうか"（p.1103）という疑問をなげかけています。そしてこれに対して，チショルムは2つの想定できる原因をあげています。
　第1に，チショルムは，クリッテンデンの結果，すなわち'早期にニグレクトされた子どもは，移動可能になるとすぐに，無制限に刺激や新奇な経験を求めるようになる'という結果をあげながら，次のように述べています。すなわち，RO群の子どもが無差別になれなれしいのは，"早期に刺激がなかったために，刺激をもっと求めていることを表わしているのかもしれません"（Chisholm, 1998, p.1103）。第2の可能性は，養子縁組の後に，無差別になれなれしい行動が，新しい親の示した関心や見知ら

ない人から受けた注目によって強化されたのではないかというものです。

　チショルムは，結論として，"安定型と分類された RO の子どもですら無差別になれなれしさを示していたのであるから，そうであるとするなら，無差別ななれなれしさが愛着障害と同じと見なされるべきだという考えには同意できません"（Chisholm, 1998, p.1104）と述べています。またこれらの行動の多くは，"親に対する愛着とは直接，結びついていません"（p.1104）とも述べています。最後に，チショルムは，これらの子どもが孤児院で経験したことはリスク要因にはなっているが，早期の施設での養育だけが後の愛着の不安定さを予測するものではなく，他のストレッサーもあったはずですと述べています。

コメント

　結果の中でもおそらく最も興味深いのが，愛着の安定性と無差別ななれなれしい行動との関連性が持続して**存在しない**ということです。これは，愛着の形成／体制化と脱抑制性とが，愛着行動の異なった次元であることを強く示しています。チショルムは，無差別な行動が持続するのは，新しい環境においては適応的であるからだと説明しようとしています。

　この無差別な行動が持続することのもう 1 つの解釈の仕方は，それが適応的でなく，これらの子どもにとって本当に問題になるものだということです。チショルムの結果は，孤児院で育てられた子どもの多くにとっては，愛着の安定性を促進する子育てでも，無差別な行動を止めることができなかったことを示しています。

イギリスで養子になったルーマニアからの恵まれない（困窮した）子どもたち

4 歳（O'Connor et al., 2003b）

　この研究は，2 つの群の子どもの養育者との愛着の質を検討したものです。1 つの群は，早期にルーマニアで過酷な困窮を経験した後，月齢 6 か月前か後かにイギリスに養子となってきた 4 歳児でした。もう 1 つの群は，対照群で，イギリスで生まれ 6 か月のときに措置され養子となった子どもでした。

サンプル
● ルーマニア人の養子群
　このサンプルは，ルーマニアの施設の子ども（$n = 93$）と非常に困窮していた家庭

(必ずしも生家ではない) の子ども (n = 18) とで，1990年2月から1992年9月の間にイギリスの家族のもとで養子になりました。

- 月齢が6か月前に措置された子ども 58 名
- 月齢が6か月から24か月の間に措置された子ども 59 名

6名の子どもは，月齢が24か月以降であることが判明したので除外されました。ですから，養子になったルーマニア人の子どもは，n = 111 名でした。

● 対照群
　イギリス生まれの子ども 52 名で，月齢が 0 か月から 6 か月の間に養子縁組の家族に措置された子どもです。

測　度
● 親子愛着
　マーヴィン・ルッター（Marvin & Rutter, 1994）が子どもの愛着システムに軽度のストレスをかけるように考案した分離－再会手続きの修正版で，子どもの家庭で実施されました。
　子どもは，安定型，不安定－回避型，不安定－依存型（両価型），不安定－非体制型，不安定－その他型に分類されました。この最後の分類は，子どもが明らかに不安定型でありながら，どの特定の不安定型の分類にも当てはまらない場合に用いられました。例えば：

- 強い回避と強い依存的な愛着行動パターンの両方を示す。
- 怖がっていて，'強迫的－従順な'パターンを示す。

このカテゴリーには，他の非典型や明らかに不安定型のパターンが含まれています。

● 分離－再会手続きでの"非標準的な行動パターン"
　これらは，'愛着行動として予期されるパターンや系列と相反するパターン'と定義されていました。例えば：

- 見知らない人に会うとすぐに社交的にふるまい，その後で用心深くなる。

- 探索をすぐにした後で，警戒深くなる。
- 行動に，検知できたり予測できたりする，系列性のあるパターンがなく，混乱した系列を示す。

● 脱抑制性の愛着行動
このタイプの行動は，例えば：

- 複数の大人の違いを弁別していないことが明らかである。
- 子どもが見知らない人とすぐにどこかへ行ってしまうだろうという明らかな兆しがある。
- 不安を喚起する場面で，親のほうを見て，安全を確認することが明らかに欠如している。

一部の分析では，これらの研究者は，体制型（organised）と"無体制型（nonorganised）"とを区別していました。

結　果

● 分離－再会手続きでの愛着行動の分布
　不安定－その他型に分類されていたのは，遅くに措置されたルーマニア人の子どもでは51％であったのに対して，イギリスの早期措置の子どもでは16％，ルーマニア人の早期措置の子どもでは34％でした。
　また，体制化された群（安定型，回避型，依存型）と体制化されていない群（不安定－非体制型／統制型，不安定－その他型）とに分けて比較したところ，有意差が見いだされました。ですが，安定型群と不安定型群とに分けて比較した場合では，有意差は見いだされませんでした。

● 分離－再会手続きでの非標準的パターンの分布
　非標準的な行動は，早期措置や遅くに措置されたルーマニア人の子どものほうが，イギリスの早期措置をとられた養子の子どもよりも，有意に多く見いだされました。ルーマニアの早期措置の子どもでは34％が示していました（$p < .01$）。

● 愛着分類，非標準的行動，脱抑制性愛着障害（disturbance）の関連性
　非標準的な行動は，不安定－その他型の子どもに有意に多く見られました。

9名の子どもは，安定型や体制された不安定型に分類されていましたが，非標準的な行動を示していました。さらに，安定型の子ども3名や不安定－回避型の子ども1名は，重篤な脱抑制性を示していました。

著者らの結論

これらの著者らは，様々な結論を述べる中で，不安定－その他型に分類された子どもが，"愛着理論に最も密接に関連した行動の体制化あるいはパターン"，すなわち，愛着，親和性，恐怖／警戒心，探索（O'Connor et al., 2003b, p.34）のパターン間での予測される相互関連性を示していなかったと述べています。このことは，人を区別した愛着関係を発達させた子どもとは対照的です。

コメント

この短いレビューでは，この重要な論文に対して正当な評価を出すことはできません。オコーナーらは，次のような結果を見いだしていました。すなわち，遅くに措置された施設収容経験のある子どもは，"ある形態の愛着不安定性を示していました。その不安定性は，健常群やハイ・リスク群に関する以前の研究で見いだされた形態の不安定さとは同じではありませんでした"（O'Connor et al., 2003b, p.29）と述べています。この結果は，ジーナら（Zeanah et al., 2005）の結果を思い起こさせます（ジーナらの結論を参照，p.211）。

オコーナーら用いた"不安定－その他型"分類で記述されていた行動は，遅くに措置された子どもの大半に見いだされますが，非体制型の行動といくらか類似しています。

6歳（O'Connor, Rutter, & the English and Romanian Adoptees Study Team, 2000）

この論文では，オコーナーらは，イギリスで養子になったルーマニア人の子どもとイギリス生まれの養子になった子どもの対照群が6歳になったときに査定された結果を報告しています。さらに，4歳と6歳の縦断的な結果も提示しています。

サンプル
● ルーマニア人養子群

この群は，イギリスの家族に養子になった子どもです。1つの群は，6か月になる前に措置され，もう1つの群は6か月から24か月の間に措置されました

(O'Connor et al., 2003b の研究にあるとおりです)。

● 遅くに措置されたルーマニア人養子群
　この群は，24か月から42か月の間にイギリスへ入国した子どもです（6歳のときにしか査定されていません）。

● 対照群
　この対照群は，イギリス生まれの子ども52名で，月齢が0か月から6か月の間に養子縁組の家族に措置された子どもでした（O'Connor et al., 2003b 年の研究にあるとおりです）。

測　度
● 脱抑制性の愛着行動
　示された行動は，例えば，次のようなものでした：

　　・複数の大人の違いを弁別していないことが明らかである。
　　・子どもが見知らない人とすぐにどこかへ行ってしまうだろうという明らかな兆しがある。
　　・不安を喚起する場面で，親のほうを見て安全を確認することが明らかに欠如している。

● 脱抑制性の愛着障害（disturbance）
　特徴的な行動は，"苦痛・苦悩を示すが，慰めや安心感を求めてくることがない"という表現にまとめられるように，養育者への情動的応答性や社会的相互性がないことです。
　査定された子どもの発達や機能の他の側面には，行動面や情動面の問題，認知能力，仲間関係の質などでした。

結　果
● 6歳での愛着障害行動：ルーマニア人のサンプル
　4つの愛着障害（disturbance）項目（脱抑制性が3項目で，抑制性が1項目）には中程度の相互相関がありました。この相互相関は，脱抑制性項目と抑制性行動項目との間よりも，脱抑制性項目間でのほうが一貫して高い相関を示していました。

ルーマニア人のサンプル内では，脱抑制性の測度の第1項目（大人たちの違いを弁別していないことが明らかである）において"著しい（marked）"脱抑制的行動を示していると評定された子どもが14%，第2項目（子どもが見知らぬ人とすぐにどこかへ行ってしまうだろうという明らかな兆しがある）では12%，第3項目（不安を喚起する場面で，親のほうを見て，安全を確認することが明らかに欠如している）では14%でした。一方，単一項目の抑制性項目では，"いくらか／軽度の"抑制性の行動を示していたと評定された子どもは12%，"著しく"は3%でした。それに対して，イギリスのサンプルでは，それぞれ8%と2%でした。

項目を通して個々人の類似性を，クラスター分析しました。その結果，著者らは"クラスターのパターンが，抑制性と脱抑制性とで分けることを相関分析により強く支持しています"（O'Connor et al., 2000, p.706）と報告しています。

抑制性行動の項目は，頻度も低く，脱抑制性行動の項目とは関連しておらず，さらに子どもの下位群を弁別することができませんでしたので，それ以降の分析からははずされました。

● 6歳での愛着障害症状と困窮（恵まれない時期）との関連

ルーマニア人養子群では，6歳での愛着障害（disturbance）の症状総数と早期に経験した困窮の期間の長さとの間に有意な相関が見いだされました（$p < .01$）。しかし，著者らは，"重篤な愛着障害（disturbance）を示していた子どもの中にも，困窮の期間において大きな違いがありました"（O'Connor et al., 2000, p.706）と指摘しています。

● 4歳と6歳との比較

脱抑制性の行動での個人差は，4歳から6歳にかけて安定していました。イギリスの養子（対照群）では，4歳でも6歳でも，著しい／重篤な障害（disturbance）を示したものは1人もいませんでした。

著者らは，考察で，ICD-10やDSM-IV-TRが愛着障害の基準として"病理を発症させている養育（pathogenic care）"を要件としていますが，その点に関して重要な指摘を行っています：

> 2年間以上も深刻な困窮を経験していた子どもの約70%もが著しい／重篤な愛着障害を示していなかったという結果は，大まかには，病理を発症させるかもしれない養育を受けただけでは，それが，愛着障害行動を引き起こすための十分条件であるとは言えないことを示しています（O'Connor et al., 2000, p.710）。

逆に，困窮を経験するのが人生早期の数か月だけでも，愛着障害（disturbance）が明確に見られるという結果について，"早期に経験する困窮は，その後に特定の養育者にだけ選択的にする愛着行動の形成に，長期的な影響を及ぼす可能性があります"（O'Connor et al., 2000, p.710）と述べています。

コメント
　この研究は，早期に困窮を経験した子どものうち，少数とはいえかなりの数の子どもが持続して脱抑制性の行動を示すという証拠を提示するものです。愛着の体制化の査定結果は，この論文には報告されていませんでした。しかし，これらの研究者は，子どもが苦痛を感じたときに慰めや安心感を求めるという行動ができないことを測定するために，単一項目を用いて，抑制性愛着の障害（disturbance）を同定しようとしました。このような行動を示すのが少しの子ども（3%）しかいなかったという結果は，感受性のある養育に代えることでこの行動が軽減されることを示唆しています。
　4歳では，ルーマニアからの養子80名のうちの51%が"無体制型（nonorganised）"と査定されました（9%が非体制型／統制型で，42.5%が"不安定－その他"型）。
　6歳では，これらの子どもはどうなったのでしょうか。
　抑制性の単一項目では，6歳での子どもの愛着行動の非典型性をうまく取り出すことができなかった可能性があります。もっとも，この非典型性は，4歳での査定ではうまくとらえられていました。2003年の論文での"不安定－その他"型の記述は，4歳の養子を記述したものですが，非体制型の行動に類似しています。

ブダペストのレジデンシャル養護施設で生活する子どもたち

スマイクら（Smyke, Dumitrescu, & Zeanah, 2002）

　この研究の目的は，"社会的により剥奪されている養育環境で育つ小さな子どものほうが，愛着障害の徴候を，よりはっきりと示すかどうかを明らかにすること"（Smyke et al., 2002, p.972）でした。

サンプル
● 標準的養育群（Standard care：ST）
　この群は，ルーマニア人の子ども32名で，ブダペストのレジデンシャル施設で生活し，標準的な養育を受けていました。子どもは，20名以上のスタッフがローテー

ションを組んで世話をしており，大人数の子どもをみていました（多くの場合，それぞれのシフトで，3名の養育者が30名の子どもの世話をしていました）。これらの子どもの大半は，"社会的な"理由で，生後数か月の時に，施設に措置されていました。月齢は，11～68か月でした。

● パイロット・プログラム群（Pilot programme：PI）
　パイロット・プログラム群は，ルーマニア人の子ども29名で，ブタペストの同じレジデンシャル施設で生活し，パイロット・ユニットでより一貫性のある養育を受けていました。子どもは，10～12名の群に分けられていました。それぞれの群は，たった4名の養育者の中から選ばれた養育者が世話をしていました。しかし，子どもが起きている時間は，この4名だけで世話をすることがほとんどでした。月齢は，18～70か月でした。

● 施設収容経験なし群（Never-institutionalised：NI）
　これは，子ども33名の対照群で，産みの親と一緒に生活していました。月齢は，12～47か月でした。

測　度
● 愛着障害面接（Disturbance of Attachment Interview：DAI）（Smyke & Zeanah, 1999）
　もとのスケジュール（目録）には，DAIは半構造化面接で，子どもを直接知っていてその子どもの行動をよく知っている養育者に，臨床家が実施するように考案されたものだと記述されています。できるかぎり，その子どもの主要な養育者に実施されるべきです。明確化するためのプローブ質問は，すべてを漏れなく含めることが意図されたわけではありませんので，臨床家の裁量より，さらに詳細に聞き出すことが必要です。
　面接では，次の12項目に関する質問とプローブ質問がなされました：

　　1. 弁別し（他の大人と区別し），より好意を示す大人を持っている
　　2. 苦悩／苦痛を感じるとき，慰めや安心感を求める
　　3. 慰められれば，それを受け入れる
　　4. 社会的・情動的な相互性
　　5. 情動制御
　　6. 養育者から離れて冒険的なことをした後に，養育者のもとに戻ってくる（check

back）
7. 見知らない大人に対して控えめ
8. 比較的見知らない人とも，いやがらずどこかへ行ってしまう
9. 自己を危険にさらす行動
10. 過度にまといつく
11. 警戒心／過剰な従順さ
12. 役割の逆転

DAI質問やプローブ質問の例は，以下のとおりです：

> **弁別し（他の大人と区別し），より好意を示す大人を持っている**："この子には，特に好きな，特別な大人が1人いますか。それは，誰ですか。この子はその人（大人）が好きなことをどのようにして表わしますか。具体的な例を出してくれますか。この人（大人）のように，この子が特別と感じている大人は，他にもいませんか。この中で最も好きなのは誰ですか。"

> **社会的・情動的な相互性**："この子はあなたと物をあげたりもらったりして，共有することはありますか。この子があなたと話をしていて，自慢話をすることはありませんか。あるいは，人とやりとりして共有するといったタイプの子どもではないのですか。この子はあなたと交代で，ジェスチャーを交えて話しますか。"

この研究では，RAD‐抑制性・情動的引きこもりタイプは，項目1から5を用いて評定されました。RAD‐脱抑制性タイプは，項目1，6，7，8を用いて評定されました。

子どもについて集められた他の情報は，施設収容された理由，言語発達，攻撃行動，ステレオタイプなどについてでした。

結　果

この研究では，ST群の子どもは，PI群やNI群の子どもよりも，愛着障害の徴候得点において有意に高い得点を示しました。無差別なRAD尺度では，ST群がPI群よりも，より高い得点を示していました。PI群は，施設収容されたことの一度もない子ども（N群）よりも，より高い得点を示しました。

"結果を，変数によってではなく，個々の子どもによって分類するために"（Smyke et al., 2002, p.977），4クラスター解のクラスター分析を行ったところ，94名の子どもが次の4つのクラスターに分かれました：

クラスター1：愛着障害なし（$n = 70$）。
クラスター2：愛着を形成しておらず，抑制性／引きこもり（$n = 6$）。これらの子どもは，愛着を形成していないように見え，抑制され，情動的に引きこもっていました。ですが，いくらか情動的応答性がありました。
クラスター3：愛着を形成していますが，無差別性が高い（$n = 9$）。これらの子どもには，1人の好きな養育者がいましたが，苦痛や苦悩を感じたときに慰めや安心感を求めることができませんでした。また無差別的行動得点が高かったのです。
クラスター4：愛着を形成しておらず，抑制性／引きこもり，無差別的（$n = 9$）。これらの子どもでは，特別に好きな養育者が1人も存在せず，中程度の抑制性／引きこもりや無差別性を示していました。

著者らは考察の中で，無差別的行動が，クラスター1以外のすべてのクラスターの要素になっている点を指摘しながら，このクラスター分析は"従来のDSM-IV-TRやICD-10の愛着障害のとらえ方に疑問を投げかけるものです"（Smyke et al., 2002, p.980）と書いています。

コメント

DAIの中の質問2a（"傷ついたり，おびえたり，苦痛を感じたりしたときに，慰めを求めたり，慰めてくれることに応答することができない"）では，次の2つの質問が含まれています：①子どもは，慰めや安心感を求めているか（すなわち，子どもは抑制されているか），②子どもは，自分が慰めや安心感を得たいと思う大人を弁別しているか（つまり，子どもは脱抑制されているか）です。

その結果，一部の子どもでは，抑制性／引きこもりと無差別的行動との両方が見いだされました。この結果は，2つのタイプの愛着障害が共存しうるという証拠を，さらに提示していると言えます。

ジーナら（Zeanah et al., 2005）

この研究は，ブタペストの施設や地域に住んでいる子どもの愛着を比較検討したものです。

サンプル

● 施設収容群

この群は，子ども95名で，施設の中で人生の平均90%を過ごしてきました。月齢は，12～31か月でした（平均月齢：23.85）。

● 地域群

地域群は，子ども50名からなる対照群で，親と一緒に住んでいました。これらの子どもは，小児科クリニックからリクルートされました。月齢は，12～31か月でした（平均月齢：22.25）。

測　度

● 愛着の質と形成

新奇場面法。施設収容群の子どもは，"好きな"養育者と一緒に査定されました。"もし好きな養育者が見つからなかった場合は，その子どもの世話をいつもしていてその子どものことをよく知っている養育者と一緒に査定されました"（Zeanah et al., 2005, p.1018）。

愛着の形成を評定するために5件評定尺度が作られました。この愛着の形成とは，愛着形成の過程で到達した段階という意味です。この尺度は，すでに確立されている愛着パターン（非体制型も含め）とは適合しない新奇場面での子どもの行動や，子どもが見知っている養育者（たち）に対して示す好みの程度に，特に焦点が置かれていました。

● 愛着障害

DAIは，すでに述べたとおりでした（221ページを参照）。この研究では，RAD-抑制性・情動的引きこもりタイプは，項目1～5を用いて評定されました（0～10点で評定）。RAD-脱抑制性タイプは，項目6, 7, 8を用いて評定されました（0～6点で評定）。

● 養育環境

養育環境観察記録（ORCE）[2]（NICHD早期児童養育研究ネットワーク[3]，1996, 1997,

◆2　The Observational Record of the Caregiving Environment
◆3　NICHD Early Child Care Research Network

2003）が，次のように適用されました。第1に，NICHD研究の"直接見ながらコード化する方法（Live coding approach）"を用いる代わりに，子どもはビデオ録画されました。そうすることで，仮説を知らないコード者が後でコード化できるようにしました。第2に，質的な項目（著しい制御不全，紋切り型の行動，意思疎通のできるジェスチャー）が加えられました。

ORCEは，施設と自宅の両方で用いられました。子どもは，1時間半の間，養育者と一緒にビデオ録画されました。施設に収容されていた子どもは，好みの養育者と一緒にビデオ録画されました。

● 認知能力
　ベイリー幼児発達尺度（Bayley Scales of Infant Development）

● 子ども行動問題とコンピテンス
　乳幼児社会情動査定検査（The Infant-Toddler Social Emotional Assessmen）（Carter & Briggs-Gowan, 2000）。この195項目の質問紙は，養育者に実施されました。論文では，著者らは，6つの下位尺度から得られたコンピテンス得点の結果だけを報告しています。すなわち，注意，従順，模倣／遊び，熟達（mastery）動機づけ，共感と向社会的な仲間関係でした。

結　果
● RADの徴候
　施設収容群の子どもは，地域群よりも，情動的引きこもり／抑制性RADや無差別の社会的／脱抑制性RADにおいて有意に高かったのです（それぞれ，$p < .001$, $p < .01$）。施設収容期間といずれのタイプのRADの徴候との間にも関連はないようでした。

● 新奇場面での分類
　抵抗型は，施設収容群にも地域群にも見いだされませんでした。回避型の割合は，いずれの群でも同じでした（施設収容群では3％であるのに対して，地域群では4％でした）。安定型は，施設収容群では19％（18名）だったのに対して，地域群では74％でした。しかし，この18名のうちの14名の愛着形成のレベルは，A，B，C，Dの分類を適用することに意味があると考えられるところまでには達していないと評定されました。しかし，この割合は，非体制性については逆転します。すなわち，施設収

容群では，非体制型と分類された子どもは 65％であったのに対して，地域群では 22％でした。最後に，施設収容群では，13％の子どもが分類不能でしたが，地域群では分類不能の子どもは 1 人もいませんでした。

　ですから，体制化されていた愛着は，施設収容群では 22％しかいなかったのに対して，親と生活していた地域群では 78％でした。この差は，有意でした（$p < .001$）。

● 愛着形成

　愛着形成尺度で，地域群の子どもすべてが明らかに A，B，C，D の愛着パターンを示していると評定されましたが，施設収容群の子どもではわずか 3％の子どもしかそのように評定されませんでした。

● 養育の質

　施設収容群の子どもの愛着形成の評定を有意に予測できたのは，養育の質だけでした（$p < .006$）。

　愛着形成評定と養育の質の要因だけが，施設収容群での体制化された愛着を持つ子どもの割合の増加に有意に関連する要因でした（それぞれ，$p < .009$，$p < .047$）。

　養育の質は，施設収容群の子どもの情動的引きこもり／抑制性 RAD と有意に関連していました（$p < .001$）が，無差別の社会的／脱抑制性 RAD とは関連していませんでした。

著者らの結論

　著者らによると，この研究で最も重要な結果の 1 つは，愛着形成が弱い子どもが判別可能な愛着パターンを持っている場合，そのパターンは特異型（anomalous）か発達不全のように見えるということでした。すなわち，この結果は，被虐待児のようなハイ・リスクのサンプルでは，愛着の分類だけでなく，愛着形成の程度も査定すべきであるということを示唆していると述べています。

　彼らはこの結果が次のことを示していると結論しています（Zeanah et al., 2005, p.1024）。すなわち，"RAD の徴候に見られるような臨床的障害（disturbance）は，

◆ 4　この研究では，新奇場面法を用い，査定に従来の 4 分類法と愛着形成評定（1～5 件法）の 2 つを用いていました（Zeanah et al., 2005, p.1018）。施設収容群の安定型は，従来の分類法にもとづいて 18 名とされていました。ですが，愛着形成評定では，このうちの 14 名は，愛着形成評定で 3 点以下の評定になっていました。それに対して，施設収容なし群の安定型の子どもすべてが，愛着形成評定で 5 点と評定されていました。この結果にもとづき，ジーナらは，同じ安定型と分類されていても，これら 2 群の安定型の意味が同じではないのではないかと考察しています（Zeanah et al., 2005, p.1024）。

愛着行動がどのくらい十全に発達し表出されるかということと関連している"のであり，ある特定の愛着パターンの体制化と関連しているのではないということです。

コメント
　愛着形成評定で評定値が2や3であった愛着分類は，おそらく，注意して取り扱われるべきでしょう。これらの評定値は，愛着行動が最小にしか表出されていないために"強制的に分類された"ものだからです。
　愛着形成評定尺度はまた，施設に収容されていない子どもでも，重篤なニグレクトのために利用可能な"好み"の養育者を持たない子どもの発達を理解するうえで有用かもしれません。

アメリカのハイ・リスク群や虐待を受けた子どもたち

ボリスら（Boris et al., 2004）
　この研究の目的は，ハイ・リスクのサンプルの愛着障害の下位タイプの信頼性と妥当性を査定することでした。

サンプル
- 里親養育群（フォスター・ケア：foster care）
　この群は20名の子どもからなっていて，州が立証した虐待（ill treatment）のために，里親養育で子どもを治療する臨床サービスを受けている子どもでした。

- ホームレス・シェルター群
　この群は25名の子どもからなっていて，市内のホームレス・シェルターに若い母親とともに生活していました。

- ヘッド・スタート・プログラム群[5]
　24名の対照群で，ヘッド・スタート・プログラムの低収入の母親の子どもでした。
　研究査定時の子どもたちの平均月齢は，それぞれ33，29，35か月でした。里親のもとにどのくらい長く一緒に住んでいたかは，報告されていませんでした。

測度

　愛着障害は，ジーナ・ボリスの提案したもう1つの基準やDSM-IV-TR，CD-10の診断基準を用いて査定されました。さらに，新奇場面手続きや愛着Q分類が用いられました。

　ジーナらの基準やDSM-IV-TR，CD-10の基準を用いて愛着障害の診断したときの評定者間の信頼性は，許容水準にありました。唯一の例外は，役割逆転についての愛着障害の診断で，信頼性は許容水準以下でした。

結果

　里親養育群とホームレス・シェルター群との間では，"障害"で下位タイプである"無差別な社交性""自己を危険にさらす""抑制性""脱抑制性（ICD）"のタイプの分布において，ほとんど差はありませんでした。しかし，被虐待（maltreated）[◆6]のサンプル（里親養育群）では10名が，またホームレス・シェルター群では1名が，混乱した（disrupted）[★4]愛着障害を持っていると査定されました。この障害が最もよく分類されるのは，"**役割逆転**"で，ホームレス・シェルター群でより多く見いだされました。しかし，分析の多くは，障害の指標に"役割逆転"しかない子どもは，障害なしと，再分類されていました。

　著者らは，"被虐待サンプルでは，他の群の子どもよりも，1つ以上の愛着障害の基準を満たすことが有意に多い（$p < .001$）"（Boris et al., 2004, p.568）と報告しています。

　愛着障害あり／愛着障害なしの分布についての結果も，安定型，不安定型，非体制型愛着の分類法にもとづき，提示されていました。驚いたことに，愛着障害ありと分類された子どものうち，46％が安定型にも分類されていました。それに対して，不安定型や非体制型とも分類されていたのは，それぞれ21％，33％でした。

◆5　ヘッド・スタート・プログラムとは，アメリカ合衆国の国家プログラムで，経済的にハンディのある子どもや家族を対象に，教育，健康，栄養，社会，その他の面でサービスを提供することで，子どもの社会的・認知的発達を促進し，就学のためのレディネスを促進することを目的としています。1995年からは，0歳から3歳の子どもに焦点を置いた早期ヘッド・スタート・プログラムも創設され，地域の公的・私的機関（NPO）に援助金を交付することで，早期の子どもの発達を支援しています。なお，詳細は，次のウェブ・サイトを参照してください：（http://www.acf.hhs.gov/programs/ohs/about/index.html#prog_desc)

◆6　日本語では，通常，児童虐待という言葉に，虐待とニグレクト（あるいは作為と不作為）を含めて使われることが多いようです。英語でもchild abuseという言葉が先に広まり，そのうちにmaltreatmentという言葉が，abuseとneglectの2つの種類を含める言葉として用いられるようになりました（あるいは，child abuse and neglectというように並記して用います）。なお，上のill treatmentはmaltreatmentと同じ意味で用いられています。

★4　混乱した（disrupted）愛着障害の2つのタイプは，表の中では区別されています。ですが，提示されているもう1つの基準にも含まれていませんし，本文の中にも記述されていません。

コメント

　次の章で考察しますが，**"混乱した（disrupted）愛着障害"** は，障害とみなしたり定義したりするべきではないとするだけの理由があります。

　役割逆転は，非体制型の子どもの行動の一側面とみなされていますが，この側面では，子どもは，親子関係のいろいろな側面をコントロールし始めます。ですから，親子関係での役割逆転は，明らかに，愛着行動の歪みを表わしています。しかし，役割逆転は，通常，非体制型（D）分類の中でとらえられています（27ページをあわせて参照）。ボウルビーは，愛着対象としての親の子どもへの姿勢（orientation）に関して"それはほとんどの場合，親の側の病理の現われであり，それが子どもの病理の原因となるのです"（Bowlby, 1969/1982, p.377）と明確に述べています。実際，これらの著者ら自身，このタイプを愛着障害の1つとみなすことが適切かどうかを疑問視しています。

　愛着障害ありと分類された子どもの46%が安定型と分類されていたという結果は，説明されないままになっています。

ジーナら（Zeanah et al., 2004）

　この研究の目的は，①里親養育にある被虐待児（よちよち歩きの子ども）のRADを，信頼性を持って同定すること，②2つのタイプのRADが独立したものかどうかを確定すること，③虐待された子どものRADの発生（蔓延）度を推定すること，でした。

サンプル

　94名の子どもで，虐待（maltreatment）された後，里親のもとに措置され，養育されていました。

測度

　愛着障害の査定は，すでに述べた（221ページ）愛着障害面接（DAI）（Smyke & Zeanah, 1999）の最初の8項目を用いて，実施されました。DSM-IV-TRのRAD基準とICD-10のRADとDADの基準も併用されました。

　データ収集の手続きは，次のとおりでした。介入プログラムの14名の臨床家が，94名の子ども，その産みの親，里親を，包括的に査定しました。査定は，子どもが里親のもとに措置されてから3か月後に実施されました。これらの子どもの67%については，このプログラムに照会されてきたときに行った第1回目の査定（2～20か月前）を，臨床家が回想的（retroactively）に報告しました。残りの子どもは，こ

の調査が行われているときに査定された結果にもとづいていました。[7] 査定時の子どもの愛着行動に関しては，DAIを用いて，研究チームがこれらの**臨床家**を面接しました。この手続きに加えて，それぞれの子どもに関する臨床家の面接データについて，3名の熟練した児童青年精神科医が，DSM-IV-TRとICD-10の愛着障害の基準を用いて，判定を行いました。

コメント

　この手続きは，2つの問題を持っています。第1に，DAIは，主要な養育者に実施されるように作られていました。子どものことを（養育者ほどには）あまり知らない他の人（臨床家）に実施することで，情報の信頼性を損なってしまいます。第2に，子どもの大半については，臨床家が，2～20か月前の子どもの行動を回想的に想起したものです。ここでも，情報の信頼性への疑問が生じます。

結　果

　DSM-IV-TRとICD-10の基準にもとづく診断の結果に関しては，本研究では，次のことが見いだされました。すなわち，ICD-10の基準では，これらの子どもの35％がRADを，22％がICD-10のDADを，さらに17％が両方を持っていると診断されました。一方，DSM-IV-TRの基準では，38％が，引きこもり／抑制性タイプか無差別な／脱抑制性タイプかのいずれかを持っていると診断されました（DSM-IV-TRの基準での2つのタイプをともに持つ子どもについては，報告されていませんでした）。

　これらの子どもの愛着障害の徴候がどのように（クラスターとして）まとまるのかを検討するために，著者らは，クラスター分析を用いて，DAIの8つの項目の評定を分析しました。4クラスター解が最も適切であると判断し，それを採用した結果，愛着障害の徴候は次のようなクラスターに分かれました：

　　クラスター1：（混合した愛着障害の徴候：$n = 20$）
　　　"好み"の愛着対象がいません。情動的引きこもりのRADと無差別なRADの両方の徴候があります。
　　クラスター2：（愛着障害の徴候なし：$n = 37$）
　　クラスター3：（情動的引きこもり／抑制性愛着障害の徴候：$n = 22$）
　　　論文中には"好きな養育者がいる証拠がいくらかあります"と書かれています。

◆7　Zeanah et al., 2004, p.880にもとづき，本文の説明に補足修正を行いました。

ですが，この論文の図1は，好きな養育者がいることを強く示しています[★5]。

クラスター4：(無差別な／脱抑制性愛着障害の徴候：$n = 15$)

論文中には"好きな養育者がいる証拠がいくらかあります"と書かれています。ですが，この論文の図1は，好きな養育者がいることを強く示しています[★6]。

コメント

この研究に関して，方法論上の問題点が指摘できます。しかしもっと重要なのは，クラスター分析の図に提示されている結果と本文中に書かれている結果との間にいくらか矛盾するところがあるところです。特に，本文では，図に描かれている驚くべき結果に注意を向けるように述べていません。この驚くべき結果とは，情動的引きこもり／抑制性愛着障害の徴候を示す子ども（クラスター3）は，同時にまた，**1人の特定の好きな養育者を持っている**という非常に強い証拠を示していることです。これは，RADと診断するための暗黙の要件，すなわち，子どもには好きな養育者が1人もいないという要件，に合致していないでしょう。この要件は，RADの実践条件（Practice Parameter for RAD）（AACAP, 2005）に述べられています。

1人の好きな養育者がいるということを示す証拠とともに抑制性の愛着障害の徴候があるという結果は，比較的簡単に説明できます。重篤なニグレクトを経験した子どもや養育者が何度も代わった子どもは，その後，新しい，応答性のある養育者に対しては愛着を形成するかもしれませんが，見知らぬ人への警戒心は依然として持続するのかもしれません。しかし，今度は，この説明も，先に述べたAACAPで述べられているRADの暗黙の要件とは相容れないことになります。

ですから，このサンプルでのRADの診断が明確ではないのです。特に，次のような疑問が起こります：RADは，1人の好きな愛着対象がいる場合にも起こりうるのでしょうか。もしRADの診断に，1人の好きな愛着対象が存在しないことが要件であるならば，被虐待児の38％がRADの徴候を持つという結果を理解するのは困難です。この矛盾は説明されていません。

この研究は，虐待（maltreated）された子どもでのRADの発生率を報告するという点では非常にユニークなものであり，また先に述べた実践条件（AACAP, 2005）に引用されているということを踏まえると，これらの点をさらに明確化することが有用でしょう。

★5　この矛盾した結果は，論文の中では説明されていません。
★6　この矛盾した結果は，論文の中では説明されていません。

要　約

　この章で扱ってきた研究は，異なった群の子どもを扱っていて，縦断的研究や横断的研究の両方が含まれていました。縦断的研究はすべて，イギリスやルーマニアの養育施設で，はじめは育てられた子どもでした。イギリスの群の子どもは，自分の家族のもとで育てられていたか，養子縁組の家族に措置されていました。ルーマニア人の子どもは，カナダかイギリスの養子縁組の家族に，それぞれ措置されました。横断的研究では，ルーマニアの孤児院の子どもやアメリカ合衆国の被虐待児（maltreated）やハイ・リスクの子どもを対象としていました。

　これらの研究すべての結果は，次のことを示していました。すなわち，①抑制性タイプと脱抑制性タイプの愛着障害は，極度のニグレクトの条件下では，同時に起こることがあります。②抑制性タイプは，施設から出され養子になった子どもでは沈静化するのがほとんどです。③脱抑制性の愛着障害は，子どもが感受性の高い養育者のもとに措置された後でさえも，持続することがあります。④脱抑制性では，子どもは，交代することのなくなった養育者（たち）に対して愛着行動を構造化（体制化）するようになりますが，この徴候は持続します。⑤形成される愛着パターンは，A，B，C，Dの型であるかもしれないし，非典型であるかもしれません。

第14章

愛着障害とは何か

　愛着障害が何であるかについて，いくらか曖昧さが残っています。コンセンサスのある側面の1つは，これらの問題（障害）が，正確にはどのような性質のものであるにせよ，人生の早期に養育者との間で非常に過酷（adverse）な経験を子どもがした後にしか起こらないということです。ですから，この障害を，"極度逆境性養育後障害（post severe caregiving adversity disorders）"と概念化する人がいるかもしれないくらいです。しかし，この呼び方は十分なものとは言えません。というのは，ある障害を，その先行要因（原因）だけで特徴づけることはできないからです。

弁別された愛着対象が1人も存在しない

　過酷な早期の養育環境の1つが，重篤なニグレクトであるといっておそらく間違いないでしょう。この重篤なニグレクトの特徴は，一貫した利用可能な養育者がいないということです。虐待（maltreatment）という用語も，問題を抱える子どもの早期の経験を記述するために，使用されるようになりました（例えば，Boris et al., 2004）。また実際，ICD-10では，この用語のもとに，心理的・身体的虐待（abuse）や外傷，そしてニグレクトが含まれています（DSM-IV-TRでは含まれていませんが）。しかし，これには問題があります。というのは，虐待（maltreatment）の中には，ニグレクト（不作為）や虐待（作為）の両方が含まれているからです。以下で考察するように，愛着障害の発生メカニズムに対して想定されている説明は，愛着を形成する対象である利用可能で応答的な養育者が存在しないということにもとづいています。虐待（abuse）は，重篤なニグレクトや養育者の交代で起こりますが，虐待

だけで愛着障害を説明するには不十分でしょう。虐待は，1つの発達したしかし非体制型の愛着と関連しています。ですから，愛着障害の先行条件に'不在－不作為'を含めると仮定しておいたほうが無難なようです。こうした事態は，次の3つの養育の文脈で起こりえます：①（一部の）施設，②主要な養育者がくり返し代わる場合，③はっきりと同定できる主要な養育者が，子どもの基本的な愛着欲求を一貫して無視するというように，極度のニグレクトをしている場合です。一貫性のある養育者が早期に重篤なニグレクトをしたり利用可能でなかったりすることが愛着障害になることを説明するための必要条件ですが，十分条件ではないということに留意しておくことは重要です。

愛着障害は，施設退所後症候群（post-institution syndrome）とは同義ではありません。レジデンシャル・グループ・ケアで育ったギリシャの子どもの研究（Vorria et al., 2003）では，これらの子どもは，確かに選択的な愛着を形成しました。さらに，ルーマニアの孤児院で育った子どものすべてが，愛着障害を持っていたわけではありません（この研究については，先の章で紹介したとおりです）。

利用可能で応答的な養育者が存在しないという状況下では，子どもの愛着行動は，十分に発達しませんし，表出もされません。このような障害（disturbances）は，5歳以前に始まっていたはずです。原因は，子どもにあったのではありません（例えば，発達遅滞とか広汎性発達障害など）。しかし，これらの非常に過酷な状況下では，**一部**の子どもは特に愛着障害を発症しやすいのです。発生率は，明らかではありませんが，一部の孤児院のような最も極度に剥奪された状況で育った子どもの群以外では，おそらく非常にまれでしょう。ハイ・リスクのサンプルのミネソタ縦断研究では，"対象となった180名の子どものうちの2，3名しか……（愛着障害の）このカテゴリーには適合しませんでした"（Sroufe et al., 2005a, p.275）。

ボウルビーは次のように書いています：

> 愛着行動の障害（disturbances）には，多くの種類があります。私の考えでは，西洋で，最も一般的です。それは，マザーリング（母親の養育）をあまりにも少ししかしないか，異なる人がどんどん代わってするためです。マザーリングが多すぎることで障害（disturbances）が生じるということはずっと少ないでしょう。障害（disturbances）が起こるのは，子どもが愛情や注目に満足できないからではなく，母親が子どもに愛情や注目を見せようとする強迫的な衝動があるからです（Bowlby, 1969, p.357）。

愛着障害という用語に含められている問題（difficulties）の性質を考察する前に，**障害**という言葉を定義する必要があるでしょうし，特に愛着の**非体制化（性）**との違いを明確にする必要があるでしょう。臨床的な障害の明確な操作的定義は，"治療が必要である"という条件です。これは，後に障害を生むリスク要因とは違います。このことは，'幼児期・児童期早期の反応性愛着障害を持つ子ども・青年の査定と治療の実践条件（Practice Parameter, AACAP, 2005, p.1208）'にあるとおりです。愛着の非体制化（性）は，リスク要因の1つです。

DSM-IV-TRやICD-10の両方で，愛着障害の2つの形（タイプ）を区別しています：すなわち，抑制性／反応性と脱抑制性です（第12章を参照）。

抑制性RADと脱抑制性RADの違いとは何か

これら2タイプの愛着障害が，同じ先行条件から生じるとしたら，これら2つの愛着障害とは何なのでしょうか。

DSM-IV-TRは，反応性愛着障害の条件として，抑制性か脱抑制性かの**いずれか**の形態しか取りえないと明記しています。これら2つの下位タイプを記述するために用いた表現は，明らかにそれらが相容れないもの（独立したもの）として述べられています。つまり，抑制性の形態は，"過度に抑制された反応に現われるように，ほとんどの社会的やりとりを自分から始めたり，それらに応答したりすることができない"というように記述されています。一方，脱抑制性の形態は，"無差別な社交性（と）……比較的見知らない人への過剰ななれなれしさ"というように特徴づけられています。行動を"ほとんどの社会的やりとり"にまで拡張してしまうと，これらの区別を，愛着パラダイムの枠からはみ出させてしまいます。それに対して，一部の実証的証拠（先の章でレビューしたように）は，少ない子どもたちの中に2つの形態が同時に存在することを示してきました。これらの研究では，この結果に対する説明を行っていませんでした。しかし，例えば愛着障害面接（DAI）の中で用いられていた測度での表現（言葉の使い方）は，2つの形態が**同時に存在する**ことを可能にしていました。それらの表現とは，愛着と密接に関連する次のような行動を指しています：近接性や慰め・安心感を求めたり受け入れたりする，愛着対象の選択性，見知らない人との関係の持ち方です。これらの質問は，ボウルビーの次の記述に従うものでした：

> 記述した種類の行動［愛着行動］には，特徴として，2つの主な機能があります。

第1は，もう1匹の動物と近接性を維持したり，維持できなくなったときはそれを回復したりすることです。第2は，その動物の持つ特殊性です（Bowlby, 1969, p.181）。

ですから，ボウルビーは，愛着行動の2つの要素を想定していました。すなわち，ある対象（人）に対する近接性を求める愛着行動とその対象の特殊性でした。定義的には，十全に発達した愛着では，これら2つのことが共存していなければなりません。ですから（逆に言いますと），愛着の障害（disturbance）の場合は，これらの1つあるいは両方がない状態でなければなりません。

異なったメカニズム——そして異なった発症経路

脱抑制性行動は，行動が向けられている人（たち）に関連しています。すなわち，選択性（子どもが誰かを他の人から選び，より好んでいること）です。ですから，脱抑制性行動は，見知らない対象（たち）に接近することに抑制がない（欠如）こと，あるいはそのような対象へさえ愛着行動を向けることを指しています。

抑制性で抑制されているのは，愛着や社会的（対人的）**行動**であり，その行動が向けられている人（ターゲット）とは関係していません。子どもは，慰めや安心感を求めたり受け入れたり，もっと一般的な言い方では，社会的やりとりで抑制されているのです。

愛着障害の2つのタイプの発症経路もまた，異なっています。脱抑制性愛着障害は持続的なように見えますが，抑制性の形態は利用可能な養育者が出現することで緩和される傾向があります。

"脱抑制性"と"抑制性"とは，愛着障害の用語では，同じ概念の逆のことを指すのではなく，実際は2つの異なった概念であるということが，ここで明らかになりました。その結果，これら2つの形態が同じ子どもに共存していてもよいということがすぐ明らかになります。

脱抑制性愛着障害

脱抑制（disinhibition）は，愛着対象を弁別したりそれに対して特殊性を付与したりすることがない（欠如している）ことです。弁別をするためのベース（基礎）は，熟知性（familiarity）です。ボウルビーは，次のように書いています：

'見知っている－新奇の（familiar-strange）'の変数（parameter）が，動物や人

間の生活において非常に大きな重要性を持っていることが，ここ20年の間にやっと十分に認識されるようになってきました。……非常に多くの種の中で，ある個体が熟知するようになった状況であるならばどのような状況であれ，それは安全を与えてくれるものであるかのように扱われます。逆に，それ以外の状況は，どのような場合でも，注意しながら扱われます（Bowlby, 1979, p.115）。

　いろいろな用語が，ある特定の人（たち）に愛着行動が向けられることを記述するのに用いられています。ボウルビーは，"特殊性"という用語を用いています（例えば，"*The Making and Breaking of Affectional Bonds*（愛情の絆の形成と崩壊）"（Bowlby, 1979, p.130）という著書の中で）。選択性も，よく用いられるもう1つの用語です。異なった愛着行動を向けられる対象（たち）は，弁別された，好まれたあるいは選ばれた対象と呼ばれます。そして，これらの行動の結果として形成される愛着は，弁別されたあるいは選択的な愛着と呼ばれます。いったん愛着が定着すると，愛着対象は，その定義からしても，選ばれた対象です。そして同様に，愛着は選択的な愛着なのです。★1

見知らない人への恐怖
　ウガンダの子どもに関するエインスワース（Ainsworth）の研究を含めたいくつかの研究の証拠を引きながら，ボウルビー（Bowlby, 1969）は，見知っている対象とそうでない対象との子どもの弁別の発達における3つの段階を記述しています：

　　(a) 子どもは，見知らない人と知っている人とを視覚的に弁別しない。
　　(b) 子どもは，見知らない人にポジティブに，そしてかなりすぐに反応する。しかし，見知った人にするほどではない。この段階は，通常，6〜10か月続く。
　　(c) 子どもは，見知らない人を見ただけで冷静を取り戻し，じっと見つめる。この段階は，通常，4〜6週間続く。

　これらの段階が過ぎてはじめて，子どもは見知らない人に**恐怖**を示します。例えば，その見知らない人から離れるように向きを変えたり移動したりする，すすり泣く，泣き出す，あるいはいやそうな表情をするなどです。見知らない人に対して見違うこと

★1　進化論の用語では，選択性は，進化上の適合性（evolutionary fitness）を促進すると言います。すなわち，自然淘汰では，恐怖を感じたとき，選択され見知っている対象（選択されていない，見知らない対象ではなく）に向く子どものほうが有利になります。

のない恐怖をはじめて示すようになる歳（月齢）は，子どもによってもまた用いる基準によっても異なります。一部の早い子どもでは26週ころからで，大半の子どもでは8か月ころ，少数の子どもでは生後2年目になるまでかかることもあります。選択的愛着の発達が後れれば後れるほど，見知らない人への恐怖が出てくるのも後れるという証拠がいくつかあります。ボウルビーは，子どもがより多くの人にいつも会っていればいるほど，恐怖の始まるのが遅くなるというシェーファーの結果（Schaffer, 1966）を報告しています。

子どもが選択的愛着を形成し始めた後に，はじめて見知らない人への警戒心を持つことができるようになる可能性があります。ですから，それまで，極度のニグレクトや養育者が順次代わっていったために，利用可能な愛着対象がいない乳幼児は，**誰に対しても関心を示さずにいるだけの"余裕がない"**のです（たとえそれが見知らない人であっても）。というのは，その人（たち）が潜在的には愛着対象になってくれる可能性があるからです。さらに，養育者が順次代わっていくことに直面するとき，子どもは見知った人とそうでない人との区別が曖昧になっていくのを経験します。もし子どもが遅くとも3歳までに選択的愛着を形成する機会がない状態が続くと，見知らない人への警戒心を発達させるための生物学的に決定されている敏感期（あるいは臨界期）を逃してしまう**かもしれません**。そして，見知らない人に気づくあるいは見知らない対象を愛着行動の対象として"選び出す（select out）"という能力は，二度と発達しないかもしれません。ですから，これらの子どもは，新しい養育者のもとに措置され，その養育者に対してA，B，C，D分類の枠にはっきりと分類できる愛着行動パターンを示すようになった後でさえも，社会的に脱抑制的なままでいるのでしょう。

抑制性愛着障害

抑制性愛着障害を持つ子どもには，情動的に締めつけられていて，話をあまりしようとしない，社会的に引きこもっている，情動の自己制御に問題があるという症状がみられます。これらの子どもは，脅威や警戒心や苦痛／苦悩を感じるときに慰めや安心感を求めたり受け入れようとしません。そして，愛着システムが活性化されなければいけないときでさえも，これらの子どもの愛着システムは活性化されていないかのようにふるまいます。

愛着行動は生得的であり，その**能力**（capacity）は脱抑制性タイプとは異なり，失われることがありません。1人の利用可能な養育者が出現することで，愛着システムは活性化可能になり，以前の抑制性の愛着障害は緩和されるようになります。孤児院

から養子になった5歳以上の子どもから得た証拠によると，これらの子どもは，ほとんど間違いなく，主要な養育者に対して愛着行動を形成し始めます。これらの愛着行動は，信頼性を持って，A，B，C，Dのパターンに分類することができます。しかし，一部の子どもでは，そのパターンが歪んでいます。

これに対して，5歳以上の子どもの一部は，良好な，永続的な（それ以上交代することのない）代わりとなる家族に措置された後でも，抑制性愛着障害を引き続き示します。これらの子どもは，この新しくよい，主要な養育者との関係を親密なものにすることに困難を感じ続けます。そして，脅威を感じたときに近接性を求めたり慰めを受け入れたりすることに抵抗するように見えます。これらの子どもは，施設から来たのではなく，養育者が頻繁に代わったり重篤なニグレクトを経験したりしていました。ですから，早期から抑制性RADを示していたのでしょう。養育が中断されたりたびたび代わったりすることを経験した子どもは，養育関係の永続性（代わらないこと）を信じ始めるまでにかなりの時間がかかるのでしょう。そしてそれができてはじめて，愛着システムが作動し始めるのです。

愛着障害のもう1つの基準

これまで論じてきたのは，少なくとも暗黙には（正式な分類にはないにしても），弁別された愛着対象がいない場合の愛着障害についてでした。ジーナらは，愛着障害についてもう1つの基準を提案しています。この基準について，彼らは，愛着の発達研究にもとづくもので，臨床経験にもとづき修正されたものだと述べています（Zeanah & Boris, 2000）。以前のバージョンを改訂し（Zeanah, Mammen, & Lieberman, 1993; Lieberman & Zeanah, 1995），このもう1つの基準を2004年に更新したもの（Boris et al., 2004）には，愛着障害の3つのカテゴリーが含まれていました：

1. "弁別された愛着対象を持っていない"
2. "安全基地の歪み（distortions）"
3. "混乱した（disrupted）愛着障害"

弁別された愛着対象がいない

ジーナらは，ここに，'障害とは子どもにとって治療が必要なくらい有害な行動を

示すこと'という定義と'早期に非常に過酷な養育経験を持っている'という要件とを残しています。"弁別された愛着対象を持っていない"というカテゴリーが，抑制性／脱抑制性愛着障害（上に示したように）として残されています。これらの問題は，すべての社会的やりとりにまで及びます。

安全基地の歪み

彼らは，"安全基地の歪み"を含めることで，愛着障害の範囲の中に，弁別された愛着対象との関係が，有意に歪んではいるが，存在するということを含めています。これは，DSM-IVのRADの基準と対照的です。DSM-IVのほうでは，明らかに同定できるより好んだ愛着対象を持っていないとしているからです（Practice Parameter, AACAP, 2005）。実践条件（Practice Parameter）が指摘するように，ジーナら（Zeanah et al., 1993）は，DSM-IVの基準は，"愛着関係がまったくない場合ではなく，重篤に障害された愛着関係を持つ子どもを記述するには不十分です"（AACAP, 2005, p.1209）として批判しています。

"安全基地の歪み"という新しいカテゴリーには，次の4つのタイプが含まれています：

(a) 自分自身を危険にさらすことを伴う愛着障害で，おそらくよく注目を向けていてくれている養育者の注意を引くためにするのだろうと推定される。
(b) 抑制を伴う愛着障害：愛着対象やあまり見知らない大人がいるところで，探索をまったくせず，過度にまとわりつく。
(c) 強迫的な従順さを伴う愛着障害：過度な警戒や不安のある過度な従順さが愛着対象に向けられる。
(d) 役割逆転を伴う愛着障害：養育する人が逆転している。

観察される障害（disturbances）は，社会的関係すべてに一般化されるというよりもむしろ，愛着対象とのやりとりに限定されます。この障害は，愛着障害面接（DAI）（Smyke & Zeanah, 1999）でとらえることができます（すでに前章で述べたとおりです）。

混乱した（disrupted）愛着障害

ジーナらはさらに進めて，このもう1つの基準の中に，1人の主要な愛着対象から突然引き離されることへの反応というカテゴリーを含めています。しかし，ジーナ・ボリス（Zeanah & Boris, 2000, p.363）自身は，小さな子どもが里親の養育のもとで，

はっきりしない感情や社会的引きこもりを示している場合，抑制性 RAD と混乱した愛着障害とを区別することは難しいかもしれないとコメントしています。

コメント

　ジーナらのもう1つの基準の中の項目(a)は，特に興味深いものです。項目(b)の"探索をまったくせず，過度にまとわりつく"という関係が，弁別された対象との混乱した(disrupted)あるいは歪んだ関係を証明するものとして提示されています。しかし，子どものそのような行動は，また，両価／抵抗型（C 型）の不安定な愛着を強く表出するものと解釈できるかもしれません。この強い表出は，障害とみなすに十分なものかもしれません。

　項目 (b) と (c) は，臨床サンプルにはほとんどみられませんでした。

　項目 (d)（役割逆転を伴う愛着障害）に記述されている行動は，初期の非体制性が変容（transformation）したものと似ています。しかし，この項目は，評定者間信頼性を保証することは困難であることがわかっています。

　"混乱した愛着障害"では，子どもは，突然，主要な愛着対象の養育から引き離されますが，抵抗から絶望へそして脱愛着へという段階に沿って症状を示します。これは，愛着の形成や体制化を意味しているのではなく，むしろ，喪失の後の変化の過程を意味しています。愛着対象の喪失に対する反応としての悲嘆（grief）や服喪（mourning）の順番に起こる過程は，ボウルビー（Bowlby, 1980）やロバートソン・ロバートソン（Robertson & Robertson, 1989）に記述されていますが，"異常な体験"に対する正常な反応です。ですから，これを，障害と呼ぶべきなのかどうかは議論が必要です。これを"障害"と定義することの目的が，子どもの苦悩／苦痛を表わす警告サインとしてならば，理解することができます。

　ですから，ジーナらのもう1つの基準は，好きな愛着対象がまったく存在しないという条件を認めていない点と，特に，同定された養育者とのやりとりが，非常に混乱している（disrupted）という点において，ICD-10 や DSM-IV-TR とは異なっています。

非体制型と抑制性 RAD

　ICD-10 の RAD や DSM-IV-TR の抑制性タイプの子どもについての記述表現のいくつかは，非体制型の愛着を形成した子どもの行動と非常に類似しています（ICD-10 の RAD では，子どもは，いやな表情をして接近する，抱っこされているとき強く目

をそらす，養育者が慰めることに対して接近，回避，抵抗の混ざった反応を示すと記述されています。DSM-IV-TR の抑制性タイプでは，子どもは，養育者が慰めることに対して接近，回避，抵抗の混ざった反応を示すかもしれないと記述されています）。これは，研究者や愛着理論家にとって1つの懸案でした（例えば，van IJzendoorn & Bakermans-Kranenburg, 2003）。これらの人たちは，抑制性 RAD が非体制化（性）の極端な現われ方であるとみているかもしれません。

5歳以上の子どもの反応性愛着障害

　第12章で述べましたように，愛着障害は，広く認識されているというだけでなく，その特徴（属性）は，ここで考察した厳密な定義よりももっとずっと広く，異なっています。この名称が適用された多くの子どもは5歳以上です。これらは，間違いなく，早期に虐待（maltreatment）を経験したかもしれない，問題を抱えた子どもです。しかし，これらの子どもが愛着障害を持っていると記述するのは正しくないかもしれません。というのは，ICD-10 や DSM-IV-TR での愛着障害の1つの基準は，5歳以前に発症するとなっていますが，愛着障害がここで定義されているように5歳以前に発症した証拠が入手できないことが多いからです。さらにもう1つの愛着障害の暗黙の基準は，重度のニグレクトと同時に，弁別された愛着対象が存在しない／養育者が順次代わっていくということです。重篤な虐待（maltreatment）を経験する子どもの多くは，このような経験をしています。そして，主要な養育者に対して，一緒に生活している間に，非体制型ではあっても愛着を形成しています。さらにまた，特筆されることは，反応性や抑制性の愛着障害についての ICD-10 や DSM-IV-TR の基準には，嘘をつく，自責の念の欠如，良心の欠如，残忍さ，あるいは他のネガティブな特徴（属性）などの記述表現が含まれていません。ですが，これらは，先に述べた愛着障害の"もう1つの議論の流れ"や"愛着障害チェックリスト"（また，Chaffin et al., 2006 を参照）の中によく見かけるものです。

　こうしてみると，愛着障害の脱抑制性タイプは，一見，形成されたように見える愛着関係の中に潜んでいることがあるということが，今や明らかになってきました。しかし，定義的には，抑制性の形態は，形成された愛着とは共存しえません。愛着障害を持つと記述された年長の子どもの多くは，確かに，養育者（たち）に対して愛着を持っています。これらの新しく形成された愛着は，子どもが遅れながらも受けている感受性のある養育に応答して安定型になったかもしれませんが，以前の非体制性の要

素は，ゆっくりとしか消失していきません（第17章参照）。
　これらの年長の子どもの抱えている問題のいくつかを理解するためのもう1つの方法とは，何でしょうか。これらの子どもとは，早期に虐待（maltreatment）を経験したことのある子どもであり，その多くは，今，代わりになってくれる養育者と生活している子どもです。

非体制型愛着と相関する側面と非体制型愛着の変容したもの
　大人や仲間に対する反抗的で攻撃的な行動がより早期に非体制型の愛着であったことの結果であるのは，すでによく認識されていることです。早期に非体制型の愛着を示した子どものうちで有意に多くの割合の子どもが，児童期中期になってから，養育者に対して強制的な統制型の行動を示します。

虐待的経験
　身体的虐待，敵意，DV（ドメスティック・バイオレンス）にさらされることなどが，非体制型愛着や攻撃的行動の前に先行してあることは，すでに認識されていることです。

剥奪（deprivation）とニグレクト
　泥棒しようとする動機づけの1つが剥奪感（feeling of deprivation）です。この剥奪感は持続し続け，人から食べ物や物を盗んだり，強迫的に見えるくらい注意を引こうとする行動を引き起こすことがあります。

感受性の低い養育－感情制御
　乳幼児の愛着欲求に対して養育的な反応をする過程で，感受性のある養育者は，苦痛を感じたり恐れたりしている子どもの感情を調整します。ですから，感情制御は，感受性豊かな養育の副産物です。感受性のある養育がなされていないか，されていたとしてもそのレベルが低いときには，子どもは，喚起されている自分の気持ちを制御する経験がありませんし，制御する能力（capacity）を発達させることができないかもしれません。ですから，これらの子どもに頻繁に見られるかんしゃくや怒りの爆発，そして精神的苦痛（misery）は，間接的に愛着経験と関連しています。

感受性の低い養育－共感の発達
　子どもの苦悩／苦痛に対して（愛着の慰め・安心感や安全感を得ようとすることの

中に現われていますが），養育者が感受性のある応答をするには，養育者が子どもに対して共感する必要があります。これが虐待する関係には欠けていて，子どもの共感の発達を阻害します。ですから，子どもの共感が発達していないことは，愛着欲求が満たされないことに伴って起こることの1つです。

真実みのなさ（untruthfulness）の発達

子どもの一部によく見られる真実みの欠如のほとんどは，自分の犯した間違った行為を告白することがなかなかできないことに関連しています。このような子どもの多くが持つ低い自尊感情や悪い自己感（sense of self）が原因であり，それに対して責任を取ろうとしないのではありません。これらの問題を持つ子どもの多くは，過去の経験から，不適切に行動をしたことが見つかったときに起こることを恐れているのです。こうした恐れはまた，PTSD（外傷後ストレス障害）の1つの側面で，過去の虐待のトラウマと関連しています（Lieberman & Amaya-Jackson, 2005）。

ですから，以前に虐待をされた（maltreated）子どもが示す多くの問題は，これらの子どもの過去経験に関連しており彼らの愛着にも影響を与えますが，愛着行動システムやそのパラダイムとは関係ありません。

最後に，これらの子どもの一部は，自閉症スペクトラムや多動性障害の問題や，子ども自身の持つ特性から生じた問題などを持っていることがあります。

要　約

愛着障害が何であるかについて正確にはまだわかっていないことがいくらかあります。ですが，3つの基準が明らかになっています：①この障害は5歳以前に明らかになる，②子どもは，重度のニグレクトや頻繁に養育者が代わることを経験している，③発達の重要な時点で，弁別された愛着対象を持っていない。愛着障害の抑制性と脱抑制性のタイプは，同じ先行条件を持ち，同時に存在することもあるが，その性質や発達の過程は異なっています。両タイプは，愛着行動システムを超えた社会的関係にわたって見られます。抑制性の愛着障害は，養育がよい方向へ変化することで緩和されることがあるかもしれませんが，脱抑制性は持続するかもしれません。愛着障害の一部の側面は，非体制性愛着と類似しています。

5歳以上での愛着障害の発症に関しては，まだよくわかっていません。合意されている基準すべてが実証できるものではありません。また，この用語のもとに現在含め

られている行動の多くが，愛着障害の側面でもありません（Chaffin et al., 2006）。その一部は，非体制型の愛着が変容したものですし，他のものは子どもが以前に経験していた虐待（maltreatment）の結果起こったものです。

第5部

愛着理論にもとづいた介入研究（一部はもとづいていない介入研究）

第15章

はじめに

　第5部では，愛着理論にもとづく介入研究や"愛着"という言葉を含む介入研究の多くのものの有効性（その評価がなされているもの）についての主な結果をレビューし述べていきます。第4部では，愛着障害への2つのアプローチを区別しました。すなわち，学術的で証拠にもとづいた愛着障害へのアプローチと幅広くいい加減な愛着障害へのアプローチの2つです。現在行われている介入研究の実態やその証拠を見ていくときにも，これと同様の2つの分け方をすることができます。ここでいう介入研究は，愛着の安定性をより高め，愛着行動や体制化が最適ではない状態にあるものを少しでも改善させることをねらったものです。

　第4章で述べたように，養育と養育者の感受性は，子どもの愛着の安定性の主要な規定因です。その結果，愛着理論にもとづく介入の多くの研究報告は，その大部分が，小さな子どもを持つ親を対象としたもので，それらの介入の目的は，子どもと養育者とのやりとりの質をより高めることでした。ここでレビューするのは，メタ分析の結果やいくつかの個別の研究で，それらは介入がどのようなものかをうまく描き出しています。

　これらの研究のいくつかは予防的介入と呼べるもので，他のものは事後的（reactive）介入と呼べます。これらの予防的研究でも，そのほとんどは二次的予防のカテゴリーに入ります（Browne, Davices, & Stratton, 1988）。というのは，これらの研究は，脆弱なハイ・リスク群に対する介入を目的としていますが，実際の危害（harm）は研究が始められた段階ではまだ起こっていません。こうした介入を，愛着の言葉で言い直すと，養育者の感受性に変化や改善がない限り，子どもは非体制型愛着を形成しやすいということを意味します。こうしたことが起こるのは，親子がストレスの多い社会環境に住んでいる場合や，親が養育での感受性を低めるリスク因子を持っている場

合（例えば，薬物やアルコールの乱用，児童期に非常に混乱し虐待された生育歴を持っている，過去の未解決のトラウマや喪失など）です。

事後的介入は，三次的予防とも呼ばれます（Browne et al., 1988）が，これは，すでに起こっている危害を最小化したり善処したりすることをねらっています。このねらいは，愛着の言葉で言うと，体制化されていない（非体制型）愛着を体制化された愛着に変え，不安定型の愛着パターンを安定型のパターンに変えることです。実践的には，ある介入がどの分類に入るのか（すなわち，それが二次的なものなのか三次的なものなのか）は，必ずしも明確ではありません。というのは，必ずしもはじめから，幼児や年少の子どもの愛着の体制化が測定されていたわけではないからです。

子どもの養育の質を高めるもう1つの方法は，養育者を代えることです。これは，親族関係や里親制度や養子縁組を通して，子どもを別の親のもとに置くことです。養育者を代えることの効果を検討した研究の多くから得られた証拠については，後で考察します（第17章）。

もう1つの形の介入は，子どもと直接，治療的に関わることです。それは，子どもと1対1で行うこともあれば，養育者を含めて一緒にすることもあります。第3部と第4部で述べたように，不安定－体制型愛着の子どもや特に非体制型愛着の子どもは，多くの機能領域で問題を持っています。彼らの問題は，統制的（controlling）行動などの愛着の非体制性／体制性を反映した特徴や後遺症であり，非体制型や不安定型の愛着と相関して見られるものです。そして，早期に虐待されたりニグレクトされたりする経験によって，直接，起こったものなのです。これらに対する治療的な活動のほとんどは，直接的にもまた間接的にすら，愛着理論にもとづいてはいません。これらの治療的活動のいずれもが，これまでに系統的に評価されたことはありません。また，それらの一部は有害ですらあります。これらの活動については，第18章でレビューします。

第16章

証拠にもとづく介入研究：養育者の感受性を高める

　養育者の感受性を高めるための介入計画を立てるとき，変化させないといけないのは母親や主要な養育者の感受性です。しかし，その感受性は，子どもごとに合わせて調整される必要があるので，介入には母親がその子どもと一緒にいるところを観察する必要があります。問題なのは，母子のやりとりではなく，母親が子どもとどのようにやりとりするかなのです。そのため，こうした介入には，子どもがその場にいる必要がある場合もありますし，例えば，ビデオを使って母親にフィードバックする場合には母親1人だけの場合もあります。愛着理論（の範囲内）では，子どもの行動や情動状態は，介入する際の焦点にはなりません。しかし，介入の有効性を評価するときには，それらが中心的な側面となります。

　ベイカーマンズ - クラネンブルグら[1]（Bakermans-Kranenburg, van IJzendoorn, & Juffer, 2003）がメタ分析した介入研究は，ある特定の母集団に関するものだけではありませんでした。著者らは，いくつかのサンプルは中流階級の家族でそこには健康な乳幼児が入っていましたし，臨床群やハイ・リスク群を対象とした研究も分析に含まれていました，と述べています。さらに，このメタ分析には，実の家族と住んでいる子どもの研究もあれば，生みの親から離れて別の養育者と暮らしている子どもの研究もありました。提示されたサンプルの記述統計量（表1, p.198）から，メタ分析には，

★1　オランダのライデン大学子ども家族研究・データ理論センター（Centre for Child and Family Studies and Data Theory, Leiden University）所属。10年間以上も，ライデン大学のこのセンターでは，愛着理論や愛着にもとづく介入に関する研究を続けています。この研究には，驚くほどの数のメタ分析が含まれています。このセンターでの研究は，愛着研究，理論と方法，データ理論の3つの主要な領域に集中しています。愛着研究領域でのテーマには，養子縁組，精神病理学，介入などが含まれています。この業績の大部分は，センターのウェブ・サイトにリストされ，その要約が掲載されています（www.childandfamilystudies.leidenuniv.nl/index.php3?c=92.）。

養子の研究はごくわずかな数しか含まれておらず,サンプルの大部分はハイ・リスク群や臨床群であったようです。

ベイカーマンズ - クラネンブルグら(2003)の"少なければ, もっと(Less is more):乳幼児期早期における感受性と愛着介入のメタ分析"

ベイカーマンズ - クラネンブルグら(Bakermans-Kranenburg et al., 2003)は, この重要な論文を報告するにあたり, なぜこのメタ分析を行おうと考えたのかについて, 次のように述べています。

> ある意味でまとまりのない尽力をとおして収集したおびただしい数のデータを, 定量的に統合し, 最もよい介入実践とは何かについて, 証拠にもとづいた結論を出すときがついに来ました(Bakermans-Kranenburg et al., 2003, p.196)。

母親の感受性や母子愛着への介入の効果を測定した12の研究について, ヴァン - イーツェンドゥアンらが1995年に行った予備的なメタ分析の結果(van IJzendoorn, Juffer, & Duyvesteyn, 1995)を簡単に記述します。介入は感受性を高めるうえでかなりの効果を示すことが明らかになりました(効果サイズ:$d = .58$)[2]。ですが, 愛着の安定性に関しては, 比較的小さな効果しか見られませんでした($d = .17$)。焦点を絞って行った短期介入は, 愛着に影響を及ぼすうえではかなり成功していました($d = .48$)。それと対照的に, 長期介入では効果が見られないことが示されました($d = .00$)。しかし, これらの著者は, 研究の数が少ないために, 結果に対して解釈するときには注意が必要であり, これらから出された結論は, もっと大規模なメタ分析を行うときの仮説にすぎないと考えています。

2003年のメタ分析では, 著者らは, 4つの仮説を立証または反証しようとしました:

1. 親の感受性や乳幼児の愛着の安定性への早期の介入は, 効果的かどうか。
2. 介入プログラムのタイプとタイミングによる違いは, 見られるか。
3. 介入プログラムの効果は, 常にまたどこでも見いだされるのか。

---

[2] 著者らは, コーエン(Cohen, 1988)が, d を2群の平均値の差をいずれかの群の標準偏差(SD)で割った値であると説明しています。慣習的に, 正の値の効果サイズは改善を表わし, 負の値の効果サイズは悪化あるいは予測された方向とは逆の効果を表わしています。非常に大まかに言うと, $d = .2$ の効果サイズは小さな効果, $d = .5$ は中程度, $d = .8$ は大きな効果としてみなされます。ただし, これらの境界は, 厳密なものとして扱うべきではないとされています。

4. 親の感受性を変化させることにより，愛着の安定性を変化させることができるか。

メタ分析に含める研究は，次の3つの方法で，系統的に集められました。第1は，サイクリット（PsycLit）[◆1]とメドライン（MEDLINE）[◆2]に，関連するキーワードを入れて検索しました。第2は，収集された文献の引用から検索しました。第3は，この領域の専門家に助言を求めました。選択の基準は，研究計画の質にかかわらず，可能な限りたくさんの介入研究を含めることでした。著者らは"要するにここでしようとしたのは，研究計画の特徴（どういう介入の仕方をしたか）の影響を実証的に検証することであり，アプリオリ（先験的）に決めた基準にもとづいてそれに当てはまらない量的研究はすべて排除するというものではありません（Bakermans-Kranenburg et al., 2003, p.197）"と述べています。

メタ分析に含まれる感受性を査定するための道具

それらの道具とは，以下のようなものでした：

- エインスワース感受性評定尺度（Ainsworth, Bell, & Stayton, 1974）
- 環境測定のための家庭観察（the Home Observation for Measurement of the Environment：HOME）（Caldwell & Bradley, 1984）
- 子ども看護査定の教育尺度（the Nursing Child Assessment Teaching Scale：NCATS）（Barnard et al., 1988）
- エリクソン（Erickson）母親感受性・支援評定尺度（Egeland et al., 1990）

母親のやりとり行動についての他の測度を使った研究も，明らかにそれらの測度が感受性に関連するものである限り，分析に含められました。

サンプル・サイズ

70の刊行された研究が見つかりました。その中では，88の介入研究が扱われており，感受性への影響（$n = 7,636$）や愛着への影響（$n = 1,503$）があることを示していました。

◆1 アメリカ心理学会が有料で提供する心理学関連の文献のデータベースです。
◆2 アメリカ合衆国の国立医学図書館（National Library of Medicine）が無料で提供する医薬関連文献のデータベースです。インターネットで簡単に検索できます。

コーディング・システム

介入研究は，以下の方法に従ってコード化されました。

1. **研究計画の特性**：サンプル・サイズ，無作為抽出，統制群の有無，（参加者の）減少率。◆3
2. **親と子どもの特徴**：両方の特徴であり，関係する親の特徴では，例えば社会経済地位（SES），青年期（年齢），臨床照会（clinical reference）◆4，貧困や社会的孤立やシングル親家庭などのリスク要因。子どもの特徴では，未熟児，むずがりやすい，国際養子縁組。
3. **介入の焦点**：介入が，以下のことを目的としていたかどうか。
   - 親の感受性を高めること；例えば，ある介入では，食事時間の感受性を高める支援をするために青年期の母親にビデオテープを与えました。
   - 親の心的表象を変えること；例えば，ある介入では，鬱の母親が自分の両親との関係で形成した自己表象を再構築することを目的としていました。
   - 社会的サポートを与えること；例えば，ある介入では，不安の高い母親を助けるために，育児経験のある熟練した母親がサポートにあたりました。
   - 上述の方法を組み合わせたもの。
4. **介入の特性**：セッションの数，介入開始時の子どもの年齢，介入を行う人の立場（専門家か非専門家か），介入が親の自宅で行われたかどうか，ビデオによるフィードバックを行ったかどうかなど。

結果

感受性

感受性に関する結果は，7,636の家族を含む81の研究データの分析にもとづいていました。母親と父親の両方を含んだ介入に焦点を当てた3つの研究は含まれませんでした。51の無作為抽出による統制群を用いた研究を，分析の中心対象としました。それには，子どもを持つ母親6,282名がいました。無作為振り分けの研究における親◆5

- ◆3 減少率（%）=（100x（もとの研究協力者数−分析で報告された研究協力者数）／もとの研究協力者数）で求められました（Bakermans-Kranenburg et al., 2003, p.200）。
- ◆4 臨床的に照会されているか，DSM-III-Rの基準を満たしているかのいずれかでした（Bakermans-Kranenburg et al., 2003, p.200）。
- ◆5 介入群（実験群）と統制群（対照群）とに，研究協力者を無作為に振り分けるという手続きを意味します。母集団から抽出された研究協力者を無作為に振り分けることで，介入開始時点では2群間に差はないと仮定されます。そして，介入期間終了後，介入を受けた群が何も受けていない統制群よりも，介入により変化すると予想される従属変数において有意な差が見いだされたとき，その原因を介入の効果であると解釈できることになります。

の感受性への介入の効果は，中程度で有意なものでした（$d = .33, p < .001$）。81の研究すべての効果サイズは，.44でした。無作為抽出によらない研究では，効果はより大きくなっていました（$d = .61$）。このように，無作為抽出によらない研究では，効果が'膨張されていた'ので，以下の報告では，中心対象とした51の無作為抽出による研究について行います。◆6

● 無作為抽出による研究

感受性だけに焦点を当てた研究では，感受性とサポートの両方へ介入を行った研究に比べて（$d = .27, p < .001$），より大きな効果が見られました（$d = .45, p < .001$）。

他の結果は，以下のようなものでした（すべて，$p < .001$で有意でした）：

- ビデオ・フィードバックを用いた介入は，それを用いなかった介入（$d = .31$）よりも，より効果的でした（$d = .44$）。
- 5セッションよりも少ない回数の介入（$d = .42$）は，5～16回のセッションの介入（$d = .38$）と同じくらい効果的でしたが，16回以上のセッションの介入（$d = .21$）よりも効果的でした。
- 子どもが6歳になってから開始した介入（$d = .44$）のほうが，出産前（$d = .32$）や産後6か月の間に行われる介入（$d = .28$）よりも，より効果的でした。
- 介入方法として，来談者として個人的に関わる方法ではなく，柔らかいベビー・カーを提供したり，"カンガルー"法（新生児を親の胸に近づけて抱っこする方法）を用いたり，応答性についてのワークブックやビデオテープを提供するといった方法を用いた4つの研究が，最も大きな効果サイズを示していました（$d = .62$）。しかしこの違いは，有意なものではありませんでした。
- 自宅で行われた介入の効果（$d = .29$）は，その他の場所で行われた介入の効果（$d = .48$）と有意な差はありませんでした。
- 感受性だけに焦点を当てた短期介入は，最も効果的でした（$d = .47$）。
- HOMEやNCATSを外的な測度として用いていた研究のほうが，エインスワースやエリクソンの測定尺度を用いていた研究よりも，効果サイズは小さいものでした。
- 効果サイズは，参加者が減っていった研究よりも，脱落者がいなかった研究で，

◆6 なお，ベイカーマンズ・クラネンブルグら（Bakermans-Kranenburg et al., 2003）の分析結果では，81の研究にもとづく分析結果についても簡略に報告されています。

第16章　証拠にもとづく介入研究：養育者の感受性を高める

● 81の研究全体

　全体としては，主たる分析の対象とした51の無作為振り分けの研究で得られた結果と類似したものが得られました。父親を含む3つの研究（$n = 81$）を，この81の研究の中に含めて分析することができました。父親を含む研究（$d = 1.05$）では，父親を含まない研究（$d = .42$）よりも効果的であることが明らかになりました。しかし，父親を含むその3つの研究は参加者数が少なかったので，この分析は，探索的なものとして考えておかなければなりません。

　81すべての研究での研究結果の重回帰分析では，"介入において感受性に焦点を当てることと開始がより遅いことが，サンプルの特性を統制した後でも，効果サイズがより高くなることを予測している"（Bakermans-Kranenburg et al., 2003, p.205）ことが，明らかになりました（統制した特性とは，SESの低さと母親の年齢（青年であったかどうか）でした）。

　無作為抽出サンプルの中で複数の問題を持つサンプルについてのメタ分析の追試を行った結果，専門家以外による介入のほうが，専門家による介入よりも，効果サイズがより大きいことが見いだされました（それぞれ，$d = .42$ と $d = .26$）。

愛　着

　1,503名の参加者を対象に，目的変数（従属変数）を愛着の安定性にした29の介入研究を分析しました。愛着の安定性に関する効果サイズは小さいものでしたが有意となりました（すべての研究では，$d = .19$◆7, $p < .05$。23の無作為抽出による統制群では，$d = .20, p < .05$）。これに加えて，著者らは，次の3つの疑問に関する結果を報告しています。

(1) 幼児の愛着の安定性を高めるうえで，最も効果的な介入はどれでしょうか。

　分析の中心にした23の無作為抽出介入研究（$n = 1225$）を分析したところ，以下の結果が得られました：

・愛着の安定性に関する複合した効果のサイズは，小さいものでしたが有意にな

◆7　原著では $d = 9.19$ となっていますが，ベイカーマンズ-クラネンブルグら（Bakermans-Kranenburg et al., 2003, p.205）では $d = .19$ となっているので，修正しました。

りました（$d = .20$, $p < .05$）。
- 感受性を高めることを目的にした介入（焦点はサポートや表象にはない）だけが，有意な効果サイズを示していました（$d = .39$, $p < .01$）。
- セッション数が5回以下の介入が，幼児の愛着の安定性において，有意な効果サイズを示していました（$d = .27$）。
- 開始が生後6か月以降の介入が，有意な効果サイズを示していました（$d = .31$）が，他の介入と比較すると，その差は有意ではありませんでした。
- ビデオでのフィードバックを用いなかった介入が有意な効果サイズ（$d = .25$）を示しましたが，他の介入と比較するとその差は有意にはなりませんでした。[★3]
- サンプルの特徴（SESなど）のほとんどが，媒介変数として有意になりませんでした。

(2) 期間がより短く，行動により焦点を置いた愛着の介入は，複数のリスク因子を持つ群にもより効果的なのでしょうか，それとも，問題のある家族は，もっと徹底的した介入が必要なのでしょうか。

複数の問題をかかえる家族を対象とした15の無作為抽出の愛着の介入研究について，メタ分析をくり返しました。結果は，以下のとおりでした。

- 合成した効果サイズは，無作為振り分けの研究全体の分析結果と同様でした（$d = .19$）。
- 感受性だけに焦点を置いた介入のほうが，幼児の愛着を高めるうえで最も効果的なようでした（$d = .34$）。
- セッション数，介入開始時の子どもの年齢（の遅さ），ビデオ・フィードバックの使用（の有無）も，同様の結果が示されました。
- 行動に焦点を当てた介入のほうが，最も効果的でした。

(3) 感受性を高めることを目的とした介入で成功していた介入は，愛着の安定性を高めることにより効果があるのでしょうか。

感受性を高めるのに最も大きな効果サイズを示した研究は（$d > .40$），子ども

★3 この結果は，近年報告された1つの研究（Juffer, Bakermans-Kranenburg, & van IJzendoorn, 2005）の結果とは相反します。これらの著者は，その研究では，ビデオ・フィードバックや本を用いた短期の予防プログラムにより，非体制型の愛着の率が低下したと報告しています。

の愛着の安定性を高めるうえでも最も効果的でした（$d = .45$, $p < .001$）。……実は，愛着の安定性で有意な効果サイズを示した介入研究とは，感受性で大きな効果サイズを持つ研究でした（感受性についてのデータが利用可能でした）(Bakermans-Kranenburg et al., 2003, p.208)。

結　論

　これらの結果に対する考察で，著者らは，多くの重要なポイントを指摘しています。これらの介入研究は，非体制化を予防したり変えたりすることや親のおびえた行動や脅かす行動に焦点を当てていなかったので，愛着の非体制化については議論されていません。統制群（介入なし群）での参加者数の減少は，実験群との比較を困難にしたのかもしれません。これらの著者は，介入研究は，たびたび方法論上の問題に苦しめられたことを指摘しています。著者らは，分析にもとづいて"理想的な介入研究"のデザインについて述べています (Bakermans-Kranenburg et al., 2003, p.211)。[★4] 愛着の安定性には，スリーパー効果[◆8]があるのかもしれません。すなわち，親の感受性に変化はあっても，その変化の効果が，（介入期間後の）測定時に愛着の安定性に現われるためには時間がもっと必要だったのかもしれません。著者らは，以下のように結論づけています。"親の感受性の行動面だけに焦点を置いた介入は，親の感受性を高めるだけではなく，子どもの愛着の安定性を促進するうえでも，最も効果的であるようです"(p.212)。

　さて次節では，上述のメタ分析に含まれていた研究から3つを選び出し，良い結果を示す介入がどのようなプロセスであったのかを紹介します。

コーエンら（1999）の"よく見て，待って，考える（Watch, wait and wonder）：母子精神療法での新しいアプローチの有効性の検討"

　この介入研究は，子どもか親に問題があったことから，地域の精神保健サービスを受けた母子を対象としたものです。ですから，この介入は事後的な（reactive）介入

★4　"理想的な介入研究とは，ダミー変数として扱われる統制群を備えた無作為振り分けのデザインを用い，かつ無作為の振り分けがうまくいっているかどうかを確認し必要な対策を行えるように事前テストを行っているものです。介入は手順において注意深く記述されなくてはならず，介入の実施と評価は独立してなされなくてはなりません"(Bakermans-Kranenburg et al., 2003, pp.211-212)
◆8　スリーパー効果（sleeper effect）とは，実験である処遇を与えたり，治療として介入や治療法を実施したりしたすぐ後にはその効果は現われず，時間がある程度経って（徐々に）出てくる現象をいいます。

になります。

　コーエンらは，論文のはじめのところで，この研究で評価しようとしている精神療法を始めるきっかけとなったのは子どもの問題行為だったのですが，治療の主要なところは母親と治療者との間で行われたことであると述べています（Cohen et al., 1999）。ですから，子どもがいること，すること，する遊びなどが"刺激となって，母親に変わらなければいけないという気持ちを起こさせるのです"（p.433）。

　"よく見て，待って，考える（Watch, wait and wonder：WWW）"技法は，親子の精神療法や行動や表象の両レベルでの治療を始めるきっかけになるのは子どもであるという考え方にもとづく技法です。著者らは，治療を以下のようなものであると述べています。

> セッションの前半では，母親は，子どもと一緒に床に座り，子どもの自発的な活動を観察し，子どもが自発的に行動するときだけ関わるようにと言われます。つまり，母親は，子どもが自発的で（他の人から）指示されずに行動することがあることをまず認め受容します。と同時に，子どもが物理的にいつでも接近できる位置にいてあげます。こうすることにより，母親に，観察しながら内省的になるような姿勢をうながし，母親を，最も（あるいは少なくとも，もっと）感受性があり応答的になるようにさせることができます。同時に，子ども自身も，母親と，その関係をどのようなものにしていくかを調整し合うことを治療的に経験し，その結果として，自分の環境を制御できるようになり始めます。セッションの後半では，母親は，子どもがリードする遊びについて観察したことや経験したことを話すように求められます。治療者は指示を行いません……が，安全で，サポーティブな環境（感受性のある応答的な環境）を与えます（Cohen et al., 1999, p.434）。

評価では，WWW技法が，他の形式の精神力動的精神療法（PPT）と比較されました。この療法は，"母親と子どもが遊ぶセッション全体を通して，母親と治療者とが話し合いながら進められます（治療者から指示が出されることはありません）"（Cohen et al., 1999, p.437）。

　これらの研究者は，WWW群の幼児のほうが，より安定した愛着を持ちやすく，認知的にも発達し，認知課題を遂行するとき情動を制御するようになるだろうと予想しました。

　サンプルは，地域の児童精神保健センターに照会されて来た10か月から30か月までの幼児67名とその母親でした。抱えていた問題は，感情，睡眠，行動制御，育児

に伴う鬱，"絆の形成や愛着での失敗感"（Cohen et al., 1999, p.436）などでした。大部分の問題は，長期的なものでした。参加者は，2つの治療群に無作為に割り当てられました。幼児の愛着の査定には，新奇場面法が用いられました。他の査定には，母子間のやりとりの測度，子育てに対する母親の知覚，心理的幸福感，治療者との治療同盟などが含まれていました。

治療開始前には，愛着分類の頻度分散において群間に有意な差は見られませんでした。幼児の38%が不安定型（AまたはC）に分類され，22%が安定型（B）に，39%が非体制型（D）でした（回避型（A）に分類された子どもはごくわずかでしたので，分析ではAとCのカテゴリーは1つにまとめられました）。治療の最後の時点で愛着の安定性に変化が見られた子どもの割合は，表16.1に示したとおりです。[★5]

WWW群のほうが，PPT群に比べて，有意に高い割合の子どもが安定型や体制化型の愛着分類へ移行していました（$p < .03$）。

このような結果であったにもかかわらず，母親の感受性（この研究で用いた尺度による）には，治療による効果の違いは見られませんでした。この点について，著者らも予想外の結果であると指摘しています。この研究では，感受性のいろいろな側面が包括的に測定できるように見える測度を用いていました（チャトゥア遊び尺度（the Chatoor Play Scale））。その中には，"動的相互性・動的葛藤（Dynamic Reciprocity and Dynamic Conflict）" "母親の侵入性" "母親の非応答性" の評定も含まれていました。しかし，これらの測度は，養育者の愛着への応答のこれらの重要な側面に焦点を当てていなかった可能性があります。これらの側面は，今では安定した愛着を形成するも

表16.1 治療終結時での愛着の安定性の変化

	WWW群 $n = 34$	PPT群 $n = 32$
体制化した不安定型から安定型へ	20.6%（7）	3.0%（1）
非体制型から体制型へ	14.7%（5）	9.3%（3）
愛着分類に変化がない	50.0%（17）＊	59.4%（19）＊＊
不安定型から非体制型へ	14.7%（5）	28.1%（9）

＊　安定型のままで変化がなかった子ども2名を含む
＊＊　安定型のままで変化がなかった子ども3名を含む

★5　Cohen et al., 1999, p.442 にもとづいています。

とになるもの（先駆体）であることが示されてきています（Cassidy et al., 2005）。

ヴァン-デン-ブーム（1994）の"愛着と探索に及ぼす気質とマザーリングの影響：むずがりやすい幼児を持つ低所得層の母親の感受性のある応答性の実験的操作"

　ヴァン-デン-ブームの研究（van den Boom, 1994）では，オランダのライデン地区の低所得層の母親と第1子の新生児に対して，介入が行われました。家族は，大学病院の出生届から選出しました。生後10日目から15日目に対して新生児行動尺度を実施し，むずがりやすい乳児を選びました。査定は，予定していた人数の100名のむずがりやすい子どもを見つけ出すために，588名の子どもに実施しました。

　母子のペアは，無作為に介入群と統制群とに振り分けられました。さらに，介入群と統制群のそれぞれの参加者の半分は介入前の査定を受け，残り半分は受けませんでした。介入セッションは，幼児が6か月から9か月の間に3週間ごとの間隔で，自宅で3回，ほぼ2時間近くかけて行われました。介入は，マザーリングとスキルに対して行われました。介入は，子どもが出すネガティブな手がかり（シグナル）やポジティブな手がかりへの母親の応答性に焦点が当てられていて，日々のやりとりの中で介入が実施されました。介入は，エインスワースが概念化した感受性の高い応答性の4つの要素にもとづいて行われました。ですから，子どものシグナルを受け取ること，それを正確に解釈すること，適切な応答反応を選択すること，応答反応を効果的に遂行することの4つでした。特に，"子どものシグナルに対して母親が行動を最適に同調させているかどうかに注意されました"（van den Boom, 1994, p.1468）。

　その結果，交互作用効果は，母親の行動の4つの要素すべてにおいて有意になりました。それは，応答性（$p < .001$），励ましてさせようとすること（$p<.001$），注視すること（$p < .01$），統制（コントロール）（$p < .001$）でした。"要するに，介入群の母親は，統制群の母親と比べて，重要な点で異なっていました。それは，母親の子どもに対する応答性や励まして（何かを）させようとする姿勢において異なっていました"（van den Boom, 1994, p.1469）。

　介入を受けた幼児は，統制群の幼児よりも，社交性，自己沈静（自分で自分をなだめること），探索において有意に高く，逆に，泣くことがより少ないことが明らかになりました。

　12か月のときに新奇場面法を実施した結果，介入の有無と愛着の分類との間に有意な連関があることがわかりました（$p < .001$）。ですから，不安定型（A, CまたはD）に分類された子どもは，統制群の子どもでは78％であったのに対して，介入群では

38％でした。統制群の子どもの大部分は、不安定－回避型に分類されるようでした（52％）。

ヴァン‐デン‐ブーム（1995）の"1年目の介入の効果は持続するのか：ドイツのむずがりやすい子どものサンプルについての幼児期（toddlerhood）での追跡調査"

1994年に報告された介入の追跡研究（van den Boom, 1995）では、査定が行われたのは、子どもが18か月と24か月のときでは母親82名とその子どもについて、また子どもが3歳半になったときでは母親79名とその子どもについてでした。様々な期間に、いろいろな査定が行われました。その中には、18か月時で実施された母親感受性尺度（Ainsworth et al., 1971）、24か月でのベイリー幼児発達尺度（Bayley Scales of Infant Development）、42か月での子ども行動チェックリスト（Child Behavior Checklist）などが含まれていました。

18か月では、介入の有無と愛着分類との間に、有意な連関が見られました（$p < .001$）。介入なし群では、26％の幼児だけしか安定型に分類されていなかったのに対して、介入あり群では72％の幼児が安定型になっていました。3歳半のときに行われた愛着Q分類法の結果では、介入群の子どもは統制群の子どもよりも、より安定していました（$p < .05$）。

24か月では、介入群での母親は有意に、より受容的で、近づきやすく、協調的で、感受性が高いことが認められました。それに加えて、介入群の子どもは統制群の子どもよりも、行動上の問題がより少なく、友人とポジティブな関係を維持することにより長けていました。

つまり、介入効果は持続していました。さらに、追跡調査で親子の行動面のいくつかの次元で見られた持続的効果は、"愛着への介入の早期の効果によるものです"（van den Boom, 1995, p.1813）。ですから、この効果は、愛着によって媒介されていたのです。

ヴァン‐デン‐ブームは、介入するときにはどの行動に焦点を当てるかを明確に特定化しておく必要があると述べています。というのは、感受性という概念は、"親の行動の微妙なニュアンスをとらえるためには、あまりに抽象的で大まかすぎる"（p.1813）からです。また介入するタイミングが重要です。それは、"母親がマザーリングに自信を失っている発達時点で介入を行うことにより、子どもとのネガティブなやりとりのサイクルができてくるのを防ぐことができるからです"（van den Boom, 1995, p.1813）。

第5部　愛着理論にもとづいた介入研究（一部はもとづいていない介入研究）

ブノワら（2001）の"介入前後での摂食障害（feeding-disordered）児への母親の非典型行動"

　ブノワらの研究（Benoit et al., 2001）の目的は，アンビアンス（AMBIANCE，詳細は第9章参照）によって測定された適切でない養育行動が，介入した結果として減少するかどうかを明らかにすることでした。行動は，以下の要素からなっていました。それらは，(a) 感情的コミュニケーションの間違い（エラー），(b) 役割／境界の混同（役割逆転），(c) おびえた／方向性のない行動，(d) 侵入性／否定性，(e) 引きこもり，でした。
　2つの介入の効果が比較されました。

遊びに焦点を当てた介入（やりとりガイダンス（Interaction Guidance）の修正版）

　やりとりガイダンス（Interaction Guidance）（McDonough, 2000）の修正版が使われました。やりとりガイダンスは，1つの介入の仕方で，次のような問題を持つ家族を支援するために考案されたものです。この問題を持つ家族は，なかなか真剣に関与しようとせず，貧困などの社会的問題に苦しんでいて，"内省力が限られており"，"より伝統的な精神療法で援助するという申し出を以前に断っていました"（Benoit et al., 2001, p.617）。修正した点は，幼児期の制御に関する困難さについての情報など，個々人に合わせて作った教育的要素を介入に取り入れたことです。
　母親と幼児は，週1回，続けて5セッションに参加します。1セッションは，90分間で，最初の15分間でやりとりがビデオ録画され，続いて75分間，検討や教育，フィードバックが行われました。

食べ物を与えることに焦点を当てた介入（行動の修正）

　幼児といつも食べ物を与える人とが，週1回，続けて7セッションに参加します。各セッションは，90分間で，"あらかじめ決めた順序で，ある特定の問題行動をなくす行動療法的技法の訓練"（Benoit et al., 2001, p.618）を行いました。

サンプル

　遊び焦点群は，摂食困難（feeding difficulties）の査定を受けるために小児精神科クリニックに照会された母子14組でした（そのうちの1組は，後に除外されました）。子どもの平均月齢は18.2か月でした。これら14組は，1つの対照群とマッチさせて

ありました。この対照群（平均月齢：12.5か月）は，チューブで栄養を与えられている子どもに関する研究の中で無作為で統制されたもう1つの試行に参加していた群でした。この対照群の母親は，この試行の中で，食べ物を与えることに焦点を当てた短期介入を受けるように，無作為に割り当てられていました。

手続き

両方の群について，介入した前と後とに，5分間の遊びのやりとりで見られる母親の非典型行動が，アンビアンスを用いて，コード化されました。

結果

遊びに焦点を当てた群では，介入前から介入後にかけて，母親の非典型行動に，有意な減少が見られました（$p < .01$）。一方，食事を与えることに焦点を当てた群では，非典型の母親行動には変化が見られませんでした（$p < .75$）。

遊びに焦点を当てた群では，介入前から後にかけて，混乱したコミュニケーションのレベルが有意に減少していましたが（$p < .002$），食べ物を与えることに焦点を当てた群では変化が見られませんでした（$p < .21$）。介入後に，遊びに焦点を当てた群の母親は，食べ物を与えることに焦点を当てた群の母親よりも，"混乱していない"と分類されることがより多かったのです（$p < .05$）。

著者らは，次のように結論しています：ですから，このデータは，明確な結論を導き出すものというよりは，示唆的なものです。ですが，この結果は，やりとりガイダンスの有効性についての予備的な証拠を示すものであり，感受性に焦点を当てた介入もまた，子どもの非体制型愛着を生み出しているのかもしれない母親の混乱した行動を減少させていることを示しています。

さて，次に紹介する2つの研究は，より年長の就学前児の親を扱ったものでしたので，これまでにレビューしたメタ分析には含まれていませんでした。

トスら（2002）の"被虐待児の持つ表象モデルを変えるための2つの介入の相対的有効性：愛着理論への意義"

トスら（Toth et al., 2002）の研究は，発達理論にもとづいてなされた被虐待児とその母親に対する2つの"予防的"介入を，評価したものです。これらの介入は，子どもの持つ自己や他者との関係における自己の内的表象を修正するために考案されたも

ので，ストーリー・ステム課題を用いて評価されました。介入的治療は，12か月間にわたって行われました。

著者らは，介入が"競合する"モデルにもとづいて実施されたと述べています。そのモデルの1つは，心理教育的介入モデルで，その目的はポジティブな子育てを教えることでした。もう1つのモデルでは，介入の焦点は母親の愛着生育歴が親子関係に与えている影響を取り上げ，その生育歴を処理させることにありました。この研究は，これらのアプローチのどちらが，子どもに良い変化をもたらすことにより効果があるかを検証するために計画されました。

介入モデル

就学前児の親の精神療法（Preschool Parent Psychotherapy：PPP）

このモデルは，"子どもを良い方向に発達させることをうながし，親子のやりとりを改善し，児童虐待を減少させていくためには，親子の愛着が重要であるという考えにもとづいています"（Toth et al., 2002, pp.882-883）。母親と就学前児は，毎週の60分間，治療者と会います。ほとんどの場合がクリニックで行われました。"愛着理論の用語で言うと，PPPとは，治療者と一緒にいるところで母親の情動体験を修正しようとするもの"（p.891）です。治療者は，母親や子どもに，他者や子どもとの関係の中で，自己を新しく経験し，それを内在化できるような"抱っこ（holding）"された環境を提供します。

治療者は，"母子の関係を変えようと一生懸命にがんばります"。そのために，治療者は"やりとりするレベルと表象レベルの両方に注意を向ける"必要があります（Toth et al., 2002, p.891）。治療者は観察と共感を通して，母親が'自分の表象が子どもとやりとりするときにどのように作用しているか'に気づくように支援します。著者らはPPPの治療者が次のようなことはしないことを強調しています。ですから，治療者は，"適切な母子のやりとりの仕方の模範を示したり，子育て行動を修正しようとしたり，教師のような言語的に指示をしたりする"ことをしません（p.891）。それよりも，治療者は，母親が持っている関係のとらえ方を，母親自身が子どものころに経験した養育体験へと結びつけるように努めます。

心理教育的家庭訪問（Psychoeducational Home Visitation：PHV）

母親らは，治療者と，60分間のセッションを持ちます。こちらはほとんど自宅で行われました。この介入の主要な目的は，その家族にある危険要因と保護（protective）

要因を，包括的に査定することでした。そのために，治療者は，次のようなモデルを母親に教えることができるように訓練されます。そのモデルは，"家族への近接性に関する異なったレベルの要因（例えば，行動的，心理的，社会的，そして経済的レベル）がどのように相互作用し，1つのシステムとなって（母親や子どもの）機能に影響するかを示そうとする"(Toth et al., 2002, p.892)モデルです。変化を引き起こすために，ソーシャル・サポート，心理教育的方略，認知行動療法的な技法が組み合わされ，用いられました。全体的には，セッションは，子どもの発達や発達的に適切な子育てスキルを親に教育することに焦点が置かれました。また，その際，母親が自分自身で適応的に自己ケアをするスキルを教えました。"治療セッションは，現在の状態を取り上げるので，基本的には教育的なものでした。ですから，具体的な情報や事実，手続きや実践の仕方を母親に教えました"(p.892)。

親へのこうした介入に加えて，この群の子どもは，10か月間の就学前プログラム（終日の）に入れられました。このプログラムでは，子どもたちは，就学のための準備（school readiness）や適応的な仲間関係のスキルを学びます。

地域標準（Community Standard：CS）

CS 群は，社会福祉課（Department of Social Services）で利用できる標準的なサービスや資源を受けている対照群でした。先述の治療期間中に，この群の人が受けたサービスは様々でした。子どもの 60％は，フル・タイムまたはパート・タイムのデイケアに預けられていました。50％は，就学前プログラムに参加していました。また 13％近くは，個人精神療法を受けていました。母親の一部は，次のようなサービスを受けていました：個人精神療法，カウンセリング，子育てサービス，食料やシェルターをもらうなどの実用的な支援でした。

サンプル

サンプルは，122 名の母親とその就学前の子どもでした。87 の家庭には，記録に虐待（maltreatment）歴がありました。虐待のある家庭は，介入群にランダムに割り当てられました。その結果，PPP 群には 23 家庭が，PHV 群には 34 家庭が，CS 群には 30 家庭が振り分けられました。さらに，35 の虐待のない家庭（NC）が，対象群になりました。

◆9　これは，母子に及ぼす影響に関する生態学的モデルです。

測　度

　11のストーリー・ステムが，マッカーサー・ストーリー・ステム検査バッテリー (Bretherton et al., 1990b)（詳細は第8章）や愛着物語完成課題 (Bretherton et al., 1990a) から選ばれました。すべての子どもは，この11のストーリー・ステムによる検査を，介入前（ベースライン（基準得点）として）と介入後に受けました。

　子どもの語りから，母親の表象（ポジティブな母親，ネガティブな母親，支配的な母親，一貫性のない母親，厳格な母親を含む）がコード化されました。コードは合成され，2つの合成変数が作られました。ですから，適応的な母親表象と不適応な母親表象とでした。

　子どもの持つ自己表象のコードは，ポジティブな自己，ネガティブな自己，偽りの自己でした。

　それに加えて，1つの全般的関係期待尺度 (a global relationship expectation scale) の修正版が母子関係に対する子どもの期待をとらえるために使われました。

　WPPSI-R[10]の短縮版で，子どもの知能を査定しました。

結　果

　4つの実験条件すべてで適応的な母親表象の得点は，ベースライン（基準得点）から介入後にかけて，有意に増加し，不適応な母親表象の得点は，有意に減少しました。4つの条件のすべてで時間の経過とともに子どものポジティブな自己表象のレベルは，有意に増加しました。ですがその一方で，ネガティブな自己表象や偽りの自己表象の得点は変化しませんでした。さらに，4つの実験条件すべてで母子関係の期待得点は，有意に増加しました。

　各群内での介入前と後の得点を t 検定したところ，PPP介入群では，不適応な母親の表象の得点が，介入前から介入後にかけて有意に低下していました（$p < .001$）。PHV群では，不適応な母親表象の得点が，介入後にかけて低下する傾向がみられました（$p < .079$）。CS条件とNC条件では，不適応な母親表象の得点に有意な変化は，見られませんでした。

　同様に，PPP介入群では，子どものネガティブな自己表象の得点において，かなりの低下が見られました（$p < .001$）。一方，PHV群，CS群，NC群では，有意な変化は見られませんでした。しかし，子どものポジティブな自己表象の得点では，CS群，NC群でも，介入後にかけて有意な増加が見られました（すべて，$p < .001$）。しかし，

◆ 10　Wechsler Preschool and Primary Scale of Intelligence-Revised の略で，知能検査の1つです。

PHV群では，増加する傾向しか見られませんでした（$p < .10$）。

　これらの著者は，"これらの結果は，愛着理論にもとづいた介入モデル（PPP）が，親スキルに焦点を向けられた教育的介入モデルよりも，自己や養育者の表象を改善するうえで，より効果があることを示唆しています"（Toth et al., 2002, p.877）と結論づけています。

マーヴィンら（2002）の"安全感の環プロジェクト（The Circle of Security Project）：養育者－就学前児の2者関係への，愛着理論にもとづいた介入"

　マーヴィンら（Marvin et al., 2002）の安全感の環プロジェクト研究もまた，理論にもとづく介入で，その評価はまだ行われている最中です。ですが，非常に重要な試みなので，ここに紹介することにしました。

　安全感の環（セキュリティ・サークル）とは1つの環で，次のようなものとして描かれています。その環の周りで，子どもは，探索するために，養育者の与えてくれている安全基地から**離れて行き**，脅威を感じたり安心や慰めが必要だったりするときには養育者の与えてくれる隠れ家に戻ってきます。安全基地と安全な隠れ家は，安全な両手として描かれます。子どもの欲求を，次のようにまとめることができます：探索のサポート，見守り，子どもが喜んでいることを支援したり一緒に経験してもらったりすること，子どもが戻ってくるのを歓迎してもらうこと，子どもを保護し慰め喜んでもらうこと，子どもの感情を整理してもらうことなどです。

　著者らは次のように指摘しています。すなわち，安全感の環の中で子どもが示すある欲求が養育者の中に苦痛な気持ち（feeling state）を引き起こし，それが"心の中での警告信号や危機感"（Marvin et al., 2002, p.109）を引き起こすことがあります。これが，養育者に，防御方略を取らせ，子どもの欲求について子どもに間違った手がかりを出してしまう原因となります。時間が経つにつれて，養育者のこの防御方略（誤った手がかりを出してしまうこと）が，子どもの中の危機感の引き金となり，それがさらにまた，子ども自身も誤った手がかりを出すことになってしまうと，著者らは述べています。このことは，"子どもと親の両方が，互いに間違った手がかりを出し合うことによって，この欲求から回避してしまう"（p.109）という自己永続的フィードバック・ループを作り上げてしまうというのです。◆11

　介入期間をとおして，どのような親でも子どもの欲求に応えようとするとき，自分がこれまで使っていた防御的方略をやめなければならなくなり，その結果，子どもの欲求を示すシグナルが自分にとって特に危険なものと感じられているというこ

第5部　愛着理論にもとづいた介入研究（一部はもとづいていない介入研究）

◆12
とを学習します。また親は，この防御方略が自分自身の子どもころの養育を受けたときの経験とつながっていることも学びます。介入には，さらに，穏やかなシーンのビデオ・クリップに，ソフト・ミュージックを流して見せ，途中から"ジョーズ"のサウンド・トラック版の修正版が流されます。これにより母親は，主観的な経験がどのくらい子どもの欲求に対する自分の気持ちに影響しうるかを理解するようになります。

　特定のパターンや方略の愛着－養育のやりとりや内的作業モデルに対して，特定の治療の実施要項が割り当てられました。それぞれ異なる2者関係の4つのパターン（下位パターンを含む）が特定化されています：

1. 安定型2者関係パターン（安定型（子ども）－自律型（親））：子どもが苦痛を感じているとき，親子双方はすぐに接近し合い，やりとりします。
2. 不安定型2者関係パターン（回避型－回避型）：親子は，親密な愛着－養育のやりとりを最小限にしようとする傾向があります。それは，しばしば，探索のほうに防御的に目を向けることで親密なやりとりから距離をおこうとします。その結果，子どもの愛着行動が活性化されたとき，親も子も最も不安を感じる（least comfortable）ことになります。
3. 不安定型2者関係パターン（両価型－とらわれ型）：親も子どもも，子どもが探索することを最小限にしようとする傾向があります。それよりもむしろ，（しばしば，両価的な）愛着－養育のやりとりや子どもの過剰な依存に，より目を向けようとします。

◆11　この点に関して，マーヴィンら（Marvin et al., 2002, p.109）にもとづき補足すると，次のようになります。"安全感の環"の中で，子どもには，親から離れて探索行動をサポートしてもらいたいという欲求（安全基地としての親）や不安や苦痛を感じて逃げ帰ったときに歓迎し慰めてもらいたいという欲求（隠れ家としての親）があります。ところが，親が例えば回避型（近接性に抵抗感がある）である場合，子どもの愛着行動に不安を感じ，子どもが自分のもとに戻ってくるよりもむしろ自分のもとから離れて元気よく遊ぶように（探索行動）うながしてしまいます。ここで親が感じているのは，子どもの愛着行動（愛着欲求の現われ）が子どもの探索欲求であるかのような手がかりを送っていることです。こうしたやりとりをくり返しているうちに，子どもは，近接性を求めたい欲求が活性化されたとき，あたかも自分は探索をしたいように親に手がかりを送るようになります。このようにして，親子は相互に間違った手がかりを送り合うことで，不安定な愛着行動のやりとりをパターン化してしまうのです。同様に，親が両価型の場合では，子どもが自分（親もと）から離れて行って探索することに抵抗を感じ，子どもが探索することをサポートしてもらいたいという欲求を示したときに，親はむしろ保護を求めたいのだろうと子どもに間違った手がかりを送ります。その結果，子どもは探索したいと感じているとき，あたかも保護を求めているようにふるまうようになります。そして，この相互に間違った手がかりを送り合うというパターンが，固定化されてしまいます。

◆12　介入期間に，例えば，両価型の親は，探索したいという子どもの欲求を察知したとき，危険を感じ，むしろ慰めや保護が欲しいのではないかというシグナルを子どもに送っていたことを学習することになります。しかし，これまで使っていた方略をやめることは，親には特に困難（危険）に感じられます。

4. 不安定型2者関係パターン("混乱型（disordered）"[13]，非体制型またはその他の不安定型）：親の"子どもの愛着行動に対する恐怖感や怒りが高まり，その結果，養育者としての中心的役割の混乱や放棄につながる（Marvin et al., 2002, p.113）"ことになります。この養育パターンは，親の早期にあるいは今も経験しているトラウマが未解決なことと関係しているようです。

査定

子ども－養育者の2者は，介入前と20週間の介入が完了してから10日以内の2回，査定されます。査定は，以下のものから構成されていました：

- エインスワースの新奇場面法の幼児・就学前児版（Ainsworth et al., 1978；Cassidy et al., 1992）。
- 本読みと片づけ課題での養育者と子どものやりとりの観察。
- 養育者への安全感の環の面接：面接は，所要時間が1時間で，ビデオ録画されます。面接では，子どもについての質問，親発達面接（Aber et al., 1989）や成人愛着面接（George et al., 1984）から選ばれた質問がなされました。
- 質問紙：子どもの問題行動，不安や鬱，子育てストレスやストレスの多いライフ・イベントについて，養育者は回答するように求められました。

分類

子どもの愛着のパターンは，エインスワースの幼児の分類（詳細は第3章）や就学前愛着分類システム（詳細は，第8章）にもとづいてコード化されます。

親の養育は，養育者行動分類システム（詳細は第9章）を使って分類されました。

介入

介入目標は，分類，評定，臨床観察にもとづいて個別に作られました。著者らは，回避型の養育者に対する通常の介入目標として，次の例を提示しています。"子どもがどれほど彼らを必要としているかの認識を高め，子どもが苦痛を示すちょっとした信号を読み取ったり気づいたりするスキルを増やし，子どもの愛着行動が活性化されるような状況下で誤った手がかりを出すことを減少させることです"（Marvin et al.,

---

◆13 マーヴィンら（Marvin et al., 2002）は，脚注で，この用語を用いたのは，この論文の便宜上のためで，DSM-IVの用語と同じ意味ではないと述べています。そして，これは3つの体制化された主要な愛着－養育パターンの範囲を超えたものという意味で用いると断っています。

2002, p.115)。養育者は，通常，このような共通の目標の範囲内で，個別に設定された目標を持つことになります。

　介入は5～6名の養育者の小集団で行われ，ビデオ録画されます。介入の実施要項にもとづいて，20週間の介入プログラムが作られます。この介入プログラムは，この期間の様々なところで，理論構築や新奇場面法のテープを見返すこと◆14（この中には，参加した親子のやりとりのビネット（人や状況などを的確に描写したもの）を選択し，参加者たちが一緒になって見返すことも含まれます）とからなっています。

　マーヴィンらは，この実施要項に沿ってプログラムを終えた75組のデータ分析に関する予備的結果から，混乱型（disordered）から秩序型（ordered）へと子どもの愛着パターンが有意に変化し（55%から20%へ），安定型の子どもの数が増加し（32%から40%へ），混乱型の養育者の数が減少した（60%から15%へ）と報告しています。さらなる結果は，近いうちに報告されるでしょう。

要　約

　いくつかの研究によると，小さな子どもの養育者への愛着の安定性を高めるうえで，養育者と子どものやりとりに焦点を当てた介入が有効であることが示されてきました。特に，養育者の感受性やそれに伴う子どもへの行動に焦点を当てた介入が，有効でした。これには，①ハイ・リスク群への予防的働きかけと，②すでに特定の問題が生じているような2者関係への事後的な治療との2つの介入研究が含まれます。

◆14　愛着理論の中心的な考えや安全感の環の考えを，非常にわかりやすい形（図表，ビデオ，観察などをとおして）で紹介し，母親の中に理論的枠組みを感覚的にわかるようにさせることを意味します（Marvin et al., 2002, pp.116-118）。

第17章

証拠にもとづく介入：養育者の交代

　養育者を代えるという選択肢は，もとの養育者の感受性が子どもの時間軸の中で，子どもの欲求に合わせられるように十分に高めることができないということがほぼ確実になったときにだけ，真剣に考慮すべきことです。オコーナー・ジーナは，"養子縁組ほど根本的な介入法はありません"と述べています（O'Connor & Zeanah, 2003, p.225）。

　ラシュトン（Rushton）・メイズ（Mayes）は，研究をレビューし，養育者を代えることの有効性に関する研究から多くの証拠を提示しています。

ラシュトン・メイズ（1997）の"児童期での新しい愛着の形成：最新研究情報"

　ラシュトン・メイズ（Rushton & Mayes, 1997）は，この論文で，より年長でより遅くに措置された被虐待児とその子の新しい親との関係の発達に関する研究をレビューしています。これらの著者は，導入部において，それらの子どもの抱える問題を説明する際に，反応性愛着障害の診断を過度に使用することに対して警告を発しています。すなわち，"私たちは，幅広い適応問題（difficulties）を，実際には他にあっただろう多くの経験や苦境の結果起こったのかもしれないときでも，愛着プロセスの問題だと不注意にみなしてしまわないように注意する必要があります"（p.121）。著者らは，年長の子どもの愛着を面接や観察やテストを通して直接査定した研究が，まったく出版されていないと指摘しています。ですから，ここでレビューした研究はすべて，間接的に愛着を査定し検証したものです。

　10の研究をレビューしました。1970年代のはじめから1980年代の中ごろまでで，

わずかに4つの追跡研究だけが，愛着関係を検討していました。これらの研究はすべて，養子縁組が高い成功率を示したと報告していました。それは，次の結果に示されていました。すなわち，①ウィスコンシンでの91名の子どもの研究では，多くの親が満足していました（78％）。②"養子縁組の措置をするのが困難で"年長になって措置された人で，大人になってから回想的に，児童期に養子縁組の親と親密な関係を持っていたと報告した人が多くいました（86％）。③養子にした子どもが自分（母親）に対して"深い愛着を持っています"と報告した母親が多くいました（16歳で，81％）。④アメリカ合衆国の研究では，"特別なニード"から措置されたサンプルの子ども257名（措置されたときには少なくとも8歳であったが）のうち，養子縁組の親のもとに移されてから4年は問題なく過ごしていた子どもの率が非常に高かったのです（97％）。ただし，最後の2つの研究では，仲間関係で問題があったことも報告されていました。

ラシュトン・メイズは，これらの研究には多くの方法論上の欠点があることを指摘しています。しかし，それにもかかわらず，彼らはそれらの研究が"児童期後半でさえも，子どもを養子として家族の中に入れるという政策を正当化するのに重要な証拠を与えるものです"（Rushton & Mayes, 1997, p.123）と結論づけています。しかし，彼らはこれらの研究結果が，子どもが新しい愛着を形成しうることを示す証拠であることを強調していますが，それはこれらの研究の用いたサンプルがすべて何とかうまく続いていた措置の事例にもとづいたからで，愛着の形成に失敗した事例は提示していないし，そのような愛着形成の失敗が措置の失敗に結びついているかどうかも示していません。

ラシュトン・メイズは，"次の10年間の証拠"（Rushton & Mayes, 1997, p.123）に移り，1988年の研究をレビューしています。その研究では，遅くに措置された子どもで養子縁組が4年間は安定していた63名の子どもが，養子縁組がその後崩壊（決裂）してしまった57名の子どもと比較されていました。この研究では，13項目の"愛着評定尺度"を用いて（親が回答），措置の間の愛着行動の変化を査定していました。この研究は，措置の間の愛着行動の増加と措置の安定性との間に有意な相関があることを見いだしました。崩壊（決裂）したことと有意な相関のあった多くの愛着行動が特定されました。"それらは，次のものでした。すなわち，自然な愛情が生まれていないこと，傷ついたときに慰めてもらう能力がないこと，いくら注意を向けてもらっていてもその欲求が満足されないこと，親に対する気持ち（配慮）や好意がないことなどでした"（p.123）。

ある研究では，里子になった子ども13名と家に戻された子ども19名とが比較され

ました。そして，次のことが見いだされました。すなわち，2年後に，里親9名は，里子になった子どもと良い関係を築いていると報告していましたが，子どものほうは，そのうちの半分が産みの親に主に愛着を感じていて，家に帰りたがっていました。それに対して，家に戻された子どもでは，そのうちの3名だけしか親と良い関係を持てていませんでした。

アイオワ州の71家族について4年間の追跡調査を行いました。その研究は，10％の子どもに"愛着の問題（difficulties）"があることを見いだしています。しかし，ラシュトン・メイズは，この研究には，多くの方法上の限界があり，特に4年目の終わりまでには人数が75％も減少していたと指摘しています。

子どもが成人期初期に達したときに面接を受けた120名の養子縁組の親の中の93％が，ポジティブな母子関係を持っていると報告しました。ですが，青年期では，その数字は75％でした。青年期での親子関係の質は，幼児期の子育ての質と関係していると報告していました。

最後に，ラシュトン・メイズは，彼ら自身による2つの研究を報告しています。はじめの研究は，18名の少年のサンプルを対象にするもので，ほとんどの少年が，養子になった8年間，養子縁組の親との間に"真に愛情のある"関係を築いてきていました。ですが，3つの養子縁組は，愛着問題と身体的攻撃があり，青年期早期に崩壊してしまいました。もう1つの研究は，遅くに養子縁組の措置をされた61名の子どもを対象にしていましたが，そのうちの73％が措置された1年目の終わりまでには，親と満足のいく関係を作ることができたことを示していました。

ラシュトン・メイズは，次のような懸念を示しながら，論文を締めくくっています。すなわち，これらの論文は記述に不十分な点があるために，遅くに養子になり被虐待経験のある子どもは，そのほとんどに問題が生じるとか，その大部分が養育でのポジティブな変化に応答しないとかという印象を与えるかもしれません。しかし，今，蓄積されつつある証拠は，それが事実ではないことを示しています。

養育者を交代することで子どもによい影響を与えるうえで重要なのが，新しく親になった養育者のその子どもに対する感受性です。次の2つの研究では，新しく親となった人が，感受性を持って適切に子どもと関係を構築する能力を規定する要因を検討しています。

ドジエら（2001）の "里子養育を受けている幼児にとっての愛着：養育者の心の状態の役割"

　ドジエら（Dozier et al., 2001）の研究では，里母の愛着の心の状態と里子の愛着の質との一致性が検討されました。3つの可能性が探索されました。

1. 愛着定着期の後，里子は，新しい養育者が利用可能かどうかにもとづき，自分の愛着を体制化するだろう。
2. 早期に受けた養育経験やケアに連続性がなかったことが，（子どもに）今の養育者の特徴をわかりにくくしているのかもしれない。
3. ほぼ1歳になる前に里子になった場合，里母の心の状態と子どもの愛着との間には，いくらかの一致性がある。

　サンプルは50組の里母・里子でした。幼児は，誕生から20か月の間に里母のもとにおかれます。そのときの平均月齢は，7.7か月でした。里母は，成人愛着面接（AAI）を受けました。里子と里母は，12か月から24か月の間に新奇場面法に参加しました。そのとき子どもは，里子となって少なくとも3か月になっていました。

　いろいろな方法によりデータを分析した結果，これらの研究者は次のことを見いだしました。まず，2×2の一致分析を行いました。その際，里母の心の状態（AAI）と里子の愛着（新奇場面法）の変数は，それぞれ自律／非自律型の心の状態（里母）と安定／不安定型の愛着（子ども）の2つに分けて，取り扱われました。なお，2次分類で自律型であった未解決型の母親は，自律型のほうに含められました。その結果，これら2変数の対応性を分析したところ，72%の一致率が見いだされました（$p < .01$）。未解決／自律型の母親を非自律型のほうに含めた場合には，一致率は68%で，これも有意となりました（$p < .05$）。

　母親の心の状態（自律型，回避型，とらわれ型，未解決／非自律型）と子どもの愛着（安定型，回避型，抵抗型，非体制型）との一致度についての4×4の分析を行ったところ，未解決／自律型の母親を自律型のほうに含めた場合での一致率は56%で，非自律型のほうに含めた場合では52%となりました。

　非体制型の愛着に関しては，自律型の里母の子どもの21%が非体制型愛着であったのに対して，非自律型の里母の子どもでは62.5%が非体制型愛着でした。この差は，有意なものでした（$p < .01$）。里子になったときの年齢は，幼児の愛着とは関連していませんでした。

著者らは考察で，この結果が'印象的なもの'であると述べています。里子の愛着の安定性と里母の心の状態との一致性は，"血縁の親子とほぼ同じレベルでした（著者らは，この一致率のレベルを，ヴァン・イーツェンドゥアンが行った 1995 年のメタ分析（van IJzendoorn, 1995）で見いだした血縁の親子間の一致率のレベルと比較しています）"。この研究結果は，実践にも理論にも重要な意味を持つものです。

これらの結果は，生後 1 年半以内に里子になった場合，これらの子どもは新しい養育者が利用可能である程度に応じて，愛着行動を体制化することができるということを示唆しています。生後すぐに里子になった場合では，私たちのサンプルの子どもの多くは，ニグレクトされたり虐待されたり，あるいは養育者が最大 5 人も入れ換わっていましたが，それでも，自律型の養育者のもとに里子になった子どもでは安定型の愛着を形成することがしばしばでした（Dozier et al., 2001, p.1474）。

さらに，

この研究結果は，"子どもの愛着方略を主に決定しているのは，まさに，母親の持つ特徴であり，共有された気質や他の遺伝的な特徴ではない"ということへの説得力のある証拠を提示しています（Dozier et al., 2001, p.1474）。

スティールら（2003a）の"愛着の表象と養子縁組：養育者の心の状態と虐待を受けたことのある子どもの情動の語りとの関連"

スティールら（Steele et al., 2003a）の研究では，以前に虐待を受け，年長になって養子になった子どものサンプルを対象に，養子縁組の母親の心の状態が，（物語完成をする際の語りに見られる）子どもの愛着に及ぼす影響が検討されました。

サンプルは，子ども 61 名とその養子縁組の母親 43 名でした。子どもの年齢は，4 〜 8 歳でした（平均は 6 歳）。すべての子どもが，深刻な逆境を体験していました。これらの子どもがそれまでに経験した措置回数は，2 回から 18 回でした。

養育者の心の状態は，成人愛着面接（AAI）を用いて査定されました。家族の役割や愛着や対人関係についての子どもの期待や知覚は，ストーリー・ステム査定プロフィール（Story Stem Assessment Profile）とコーディング・システムを用いて査定されました。

43名の母親のAAIでの分類は，以下のとおりでした：

自律－安定型　　　71%
不安定－回避型　　23%
不安定－とらわれ型　5%

43名のうちの21%が，過去の喪失やトラウマについて未解決であると査定されました。

子どものストーリー・ステム完成課題で出てきた以下のようなテーマに関する結果が，量的に分析され報告されました。これらのテーマについて子どもの反応に出ている場合，それらの子どもが措置された母親は，AAIでの分類（結果）で，①不安定型で，②過去の喪失やトラウマについて未解決であるという可能性が高いことが示されています。以下に，母親の面接と子どもの物語完成の結果を引用しておきます。

1. 母親がAAIで不安定型（回避型・とらわれ型）と査定されることに関連した子どもの物語完成のテーマは，大惨事の空想，子どもの攻撃性，大人の攻撃性，投げ出したり放り出したりすること，奇妙で非典型的な内容，子どもや大人が傷つけられたり死んだりすること，の7つでした。これら7つのテーマの得点は，相互に高く相関しており，最終的には"攻撃性"の1つの合成得点にまとめられました。

　　この"攻撃性"合成得点は，AAIでの次の評定得点，すなわち，①母親が子どものころのことを思い出せないこと，②母親自身が父親のことを悪く言うことと，有意に相関していました。子どもの攻撃性はまた，AAIでの"自律－安定型"の得点と，負の相関がありました。すなわち，"母親が，自分の愛着の生育史について話すときに，誠実で，関連のあることを述べ，思慮深いほど，子どもは物語完成課題に出てくる葛藤場面を解決するために攻撃的なテーマを持ち出してこない傾向がありました"（Steele et al., 2003a, p.193）。

2. 母親がAAIで過去の喪失やトラウマについて未解決である（未解決型）と査定されたことと関連していた子どもの物語完成課題でのテーマは，次のものでした。すなわち，"親が子どものように見える"，大人の攻撃性，"投げ出したり放り出したりする"というテーマの得点は高く，（家族葛藤の）現実的な制御や"きょうだいや友人が助けてくれる"の得点は低かったのです。さらに分析した結果，以下のことが示唆されました：

（a）親が未解決な悲嘆を持っているとき，養子となったばかりの子どもでは，心配する気持ちが悪化することがありました。
（b）未解決な喪失やトラウマを持つ母親の子どもは，物語完成課題に出てくる葛藤を扱うとき，体制化された方略を使うことができないようでした。
（c）"未解決型"（あるいは不安定型）の母親のもとに措置された子どもは，過去に経験した苦境という点では，（自律－安定型の母親に措置された子どもと比べて）有意な違いは見られませんでした。実際，これらの子どもがサンプル全体の中でも，最もダメージを受けていない傾向がありました。

　考察で著者らは，これらの子どもの不運な過去を考慮するなら，養子縁組から3か月足らずで養子縁組の親の心の状態が子どもの愛着に有意な影響を及ぼしたという結果は，"いくぶん驚かされるものです"と述べています。彼らはまた，虐待やニグレクトを経験したことのある子どもが，養育について異なる表象を持っているのではないかとも指摘しています。これらの表象は，次のような経験によってできたのかもしれません。すなわち，同じ養育者の中であるいは次々に入れ換わる養育者の間であったかもしれませんが，養育行動が，あるときには養育的になり，あるときには虐待的になるという経験です。子どもがそのような多重で矛盾した表象を持つことによって起こる代償の1つは，子どもが"養育者の心の状態に対して過度に警戒的になること（hyper-vigilance）です"（Steele et al., 2003a, p.200）。本研究は，未解決型の親が"喪失に関連することについて体制化できていないことをうかがわせる心の状態を持っている"（p.201）ことを明らかにしました。ですから，子どもも未解決の親もともに脆弱なのです。子どもが持つ脆弱さが，未解決の親の持つ脆弱さと出会うとき，両者の脆弱さはいっそう高まってしまいます。

　著者らは，これらの養子縁組の措置のほとんどが非常に困難なもので，2年間はどうにか持ち続けていたと述べています。しかし，"間違いなく最適な人だという大人が，'措置しにくい'子どもの養子縁組に挑戦してみようと思い，長蛇の列を作るというようなことはまずありません"（Steele et al., 2003a, p.202）。さらに，これらの子どもの一部では，安定型の応答的な大人のもとに措置されることが必ずしも最善であるとは限らないかもしれないと述べています。というのは，これらの大人である場合は"相互的なポジティブなやりとりを生み出すための何らかの方法（a certain measure of reciprocity of positive interactions）がおそらく必要になるからです"（p.202）。逆に，大人の中でも，自分自身の幼児期のネガティブな側面から防衛的に距離をとり，ポジティブな側面だけに目を向けようとする大人のほうが，むしろ非常にうまくいく子ど

ももいると述べています。

著者らは、この研究が、現在イギリス政府が養子縁組の親たちに対して約束しているサポートをもっと効果的に行ううえで役立つのではないかと結論づけています。

さて、次に述べる研究は、養子縁組措置の後、1～2年間に見られた子どもの表象・行動・適応でのポジティブな変化のいくつかについての証拠を示すものです。

ホッジズらの"養子縁組措置の1年後（2003b）と2年後（2005）の愛着表象の変化：被虐待児の語り"

（Hodges et al., 2003b や Hodges et al., 2005 は、上述の Steele et al., 2003a の研究と対をなすものです）。

ホッジズらの 2003 年の論文（Hodges et al., 2003b）は、養子縁組の親の愛着の体制化や子どもの被虐待経験が子どもの発達にどのように関連していたかを報告したものです。

2群の子どもについて研究されました。1つは遅くに養子縁組の措置をされた群で、25の家族の子ども 33 名でした。措置されたときの平均年齢は 6.08 歳で、1 年目の査定時で措置されていた期間の平均は 4.2 か月でした。この養子縁組の前にされていた措置の平均回数は 5.3 回でした。ほとんどの子どもが、様々な形態の虐待を受けたことがありました。もう1つの群は、乳児期に養子縁組をした子ども 31 名で、措置されたときの平均年齢は 3.73 か月でした。1 年目の査定時での平均年齢は 5.75 歳でした。それらの子どもは、遅くに養子縁組の措置を受けた子どものように、虐待されたりケアが途切れたりという経験はありませんでした。

措置後できるだけ早急に、その子どもに対して、ストーリー・ステム査定プロフィールや他の査定を実施しました。同時に、親に対してインタビューや他のデータ収集が行われました。この査定は、1年後と2年後の2回くり返されました（2回目の追跡調査の結果は、後に報告します）。テーマごとの平均得点が算出されました。

著者らは、乳児期に養子縁組した子どもと遅くに養子縁組をした子どもとの間に見られる心的表象の違いや、遅くに養子縁組した子どもの1年目と2年目での査定結果の違いに関して、語りのテーマごとに結果を報告しています。

物語完成課題での"作戦の'関与'対'回避'"に関しては、遅くに措置された子どもは、乳児期に措置された子どもよりも、課題を回避しやすい傾向がありました。しかし、2年目までには、遅くに措置された子どもの得点は減少し、2群間で有意差は見られ

ませんでした。

　"語りの中に現われる非体制性"に関しては，遅くに養子縁組した子どもは，乳児期に養子縁組した子どもよりも，"大惨事の空想"や"奇異で非典型的な内容"が有意に多く見られ，その後，2年目でもそれらは有意に減少することはありませんでした。

　遅くに措置された子どもは，乳児期に措置された子どもよりも，有意に強い攻撃性を示しました。ここでもまた，遅くに措置された子どもでは，攻撃性の得点が2年目でも減少しませんでした。

　"親／大人の表象"に関して，1年目に，8つのカテゴリーの評定について群間比較を行ったところ，遅くに措置された子どもは，親や親子関係のネガティブな表象をより多く持っていることが明らかになりました。つまり，乳児期に措置された子どもでは"大人からの助け""大人の愛情"というカテゴリーでの得点が有意に高く，それに対して，遅くに措置された子どもでは"大人の攻撃性""大人の拒絶""大人が気づいていない"での得点が有意に高いことが示されました。

　1年目の"子どもの表象"のカテゴリーでの6つの評定に関しては，乳児期で措置された子どもの得点が，遅くに措置された子どもの得点よりも，"子どもがきょうだいや友人を助ける"や"（家族葛藤の）現実的な制御"で，有意に高くなっていました。

　最後に，"ポジティブな適応"に関しては，遅くに措置された子どもは，"魔法／全能"（"現実を，願望充足的に変えてしまう（a wishful modification）ことで物語を解決する"）の得点が，1年目よりも低下していました。

　これらの著者は，遅くに措置された子どもを2つの時点で査定した結果，いくつかのポジティブな変化が示されましたが，"愛着関係に関する子どもの内的作業モデルが変容したというのとはほど遠いことは明らかです"（Hodges et al., 2003b, p.367）と結論づけています。彼らは，この結果について3つの解釈が可能であるとしています。第1に，一貫性のない虐待的な親の行動が，'親など信用するものではなく，いつ攻撃的になったり拒絶的になったりするかわからない'という表象を子どもの内的作業モデルの中に作り上げたのかもしれません。著者らは，そのようなモデルが"確証されなくてもなかなか修正されません"（p.360）と述べています。第2に，これらの子どもは，親からさらに拒絶されることを恐れて，"心を開いておく"ことを避けているのかもしれません。その結果，"新しい親は，今までの親とは異なった形で応答してみせる機会が奪われてしまい"（p.360），子どものほうももっと幸せな養育の経験をする機会が奪われてしまっているのかもしれません。第3に，新しい親の行動のいくつかの側面が子どもの内的作業モデルの"レンズを通して"とらえられることになり，子どもはそれらの側面を虐待的で拒絶的なものであると解釈してしまい，その結

果，そのモデルは確証されることになってしまうのかもしれません。

　ホッジズら（Hodges et al., 2005）は，養子縁組の家族で2年間過ごした後に見られた子どもの改善について結果を報告しています。彼らは，"ポジティブな側面の定着が継続して起こっていますが，他方で，様々なネガティブな表象もかなり安定して残っていることも明らかです"と報告しています（p.109）。早期措置群でも遅い措置群でもともに，愛着の安定性を示す評定を合算した全体得点は上昇していました。しかし，不安定性は，ほとんど変化しないままでした。著者らは，この明らかに矛盾した結果を，次のように説明しています。すなわち，早期に逆境を経験した子どもは，養子縁組の家族の中に徐々に溶け込んでいくにつれてより安定型になっていきますが，"他の要因や経験が，彼らの心的表象に部分的に残ったままになっています"と指摘しています（p.111）。これに加えて，虐待されていた群の子どもは，確かに改善し続けていましたが，虐待されたことのない群の子どもとの"格差を埋める"ことはできませんでした。

　ホッジズら（Hodges et al., 2005）の結論によると，この研究では，子どもは，新しいポジティブな表象を発達させるとき，既存のネガティブな表象と対抗させながら，表象を発達させることが示唆されました。ですから，"古い期待や知覚は，脆弱さとして残ります。この脆弱さとは，これらの古い期待や知覚が，それらの妥当性を確証してくれると思える出来事ややりとりにより，簡単に活性化されてしまうということです"（p.115）。このことは，養子縁組の親やそれを支援しようとする人たちにとって重要な意味を持っています。というのは，"養子縁組をしようとする人があらかじめ，措置されてくる子どもがどういうスクリプト（脚本）にもとづいて行動しているのか，またそのスクリプトの中で子ども自身がどういう役割を演じていると思っているのかを知っておくことは，役に立つでしょう"（p.115）。これを知っていることで，養子縁組の親は，子どもが持っているネガティブな期待を確証しないようにすることができるからです。[◆1]

◆1　内的作業モデルにもとづいて行動や認知，期待などが規定されます。ここでのスクリプトとは，この作業モデルのことを言っています。これらの子どもが措置されてきたとき，養子縁組の親に対して，それまでに形成されたネガティブな期待や知覚を投影し，それに合うような行動を，親にさせるようにしてきます。そこで，これらの子どもがどういうスクリプトを持ち，どういう役割を持っていると思っているかを知っていれば，子どもの内的作業モデル（スクリプト）は，支持されない（確証されない）ことになり，その結果，徐々にモデルが修正されざるをえなくなってくるということです。

第17章　証拠にもとづく介入：養育者の交代

要　約

　ここに報告した研究は，新しい養育者のもとに比較的遅くではあっても恒常的に措置されることが，早期に深刻な被虐待経験を持つ子どもにとっても，強力で効果的な介入法になることを示唆していました。子どもの愛着行動パターンや表象は，新しい主要な養育者の愛着に関する心の状態と，有意な連関があることが示されました。確かに子どもの愛着の安定性は高まりますが，不安定型や非体制型の表象は並行して残り続けます。

　これらの結果は，養子縁組や他の形態で恒常的に代わりの養育者になった親に対して，次のようなサポートや指導を常にしていく必要があることを示しています。それは，これらの親が，①これらの子どもの中では愛着に関する内的表象が持続しており，それにもとづいて引き続き問題を抱えることを理解させるようにすること，また，②子どもの反応へ応答するとき感受性を持って応答を調整できるように，サポートや指導することが必要です。

第18章

証拠にもとづかない介入

子どもへの直接介入

　愛着理論にもとづいた子どもへの直接介入について，系統的に評価した報告はまだありません。愛着障害の理論と理解にもとづいて見てみると，愛着障害や不安定－非体制型の愛着を持つ子どもは，対人関係に問題を示します。その問題は，たびたび，主要な養育者との関係を超えて，より広い対人関係にまで拡張されてきました。これらの子どもの内的作業モデルは，他者の見方や期待の持ち方を歪め，その結果，子どもの社会的反応を不適応なものにしてしまいました。ですから，理論的見地からしても，子どもに直接治療を行ってみて，子どもの内的作業モデルを探索してみる余地があります。しかしながらこれらの治療では，愛着の形成や愛着関係について問題にされていません。

　ヒューズ（Hughes, 2004）は，"被虐待体験のある子どもや青年に対する愛着にもとづいた治療"を提案しています。彼は，治療者が，まず子どもに波長を合わせ（attunement），次に，子どもの感情状態を"共同制御"したり，子どもの体験の意味を"共同構成"したり，子どもの経験したことの語りを一緒に構成したりすると述べています。ヒューズは，できれば治療に子どもの主要な養育者も積極的に同席することが好ましいと考えています。というのは，この養育者が虐待をしたのであるならば，虐待したことに対して責任を感じるようになるかもしれないからです。トゥロウエル（Trowell, 2004）がコメントしているように，ヒューズは疑いなく，十分に熟達し感受性の高い臨床家でしょう。しかし，この治療はまだ評価を受けておらず，介入法として試してみるにはまだ十分にシステム化されていません。さらに，ヒューズは，愛

着理論を引用したりその側面について言及していますが，治療の中に理論がほとんど適用されておらず，虐待されたりニグレクトされた子どもへのよい治療のようには思えません。

ブリッシュ（Brisch, 2002）は，"*Treating attachment disorders*（愛着障害の治療）"という自著の中で，"愛着障害"という用語のもとに含められた多数の治療の概要や事例を書いています。この事例研究は，良好な経過を示しており，臨床的関心を引くものです。

選択性の障害（Impaired selectivity）

第14章で述べられてきたように，選択性の障害（脱抑制性）は，一部の子どもでは，よく機能していて養育的な家族に措置されたにもかかわらず，持続するようです。こうした家族で，子どもが受けている子育ては，何年にもわたっており，感受性が高く，良好なものです。こうした問題に対する特定の有効な治療法は，今までまったく報告されてきていません。

臨床経験からすると，おそらく最も効果的な介入法は，次の3つの要素を組み合わせることでしょう。すなわち，①少なくとも初期の措置では，子どもの養育者の数を制限すること，②子どもの動きを注意深くモニタリングすること，③認知行動療法的なアプローチで，誰が親しい人で誰が親しくない人かについて子どもが気づかされたり"訓練"されたり，親しくない人には用心することを"思い出させる"ように支援することです。

"愛着療法"

"愛着療法"は，今まさに多くのセンターが提供している1つの非常に異なるアプローチで，第12章で述べられたような大まかな形で愛着障害を特定したり"診断"したりしています。このアプローチは，以前に重篤な虐待を受け，多くの問題を抱えていたり問題を引き起こしたりする子どもを抱えた（主に）実の親たちの代わりをする養育者からの絶望的な要求に応えるもののように見えます。この治療法は，一般に受け入れられている愛着理論の説明にはもとづいていませんし，それらの客観的な評価もまったく行われていません。愛着療法という大まかな名称のもとに，多種多様の治療アプローチがなされています。これらの中には，親と子どもとのやりとりを取り扱う治療（例えば，行動制御，ライフ・ストーリー・ワーク，子どもの経験の意味づけ

作業）があります。また他のアプローチは，子どもに焦点が当てられ，その子どもの今の主要な養育者が同席する場合も，同席しない場合もあります。

しかし，愛着療法には多くの抱っこ療法の変種，例えば，抱っこ時間（holding time）（Welch, 1988）や療法的抱っこ（Howe & Fearnley, 2003）などを含む他の介入法や，激怒低減療法（rage-reduction therapy）（Cline, 1991）や，リバーシング（誕生再体験療法）など，他のものも含まれることがしばしばです。マーサーら（Mercer, Sarner, & Rosa, 2003）やAPSAC特別専門委員会報告書◆1（Chaffin et al., 2006）は，①それらの療法の有効性が本質的にまったく評価されたことがないことと，②アメリカ合衆国ではこれらの治療過程で死亡した子どもがいるという事実，の２つについて述べています。

スペルツ（Speltz, 2002）は，アメリカ児童虐待専門職学会（the American Professional Society on the Abuse of Children：APSAC）★1に寄稿した論文の中で，愛着療法の歴史をたどっています。同様の説明が，マーサーら（Mercer et al., 2003）の"Attachment Therapy on Trial（裁かれる愛着療法）"という著書の中でなされています。スペルツは，抱っこ療法が，もともと，自閉症者のためにザスロー（Robert Zaslow）が1970年代に開発した，あの賛否両論ある技法（Zaslow & Menta, 1975）★2にその起源があると指摘しています。マーサーらは，ザスローが愛着を以下のようにとらえていると説明しています：

> （愛着とは）顔が特定の状況で提示されたとき，他者の顔や目に対して起こる不随的な情動反応です。この状況とは，苦痛，恐怖，激怒を経験するときなどであり，それらから開放されると，アイ・コンタクトが起こりやすくなります。もし幼児がこれら一連の出来事のサイクルを経験しないとき，その子どもは愛着を形成しないし，他の人とアイ・コンタクトを持ちません，さらに正常の情動的・知的発達を示すよりもむしろ，自閉症の症状を示すのではないかと，ザスローは考えていました（Mercer et al., 2003, p.75）。

虐待された子どもは，苦痛や激怒を経験し，それらから開放されることがなかったかもしれません。

◆1 Report of the APSAC Task Force on Attachment Therapy, Reactive Attachment Disorder, and Attachment Problems.
★1 www.kidscomefirst.info/Speltz.pdf. が利用できます。
★2 この出版物を手に入れるようと試みましたが，これまでうまくいったことがありません。

ですが，ザスローは次のように考えました。すなわち，苦痛や激怒を作り出し，それらとアイ・コンタクトを結びつける技法があれば，愛着を生じさせることができるのではないでしょうか。たとえそれが，愛着が正常に生じる時期をとっくに過ごしてしまっている人であってさえも，です（Mercer et al., 2003, p.75）。

ザスローの理論を支持する実証的証拠は，まったくありません。それにもかかわらず，'（意識的に）抑制された激怒（怒り）' という概念は，子どもの行動を説明するうえで中心的なものであり続けました（Cline, 1991）。

"*Handbook of Attachment Interventions*（愛着介入ハンドブック）"（Levy, 2000）で，レヴィー・オーランズ（Levy & Orlans, 2000）は，抱っこして養育する過程（the Holding Nurturing Process：HNP）を，次のように説明しています：

> この介入の主な目標は，生後1年目の愛着サイクルをうまく完了するように促進することで，信頼感，安全性，情動的なつながりを高めることです。例えば，子どもは，共感的な親との間で，アイ・コンタクトや安全な身体拘束の状態（safe physical containment）を保ちながら，怒りと欲求不満を表出します（Levy & Orlans, 2000, p.252）。

この本は，権威的な説明やアドバイスでいっぱいですが，愛着療法の客観的な評価に関する報告はまったく含まれていません。興味深いことに，ザスローは引用されていません。

抱っこ療法が実践されているのは，アメリカ合衆国に限られたものではありません。例えば，イギリスのキーズ愛着センター（the Keys Attachment Centre in the UK）のウェブ・サイトにある '重篤な愛着やトラウマ問題を持つ子どもや若い人のための治療の実施要領'[2]（日付不明）の中に，"療法的抱っこ" について述べられています。子どもは，自分の頭を主導する治療者のひざの上に乗せ，右腕を治療者の背中に回し，足は補助する治療者のひざ頭の上を横切るようにします。こうすることで，子どもの脆弱なところがわかります。子どもの頭は，子どもの目線が治療者のほうにじっと向けられ続けるように保たれます。これにより，子どもにどのような身体的・情動的な不快感が引き起こされやすいかがわかります。

◆2 Treatment Protocol for Children and Young People with Serious Attachment and Trauma Difficulties, the Keys Attachment Centre.

そのページには、"ときには、子どもや若い人は、治療中に抱っこされている間に、'もう離して。あんたのしていることは、痛いよ'（p.5）と怒鳴ることがあります"と記されています。この反応は"離してもらうための方略なのか、身体化した心理的痛みの現われなのか、あるいは逃げられないように押さえつけられていることへの不安の働きなのかもしれません"（p.5）と示唆しています。治療者は、常に、子どもが間違いなく身体的な苦痛や不快を持たないように注意しています。治療者は、子どもが身体的には安全であることを確かめたうえで、子どもや若者に安全であることを伝え、"彼らが経験している痛みは、彼らの過去に深く根ざした不安や苦悩や心理的痛みを示しているものです"（p.5）と、共感的に応答します。

このアプローチは、ボウルビーが作り上げた愛着理論と理論的に矛盾しています。というのは、治療に関するボウルビーの中心的メッセージは、治療者が安全基地になってあげる（脅威を与えるのではなく）ことだったからです。しかし、彼らはザスローを引用したり言及したりしていませんが、これはザスローの考えと一致するものです。

抱っこ療法は、拘束を使わないと時どき書かれています。例えば、ハウ・ファーンリー（Howe & Fearnley, 2003）は、"治療的抱っこ（拘束ではない）は、怒りを持ち傷ついた子どもと、意味のある、強く、十分に開かれた関係を再構築しようとするものです"（p.381）と述べています。彼らは、拘束と抱っこを区別します。拘束とは、"対処的"なものであり、誰かが攻撃的な子どもや脅威的な子どもを制御しようとするときに用いるものです。それに対して、抱っこは合意的であり、子どもとの同意があってはじめてなされることです。他の人は、この定義に同意しないかもしれません。実際に、上述の抱っこ療法の説明で使われている記述、すなわち"放してもらえないで押さえられている"というのは、多くの人には、制約の適切な定義のように見えます。次で考察するように、マイアーロフら（Myeroff, Mertlich, & Gross, 1999）は、抱っこ療法の説明で、子どもが治療者のひざの上に抱っこされ、"親密な近接性やアイ・コンタクトや身体的制限"（p.307）ができるようにしていると述べています。別のところでは、彼らは、それを"子どもが、怒りや絶望で活性化されたとき"、親やセラピストは"子どもの身体を押さえ続けます"（p.304）と述べています。

抱っこ療法の評価を試みた研究としては、出版されているものがこれまでに1つだけあります（Myeroff et al., 1999）。この研究には、次の問題がありました。①対象サンプルが、不十分でした（コロラド州のエヴァグリーンにある愛着センターに連絡してきた家族がいましたが、研究には参加しませんでした）。②子どもたちは、無作為に治療条件に振り分けられていませんでした。また、③子どもの治療前と治療後の査

第18章　証拠にもとづかない介入

定に，母親が答える質問紙（子ども行動チェックリスト）が使われていました。

　この論文は，抱っこ療法の支持者がボウルビーの理論から彼らの主張する治療法へと大きく飛躍しているのをはっきりと描き出しています。著者らは，"抱っこ療法が，愛着理論にもとづき，部分的には，乳児と主要な養育者との間の愛着の形成期間に起こりうる，想定されている混乱（中断）を修復しようと試みるものです（Myeroff et al., 1999, p.304）"と述べています（Bowlby, 1980; Egeland & Sroufe, 1981 が引用されています）。4つの文の後には，抱っこ療法は，子どもにとって"健康な愛着サイクルの表象を作り出すものです"と説明しています（ここでは，Levy & Orlans, 1995 や Myeroff, 1997 が引用されています）。そしてその後に，さらに次のように続けています。"このこと（愛着形成の混乱の修復）が，健康な愛着サイクルのモデルを示すことで，治療する中で生じます。このサイクルの中で，子どもは，治療者や養育者から，アイ・コンタクトや身体的抱っこや認知的再構造化などの方法によって，ポジティブな入力を受け取けることになります"（p.304）。この後半の発言の理論的基礎は，ザスローのものであり，ボウルビーにもとづくものではありません。

　"抱っこ療法・愛着療法"は，ボウルビーの愛着理論と多くの点で矛盾しています。特に，安定性は感受性によって促進されるという愛着理論の基礎的で証拠にもとづく陳述と矛盾しています。さらに，ボウルビー（Bowlby, 1988）は，明確に，退行という概念を拒絶しています。しかし退行の概念は，抱っこ療法アプローチにとっては鍵になるものです：

> 幼児や児童の発達に関する現在の知識には，人が固着するようになったり退行したりする特定の発達段階（位相）を想定する理論ではなく，発達経路を明らかにする理論が必要です（Bowlby, 1988, p.120）。

'乳幼児期や幼児期初期に反応性愛着障害を持つ子どもや青年の査定と治療についての実践条件'（AACAP, 2005）の中で，"愛着を高めるために考案された介入方法で，意図的な身体的拘束や強要を含むもの"（p.1216）は，"治療的抱っこ"や"リバーシング療法"も含めて，承認（endorse）されていません。同様に，APSAC 特別専門委員会報告書（Chaffin et al., 2006）でも，述べられています：

> 次のような治療技法や愛着子育て技法は，危害のリスクがありその有効性が証明されていないので禁忌されるべきであり，使用すべきではありません。すなわち，身体的強要，心理的・身体的に強制される抱っこ，身体的拘束，身体的支

配，挑発されるカタルシス，激怒の表出，年齢退行，屈辱，食べ物や水の摂取の抑制・強制，長期の社会的隔離，子どもへの過度のコントロールや支配などです。(Chaffin et al., 2006, p.86)。

子どもが自分自身や他の人，物に対して損傷を与えようとしているとき，その子どもを拘束することはときには必要で適切なことです。しかしそれは，抱っこ療法とは異なります。

第19章

介入に関する結論

　"愛着療法"，特に抱っこ療法については，まだそれらの有効性が評価されておらず，大きな懸念を表明しておく必要があります。これらの介入は，愛着のパラダイムには含まれておらず，乱用される可能性もあります。

　愛着理論に沿っている介入が目的とするのは，安定型の愛着の体制化や自律型の内的作業モデルを保護したりそれを構築できるように治療や支援をしたりすることです。これにより，子どもは，状況の要請に応じて，安心感・慰めや保護を求めたり受けとったりすることと自由に探索することとの間を，柔軟に行き来することができるようになります。今や次のことを示す確固とした証拠があります。その証拠によると，子どもと一緒にいるときの行動に見られる母親や養育者の感受性を高めることにより，子どもが愛着の安定型へ向かうことを可能にしたり，あるいは最も効果的に向かわせたりすることが明らかになっています。このような介入研究のほとんどは，虐待をする親を含むハイ・リスクのサンプルに対して行われたものです。子どもの後の社会面，情動面，行動面での問題を減少させるうえで，この二次的・三次的予防研究は重要です。しかし，これらが，非体制型愛着を逆転させることはできないかもしれません。

　これまでの証拠は，母親や主要な養育者の安全基地行動や隠れ家行動（子どもへの敵意のない，子どもを脅かさない行動）に焦点を置いて働きかけることにより，最も効果的に，愛着の安定性をより高めることができることを示しています。

　今日，愛着にもとづく養育者への介入研究は数多くあります。もっとも，これらのすべてが，その有効性を評価されているわけではありません。評価するうえで"最も信頼のおける標準"となる方法は，次のような要素を持っている必要があります：すなわち，試行がランダム化され統制されている，介入がマニュアル化されている，基準（ベースライン）測度や査定は介入とは独立して行い，査定する人たちは介入があ

ることを知らされていない，サンプル・サイズが十分に大きい，などです。そして，これらの要件を満たすことは容易なことではありません。ですが，これらの介入研究は有望なもので，バーリンら（Berlin et al., 2005）はそれらのいくつかについて説明しています。

養育者は，これらの介入からよい影響を受けるためには，まず自分自身のリスク要因（薬物中毒やアルコール中毒，重篤な精神障害など）に取り組む必要があります。さらに，被虐待児を持つ，問題のある親や家庭には，愛着とは関連しないある一定範囲の介入が必要です。しかし，養育に直接，焦点を当てていない介入が，愛着を高めるという証拠はほとんどありません。

愛着理論にもとづきながら，親の代わりとなる里親や養子縁組の親のもとへ措置し介入することのほうが，すでに愛着パターンが体制化していない可能性の高い大きな問題を抱える子どもの一部にはよい影響を及ぼすかもしれません。

また，次のような子どもには，個人療法が有効であると想定できる理論的根拠がいくらかはありますが，その有効性を実証する証拠はまだありません。これらの子どもは，持っている内的作業モデルのために，抱えている問題を他の対人関係にまで一般化させてしまいます。例えば，被虐待児は，虐待していた養育者からもう養育されていないにもかかわらず，統制型（controlling）のままでいます。しかし，今までに得られている証拠からは，内的作業モデルを変化させるためには，感受性があり，一貫性があり，虐待的ではない養育者との関係を持つことを実際に経験することが，はるかに効果的であることが示されています。

愛着の安定性や体制化は，ニグレクトや虐待によって影響される子どもの機能のほんの一側面でしかありません。問題を抱えたより年長の子どもの一部に誤って適合される反応性愛着障害（RAD）という用語が示すように，これらの子どもは，多くの他の機能領域や愛着の範囲には含まれない対人関係で，問題を示します。ですから，養育者に働きかけることによって，子どもの愛着の安定性を高めたとしても，これらの子どもの他の問題を軽減させることは期待できません。これらの子どもには，次のすべての側面について査定する必要があります。すなわち，身体的健康や成長，行動・行為，仲間関係，言語発達や学習，情動的状態（心的外傷後ストレス障害の可能性も含め）などです。これらの子どもの一部には，その問題の性質にもよりますが，認知行動療法や精神力動的精神療法（Kennedy, 2004）が有効であることもあります。

また，それらの子どもに，注意欠陥多動性障害（ADHD）や自閉症スペクトラム障害がないかどうかを調べてみる必要があるでしょう。もしあるとすれば，それによりこれらの子どもの問題の一部を説明できるかもしれません。

結論として，安定した愛着は，子どもの精神的健康と同義ではありませんが，非常に有意な保護（防止）要因です。安定した愛着を促進させるためには，早期介入のほうが事後介入（reactive interventions）よりも望ましいでしょう。というのは，非体制型の愛着やそれが統制型行動に変容することを変えるのは，非常に難しいように見えるからです。近年の研究のおかげで，私たちは，感受性のある養育行動のどの側面が安定した愛着を生み出しやすいのかをよりよく理解することができるようになりました。

引用文献

AACAP (2005) 'Practice parameter for the assessment and treatment of children and adolescents with reactive attachment disorder of infancy and early childhood.' *Journal of the American Academy of Child and Adolescent Psychiatry 44*, 1206–1219.

Aber, J., Belsky, J., Slade, A. and Crnic, K. (1999) 'Stability and change in mothers' representations of their relationship with their toddlers.' *Developmental Psychology 35*, 1038–1047.

Aber, J., Slade, A., Berger, B., Bresgi, I. and Kaplan, M. (1985) *The Parent Development Interview.* Unpublished manuscript, Barnard College, Columbia University, New York.

Aber, J., Slade, A., Cohen, L. and Meyer, J. (1989) 'Parental representations of their toddlers: their relationship to parental history and sensitivity and toddler security.' Paper presented at the biennial meeting of the Society for Research in Child Development, Baltimore, MD.

Abidin, R. (1990) *Parenting Stress Index, Third Edition.* Charlottesville, VA: Pediatric Psychology Press.

Achenbach, T. (1991) *Manual for the Child Behavior Checklist/ 4–18 and 1991 Child Behavior Profile.* Burlington: University of Vermont, Department of Psychiatry.

Ainsworth, M. (1963) 'The development of infant–mother interaction among the Ganda.' In B. Foss (ed.) *Determinants of Infant Behavior II.* London: Methuen.

Ainsworth, N. (1964) 'Patterns of attachment behaviour shown by the infant in interaction with his mother.' *Merrill-Palmer Quarterly 10*, 51–58.

Ainsworth, M. (1967) *Infancy in Uganda: Infant Care and the Growth of Love.* Baltimore: Johns Hopkins University Press.

Ainsworth, M. (1969a) 'Object relations, dependency and attachment: a theoretical review of the infant–mother relationship.' *Child Development 40*, 969–1025.

Ainsworth, M. (1969b) *Maternal Sensitivity Scales: Revised.* Johns Hopkins University, Baltimore: Mimeograph. Available on the Stony Brook website: www.psychology.sunysb.edu/attachment/measures/content/ainsworth_scales.html

Ainsworth, M. (1989) 'Attachments beyond infancy.' *American Psychologist 44*, 4, 709–716.

Ainsworth, M. and Bell, S. (1974) 'Mother–infant interaction and the development of competence.' In K. Connolly and J. Brunner (eds) *The Growth of Competence.* London: Academic Press.

Ainsworth, M. and Marvin, R. (1995) 'On the shaping of attachment theory and research: an interview with Mary D.S. Ainsworth (Fall 1994).' In E. Waters, B. Vaughn, G. Poseda and K. Kondo-Ikemura (eds) 'Caregiving, cultural, and cognitive perspectives on secure-base behavior and working models: new growing points of attachment theory and research.' *Monographs of the Society for Research in Child Development 60* (2–3, Serial No. 244), 2–21.

Ainsworth, M. and Wittig, D. (1969) 'Attachment and exploratory behavior of one-year-olds in a strange situation.' In B. Foss (ed.) *Determinants of Infant Behavior IV.* London: Methuen.

Ainsworth, M., Bell, S. and Stayton, D. (1971) 'Individual differences in strange situation behavior of one-year-olds.' In H. Schaffer (ed.) *The Origins of Human Social Relations.* London: Academic Press.

Ainsworth, M., Bell, S. and Stayton, D. (1974) 'Infant–mother attachment and social development.' In M. Richards (ed.) *The Introduction of the Child into a Social World.* London: Cambridge University Press.

Ainsworth, M., Blehar, M., Waters, E. and Wall, S. (1978) *Patterns of Attachment: A Psychological Study of the Strange Situation.* Hillsdale, NJ: Lawrence Erlbaum.

American Psychiatric Association (2000) *Diagnostic and Statistical Manual of Mental Disorders, Fourth Edition, Text Revision (DSM-IV-TR)*. Washington, DC: American Psychiatric Association.

Ammaniti, M., Candelori, C., Dazzi, N., De Coro, A., Muscetta, S., Ortu, F., Pola, M., Speranza, A., Tambelli, R. and Zampino, F. (1990) *Intervista sull'attaccamento nella latenza (Attachment Interview for Childhood and Adolescence)*. Unpublished protocol, University of Rome.

Bakermans-Kranenburg, M. and van IJzendoorn, M. (1993) 'A psychometric study of the Adult Attachment Interview: reliability and discriminant validity.' *Developmental Psychology 29*, 5, 870–879.

Bakermans-Kranenburg, M. and van IJzendoorn, M. (2004) 'No association of the dopamine D4 receptor (DRD4) and -521 C/T promoter polymorphisms with infant attachment disorganization.' *Attachment and Human Development 6*, 211–218.

Bakermans-Kranenburg, M., van IJzendoorn, M. and Juffer, F. (2003) 'Less is more: meta-analyses of sensitivity and attachment interventions in early childhood.' *Psychological Bulletin 129*, 195–215.

Barnard, K., Magyary, D., Summer, G., Booth, C., Mitchell, S. and Spieker, S. (1988) 'Prevention of parenting alterations for women with low social support.' *Psychiatry 51*, 248–253.

Behrens, K. (2005) *Intergenerational Transmission of Attachment: Cultural Consideration on Responses to Challenging Situations*. Poster Symposium, Biennial Meeting of the Society for Research in Child Development, Atlanta, Georgia.

Belsky, J. (1999) 'Modern evolutionary theory and patterns of attachment.' In J. Cassidy and P. Shaver (eds) *Handbook of Attachment: Theory, Research and Clinical Applications*. New York: Guilford Press.

Belsky, J. and Cassidy, J. (1994) 'Attachment: theory and evidence.' In M. Rutter and D. Hay (eds) *Development Through Life*. Oxford: Blackwell Scientific Publications.

Belsky, J., Campbell, S., Cohn, J. and Moore, G. (1996) 'Instability of infant–parent attachment security.' *Developmental Psychology 32*, 921–924.

Benoit, D., Madigan, S., Lecce, S., Shea, B. and Goldberg, S. (2001) 'Atypical maternal behavior toward feeding-disordered infants before and after intervention.' *Infant Mental Health Journal 22*, 611–626.

Berlin, L., Ziv, Y., Amaya-Jackson, L. and Greenberg, M. (eds) (2005) *Enhancing Early Attachments: Theory, Research, Intervention, and Policy*. New York: The Guilford Press.

Bokhorst, C., Bakermans-Kranenburg, M., Fearon, P., van IJzendoorn, M., Fonagy, P. and Schuengel, C. (2003) 'The importance of shared environment in mother–infant attachment security: a behavioral genetic study.' *Child Development 74*, 1769–1782.

Boris, N., Hinshaw-Fuselier, S., Smyke, A., Scheeringa, M., Heller, S. and Zeanah, C. (2004) 'Comparing criteria for attachment disorders: establishing reliability and validity in high-risk samples.' *Journal of the American Academy of Child and Adolescent Psychiatry 43*, 568–577.

Bowlby, J. (1969) *Attachment and Loss, Volume 1: Attachment*. London: Hogarth Press and the Institute of Psycho-Analysis.

Bowlby, J. (1969/1982) *Attachment and Loss, Volume 1: Attachment, Second Edition*. London: Pimlico.

Bowlby, J. (1973) *Attachment and Loss, Volume 2: Separation: Anxiety and Anger*. London: Hogarth Press and the Institute of Psycho-Analysis.

Bowlby, J. (1979) *The Making and Breaking of Affectional Bonds*. Hove: Brunner-Routledge.

Bowlby, J. (1980) *Attachment and Loss, Volume 3: Loss: Sadness and Depression*. London: Hogarth Press and the Institute of Psycho-Analysis.

Bowlby, J. (1984) 'Caring for the young: influences on development.' In R. Cohen, B. Cohler and S. Weissman (eds) *Parenthood: A Psychodynamic Perspective*. New York: Guilford Press.

Bowlby, J. (1988) *A Secure Base: Clinical Applications of Attachment Theory*. London: Routledge.

Boyce, W., Barr, R. and Zeltzer, L. (1992) 'Temperament and the psychobiology of childhood stress.' *Pediatrics 90*, 483–486.

Bretherton, I. and Oppenheim, D. (2003) 'The MacArthur Story Stem Battery: development, administration, reliability, validity, and reflections about meaning.' In R. Emde, D. Wolf and D. Oppenheim (eds) *Revealing the Inner Worlds of Young Children; the MacArthur Story Stem Battery and Parent–Child Narratives*. Oxford: Oxford University Press.

Bretherton, I. and Ridgeway, D. (1990) 'Story completion task to assess children's internal working models of child and parent in the attachment relationship.' In M. Greenberg, D. Cichetti and E. Cummings (eds) *Attachment in the Preschool Years: Theory, Research, and Intervention.* Chicago: University of Chicago Press.

Bretherton, I., Oppenheim, D., Buchsbaum, H., Emde, R. and the MacArthur Narrative Group (1990b) *MacArthur Story-Stem Battery (MSSB).* Unpublished manual, Waisman Center, University of Wisconsin-Madison.

Bretherton, I., Ridgeway, D. and Cassidy, J. (1990a) 'Assessing internal working models of the attachment relationship.' In M. Greenberg, D. Cichetti and E. Cummings (eds) *Attachment in the Preschool Years: Theory, Research, and Intervention.* Chicago: University of Chicago Press.

Brisch, K. (2002) *Treating Attachment Disorders: From Theory to Therapy.* New York: Guilford Press.

Britner, P., Marvin, R. and Pianta, R. (2005) 'Development and preliminary validation of the caregiving behavior system: association with child attachment classification in the preschool Strange Situation.' *Attachment and Human Development 7*, 1, 83–102.

Bronfman, E., Parsons, E. and Lyons-Ruth, K. (1993, 1999) *Atypical Maternal Behavior Instrument for Assessment and Classification (AMBIANCE): Manual for Coding Disrupted Affective Communication.* Unpublished. Available from K. Lyons-Ruth, Department of Psychiatry, Cambridge Hospital, 1493 Cambridge St., Cambridge, MA 02139.

Browne, K., Davies, C. and Stratton, P. (1988) *Early Prediction and Prevention of Child Abuse.* Oxford: John Wiley.

Bureau, J. and Moss, E. (2001) 'The relationship between school-age children's attachment strategies and their representations of parent figures.' *Revue-Quebecoise-de-Psychologie 22*, 29–49.

Caldwell, B. and Bradley, R. (1984) *Home Observation for Measurement of the Environment.* Little Rock: University of Arkansas.

Carey, W. and McDevitt, S. (1978) 'Revision of the Infant Temperament Questionnaire.' *Pediatrics 61*, 735–739.

Carlson, E. (1998) 'A prospective longitudinal study of attachment disorganization/disorientation.' *Child Development 69*, 4, 1107–1128.

Carlson, E., Sroufe, A. and Egeland, B. (2004) 'The construction of experience: a longitudinal study of representation and behavior.' *Child Development 75*, 66–83.

Carter, A. and Briggs-Gowan, M. (2000) *The Infant–Toddler Social and Emotional Assessment (ITSEA).* Unpublished manual, University of Massachusetts, Department of Psychology, Boston, MA. New Haven, CT: Yale University.

Cassidy, J. (1988) 'Child–mother attachment and the self in six-year-olds.' *Child Development 59*, 121–134.

Cassidy, J. (1999) 'The nature of the child's ties.' In J. Cassidy and P. Shaver (eds) *Handbook of Attachment: Theory, Research and Clinical Applications.* New York: Guilford Press.

Cassidy, J. and Shaver, P. (1999) *Handbook of Attachment: Theory, Research, and Clinical Applications.* New York: Guilford Press.

Cassidy, J., Marvin, R. and the MacArthur Working Group (1987/1990/1991/1992) *Attachment Organization in Three- and Four-Year-Olds: Coding Guidelines.* Unpublished manuscript, University of Virginia, Charlottesville.

Cassidy, J., Woodhouse, S., Cooper, G., Hoffman, K., Powell, B. and Rodenberg, M. (2005) 'Examination of the precursors of infant attachment security: implications for early intervention and intervention research.' In L. Berlin, Y. Ziv, L. Amaya-Jackson and M. Greenberg (eds) *Enhancing Early Attachments: Theory, Research, Intervention, and Policy.* New York: The Guilford Press.

Chaffin, M., Hanson, R., Saunders, B., Nichols, T., Barnett, D. Zeanah, C., Berliner, L., Egeland, B., Newman, E., Lyon, T., LeTourneau, E. and Miller-Perrin, C. (2006) 'Report of the APSAC Task Force on Attachment Therapy, Reactive Attachment Disorder, and Attachment Problems.' *Child Maltreatment 11*, 76–89.

Chao, R. (2001) 'Integrating culture and attachment.' *American Psychologist 56*, Comment, 822–823.

Chisholm, K. (1998) 'A three year follow-up of attachment and indiscriminate friendliness in children adopted from Romanian orphanages.' *Child Development 69*, 1092–1106.

Chisholm, K., Carter, M., Ames, E. and Morison, S. (1995) 'Attachment security and indiscriminately friendly behavior in children adopted from Romanian orphanages.' *Development and Psychopathology 7*, 283–294.

Cline, F. (1991) *Hope for High Risk and Rage Filled Children: Attachment Theory and Therapy.* Golden, CO: Love and Logic Press.

Cohen, J. (1988) *Statistical Power Analysis for the Behavioral Sciences, Second Edition.* Hillsdale, NJ: Lawrence Earlbaum Associates.

Cohen, N., Muir, E., Lojkasek, M., Muir, R., Parker, C., Barwick, M. and Brown, M. (1999) 'Watch, wait and wonder: testing the effectiveness of a new approach to mother–infant psychotherapy.' *Infant Mental Health Journal* 20, 429–451.

Crittenden, P. (1979–2004) *CARE-Index: Coding Manual.* Unpublished manuscript, Miami, FL. Available from the author.

Crittenden, P. (1981) 'Abusing, neglecting, problematic, and adequate dyads: differentiating by patterns of interaction.' *Merrill-Palmer Quarterly* 27, 1–18.

Crittenden, P. (1992) *The Preschool Assessment of Attachment.* Unpublished manuscript, Family Relations Institute, Miami, FL.

Crittenden, P. (1995) 'Attachment and psychopathology.' In S. Goldberg, R. Muir and J. Kerr (eds) *Attachment Theory: Social, Developmental, and Clinical Perspectives.* Hillsdale, NJ: The Analytic Press.

Crittenden, P. (2005) 'Der CARE-Index als Hilfsmittel für Früherkennung, Intervention und Forschung. Frühförderung interdisziplinar (early interdisciplinary intervention).' *Special issue: Bindungsorientierte Ansätze in der Praxis der Frühförderung 24,* S. 99–106. English version 'Using the CARE-Index for screening, intervention and research.' Accessed July 2006 from www.patcrittenden.com

Crittenden, P. and Bonvillian, J. (1984) 'The effect of maternal risk status on maternal sensitivity to infant cues.' *American Journal of Orthopsychiatry* 54, 250–262.

De Wolff, M. and van IJzendoorn, M. (1997) 'Sensitivity and attachment: a meta-analysis on parental antecedents of infant attachment.' *Child Development* 68, 571–591.

Dozier, M., Stovall, K. and Albus, K. (1999) 'Attachment and psychopathology in adulthood.' In J. Cassidy and P. Shaver (eds) *Handbook of Attachment. Theory, Research, and Clinical Applications.* New York: Guilford Press.

Dozier, M., Stovall, K., Albus, K. and Bates, B. (2001) 'Attachment for infants in foster care: the role of caregiver state of mind.' *Child Development* 72, 1467–1477.

Durrett, M., Otaki, M. and Richards, P. (1984) 'Attachment and the mother's perception of support from the father.' *International Journal of Behavioral Development* 7, 167–176.

Egeland, B. and Carlson, E. (2004) 'Attachment and psychopathology.' In L. Atkinson and S. Goldberg (eds) *Attachment Issues in Psychopathology and Intervention.* Hillsdale, NJ: Lawrence Erlbaum Associates.

Egeland, B. and Sroufe, A. (1981) 'Attachment and early maltreatment.' *Child Development* 52, 44–52.

Egeland, B., Erickson, M., Clemenhagen-Moon, J., Hiester, M. and Korfmacher, J. (1990) *24 Months Tools Coding Manual: Project STEEP Revised from Mother–Child Project Scales.* Unpublished manuscript, University of Minnesota, Minneapolis.

Emde, R., Wolf, D. and Oppenheim, D. (2003) *Revealing the Inner Worlds of Young Children: The MacArthur Story Stem Battery and Parent–Child Narratives.* Oxford: Oxford University Press.

European Commission Daphne Programme (2005) *Mapping the Number and Characteristics of Children Under Three in Institutions across Europe at Risk of Harm.* Birmingham: Centre for Forensic and Family Psychology, University of Birmingham.

Evergreen Consultants in Human Behavior (2006) 'Symptom Checklist for Child Attachment Disorder.' www.attachmenttherapy.com/childsymptom.htm (accessed 13 June).

Fonagy, P., Steele, H. and Steele, M. (1991) 'Maternal representations of attachment during pregnancy predict the organization of infant–mother attachment at one year of age.' *Child Development* 62, 891–905.

Fonagy, P., Steele, M., Steele, H., Higgitt, A. and Target, M. (1994) 'The Emanuel Miller Memorial Lecture 1992: the theory and practice of resiliance.' *Journal of Child Psychology and Psychiatry* 35, 231–257.

Fonagy, P., Target, M., Steele, H. and Steele, M. (1998) *Reflective Functioning Manual, Version 5.0, for Application to Adult Attachment Interviews.* University College, London.

Fox, N. (1977) 'Attachment of kibbutz infants to mother and metapelet.' *Child Development* 48, 1228–1239.

Fox, N., Kimmerly, N. and Schafer, W. (1991) 'Attachment to mother/attachment to father: a meta-analysis.' *Child Development* 52, 210–225.

Fraley, C. (2002) 'Attachment stability from infancy to adulthood: meta-analysis and dynamic modeling of developmental mechanisms.' *Personality and Social Psychology Review* 6, 123–151.

George, C. and Solomon, J. (1996) 'Representational models of relationships: links between caregiving and attachment.' *Infant Mental Health Journal* 17, 3, 198–216.

George, C. and Solomon, J. (1999) 'Attachment and caregiving: the caregiving behavioral system.' In J. Cassidy and P. Shaver (eds) *Handbook of Attachment: Theory, Research and Clinical Applications.* New York: Guilford Press.

George, C., Kaplan, N. and Main, M. (1984) *Adult Attachment Interview Protocol.* Unpublished manuscript, University of California, Berkeley.

George, C., Kaplan, N. and Main, M. (1985) *Adult Attachment Interview Protocol (Second Edition).* Unpublished manuscript, University of California, Berkeley.

George, C., Kaplan, N. and Main, M. (1996) *Adult Attachment Interview Protocol (Third Edition).* Unpublished manuscript, University of California, Berkeley.

Gervai, J. and Lakatos, K. (2004) 'Comment on "No association of dopamine D4 receptor (DRD4) and -521 C/T promoter polymorphisms with infant attachment disorganization"' by M.J. Bakermans-Kranenburg and M.H. van IJzendoorn. *Attachment and Human Development 6,* 219–222.

Gervai, J., Nemoda, Z., Lakatos, K., Ronai, Z., Toth, I., Ney, K. and Sasvari-Szekely, M. (2005) 'Transmission disequilibrium tests confirm the link between DRD4 gene polymorphism and infant attachment.' *American Journal of Medical Genetics Part B (Neuropsychiatric Genetics) 132B,* 126–130.

Gjerde, P. (2001) 'Attachment, culture, and *Amae.*' *American Psychologist 56,* Comment, 826–827.

Goldberg, S. (2000) *Attachment and Development.* London: Arnold.

Goldberg, S. Muir, R. and Kerr, J. (eds) (1995) *Attachment Theory: Social, Developmental, and Clinical Perspectives.* Hillsdale, NJ: Analytic Press.

Goldfarb, W. (1955) Emotional and intellectual consequences of psychologic deprivation in infancy: a reevaluation.' In P. Hoch and J. Zubin (eds) *Psychopathology in Childhood.* New York: Grune and Stratton.

Goldsmith, H. and Alansky, J. (1987) 'Maternal and infant temperamental predictors of attachment: a meta-analytic review.' *Journal of Consulting and Clinical Psychology 55,* 805–816.

Goldwyn, R., Stanley, C., Smith, V. and Green, J. (2000) 'The Manchester Child Attachment Story Task: relationship with parental AAI, SAT and child behaviour.' *Attachment and Human Development 2,* 71–84.

Green, J. and Goldwyn, R. (2002) 'Annotation: attachment disorganisation and psychopathology: new findings in attachment research and their potential implications for developmental psychopathology in childhood.' *Journal of Child Psychology and Psychiatry 43,* 835–846.

Green, J., Goldwyn, R., Peters, S. and Stanley, C. (2001) 'Subtypes of attachment disorganisation in young school-age children.' *Biennial Meeting of the Society for Research on Child Development.* April 2001, Minneapolis.

Green, J., Stanley, C., Smith, V. and Goldwyn, R. (2000) 'A new method of evaluating attachment representations in young school-age children: the Manchester Child Attachment Story Task.' *Attachment and Human Development 2,* 1, 48–70.

Greenberg, M. (1999) 'Attachment and psychopathology in childhood.' In J. Cassidy and P. Shaver (eds) *Handbook of Attachment: Theory, Research and Clinical Applications.* New York: Guilford Press.

Grienenberger, J., Kelly, K. and Slade, A. (2005) 'Maternal reflective functioning, mother–infant affective communication, and infant attachment: exploring the link between mental states and observed caregiving behavior in the intergenerational transmission of attachment.' *Attachment and Human Development 7,* 299–311.

Grossmann, K., Grossmann, K. and Kindler, H. (2005) 'Early care and the roots of attachment and partnership representations.' In K. Grossmann, K. Grossmann and E. Waters (eds) *Attachment from Infancy to Adulthood: The Major Longitudinal Studies.* New York: The Guilford Press.

Grossmann, K., Grossmann, K. and Zimmermann, P. (1999) 'A wider view of attachment and exploration: stability and change during the years of immaturity.' In J. Cassidy and P. Shaver (eds) *Handbook of Attachment: Theory, Research and Clinical Applications.* New York: Guilford Press.

Gunnar, M. (1998) 'Quality of early care and buffering of neuroendocrine stress reactions: potential effects on the developing human brain.' *Preventative Medicine 27,* 208–211.

Hansburg, H. (1972) *Adolescent Separation Anxiety: Vol. 1. A Method for the Study of Adolescent Separation Problems.* Springfield, IL: Charles C. Thomas.

Hanson, R. and Spratt, E. (2000) 'Reactive attachment disorder: what we know about the disorder and implications for treatment.' *Children Maltreatment 5,* 137–145.

Hermelin-Kuttner, H. (1998) *Maternal Ego Flexibility and the Process of Adaptation to Motherhood: Conscious and Unconscious Aspects.* Unpublished doctoral dissertation, the City University of New York.

Hertsgaard, L., Gunnar, M., Erickson, M. and Nachmias, M. (1995) 'Adrenocortical responses to the Strange Situation in infants with disorganised/disoriented attachment relationships.' *Child Development 66*, 1100–1106.

Hesse, E. (1996) 'Discourse, memory, and the Adult Attachment Interview: a note with emphasis on the emerging cannot classify category.' *Infant Mental Health Journal 17*, 4–11.

Hodges, J. (1990) *Rating Manual for the 'Little Pig' Story Stem Assessment*. Unpublished manuscript, The Anna Freud Centre, London.

Hodges, J. (1996) 'The natural history of early non-attachment.' In J. Brannen and B. Bernstein (eds) *Children, Research and Policy: Essays for Barbara Tizard*. Philadelphia: Taylor and Francis.

Hodges, J., Hillman, S., Steele, M. and Henderson, K. (2004) *Story Stem Assessment Profile Rating Manual*. Unpublished manuscript, The Anna Freud Centre, London.

Hodges, J., Steele, M., Hillman, S. and Henderson, K. (2003a) 'Mental representations and defences in severely maltreated children: a story stem battery and rating system for clinical assessment and research applications.' In R. Emde, D. Wolf and D. Oppenheim (eds) *Revealing the Inner Worlds of Young Children; the MacArthur Story Stem Battery and Parent–Child Narratives*. Oxford: Oxford University Press.

Hodges, J., Steele, M., Hillman, S., Henderson, K. and Kaniuk, J. (2003b) 'Changes in attachment representations over the first year of adoptive placement: narratives of maltreated children.' *Clinical Child Psychology and Psychiatry 8*, 351–367.

Hodges, J., Steele, M., Kaniuk, J., Hillman, S. and Henderson, K. (2003c) 'Changes in children's internal representations of parental figures over the first two years of placement.' Paper presented at conference: *Attachment Issues in Adoption: Risk and Resiliency Factors*. UCL, London.

Hodges, J., Steele, M., Hillman, S., Henderson, K. and Kaniuk, J. (2005) 'Change and continuity in mental representations of attachment after adoption.' In D. Brodzinsky and J. Palacios (eds) *Psychological Issues in Adoption: Research and Practice*. Westport, CT: Praeger.

Howe, D. and Fearnley, S. (2003) 'Disorders of attachment in adopted and fostered children: recognition and treatment.' *Clinical Child Psychology and Psychiatry 8*, 369–387.

Howes, C. (1999) 'Attachment relationships in the context of multiple caregivers.' In J. Cassidy and P. Shaver (eds) *Handbook of Attachment: Theory, Research and Clinical Applications*. New York: Guilford Press.

Howes, C. and Oldham, E. (2001) 'Processes in the formation of attachment relationships with alternative caregivers.' In A. Goncu and E. Klein (eds) *Children in Play, Story, and School*. New York: Guilford Press.

Hughes, D. (2004) 'An attachment-based treatment of maltreated children and young people.' *Attachment and Human Development 6*, 263–278.

Jacobsen, T., Edelstein, W. and Hofmann, V. (1994) 'A longitudinal study of the relation between representations of attachment in childhood and cognitive functioning in childhood and adolescence.' *Developmental Psychology 30*, 112–124.

Juffer, F., Bakermans-Kranenburg, M. and van IJzendoorn, M. (2005) 'The importance of parenting in the development of disorganized attachment: evidence from a preventive intervention study in adoptive families.' *Journal of Child Psychology and Psychiatry 46*, 3, 263–274.

Kaplan, N. (1987) *Individual Differences in Six-year-olds' Thoughts about Separation: Predicted to Actual Experiences of Separation*. Unpublished doctoral dissertation, University of California, Berkeley.

Kennedy, E. (2004) *Child and Adolescent Psychotherapy: A Systematic Review of Psychoanalytic Approaches*. London: North Central London Strategic Health Authority.

Kermoian, R. and Leiderman, P. (1986) 'Infant attachment to mother and child caretaker in an East African community.' *International Journal of Behavioral Development 9*, 455–469.

Keys Attachment Centre (undated) *Keys Treatment Protocol for Children and Young People with Serious Attachment and Trauma Difficulties*. Accessed July 2006 from www.keys-attachment-centre.co.uk

Klagsbrun, M. and Bowlby, J. (1976) 'Responses to separation from parents: a clinical test for young children.' *British Journal of Projective Psychology and Personality Study 21*, 2, 7–27.

Kondo-Ikemura, K. (2001) 'Insufficient evidence.' *American Psychologist 56*, Comment, 825–826.

Konner, M. (1977) 'Infancy among the Kalahari Desert San.' In P. Leiderman, S. Tulkin and A. Rosenfeld (eds) *Culture and Infancy: Variations in the Human Experience*. New York: Academic Press.

Lakatos, K., Nemoda, Z., Toth, I., Ronai, Z., Ney, K., Sasvari-Szekely, M. and Gervai, J. (2002) 'Further evidence for the role of the dopamine D4 receptor (DRD4) gene in attachment disorganization: interaction of the exon III 48-bp repeat and the -521 C/T promoter polymorphisms.' *Molecular Psychiatry 7*, 27–31.

Lakatos, K., Toth, I., Nemoda, Z., Ney, K., Sasvari-Szekely, M. and Gervai, J. (2000) 'Dopamine D4 receptor (DRD4) gene polymorphism is associated with attachment disorganization in infants.' *Molecular Psychiatry 5*, 633–637.

Levy, T. (ed.) (2000) *Handbook of Attachment Interventions.* San Diago: Academic Press.

Levy, T. and Orlans, M. (1995) *Intensive Short-Term Therapy with Attachment Disordered Children.* Unpublished manuscript (no source given).

Levy, T. and Orlans, M. (2000) 'Attachment disorder and the adoptive family.' In T. Levy (ed.) *Handbook of Attachment Interventions.* San Diego: Academic Press.

Lieberman, A. and Amaya-Jackson, L. (2005) 'Reciprocal influences of attachment and trauma.' In L. Berlin, Y. Ziv, L. Amaya-Jackson and M. Greenberg (eds) *Enhancing Early Attachments: Theory, Research, Intervention, and Policy.* New York: The Guilford Press.

Lieberman, A. and Zeanah, C. (1995) 'Disorders of attachment in infancy.' In K. Minde (ed.) *Child Psychiatric Clinics of North America: Infant Psychiatry.* Philadelphia: Saunders.

Lyons-Ruth, K. and Jacobvitz, D. (1999) 'Attachment disorganization: unresolved loss, relational violence, and lapses in behavioral and attentional strategies.' In J. Cassidy and P. Shaver (eds) *Handbook of Attachment: Theory, Research and Clinical Applications.* New York: Guilford Press.

Lyons-Ruth, K., Alpern, L. and Repacholi, B. (1993) 'Disorganized infant attachment classification and maternal psychosocial problems as predictors of hostile-aggressive behavior in the preschool classroom.' *Child Development 64*, 572–585.

Lyons-Ruth, K., Bronfman, E. and Parsons, E. (1999) 'Maternal frightened, frightening, or atypical behavior and disorganized infant attachment patterns.' In J. Vondra and D. Barnett (eds) 'Atypical attachment in infancy and early childhood among children at developmental risk.' *Monographs of the Society for Research in Child Development 64* (3, Serial No. 259), 67–96.

Lyons-Ruth, K., Melnick, S., Bronfman, E., Sherry, S. and Llanas, L. (2004) 'Hostile-helpless relational models and disorganized attachment patterns between parents and their young children: review of research and implications for clinical work.' In L. Atkinson and S. Goldberg (eds) *Attachment Issues in Psychopathology and Intervention.* Hillsdale, NJ: Lawrence Erlbaum.

McDonough, S. (2000) 'Interaction guidance: an approach for difficult-to-engage families.' In C. Zeanah (ed.) *Handbook of Infant Mental Health, Second Edition.* New York: Guilford Press.

Main, M. (1999) 'Epilogue. Attachment theory: eighteen points with suggestions for future studies.' In J. Cassidy and P. Shaver (eds) *Handbook of Attachment: Theory, Research and Clinical Applications.* New York: Guilford Press.

Main, M. and Cassidy, J. (1988) 'Categories of response to reunion with the parent at age six: predictable from infant attachment classifications and stable over a 1-month period.' *Developmental Psychology 24*, 415–426.

Main, M. and Goldwyn, R. (1984) *Adult Attachment Scoring and Classification System.* Unpublished manuscript, University of California, Berkeley.

Main, M. and Goldwyn, R. (1994) *Adult Attachment Rating and Classification Systems.* Version 6. Unpublished manuscript, University of California, Berkeley.

Main, M. and Goldwyn, R. (1998) *Adult Attachment Scoring and Classification System.* Unpublished manuscript, University of California, Berkeley.

Main, M. and Hesse, E. (1990) 'Parents' unresolved traumatic experiences are related to infant disorganized status: is frightened and/or frightening parental behavior the linking mechanism?' In M. Greenberg, D. Cichetti and E. Cummings (eds) *Attachment in the Preschool Years: Theory, Research, and Intervention.* Chicago: University of Chicago Press.

Main, M. and Solomon, J. (1986) 'Discovery of an insecure disorganized/disoriented attachment pattern: procedures, findings and implications for the classification of behavior.' In T. Braxelton and M. Yogman (eds) *Affective Development in Infancy.* Norwood, NJ: Ablex.

Main, M. and Solomon, J. (1990) 'Procedures for identifying infants as disorganized/disoriented during the Ainsworth Strange Situation.' In M. Greenberg, D. Cicchetti and E. Cummings (eds) *Attachment in the Preschool Years: Theory, Research, and Intervention.* Chicago: University of Chicago Press.

Main, M., Hesse, E. and Kaplan, N. (2005) 'Predictability of attachment behavior and representational processes at 1, 6, and 19 years of age.' In K. Grossmann, K. Grossmann and E. Waters (eds) *Attachment from Infancy to Adulthood: The Major Longitudinal Studies.* New York: The Guilford Press.

Main, M., Kaplan, N. and Cassidy, J. (1985) 'Security in infancy, childhood, and adulthood: a move to the level of representation.' In I. Bretherton and E. Waters (eds) 'Growing points of attachment theory and research.' *Monographs of the Society for Research in Child Development 50* (1–2, Serial No. 209), 66–104.

Marvin, R. and Britner, P. (1996) *Classification System for Parental Caregiving Patterns in the Preschool Strange Situation.* Unpublished classification manual, University of Virginia.

Marvin, R. and Rutter, M. (1994) *Instructions for a Home-Based Separation–Reunion Procedure for Assessing Preschool Children's Attachments.* Unpublished manuscript, University of Virginia.

Marvin, R., Cooper, G., Hoffman, K. and Powell, B. (2002) 'The Circle of Security project: attachment-based intervention with caregiver–preschool child dyads.' *Attachment and Human Development 4,* 1, 107–124.

Marvin, R., Van Devender, T., Iwanaga, M., Le Vine, S. and Le Vine, R. (1977) 'Infant–caregiver attachment among the Hausa of Nigeria.' In H. McGurk (ed.) *Ecological Factors in Human Development.* Amsterdam: North-Holland.

Matas, L., Arend, R. and Sroufe, A. (1978) 'Continuity of adaptation in the second year: the relationship between quality of attachment and later competence.' *Child Development 49,* 547–556.

Meins, E. (1997) *Security of Attachment and the Social Development of Cognition.* Hove: Psychology Press.

Meins, E., Fernyhough, C., Fradley, E. and Tuckey, M. (2001) 'Rethinking maternal sensitivity: mothers' comments on infants' mental processes predict security of attachment at 12 months.' *Journal of Child Psychology and Psychiatry 42,* 637–648.

Mercer, J., Sarner, L. and Rosa, L. (2003) *Attachment Therapy on Trial: The Torture and Death of Candace Newmaker.* Westport, CT: Praeger Publishers.

Morelli, G. and Tronick, E. (1991) 'Efe multiple-caretaking and attachment.' In J. Gewirtz and W. Kurtines (eds) *Intersections with Attachment.* Hillsdale, NJ: Erlbaum.

Myeroff, R. (1997) *Comparative Effectiveness with Special Needs Adoptive Population.* Unpublished dissertation, Union Institute, Cincinnati.

Myeroff, R., Mertlich, G. and Gross, J. (1999) 'Comparative effectiveness of holding therapy with aggressive children.' *Child Psychiatry and Human Development 29,* 4, 303–313.

Nachmias, M., Gunnar, M., Mangelsdorf, S., Parritz, R. and Buss, K. (1996) 'Behavioral inhibition and stress reactivity: the moderating role of attachment security.' *Child Development 67,* 508–522.

NICHD Early Child Care Research Network (1996) 'Characteristics of infant child care: factors contributing to positive caregiving.' *Early Childhood Research Quarterly 11,* 269–306.

NICHD Early Child Care Research Network (1997) 'The effects of infant child care on infant–mother attachment security: results of the NICHD study of early child-care.' *Child Development 68,* 860–879.

NICHD Early Child Care Research Network (2003) 'Does quality of child care affect child outcomes at age 4½?' *Developmental Psychology 39,* 451–469.

O'Connor, T. (2002) 'Attachment disorders of infancy and childhood.' In M. Rutter and E. Taylor (eds) *Child and Adolescent Psychiatry: Modern Approaches, Fourth Edition.* London: Blackwell Scientific Publications.

O'Connor, T. and Zeanah, C. (2003) 'Attachment disorders: assessment strategies and treatment approaches.' *Attachment and Human Development 5,* 223–244.

O'Connor, T., Heron, J., Glover, V. and the ALSPAC Study Team (2002) 'Antenatal anxiety predicts child behavioral/emotional problems independently of postnatal depression.' *Journal of the American Academy of Child and Adolescent Psychiatry 41,* 1470–1477.

O'Connor, T., Heron, J., Golding, J., Glover, V. and the ALSPAC Study Team (2003a) 'Maternal antenatal anxiety and behavioural/emotional problems in children: a test of a programming hypothesis.' *Journal of Child Psychology and Psychiatry 44,* 1025–1036.

O'Connor, T., Marvin, R., Rutter, M., Olrick, J., Britner, P. and the English and Romanian Adoptees Study Team (2003b) 'Child–parent attachment following early institutional deprivation.' *Development and Psychopathology 15,* 19–38.

O'Connor, T., Rutter, M. and the English and Romanian Adoptees Study Team (2000) 'Attachment disorder behavior following early severe deprivation: extension and longitudinal follow-up.' *Journal of the American Academy of Child and Adolescent Psychiatry 39*, 703–712.

Oppenheim, D. (1997) 'The attachment doll-play interview for preschoolers.' *International Journal of Behavioral Development 20*, 4, 681–697.

Oppenheim, D., Emde, R. and Warren, S. (1997) 'Children's narrative representations of mothers: their development and associations with child and mother adaptation.' *Child Development 68*, 1, 127–138.

Patterson, G., Chamberlain, P. and Reid, J. (1982) 'A comparative evaluation of parent training procedures.' *Behavior Therapy 3*, 638–650.

Posada, G. and Jacobs, A. (2001) 'Child–mother attachment relationships and culture.' *American Psychologist 56*, Comment, 821–822.

Posada, G., Gao, Y., Fang, W., Posada, R., Tascon, M., Schoelmerich, A., Sagi, A., Kondo-Ikemura, K., Ylaland, W. and Synnevaag, B. (1995) 'The secure-base phenomenon across cultures: children's behavior, mothers' preferences, and experts' concepts.' *Monographs of the Society for Research in Child Development 60* (2–3, Serial No. 244), 27–48.

Raval, V., Goldberg, S., Atkinson, L., Benoit, D., Myhal, N., Poulton, L. and Zwiers, M. (2001) 'Maternal attachment, maternal responsiveness and infant attachment.' *Infant Behavior and Development 24*, 281–304.

Robertson, J. and Robertson, J. (1989) *Separations and the Very Young.* London: Free Association Books.

Robinson, J. and Mantz-Simmons, L. (2003) 'The MacArthur Narrative Coding System: one approach to highlighting affective meaning making in the MacArthur Story Stem Battery.' In R. Emde, D. Wolf and D. Oppenheim (eds) *Revealing the Inner Worlds of Young Children; the MacArthur Story Stem Battery and Parent–Child Narratives.* Oxford: Oxford University Press.

Robinson, J., Mantz-Simmons, L., Macfie, J. and the MacArthur Narrative Working Group (1992) *The Narrative Coding Manual.* Unpublished manuscript, University of Colorado, Boulder.

Rothbaum, F., Weisz, J., Pott, M., Miyake, K. and Morelli, G. (2000) 'Attachment and culture: security in the United States and Japan.' *American Psychologist 55*, 1093–1104.

Rothbaum, F., Weisz, J., Pott, M., Miyake, K. and Morelli, G. (2001) 'Deeper into attachment and culture.' *American Psychologist 56*, Comment, 827–829.

Rushton, A. and Mayes, D. (1997) 'Forming fresh attachments in childhood: a research update.' *Child and Family Social Work 2*, 121–127.

Rutgers, A., Bakermans-Kranenburg, M., van IJzendoorn, M. and van Berckelaer-Onnes (2004) 'Autism and attachment: a meta-analytic review.' *Journal of Child Psychology and Psychiatry 45*, 1123–1134.

Rutter, M. (1995) 'Clinical implications of attachment concepts: retrospect and prospect.' *Journal of Child Psychology and Psychiatry 36*, 4, 549–571.

Rutter, M. and O'Connor, T. (1999) 'Implications of attachment theory for child care policies.' In J. Cassidy and P. Shaver (eds) *Handbook of Attachment: Theory, Research and Clinical Applications.* New York: Guilford Press.

Sagi, A., Lamb, M., Lewkowicz, K., Shoham, R., Dvir, R. and Estes, D. (1985) 'Security of infant–mother, –father, and –metapelet attachments among kibbutz-reared Israeli children.' In I. Bretherton and E. Waters (eds) 'Growing points of attachment theory and research.' *Monographs of the Society for Research in Child Development 50* (1–2, Serial No. 209), 257–275.

Sapolsky, R. (1996) 'Why stress is bad for your brain.' *Science 273*, 749–750.

Schaffer, H. (1966) 'The onset of fear of strangers and the incongruity hypothesis.' *Journal of Child Psychology and Child Psychiatry 7*, 95–106.

Schaffer, H. (1990) *Making Decisions about Children.* Oxford: Blackwell.

Simpson, J. (1999) 'Attachment theory in modern evolutionary perspective.' In J. Cassidy and P. Shaver (eds) *Handbook of Attachment: Theory, Research and Clinical Applications.* New York: Guilford Press.

Slade, A. (1987) 'Quality of attachment and early symbolic play.' *Developmental Psychology 23*, 78–85.

Slade, A. (2005) 'Parental reflective functioning: an introduction.' *Attachment and Human Development 7*, 269–281.

Slade, A., Aber, L., Bresgi, I., Berger, B. and Kaplan, M. (2004) *The Parent Development Interview – Revised.* Unpublished protocol, the City University of New York.

Slade, A., Aber, L., Cohen, L., Fiorello, J., Meyer, J., DeSear, P. and Waller, S. (1993) *Parent Development Interview Coding System.* Unpublished manuscript, the City College of New York.

Slade, A., Belsky, J., Aber, L. and Phelps, J. (1999) 'Maternal representations of their relationship with their toddlers: links to adult attachment and observed mothering.' *Developmental Psychology 35*, 611–619.

Slade, A., Bernbach, E., Grienenberger, J., Levy, D. and Locker, A. (2002) *Addendum to Reflective Functioning Scoring Manual: For Use with the Parent Development Interview*. Unpublished manuscript, the City College and Graduate Center of the City University of New York.

Slade, A., Grienenberger, J., Bernbach, E., Levy, D. and Locker, A. (2005) 'Maternal reflective functioning, attachment, and the transmission gap: a preliminary study.' *Attachment and Human Development 7*, 283–298.

Slough, N. and Greenberg, M. (1990) 'Five-year-olds' representations of separation from parents: responses from the perspective of self and other.' In I. Bretherton and M. Watson (eds) *New Directions for Child Development: No. 48. Children's Perspectives on the Family*. San Francisco: Jossey-Bass.

Smyke, A. and Zeanah, C. (1999) 'Disturbances of Attachment Interview.' Available on the *Journal of the American Academy of Child and Adolescent Psychiatry* website at www.jaacap.com via Article Plus.

Smyke, A., Dumitrescu, A. and Zeanah, C. (2002) 'Attachment disturbances in young children. I: The continuum of caretaking casualty.' *Journal of the American Academy of Child and Adolescent Psychiatry 41*, 972–982.

Solomon, J. and George, C. (1999) 'The measurement of attachment security in infancy and childhood.' In J. Cassidy and P. Shaver (eds) *Handbook of Attachment: Theory, Research and Clinical Applications*. New York: Guilford Press.

Solomon, J., George, C. and De Jong, A. (1995) 'Children classified as controlling at age six: evidence of disorganized representational strategies and aggression at home and at school.' *Development and Psychopathology 7*, 447–463.

Speltz, M. (2002) 'Description, history, and critique of corrective attachment therapy.' *The APSAC Advisor 14*, 4–8. Accessed July 2006 from www.kidscomefirst.info/speltz.pdf

Spitz, R. (1945) 'An inquiry into the genesis of psychiatric conditions in early childhood. I: Hospitalism.' *Psychoanalytic Study of the Child 1*, 53–74.

Squire, L. (1992) 'Memory and the hippocampus: a synthesis of findings with rats, monkeys and humans.' *Psychological Review 99*, 195–231.

Sroufe, A., Carlson, E. and Shulman, S. (1993) 'Individuals in relationships: development from infancy through adolescence.' In D. Funder, R. Parke, C. Tomlinson-Keesey and K. Widaman (eds) *Studying Lives through Time: Approaches to Personality and Development*. Washington, DC: American Psychological Association.

Sroufe, A. and Fleeson, J. (1986) 'Attachment and the construction of relationships.' In W. Hartup and Z. Rubin (eds) *Relationships and Development*. Hillsdale, NJ: Erlbaum.

Sroufe, A., Egeland, B., Carlson, E. and Collins, A. (2005a) *The Development of the Person: The Minnesota Study of Risk and Adaptation from Birth to Adulthood*. New York: Guilford Press.

Sroufe, A., Egeland, B., Carlson, E. and Collins, A. (2005b) 'Placing early attachment experiences in developmental context: The Minnesota Longitudinal Study.' In K. Grossmann, K. Grossmann and E. Waters (eds) *Attachment from Infancy to Adulthood: The Major Longitudinal Studies*. New York: Guilford Press.

Sroufe, A., Fox, N. and Pancake, V. (1983) 'Attachment and dependency in developmental perspective.' *Child Development 54*, 1615–1627.

Steele, H. and Steele, M. (2003) *Friends and Family Interview Coding*. Unpublished manuscript, University College London.

Steele, H. and Steele, M. (2005) 'The construct of coherence as an indicator of attachment security in middle childhood: The Friends and Family Interview.' In K. Kerns and R. Richardson (eds) *Attachment in Middle Childhood*. New York: Guilford Press.

Steele, H., Steele, M. and Fonagy, P. (1996) 'Associations among attachment classifications of mothers, fathers, and their infants.' *Child Development 57*, 541–555.

Steele, M., Hodges, J., Kaniuk, J., Hillman, S. and Henderson, K. (2003a) 'Attachment representations and adoption: associations between maternal states of mind and emotion narratives in previously maltreated children.' *Journal of Child Psychotherapy 29*, 187–205.

Steele, M., Steele, H., Woolgar, M., Yabsley, S., Fonagy, P., Johnson, D. and Croft, C. (2003b) 'An attachment perspective on children's emotion narratives: links across generations.' In R. Emde, D. Wolf and D. Oppenheim (eds) *Revealing the Inner Worlds of Young Children; the MacArthur Story Stem Battery and Parent–Child Narratives*. Oxford: Oxford University Press.

Suess, G., Grossmann, K. and Sroufe, A. (1992) 'Effects of infant attachment to mother and father on quality of adaptation in preschool: from dyadic to individual organisation of self.' *International Journal of Behavioral Development 15*, 43–65.

Target, M., Fonagy, P. and Shmueli-Goetz, Y. (2003) 'Attachment representations in school-age children: the development of the Child Attachment Interview (CAI).' *Journal of Child Psychotherapy 29*, 2, 171–186.

Teti, D. (1999) 'Conceptualizations of disorganization in the preschool years.' In J. Solomon and C. George (eds) *Attachment Disorganization*. New York: Guilford Press.

Teti, D. and Ablard, K. (1989) 'Security of attachment and infant–sibling relationships: a laboratory study.' *Child Development 60*, 1519–1528.

Thomas, N. (2000) 'Parenting children with attachment disorders.' In T. Levy (ed.) *Handbook of Attachment Interventions*. San Diego: Academic Press.

Thompson, R. (1999) 'Early attachment and later development.' In J. Cassidy and P. Shaver (eds) *Handbook of Attachment: Theory, Research and Clinical Applications*. New York: Guilford Press.

Toth, S., Maughan, A., Manly, J., Spagnola, M. and Cicchetti, D. (2002) 'The relative efficacy of two interventions in altering maltreated preschool children's representational models: implications for attachment theory.' *Development and Psychopathology 14*, 877–908.

Trowell, J. (2004) 'Reflection on "an attachment-based treatment of maltreated children and young people".' *Attachment and Human Development 6*, 279–283.

True, M., Pisani, L. and Oumar, F. (2001) 'Infant–mother attachment among the Dogon of Mali.' *Child Development 72*, 1451–1466.

van Dam, M. and van IJzendoorn, M. (1988) 'Measuring attachment security: concurrent and predictive validity of the Parental Attachment Q-set.' *Journal of Genetic Psychology 149*, 4, 447–457.

van den Boom, D. (1994) 'The influence of temperament and mothering on attachment and exploration: an experimental manipulation of sensitive responsiveness among lower-class mothers with irritable infants.' *Child Development 65*, 1457–1477.

van den Boom, D. (1995) 'Do first-year intervention effects endure? Follow-up during toddlerhood of a sample of Dutch irritable infants.' *Child Development 66*, 1798–1816.

van IJzendoorn, M. (1995) 'Adult attachment representations, parental responsiveness, and infant attachment: a meta-analysis on the predictive validity of the Adult Attachment Interview.' *Psychological Bulletin 117*, 387–403.

van IJzendoorn, M. and Bakermans-Kranenburg, M. (2003) 'Attachment disorders and disorganized attachment: similar and different.' *Attachment and Human Development 5*, 313–320.

van IJzendoorn, M. and Kroonenberg, P. (1988) 'Cross cultural patterns of attachment: a meta-analysis of the strange situation.' *Child Development 59*, 147–156.

van IJzendoorn, M. and Sagi, A. (1999) 'Cross-cultural patterns of attachment: universal and contextual dimensions.' In J. Cassidy and P. Shaver (eds) *Handbook of Attachment: Theory, Research and Clinical Applications*. New York: Guilford Press.

van IJzendoorn, M. and Sagi, A. (2001) 'Cultural blindness or selective inattention?' *American Psychologist 56*, Comment, 824–825.

van IJzendoorn, M., Juffer, F. and Duyvesteyn, M. (1995) 'Breaking the intergenerational cycle of insecure attachment: a review of the effects of attachment-based interventions on maternal sensitivity and infant security.' *Journal of Child Psychology and Psychiatry 36*, 225–248.

van IJzendoorn, M., Sagi, A. and Lambermon, M. (1992) 'The multiple caretaker paradox: data from Holland and Israel.' In R. Pianta (ed.) *New Directions for Child Development: No. 57. Beyond the Parent: The Role of Other Adults in Children's Lives*. San Francisco: Jossey-Bass.

van IJzendoorn, M., Schuengel, C. and Bakermans-Kranenburg, M. (1999) 'Disorganized attachment in early childhood: meta-analysis of precursors, concomitants, and sequelae.' *Development and Psychopathology 11*, 225–249.

Viding, E., Blair, J., Moffitt, T. and Plomin, R. (2005) 'Evidence for substantial genetic risk for psychopathy in 7-year-olds.' *Journal of Child Psychology and Psychiatry 46*, 592–597.

Vorria, P., Papaligoura, Z., Dunn, J., van IJzendoorn, M., Steele, H., Kontopoulou, A. and Sarafidou, Y. (2003) 'Early experiences and attachment relationships of Greek infants raised in residential group care.' *Journal of Child Psychology and Psychiatry 44*, 1208–1220.

Warren, S., Huston, L., Egeland, B. and Sroufe, A. (1997) 'Child and adolescent anxiety disorders and early attachment.' *Journal of the American Academy of Child and Adolescent Psychiatry 36*, 637–644.

Waters, E. (undated) 'Assessing secure base behavior and attachment security using the Q-Sort method.' www.psychology.sunysb.edu/attachment/measures/content/aqs_method.html Accessed July 2006.

Waters, E. (1978) 'The reliability and stability of individual differences in infant–mother attachment.' *Child Development 39*, 483–494.

Waters, E. and Deane, K. (1985) 'Defining and assessing individual differences in attachment relationships: Q-methodology and the organization of behavior in infancy and early childhood.' In I. Bretherton and E. Waters (eds) *Growing Points of Attachment Theory and Research: Monographs of the Society for Research in Child Development 50*, Serial No. 209 (1–2), 41–65.

Waters, E., Crowell, J., Treboux, D., O'Connor, E., Posada, G. and Golby, B. (1993) *Discriminant Validity of the Adult Attachment Interview.* Paper presented at the Biennial Meeting of the Society for Research in Child Development, New Orleans, LA.

Waters, E., Merrick, S., Treboux, D., Crowell, J. and Albersheim, L. (2000) 'Attachment security in infancy and early adulthood: a twenty-year longitudinal study.' *Child Development 71*, 684–689.

Waters, H., Rodrigues, L. and Ridgeway, D. (1998) 'Cognitive underpinnings of narrative attachment assessment.' *Journal of Experimental Child Psychology 71*, 211–234.

Webster-Stratton, C. (1996) 'Early intervention with videotape modelling: programs for families of children with oppositional defiant disorder or conduct disorder.' In E. Hibbs and P. Jensen (eds) *Psychological Treatments for Child and Adolescent Disorders: Empirically Based Strategies for Clinical Practice.* Washington, DC: American Psychological Association.

Webster-Stratton, C., Hollinsworth, T. and Kolpacoff, M. (1989) 'The long-term effectiveness and clinical significance of three cost-effective training programs for families with conduct-problem children.' *Journal of Consulting and Clinical Psychology 57*, 550–553.

Weinfield, N., Sroufe, A., Egeland, B. and Carlson, E. (1999) 'The nature of individual differences in infant–caregiver attachment.' In J. Cassidy and P. Shaver (eds) *Handbook of Attachment: Theory, Research and Clinical Applications.* New York: Guilford Press.

Weinfield, N., Whaley, G. and Egeland, B. (2004) 'Continuity, discontinuity, and coherence in attachment from infancy to late adolescence: sequelae of organization and disorganization.' *Attachment and Human Development 6*, 73–97.

Welch, H. (1988) *Holding Time.* New York: Fireside.

Wittenborn, J. (1961) 'Contributions and current status of Q methodology.' *Psychological Bulletin 58*, 132–142.

World Health Organization (1992) *International Statistical Classification of Diseases and Related Health Problems, Tenth Revision (ICD-10).* Geneva: World Health Organization.

Zaslow, R. and Menta, M. (1975) *The Psychology of the Z-process: Attachment and Activity.* San Jose, CA: San Jose State University Press.

Zeanah, C. and Boris, N. (2000) 'Disturbances and disorders of attachment in early childhood.' In C. Zeanah (ed.) *Handbook of Infant Mental Health, Second Edition.* New York: Guilford Press.

Zeanah, C., Mammen, O. and Lieberman, A. (1993) 'Disorders of attachment.' In C. Zeanah (ed.) *Handbook of Infant Mental Health.* New York: Guilford Press.

Zeanah, C., Scheeringa, M., Boris, N., Heller, S., Smyke, A. and Trapani, J. (2004) 'Reactive attachment disorder in maltreated toddlers.' *Child Abuse and Neglect 28*, 877–888.

Zeanah, C., Smyke, A., Koga, S. and Carlson, E. (2005) 'Attachment in institutionalized and community children in Romania.' *Child Development 76*, 1015–1028.

人名索引

あ

アビディン（Abidin, R.） 210
アブラード（Ablard, K.） 184
アヘンバッハ（Achenbach, T.） 128
アマーヤ・ジャクソン（Amaya-Jackson, L.） 244
アランスキー（Alansky, J.） 53, 54
アンマニーティ（Ammaniti,M.） 105, 145

う

ヴァイディング（Viding, E.） 198
ヴァン・イーツェンドゥアン（van IJzendoorn, M.） 27, 29, 32, 46, 50, 52, 53, 54, 64, 65, 66, 68, 69, 71, 72, 76, 80, 81, 84, 85, 117, 118, 150, 178, 242, 251, 275
ヴァン・ダム（van Dam, M.） 117, 118
ヴァン・デン・ブーム（van den Boom, D.） 48, 260, 261
ウィッテンボーン（Wittenborn, J.） 114
ウィティッグ（Wittig, D.） 21, 104, 105
ウェブスター・スタラットン（Webster-Stratton, C.） 41
ウェルチ（Welch, H.） 284
ウォーターズ（Waters, E.） 33, 105, 115, 116, 117, 128, 150
ウォーターズ（Waters, H.） 128
ヴォーリア（Vorria, P.） 234

え

エイバー（Aber, J.） 152, 164, 166, 269
エインスワース（Ainsworth,M.） 10, 11, 13, 14, 17, 18, 20, 21, 22, 23, 24, 29, 39, 42, 44, 45, 52, 54, 56, 60, 63, 64, 65, 66, 67, 72, 74, 76, 77, 82, 84, 87, 90, 92, 104, 105, 106, 108, 152, 153, 155, 156, 171, 174, 194, 201, 237, 252, 254, 260, 261, 269
エッグランド（Egeland, B.） 186, 189, 190, 252, 287

エムドゥ（Emde, R.） 126
エリクソン（Erickson, M.） 252, 254

お

オーランズ（Orlans, M.） 285, 287
オールダム（Oldham, E.） 66
オコーナー（O'Connor, T.） 41, 47, 194, 201, 214, 217, 218, 219, 220, 271
オッペンハイム（Oppenheim, D.） 126, 127, 128, 139, 140

か

カーター（Carter, A.） 225
ガーベイ（Gervai, J.） 50
カーモイアン（Kermoian, R.） 77
カールソン（Carlson, E.） 29, 46, 181, 186, 189, 190, 191
カプラン（Kaplan, N.） 74, 120, 121
ガンナー（Gunnar, M.） 185

き

キャスィーディ（Cassidy, J.） 3, 27, 28, 35, 44, 56, 57, 63, 87, 105, 109, 111, 112, 113, 122, 123, 140, 170, 171, 176, 260, 269

く

クライン（Cline, F.） 198, 284, 285
クラッグスブラン（Klagsbrun, M.） 105, 120, 121, 122
グリーネンバーガー（Grienenberger, J.） 55, 56
グリーン（Green, J.） 30, 105, 120, 122, 123, 134, 136, 137, 139
グリーンバーグ（Greenberg, M.） 105, 120, 122, 123, 139, 175, 179, 187, 188
クリッテンデン（Crittenden, P.） 28, 92, 152, 156, 157, 158, 159, 213
クルーネンバーグ（Kroonenberg, P.） 29

グロスマン（Grossmann, K.） 35, 181, 182, 184
グロスマン（Grossmann, K.） 35, 181
クロンバック（Chronbach, L. J.） 144

け
ケァリー（Carey, W.） 47
ケネディー（Kennedy, E.） 290

こ
コーエン（Cohen, J.） 251, 257, 258, 259
ゴールドウイン（Goldwyn, R.） 30, 137, 139, 146, 149
コールドウェル（Caldwell, B.） 252
ゴールドスミス（Goldsmith, H.） 53, 54
ゴールドバーグ（Goldberg, S.） 3, 16, 23
ゴールドファーブ（Goldfarb, W.） 213
コンドウ‐イケムラ（Kondo-Ikemura, K.） 85, 86
コンナー（Konner, M.） 81

さ
サギ（Sagi, A.） 76, 80, 81, 84, 85
ザスロー（Zaslow, R.） 198, 284, 285, 286, 287

し
ジーナ（Zeanah, C.） 41, 194, 201, 217, 223, 226, 228, 229, 230, 239, 240, 241, 271
ジェイコブス（Jacobs, A.） 83
ジェイコブセン（Jacobsen, T.） 105, 120, 122
シェイバー（Shaver, P.） 3
ジェーコヴィッツ（Jacobvitz, D.） 26, 45, 46
シェーファー（Schaffer, H.） 60, 61, 238
ジヤード（Gjerde, P.） 86
ジョージ（George, C.） 39, 40, 51, 105, 109, 110, 113, 114, 121, 122, 147, 148, 152, 166, 168, 269
シンプソン（Simpson, J.） 9

す
スィース（Suess, G.） 187
スクワイアー（Squire, L.） 185
スティール（Steele, H.） 47, 52, 70, 105, 142, 143, 144, 145
スティール（Steele, M.） 105, 133, 142, 143, 144, 145, 275, 276, 277, 278
スピッツ（Spitz, R.） 213
スペルツ（Speltz, M.） 284
スポルスキー（Sapolsky, R.） 185
スマイク（Smyke, A.） 220, 221, 222, 223, 229, 240
スラウフ（Sroufe, A.） 139, 140, 180, 181, 183, 191, 234, 287
スレイド（Slade, A.） 44, 55, 56, 164, 165, 166, 182
スロー（Slough, N.） 105, 120, 122, 123, 139

そ
ソロモン（Solomon, J.） 24, 25, 26, 28, 30, 39, 40, 46, 55, 104, 106, 108, 109, 110, 113, 114, 121, 122, 152, 166, 168

た
ターゲット（Target, M.） 105, 138, 139, 151

ち
チショルム（Chisholm, K.） 194, 209, 211, 212, 213, 214
チチェッティ（Cicchetti, D.） 138
チャオ（Chao, R.） 84
チャッフィン（Chaffin, M.） 198, 242, 245, 284, 287, 288

て
ディーン（Deane, K.） 105, 115, 116, 117
ティザード（Tizard, B.） 202
ティザード（Tizard, J.） 194, 200, 202, 203
デゥ・ウォルフ（De Wolff, M.） 54
デゥレット（Durrett, M.） 85
テッチ（Teti, D.） 109, 111, 184
デューヴェスタイン（Duyvesteyn, M.） 251

と
トゥルー（True, M.） 77, 78
トゥロウエル（Trowell, J.） 282
トーマス（Thomas, N.） 198
ドジエ（Dozier, M.） 189, 274, 275
トス（Toth, S.） 263, 264, 265, 267
トロニック（Tronick, E.） 81
トンプソン（Thompson, R.） 171, 182, 190

な
ナチミアス（Nachmias, M.） 48, 185

は
ハーツガード（Hertsgaard, L.） 185
バーナード（Barnard, K.） 252
バーリン（Berlin, L.） 290
ハウ（Howe, D.） 284, 286
ハウズ（Howes, C.） 65, 66, 69, 70, 71

人名索引

ひ

ピアソン（Pearson, K.） 96
ヒューズ（Hughes, D.） 282
ビュロ（Bureau, J.） 114

ふ

ファーンリー（Fearnley, S.） 284, 286
フォックス（Fox, N.） 69, 79, 80
フォナジー（Fonagy, P.） 44, 164
ブチャスバウミ（Buchsbaum, H.） 126
ブノワ（Benoit, D.） 159, 160, 161, 262
フラーリー（Fraley, C.） 34
ブラウン（Browne, K.） 248, 249
ブラッツ（Blatz, W.） 22
ブラッドリー（Bradley, R.） 252
ブリッグス‐ゴウワン（Briggs-Gowan, M.） 225
ブリッシュ（Brisch, K.） 283
ブリトナー（Britner, P.） 93, 111, 152, 161, 162, 163, 164
ブルック（Brook, S.） 153
ブレザートン（Bretherton, I.） 11, 105, 114, 126, 127, 266
フレッソン（Fleeson, J.） 139
ブロンフマン（Bronfman, E.） 46, 93, 152, 159

へ

ベイカーマンズ‐クラネンブルグ（Bakermans-Kranenburg, M.） 50, 150, 242, 250, 251, 252, 253, 254, 255, 257
ヘーメリン‐カットナー（Hermelin-Kuttner, H.） 166
ベーレンズ（Behrens, K.） 87, 88
ヘッセ（Hesse, E.） 45, 46, 50, 150
ベッテルハイム（Bettelheim, B.） 78
ベル（Bell, S.） 174
ベルスキー（Belsky, J.） 8, 31, 170, 171, 176

ほ

ボイス（Boyce, W.） 185
ボウルビー（Bowlby, J.） 1, 9, 10, 11, 12, 13, 14, 15, 16, 17, 18, 19, 20, 21, 30, 38, 39, 40, 42, 57, 59, 60, 62, 67, 68, 72, 73, 74, 77, 105, 120, 121, 122, 171, 174, 175, 194, 210, 229, 234, 235, 236, 237, 238, 241, 286, 287
ボックホースト（Bokhorst, C.） 48, 50

パサーダ（Posada, G.） 83
パターソン（Patterson, G.） 41
ハンスブルグ（Hansburg, H.） 105, 120

ホッジズ（Hodges, J.） 105, 129, 131, 132, 133, 194, 200, 202, 203, 204, 205, 206, 207, 208, 209, 278, 280
ボリス（Boris, N.） 41, 227, 228, 233, 239, 240
ボンヴィリアン（Bonvillian, J.） 159

ま

マーヴィン（Marvin, R.） 22, 66, 67, 74, 80, 90, 93, 111, 152, 161, 215, 267, 268, 269, 270
マーサー（Mercer, J.） 284, 285
マイアーロフ（Myeroff, R.） 286, 287
マタス（Matas, L.） 182
マックデヴィット（McDevitt, S.） 47
マックドノー（McDonough, S.） 26
マンツ‐サイモンズ（Mantz-Simmons, L.） 127

め

メイズ（Mayes, D.） 271, 272, 273
メイン（Main, M.） 11, 23, 24, 25, 26, 27, 28, 30, 31, 35, 36, 40, 45, 46, 50, 51, 52, 53, 55, 69, 73, 74, 75, 87, 104, 105, 106, 108, 111, 112, 113, 120, 122, 123, 139, 146, 149
メインス（Meins, E.） 44, 45
メンタ（Menta, M.） 198, 284

も

モス（Moss, E.） 114
モレーリ（Morelli, G.） 81

ゆ

ユファー（Juffer, F.） 256

ら

ライダーマン（Leiderman, P.） 77
ラヴェル（Raval, V.） 54, 55
ラカトス（Lakatos, K.） 49, 50
ラジャーズ（Rutgers, A.） 48, 49
ラシュトン（Rushton, A.） 271, 272, 273
ラター（Rutter, M.） 41, 67, 72
ラム（Lamb, M.） 73

り

リーバーマン（Lieberman, A.） 239, 244
リオンズ‐ルース（Lyons-Ruth, K.） 26, 45, 46, 160, 161
リッジウエイ（Ridgeway, D.） 126

る

ルッター（Rutter, M.） 215

れ

レヴィー（Levy, T.）　198, 285, 287

ろ

ロスバウム（Rothbaum, F.）　81, 82, 83, 84, 85, 86, 87, 88
ロバートソン（Robertson, J.）　241
ロバートソン（Robertson, J.）　241
ロビンソン（Robinson, J.）　127

わ

ワインフィールド（Weinfield, N.）　181, 183, 184, 186, 187, 188
ワトソン（Watson, J.）　73
ワレン（Warren, S.）　187

事項索引

あ

RAD の徴候　225
RAD −脱抑制性タイプ　222
RAD の実践条件（Practice Parameter for RAD）　231
RAD −抑制性・情動的引きこもりタイプ　222, 224
IO or U　110
アイ・コンタクト　284, 285, 286
ICD-10（疾病と関連衛生問題の国際統計分類（10版）の精神・行動障害の分類法）　194, 195, 219, 233, 235, 242
ICD-10 の RAD と DAD の基準　229
ICD-10 の脱抑制性愛着障害（DAD）　196
ICD-10 の反応性愛着障害（RAD）　196
愛情の絆（affectional bonds）　60
愛情の絆の異なったタイプ　61
愛着　8, 85, 123, 274, 255
愛着 Q セット（Attachment Q-sort：AQS）　115, 212
愛着 Q 分類　210, 261
愛着形成評定尺度　227
愛着行動　9, 214, 238
愛着行動システム　10
愛着行動の活性化　11
愛着行動の停止　12
愛着行動パターン　281
愛着子育て技法　287
愛着システム　39, 60, 92, 238
愛着障害（disturbance）　189, 194, 197, 220, 239, 283
愛着障害に関する科学的研究　200
愛着障害の徴候なし　230
愛着障害面接（Disturbance of Attachment Interview：DAI）　221, 229
愛着障害理論　198
愛着人物の肯定的な面と否定的な面とについての言及する割合のバランス　140

愛着対象　24, 59, 63, 237
愛着対象との分離や喪失　200
愛着と探索のバランス　57
愛着に関する親の心の状態　51, 53
愛着に関する心の状態（state of mind）　51
愛着の安定性　170, 171, 172, 213, 251, 255, 259, 290
愛着の階層性　73
愛着の絆　207
愛着の形成／体制化と脱抑制性　214
愛着の査定（アセスメント）　104
愛着の質　274
愛着の生育史　181
愛着の世代間伝達　51
愛着の体制化　204, 289
愛着の地域文化固有な心理　87
愛着の内的作業モデル　210
愛着の発達　13
愛着の非体制性（D）に固有な先行要因　45
愛着の普遍性　81
愛着の力動的成熟モデル（Dynamic Maturational Model）　28
愛着パターン　106
愛着パターンの分布　29
愛着表象の内的作業モデル　15
愛着表象の変化　278
愛着文章完成課題　126
愛着分類　202
愛着分類の頻度分散　259
愛着方略　162, 275
愛着物語完成課題　266
愛着−養育の文脈　162
愛着−養育プログラム　38, 40
愛着療法　194, 283, 284, 287, 289
愛着療法，反応性愛着障害，愛着問題に関する APSAC 研究班　198
愛着理論　1, 8, 289
愛着理論のパラダイム　198

事項索引

愛着理論の普遍性　76, 84
遊びコンピテンス　172
遊びの自信　172
温かさ（warmth）　175
Attachment Therapy on Trial（裁かれる愛着療法）　284
甘え　83, 85, 86
アメリカ児童虐待専門職学会（the American Professional Society on the Abuse of Children：APSAC）　284
アルコール　249
安心（security）　8
安全（safe）　21
安全（safety）　8
安全（secure）　20
安全（感）（secure）　21
安全感の環　267, 268
安全基地　17, 24, 167, 267, 268, 289
安全基地の歪み　240
安全性（safety）　174
安全性（security）　174
安全な隠れ家　24
安全な身体拘束の状態（safe physical containment）　285
安全の基地仮説（The secure base hypothesis）　82
安全や安心感のある隠れ家（A safe or secure haven）　18
安定型　20, 106, 178, 182, 183, 214, 225
安定型愛着　182, 185, 191
安定型－安定型　32
安定型2者関係パターン（安定型－自律型）　268
安定型－不安定型　32
安定した愛着（securely attached）　21, 291
安定性（stability）　30
アンビアンス（AMBIANCE）　46, 55, 93, 262
アンビバレント型（ambivalent）　21, 150

い

EEA　81
イオータ　163
怒り　146, 188
移行期　200
いじめ　186
イスラエルのキブツ　78
依存　85
依存性　14, 82, 183
一貫性　66, 143, 144, 149
一致性　274, 275

一致率　69, 70
一般統制型　110

う

ヴァン・イーツェンドゥアンのメタ分析　32
ウォーターズらのサンプル　33
産みの親　205, 229
産みの親に返された子ども　206, 208

え

AAI　35, 36, 51, 55, 144, 146, 147, 165, 276
AACAP　231
影響経路　170
A回避型　110
APSAC特別専門委員会報告書　284, 287
エバーグリーン人間行動コンサルタンツ（Evergreen Consultants in Human Behavior）　197

お

横断的研究　177, 191, 232
応答　153
応答性　20, 175
応答性以外の伝達経路　54
遅くに措置された子ども　216, 217, 218, 272, 273, 278, 280
恐れ型（Fearful）　121
恐れ型（Frightened）　113
おびえた／方向性のない（無方向な）行動　160, 262
親／大人の表象　279
親子関係での問題　190
親と子どもの特徴　253
親に関する表象　131
親の感受性のある応答性　52, 53
親の感情経験　165
親の内省機能　164, 166
親の役割への投資の欠如（Lack of investment in the role of parent）　210, 211
親発達面接（Parent Development Interview：PDI）　55, 93, 164, 269

か

絵画反応課題（Picture Response Tasks）　119
外在化障害　189
改訂版親発達面接（PDI-R）　164
改訂版乳児気質問紙（Infant Temperament Questionnaire-Revised）　47
介入　250, 260, 263, 269, 290
介入研究　161, 248, 250

309

介入セッション　260
介入的治療　264
介入の効果　251, 254, 261, 262
介入の焦点　253
介入の特性　253
介入プログラム　229
介入モデル　264
海馬　185
回避　123
回避型（avoidant）　21, 150, 181, 183, 225, 268, 274
回避型-外在化　189
回避的方略　186
開放　284
解離　188
科学的研究　200
学業　188
学術的論争　81
獲得された安定性（earned security）　51
隠れ家　267, 268, 289
過酷な困窮　214
過剰になれなれしい行動（overfriendly）　208, 235
家族葛藤　276, 279
家族グループ　203
家族の中で育てられている子ども　205
語り　124, 275, 278
語りの一貫性（coherence）　134
語りの中に現われる非体制性　279
葛藤の解消　140
過度に警戒的になること（hyper-vigilance）　277
環境ストレス　190
環境測定のための家庭観察（the Home Observation for Measurement of the Environment：HOME）　252, 254
環境モデル　15
関係（relationship）　60
関係性　157
観察　91
感じ（feeling state）　174
感受性　43, 153, 154, 157, 185, 253, 261
感受性仮説（The sensitivity hypothesis）　82
感受性のある応答的行動　56
感受性のある応答性　44, 173
感受性のある応答的な環境　258
感受性の高さ／低さ　153
感受性の低い養育　243
感受性評定尺度　252
感受性を低めるリスク因子　248

感情制御　162, 243
感情的コミュニケーションの間違い（エラー）　160, 262
感情の共有　182
関連性　144

き
キーズ愛着センター（the Keys Attachment Centre in the UK）　285
記憶の欠落　146
危機感　267
気質　48, 185, 275
気質要因　47
絆（a bond, bonds）　8, 60
絆の形成（bonding）　60
キディー感情障害・統合失調症目録（Kiddie Schedule for Affective Disorders and Schizophrenia：K-SADS）　181
基底にある表象　28
機能（状態）（functioning）　170, 177, 182, 191
機能領域　170, 171, 172, 176
規範性仮説（normativity hypothesis）　76
キブツ主義　78
気持ちへの配慮（Mind-Mindedness）　44
虐待（abuse）　132, 133, 149, 178, 195, 227, 228, 234, 243, 244, 249, 275, 279, 283, 284, 290
虐待（ill treatment）　227
虐待（maltreatment）　46, 229, 233, 242, 265
逆境　280
Q分類法（Qソート法，Q-sort techniques）　91, 114, 115, 183
教育的要素　262
共感　244
共感性　183
共感の発達　243
凝視　162
強制される抱っこ　287
協調（cooperation）／干渉　154
共同での寝方　80
強迫的な従順さを伴う愛着障害　240
恐怖感（fear）　9
共有された2人でするプログラム　38
極度逆境性養育後障害（post severe caregiving adversity disorders）　233
極度のニグレクト　234, 238
拒絶（dismissal）　139, 140, 162, 167
拒絶型（dismissing）　148, 150
拒絶-不安定型（dismissing-insecure）　51, 149

近接性を求めること（proximity-seeking） 9
近接や接触の組織化 162

く

グループ A 22
グループ C 23
グループ D 24
グループ B 22
グロスマン・グロスマンのサンプル 35

け

ケア指標（ケア・インデックス）（CARE-Index） 92, 156
警告信号 267
警報（alarm） 10
経路 175
激怒低減療法（rage-reduction therapy） 284
欠如（lack） 20
ケニヤのグシ（Gusii） 77
検査バッテリー 126, 129

こ

効果的な介入法 281
攻撃性 186, 188, 276
恒常的に代わりの養育者になった親 281
構成概念妥当性（Construct validity） 101
構造化（structure） 2, 59, 67, 70
拘束 286
行動観察 104
行動の変化 191
行動療法的技法の訓練 262
広汎性発達障害 195
広汎性発達障害であり他の障害を特定されない（PDD-NOS） 49
効力感 183
コーピング反応 185
ゴールド・スタンダード 101
国際的分類法 194
心の状態 274, 275
5歳以上での愛着障害の発症 244
5歳以上の子どもの反応性愛着障害 242
孤児院 209, 214
個人差 185
子育て（child rearing, parenting） 17, 38, 78, 92
子育てスタイル 172
子育てストレス尺度（Parenting Stress Index） 210
子育てストレス指標 212
個体（自己）モデル 15

子ども愛着面接（Child Attachment Interview：CAI） 138
子ども看護査定の教育尺度（the Nursing Child Assessment Teaching Scale：NCATS） 252
子ども行動チェックリスト（Child Behavior Checklist：CBCL） 132, 212, 261
子どもに関する表象 131
子どもの感情経験 165
子どもの行動の構造化 162
子どもの表象 279
子ども問題行動チェックリスト 188
好みを示した大人 203
'子ブタ'の話ステム査定法（'Little Pig' Story Stem Assessment） 128
孤立無援－恐れ型（helpless-fearful） 46
コルチゾール 185
怖がっている行動（frightened） 45
怖がらせる行動（frightening） 45
困窮 220
混合した愛着障害の徴候 230
混乱（disruption） 160
混乱型（disordered） 270
混乱した（disrupted）愛着障害 228, 229, 240, 241
混乱した感情的コミュニケーション 55, 159, 160

さ

再会手続き法（reunion procedure） 35
最小化方略 189
最大化方略 189
再テスト信頼性（時間的安定性, stability） 99
細胞死 185
作業モデルの安定性 51
作為 228
ザスローの理論 285
査定（assessment） 90
里親 229, 272, 290
里親制度 249
里親養育 227, 229
里子 272, 274
里子養育 274
里母 274
三次的予防 249
ザンビアのエフェ・ピグミー（Efe or Pygmies） 81

し

C 両価（アンビバレント）型　110
時間的安定性　30
自己永続的フィードバック・ループ　267
事後介入（reactive interventions）　291
自己感（sense of self）　142
自己自身を危険にさらすことを伴う愛着障害　240
自己信頼（self-reliance）　123
自己体制化（self-organization）　140
事後的（reactive）介入　248, 249, 257
事後的な治療　270
自己表象　266
視床下部－下垂体－副腎系軸（HPA）　185
自信　188
施設収容経験のある子ども　217
施設退所後症候群（post-institution syndrome）　234
施設に残った子ども　205
しつけ　162
実践条件（Practice Parameter）　231, 240
実例の使用　140
自伝的記憶　148, 150
児童愛着面接（Child Attachment Interview：CAI）　92
児童期の脱抑制性愛着障害（Disinhibited Attachment Disorder of Childhood：DAD）　195
児童期の反応性愛着障害（Reactive Attachment Disorder of Childhood：RAD）　195
児童虐待　185, 198, 228, 264
児童青年期用愛着面接（Attachment Interview for Childhood and Adolescence：AICA）　145
自閉症　48, 49, 284
自閉症スペクトラム　244, 290
社会的コンピテンス（有能さ）　184, 188
社会的・情動的な相互性　222
社会面での機能（functioning）　195
就学前期用新奇場面法（Preschool Strange Situation）　109
就学前愛着査定（Preschool Assessment of Attachment：PAA）　212
就学前愛着分類システム　269
収束的妥当性（Convergent validity）　101
縦断的研究　176, 177, 191, 200, 232
重篤な虐待（maltreatment）　242
重度のネグレクト　242, 244
受動性　146
受容／拒絶　155

主要な（principal）愛着対象　67, 72, 204
主要な愛着パターン（A, B, C）　108
主要な養育者　201
主要な養育者がくり返し代わる　234
障害（disorder）　190, 241
障害（disturbances）　234
生涯にわたる愛着　14
証拠　180, 194, 202, 272, 275
証拠にもとづかない介入　282
象徴遊び　182
情動障害（disturbances）　195
情動の開放性　123
情動の引きこもり／抑制性愛着障害の徴候　230
情動の開放性　139
情動面　186
除外（診断）基準　25
自立（self-reliance）　183
自律－安定型（autonomous-secure）　51, 149
自律型　148, 274
自律型の内的作業モデル　289
自律性　17
進化上の適合性（evolutionary fitness）　237
進化するうえでの適応的環境（environment of evolutionary adaptedness：EEA）　9
進化論　9, 83
新奇場面法（ストレンジ・シチュエーション法, Strange Situation Procedure）　21, 91, 104, 117, 162, 224, 260, 274
新奇場面法の幼児・就学前児版　269
真実　144
真実みのなさ（untruthfulness）の発達　244
新生児行動尺度　260
身体的強要　287
身体的拘束　287
身体的支配　287
身体的制限　286
診断　283
心的外傷　149
心的表象　146
侵入性／否定性　160, 262
信頼　175
信頼性（Reliability）　90, 94, 98
心理教育的介入モデル　264
心理的・身体的虐待（abuse）　233
心理的虐待　156

す

スキーマ　36
スクリプト（脚本）　280

事項索引

スケープゴート　187
スタンフォード・ビネー知能検査　212
ストーリー・ステム　135
ストーリー・ステム課題　264
ストーリー・ステム完成課題　276
ストーリー・ステム技法　125
ストーリー・ステム査定プロフィール（Story Stem Assessment Profile：SSAP）　128, 275, 278
ストレスの多い社会環境　248
ストレス反応　185
ストレッサー　185

せ

生育歴　183
制御不全（dysregulation）　181
整合性（consistency）　149
生殖システム　60
成人愛着面接（Adult Attachment Interview：AAI）　32, 92, 147, 269, 274, 275
精神力動的精神療法（PPT）　258
精神療法　264
生態学的モデル　265
接近可能性／無視　155
摂食困難（feeding difficulties）　262
設定された目標（set-goal）　9
説明の一貫性（coherence）　51
先行因　42
先行経験　185
先行条件　44, 234
摂食障害（feeding-disordered）　262
全体的感受性　157
選択性　237
選択性の障害（Impaired selectivity）　283
選択的愛着　237, 238
全般的関係期待尺度（a global relationship expectation scale）　266
専門的養育者　64, 66

そ

早期介入　291
早期措置　216, 280
早期の障害（disturbances）　190
喪失　249, 276
喪失体験　149
ソーシャル・サポート　265
測定（measurement）　90
測度（measure）　90, 164
組織化　2
育てにくい子ども　47

措置　272, 275, 290
措置しにくい子ども　277

た

退行　287
大惨事の空想　276, 279
対人関係の障害（disturbances）　190
対人関係の親密さ　172
対人的コンピテンス　173, 184
体制化（organisation）　2, 59, 290
体制化された（organised）　2, 20, 59
体制化されていない（disorganised）　2, 20
体制型（organised）　2, 20
体制性　2, 42
抱っこ（holding）された環境　264
抱っこ時間（holding time）　284
抱っこして養育する過程（the Holding Nurturing Process：HNP）　285
抱っこ療法　284, 285, 286, 287, 289
達成指向性　183
脱抑制（disinhibition）　236
脱抑制性（ICD）　217, 219, 228, 236, 244
脱抑制性 RAD　235
脱抑制性愛着障害（disturbance）　206, 216, 218, 236
脱抑制性項目　218
脱抑制性タイプ　232, 242
脱抑制性の愛着行動　216, 218
脱抑制性の形態　235
脱抑制タイプ（型）　196
妥当性（Validity）　81, 94, 100
多動性障害　244
単一原因モデル　179
探索　82
探索行動システム　17
弾性（resilience）　51
談話スタイル　150
談話の質　162

ち

逐語録の一貫性　146
秩序ある安定型（ordered-secure）：ベータ　162
秩序ある不安定型（ordered-insecure）：アルファ　163
秩序ある不安定型（ordered-insecure）：ガンマ　163
チャトゥア遊び尺度（the Chatoor Play Scale）　259
注意欠陥多動性障害（ADHD）　290

313

懲罰的統制型　110
直接介入　282
直接見ながらコード化する方法（Live coding approach）　225
治療　176, 258, 259, 283
治療的活動　249
治療的抱っこ　286

つ
追跡研究　212, 261
追跡調査　188, 273
つながり（tie）　8
強さ／困難さ質問紙（Strength and Difficulties Questionnaire：SDQ）　132

て
DAI　221, 222, 224
DSM-IV の RAD　240
DSM-IV-TR（精神障害診断統計マニュアル，4 版，テキスト改訂）　194, 195, 219, 235, 242
DSM-IV-TR の反応性愛着障害（RAD）　196
DSM-IV-TR の RAD 基準　229, 230
抵抗型（resistant）　21, 181, 183, 225
抵抗型－内在化　189
低所得　159
D 統制型（Controlling）　110
D 分類の分布　30
低リスク　159, 179
敵意　188
敵意・自己照合型（hostile or self-referential）　46
適応的な母親表象　266
伝達ギャップ　54, 56

と
ドーパミン受容体 D4 遺伝子の遺伝子型　49
道具的養育（instrumental caregiving）　62
統合的構造　68
統制型（controlling）　28, 114, 188, 243, 290
統制（コントロール）　158
統制的愛着行動　27
統制的－過度に快活／養育的（Controlling-overbright/caregiving）　27
統制的（controlling）行動　249, 291
統制的－懲罰的（Controlling-punitive）　27
動的相互性・動的葛藤（Dynamic Reciprocity and Dynamic Conflict）　259
特殊性　237
トラウマ　189, 190, 244, 276
とらわれ型（preoccupied）　148, 150, 274

とらわれた怒り（preoccupied anger）　139
とらわれ－不安定型（preoccupied-insecure）　51, 149

な
内在化障害　189
ナイジェリアのハウサ（Hausa）　80
内省　149
内省機能（reflective functioning）　44, 55, 56
内省的思考機能　143
内省力　142
内的作業モデル　119, 164, 165, 279
内的表象　91, 281
仲間関係　143
慰め・安心感（comfort）　11
ナラティヴ（語り）　147
ナラティヴ・ストーリー・ステム技法（Narrative Story Stem Techniques：NSSTs）　92, 124
ナラティヴ・ステム査定（narrative stem assessment）　36

に
ニグレクト　156, 159, 162, 185, 195, 198, 213, 228, 231, 232, 233, 234, 243, 249, 275, 283, 290
二次的・三次的予防研究　289
二次的（subsidiary）な愛着対象　67
二次的予防　248
2 者一対の文脈（dyadic context）　157
2 者関係（dyad）　30, 60
2 者で行うプログラム　172
日本　82, 83, 84, 85, 87
日本人　85
日本文化　86
乳児の愛着　53
乳児の愛着安定性　51
乳幼児期や幼児期初期に反応性愛着障害を持つ子どもや青年の査定と治療についての実践条件　287
乳幼児社会情動査定検査（The Infant-Toddler Social Emotional Assessmen）　225
人形遊び技法　124
人形家族　129
認知行動療法的　265
認知地図　15

は
バークレー縦断研究　35
ハイ・リスク　29, 179, 180, 188, 226, 227, 289

事項索引

ハイ・リスク群　248, 251, 270
剥奪（deprivation）　209, 220, 243
発症経路　236
発生メカニズム　233
発達経路　36
発達精神病理学　190
発達不全　226
母親感受性・支援評定尺度　252
母親感受性尺度（Maternal Sensitivity Scales）　42, 54, 92, 153, 261
母親行動の測定　42
母親の感受性（maternal sensitivity）　40, 259
母親の行動　260
母親の侵入性　259
母親の非応答性　259
母親の非典型行動　262
母親の表象　266
母親や養育者の感受性を高める　289
反抗　188
反抗挑戦性障害（Oppositional Defint Disorder：ODD）　188
反社会的行動　186
Handbook of Attachment（愛着ハンドブック）　2, 9, 73
Handbook of Attachment Interventions（愛着介入ハンドブック）　198, 285
反応性愛着障害（RAD）　235, 271, 290

ひ

悲哀（grieving）　150
B安定型　110
非一貫性　146
PTSD（外傷後ストレス障害）　244
ビーレフェルト・プロジェト　181
非応答性　43
引きこもり　160, 186, 262
引きこもり／抑制性タイプ　230
被虐待（maltreated）　228
被虐待経験　273
被虐待児（maltreated）　125, 133, 226, 232, 263, 271, 278, 281, 282, 290
低い自尊感情　244
低い社会経済地位（SES）　178
非体制化　2, 134, 235
非体制化（性）　242
非体制型（disorganised）　2, 20, 177, 181, 224, 234, 241, 281
非体制型愛着　46, 178, 243, 248, 249, 291
非体制型愛着の起源　159
非体制型愛着の変容したもの　243, 245

非体制型・無方向性の不安定型　24
非体制性　2, 42, 45, 225
非体制性の行動指標　25
非体制性の指標　131
非体制／無方向型　177, 181, 185, 189
悲嘆（grief）　241
非定型母親行動の査定分類尺度（AMBIANCE,アンビアンス）　46, 55
非典型　232
非典型的行動得点　160
非典型的な行動　161
非典型的な母親の行動　159
非典型の不安定型　212
非典型母親行動の査定分類検査（アンビアンス）（Atypical Maternal Behavior Instrument for Assessment and Classification：AMBIANCE）　159
1つ以上の共有された2者で行うプログラム　40
1人の好きな養育者　231
非標準的サンプル　178
非標準的な行動　217
非標準的な行動パターン　215
非標準的パターンの分布　216
標準的サンプル　178
表象　67, 119, 146, 148, 281
表象にもとづく養育の査定　164
表象の質　191
表象モデル　263
表象レベル　264
頻繁に養育者が代わる　244

ふ

不安（anxiety）　10
不安に体制化（anxiously organized）　204
不安緩和方略　134
不安障害　187
不安定－回避型（A）　106, 186, 192
不安定型　20, 178, 281
不安定型愛着　189, 203, 212
不安定型－安定型　32
不安定型2者関係パターン（回避型－回避型）　268
不安定型2者関係パターン（混乱型（disordered））　269
不安定型2者関係パターン（両価型－とらわれ型）　268
不安定型－不安定型　32
不安定－体制型愛着　249
不安定－抵抗型（C）　106, 192

不安定な愛着（insecurely attached）　21
不安定－統制型（D）　27
不安定な愛着行動　203
不安定－非体制型　187, 192
不安定－非体制／無方向型　106
不安定－分類不能型　27
不安定－両価／抵抗型　186, 187
不安と防衛　144
不安・不快（discomfort）　11
フォスター・ケア（foster care）　227
不活性型（Inactive）　121
複数愛着　70
複数の愛着対象　67
複数の養育者　81
服喪（mourning）　241
不在－不作為　234
不作為　228
侮辱　146
不適応な母親表象　266
フラーリーのメタ分析　34
プローブ質問　125, 131, 221
プロンプト　125, 131
分離－再会手続き（Separation-reunion procedure）　104, 114, 162, 215
分離不安テスト（Separation Anxiety Test：SAT）　120
分離不安テスト：長期間分離絵画版（Separation Anxiety Test using long separation pictures）　122
分類不能（cannot classify）　51, 148, 150
分類不能（U）　26

へ

併存的妥当性（Concurrent validity）　101
ベイリー幼児発達尺度（Bayley Scales of Infant Development）　225, 261
ヘッド・スタート・プログラム　227
変化への抵抗　30
弁別された愛着対象がいない　233, 239
弁別し（他の大人と区別し），より好意を示す大人を持っている　222
弁別的妥当性（Discriminant validity）　102

ほ

保育（child-care）　76
保育士　203, 204
保育場面　66
保育をしてくれた人　65
防衛的・強制的（defended/coercive）　212
防衛的に排除　189

崩壊（collapse）　20
防御方略　267
保護（防止）要因　291
ポジティブな防衛　184
母性剥奪　203
ボツワナのクンサン（!Kung San）　80

ま

マザーリング（母親の養育）　234, 260, 261
マッカーサー・ストーリー・ステム検査バッテリー（MacArthur Story Stem Battery：MSSB）　114, 126, 266
魔法／全能　279
マリのドゴン（Dogon）　77
慢性的な鬱症状　188
マンチェスター子ども愛着物語課題（The Manchester Child Attachment Story Task：MCAST）　134

み

未解決型　150, 276
未解決な悲嘆　277
未解決の対象喪失やトラウマ　47
未解決の対象喪失や悲嘆（grief）　46
未解決のトラウマ　249
未解決／非自律型　274
未解決－非体制型（Unresolved-disorganized）　51, 148, 149
見知らぬ人に過剰になれなれしい　205, 206
見知らぬ人に警戒心　204, 238
見知らぬ人への恐怖　237
ミネソタ研究　32, 191
ミネソタ親子縦断の研究　180
ミネソタ親子プロジェクト　177, 180, 186
ミネソタ縦断研究　29, 190, 234
ミネソタのサンプル　46

む

無作為抽出による研究　254
無差別な／脱抑制性タイプ　230
無差別な／脱抑制性愛着障害の徴候　231
無差別に親しみを示す　209
無差別になれなれしい行動　210, 211, 212, 213
無体制型（nonorganised）　216, 220
無秩序な不安定型（disordered-insecure）：デルタ　163
無力感　167

事項索引

め

メイン・キャスィーディ法　113
メイン・キャスィーディの幼稚園児用愛着分類システム（6歳児再会手続き）（Main and Cassidy Attachment Classification System for kindergarten-age children（Sixth year reunion procedure））　111
メタ認知　134, 143
メタ分析　27, 46, 54, 151, 178, 248, 250, 251
メタペレット　64, 71, 79
面接技法　138
メンタライジング（mentalising）　134
メンタライゼイション（mentalisation）　44

も

目標指向性　183
目標修正的パートナーシップ　14
モニタリング　150
物語完成のテーマ　276
物語完成課題　28, 278
モノトロピー（monotropy）　67, 73
問題行動　188

や

薬物　249
役割逆転　162, 229
役割逆転を伴う愛着障害　240
役割／境界の混同（役割逆転）　160, 262
やりとりガイダンス（Interaction Guidance）　262, 263

ゆ

有効性　248, 263, 289
友人・家族面接（Friends and Family Interview：FFI）　142
友人関係　142
有能仮説（The competence hypothesis）　82
有能に機能すること（competent functioning）　176

よ

養育（caregiving）　38, 172
養育環境観察記録（ORCE）　224
養育経験面接（Experiences of Caregiving Interview：ECI）　93, 166
養育行動システム　39, 92
養育システム　39, 60
養育者（primary carer）　8
養育者行動の質　162
養育者行動分類システム（Caregiver Behavior Classification System）　93, 161
養育者と子どものやりとり　269, 270
養育者の感受性　248, 250
養育者の交代　233, 271
養育的統制型　110
養育での感受性　172
養育と他の子育ての側面との間の関連性　40
養育の絆（caregiving bond）　9
養育の質　249
養護施設　202, 203
養護施設出身症候群（ex-institutional syndrome）　208
養護施設で育った子ども　207
養護施設で育った青年　208
養子　214, 217
養子縁組　133, 203, 206, 207, 209, 213, 215, 232, 249, 272, 273, 275, 277, 278, 281, 290
養子縁組の家族　280
養子縁組の母親　205
幼児期・児童期初期の反応性愛着障害（Reactive Attachment Disorder of Infancy or Early Childhood：RAD）　195
養子になった子ども　205
抑圧／表出軸　23
抑制性　228, 236, 244
抑制性 RAD　235, 241, 242
抑制性愛着障害（disturbance）　220, 205, 238
抑制性愛着の障害抑制性行動項目　218
抑制性障害　201
抑制性タイプ　232
抑制性の RAD　211
抑制性の形態　235
抑制タイプ（型）　196
抑制を伴う愛着障害　240
よく見て，待って，考える（Watch, wait and wonder：WWW）　258
予測可能性　30, 70
予測的妥当性（Predictive validity）　102
予防的介入　248, 263
予防的働きかけ　270
4尺度付き分離不安テスト改訂版（Separation Anxiety Test with four scales）　122

り

リーダーシップ能力　184
力動的─成熟アプローチ　158
理想化　139, 140, 146
理想的な介入研究　257
リソースフル型（Resourceful）　121
リバーシング（誕生再体験療法）　284

事項索引

両価型　121, 150, 268
両価的（両面価値的）　21, 205, 207
利用可能性　20
療法的抱っこ　284, 285
リンク　53, 176, 189, 190
臨床群　251
臨床的サンプル　179
臨床的有用性　90, 94

る
ルーマニア人孤児　209, 210, 213
ルーマニア人の子ども　220
ルーマニアの養育施設　232

れ
レゲンズブルグ・プロジェクト　181, 182, 184, 187
レジデンシャル・グループ・ケア　234
レジデンシャル養護施設　220
連続性（continuity）　30, 66

ろ
6歳での再会反応　27

わ
悪い自己感　244

監訳者あとがき

　愛着とか愛着関係という言葉は，心理学や臨床の中で非常によく用いられる言葉です。ですが，専門家の中でも必ずしも正確に理解され用いられていないのではないかという印象を，私は長い間，持ってきました。特に以前から，いろいろな心理的・行動上の問題の原因が親子の愛着関係にあるのではないかといったとらえ方がよくなされています。近年では，児童虐待の問題への専門家や一般の意識が高まるようになり，親子関係の質とさまざまな問題との関係が指摘されています。そのため，愛着や愛着障害という概念への関心はますます高まってきています。そうした中，子どもの発達や臨床を行う専門家や研究者は，これらの概念を正確に理解することがきわめて重要になってきていると言えます。特に，愛着理論とその実証的な証拠にもとづいた知見や，それらにもとづく臨床・介入実践の知見を知ることは，今日，特に「エビデンス・ベースドの臨床実践」が重視されるようになっている中で，非常に大切なことだと言えます。

　また，私のように大学で教える立場にある者には，上で述べた事情もあり，学生たちには愛着の理論や実証的根拠にもとづいた知識を正確に教えておかなければいけないという強い思いがあります。そのためにも，こうした要請に応え，なおかつ手ごろで役に立ち，そしてコンパクトな本がないだろうかと思っていました。そうした思いで本をあれこれ探しているうちに私の目を強く引いたのが，本書でした。

　実際，本書を訳し始めた2006年11月の時点では，日本において愛着や愛着障害に関するそのような本はまだ存在しませんでした。現在でもまだ非常に少ないでしょう。特に，愛着理論や発達研究を踏まえ，そのうえで臨床・介入までをカバーするガイドブックはほとんどないでしょう。そういう意味で，本書はこうした要求に応えてくれる最適な本だろうと思います。

　本書は，Vivien Prior と Danya Glaser の "*Understanding Attachment and Attachment Disorders: Theory, Evidence and Practice*" (Jessica Kingsley Publishers, 2006) の日本

監訳者あとがき

語訳です。本書は，英国王立精神医学会の研究訓練課（Research and Training Unit, The Royal College of Psychiatrists）が，その活動プロジェクト（FOCUS）の一環として著者らに依託し，執筆されたものです。本書は，FOCUSの企画する「児童・青年精神衛生シリーズ」の一冊で，児童・青年の精神衛生を理解し支援しようとする人たち（医療・福祉・学校関係者や親など）のために，愛着と愛着障害に関して知っておくべき理論や最近の証拠にもとづいた知見をできるだけ網羅的に書いたものです（1ページの脚注を参照）。そういう意味では，英国王立精神医学会による教科書あるいはガイドブックと見ることもできるかもしれません（ちなみに，英国王立精神医学会は，日本では精神神経学会のような組織です）。

本書の執筆者であるビビアン・プライア（Vivien Prior）は，ロンドンの児童保健研究所行動・脳科学部門（Behavioural and Brain Science Unit, Institute of Child Health）の上席特別研究員です。また，ダーニヤ・グレイサー（Danya Glaser）は，ロンドンのグレート・オーモンド通り子ども病院心理医学科（Department of Psychological Medicine, Great Ormond Street Hospital for Children）の児童青年精神科医長です。いずれもこの領域の一級の研究者たちです。

著者たちが，すでに第1章で，本書の執筆意図やその特徴，愛着や愛着障害に関する中心的問いと本書の構成やそれらの対応関係，そして"愛着療法"論争の問題などについて，実に明快に述べています。ですので，ここで再度同じことをくり返す必要はないと考えましたが，以下に本書の大まかな構造と特徴を述べておきます。

本書は，愛着と愛着障害の問題を，理論と証拠にもとづき，より包括的に概観してまとめ，評価しようとした非常に野心的な労作です。著者たちがこの領域に精通し，そこから良い文献をえりすぐって読者に提示してくれているという意味で'ありがたい'本だとも言えます。本書は，大きく分けて5つの部分から構成されています。第1部では，ボウルビーの愛着理論の骨格と中核的な概念の説明（第2章），愛着の体制化の個人差（第3章），愛着の体制化（非体制化）を規定する要因（第4章），愛情と愛着の違いや養育者の要因（第5章），そして愛着理論の普遍的妥当性（第6章）について概観しています。第2部では，本書で常に出てくる実証的な研究を理解するために必要な研究法や基礎統計学の用語説明を行っています（第7章）。ある研究パラダイムは，理論と実証方法とがその両輪となって成り立っています。ですから，本書が重視する実証的証拠を常に問い求める以上，この側面の説明は不可欠で，そこを補ってくれています。そして，そのうえで，愛着や養育に関する様々な査定法・測定法を比較的網羅的に紹介しています（第8章，第9章）。その際，（これも非常に大切なことなのですが）その査定法の背後にある理論的背景や根拠（ロジック）を簡潔に

説明しています。おそらく日本ではこれだけいろいろな方法をコンパクトにまとめ，その有効性（妥当性・信頼性，臨床的有効性）をまとめたものはないでしょう。特に臨床での査定を行ううえでは，参考になる点が多いと思います。第3部では，このように理論と方法論を踏まえたうえで，「では，愛着の安定性はどのような心理機能（社会面・認知面など）とどのように関連するのか」「現在のところ，実証的にどこまで明らかにされているか」「愛着の安定性はどういう経路をたどってそうした心理機能に影響するのか」などを実証的研究結果にもとづきレビューしています（第10章，第11章）。愛着の安定性は，社会的側面（自己，他者，対人関係）だけでなく，認知能力面の発達にも深く関わっていると考えられています。データは，それをどこまで支持しているのでしょうか。

　第1部から第3部までは，ボウルビーの愛着理論とこれまでに集積された実証的な発達研究の重要な研究結果をコンパクトにまとめたものです。この部分は，愛着理論や「愛着の発達」に関して，個人で概観するうえで，また講義や演習のテキストとして非常に最適です。ここまでの知識は，愛着理論にもとづく臨床・介入の本質を理解するためだけでなく，理論と証拠にもとづいた臨床・介入実践を行ったり評価したりするうえで不可欠な知識なのです。

　第4部と第5部は，愛着障害や愛着関連問題に関する診断や臨床・介入実践の問題になります。第4部では，特に，愛着障害が現在どのように定義されているのか（第12章），それらは実証的にどのように確認されているのか（第13章），そして要するに愛着障害の本質とはどのようなもので，今これらの定義にどのような問題点が残されているのかなど（第14章）が考察されています。第5部では，今日の臨床で非常に重視されてきている愛着理論と実証的証拠にもとづいた臨床・介入実践研究のレビューや，そして特に注目すべき研究を紹介しています（第16章，第17章）。愛着の安定性を高めるためには，①子どもの愛着の体制化を促進するために養育者の感受性を高めること，②（必要ならば）養育者を交代させること，が重要であると考えられていますが，著者たちはここではこれらの観点から，証拠にもとづいた研究を紹介しています。実際，非常に興味深い治療・介入研究の例が紹介されており，臨床・介入実践に関わる読者には大いに参考になる試みやヒントが数多くあると思います。

　第5部の後半（第18章）では，問題のある"愛着療法"を取りあげ，どこが問題なのかを分析し考察しています。愛着療法への批判は以前からあったようですが，2000年にアメリカで一部の"愛着療法"により数名の子どもが死亡するという事件が発生してから，"愛着療法"の論争は深刻化します。そのため，アメリカの児童虐待の学会（APSAC）が，「愛着療法，反応性愛着障害，愛着問題」に関する評価委員

会を設置しました。2006年，この委員会は，*Child Maltreatment* 誌（学会誌）に，この一連の事件や関連する"愛着療法"の問題点を分析し，最終的にガイドラインを策定して提出しています（Chaffin et al., 2006）。

著者らが特に強調したかったのは，"愛着療法"という名のもとにいろいろな治療法が横行し，それが商業化してきていること，そしてこれらの一部は，伝統的な愛着理論を形ばかり引用しながらも，治療の根幹をなす愛着のとらえ方や治療方針が愛着理論にまったくもとづいておらず，さらにその治療効果もまったく実証的に検証されていないという点です。そして，専門家も一般の人たちも，理論と証拠にもとづく科学的なアプローチによる治療や介入の重要性を十二分に認識することが大切であると説いています。

日本でもGoogleの検索エンジンで「愛着療法」という用語を入れて検索すると，2008年8月2日現在で，91,600件のヒットがありました。日本にも欧米で問題になっている治療法がどこまで入ってきているのか，危惧されるところです。しかし，それらの療法の本質を見きわめるためにも，私たち自身がまさに本書にある知識を持ち，自分で判断できるようになる必要があります。

本書は，愛着と愛着障害に関する現時点で得られる最新の知識を網羅した包括的な参考図書であり，精神科医や小児科医はもとより，臨床心理士，児童福祉司，教師，弁護士，そして研究者や学生たち，また現在里親養育や養子縁組での養育に関わっている方々にもぜひ読んでいただきたいと思います。ですが，本書が教えてくれるのは，愛着障害の問題だけではありません。愛着障害の問題は，裏を返せば，「健康な愛着の発達」をうながすためはどのような養育のあり方が必要かということを考えるうえでも非常に重要なことです。ですから，そうした関心を持つ一般の読者にも，本書は大いに参考になるだろうと思います。

本書を翻訳するにあたり，次の手続きをとりました。第1に，各分担者が担当部分を少なくとも3回，翻訳・推敲を行いました。第2に，加藤（監訳者）がこれらの原稿をほぼすべて，原文と照合して必要な修正や書き直しを行いました。その際，用語の統一をはかりました。第3に，精神医学の観点から，また読みやすさの観点から，分担訳者の一人で精神科医の後藤が全体を通読し，専門用語や文章の流れ具合などを確認し，必要な修正を行いました。第4に，それを踏まえて，再度，加藤が原文と対応させながら，修正・書き直しを行いました。

本書の翻訳には，多くの修正・加筆・書き直しが必要でした。その理由としては，おそらく次の3つが考えられます。①著者たちがより多くの内容をコンパクトにまと

めて入れようとしたために，説明が不十分になってしまったところができてしまった。②引用文献の論文の文章をそのまま本文に引用している箇所が多いが，そうした引用文はもとの論文の文脈にあわせて書かれた文章のため，本書の中にうまくなじまず，読みにくくなってしまった。③著者たちの文章はイギリス英語の独特の堅さがあり，英文自体が非常に読みにくいものであった。

　そこで，監訳者の判断で，①の箇所については加藤が補足・加筆を行いました。②については，引用されている文献（入手可能なもの）に戻り，その文脈を踏まえたうえで本書の文章を補足・加筆したり，必要に応じては脚注をつけたりしました。③については，加藤の専門的知識にもとづき，意味が通りやすいように修正を行っていきました。ですので，もしそれにより誤訳や分担者の意に反して訳文がかえって読みにくくなってしまったとすれば，これはすべて監訳者である加藤に責任があります。なお，脚注には，原著者の注（★），監訳者（加藤）の注（◆），分担者の注（◇）の3種類があることをおことわりしておきます。それぞれ異なった記号で識別できるようになっています。

　本書がこのような形に出版できるようになるには，多くの方からのご協力やサポートがありました。ここに感謝申し上げる次第です。その中でも特に次の方々にお礼を申し上げます。まず，北大路書房関一明社長には，本書を出版することをすぐに快諾していただき，2006年11月末，本書の出版企画が正式にスタートしました。しかし，その後加藤が体調を崩したため作業が大幅に遅れ，その間，辛抱強く原稿を待つとともに激励していただきました。その後を引き継いだ同編集部柏原隆宏氏には，本書の編集過程でいろいろな適切な助言や支援，また本書をより良くするためのアイディアを出していただきました。そしてまた，翻訳分担者には，多忙な仕事を抱えながらも，私の依頼に応じ翻訳に参加してくれました。

　最後に，本書を出版することにより，愛着や愛着障害，問題に関する正しい理解や知識をより多くの方に普及させることに少しでもお役に立てたとすれば，本書の翻訳を企画・監訳した者にとってこれほどの喜びはありません。

2008年8月

加藤和生

訳者一覧 (翻訳順)

加藤和生	(監訳者)	第1章, 第12章, 第13章, 第14章
笠原正洋	(中村学園大学教育学部)	第2章, 第3章, 第4章, 第5章, 第6章
中尾達馬	(琉球大学教育学部)	第7章
義田俊之	(国際医療福祉大学福岡リハビリテーション学部)	第8章
工藤晋平	(京都大学学際融合教育研究推進センター)	第9章
小林美緒	(九州大学大学院人間環境学府)	第10章, 第11章, 第15章, 第16章, 第17章, 第18章, 第19章
後藤晶子	(肥前精神医療センター・精神科医)	第12章, 第13章, 第14章

監訳者紹介

加藤　和生（かとう　かずお）
1995年　米国ミシガン大学ラッカム大学院博士課程修了（Ph. D., 心理学）
現　在　九州大学大学院人間環境学研究院教授
主著・論文
- 児童虐待の発見と防止：親や教師のためのハンドブック：どのような警鐘のサインがあるのか（訳）　慶応大学出版　2003年
- 愛着と児童虐待：愛着の病理　教育と医学（No.611：特集母子愛着をめぐって），52 (5), 442-451. 2004年
- Functions and structure of amae: Personality-social, cognitive, and cultural psychological approaches. Kyushu University Press（単著）　2005年
- 「潜在的児童虐待被害」の実態解明とその心に及ぼす影響に関する理論的・実証的研究（平成13～15年度文部科学省研究助成金基盤B，研究成果報告書）　2005年
- 対人相互作用過程における社会的メタ認知の特徴：甘え行動・交流の分析を通して　心理学評論50巻3号（特集：メタ認知研究のその後の展開）（共著）　2007年
- 認知発達を探る：問題解決者としての子ども　丸野俊一・加藤和生（監訳）　北大路書房　2008年
- 愛着パターンは変化しないのか　丸野俊一（編著）　シリーズ心理学の中の論争[2]：発達心理学における論争（第5章）　ナカニシヤ出版（印刷中）

愛着と愛着障害
理論と証拠にもとづいた理解・臨床・介入のためのガイドブック

| 2008年9月10日 初版第1刷発行 | 定価はカバーに表示 |
| 2013年6月20日 初版第3刷発行 | してあります。 |

著 者	ビビアン・プライア
	ダーニヤ・グレイサー
監訳者	加藤和生
発行所	㈱北大路書房

〒603-8303 京都市北区紫野十二坊町 12-8
電 話 (075) 431-0361㈹
Ｆ Ａ Ｘ (075) 431-9393
振 替 01050-4-2083

© 2008   制作／T. M. H.　印刷・製本／㈱太洋社
検印省略　落丁・乱丁本はお取り替えいたします
ISBN 978-4-7628-2615-3　　Printed in Japan

・ JCOPY〈(社)出版者著作権管理機構 委託出版物〉
本書の無断複写は著作権法上での例外を除き禁じられています。
複写される場合は，そのつど事前に，(社)出版者著作権管理機構
(電話 03-3513-6969, FAX 03-3513-6979, e-mail: info@jcopy.or.jp)
の許諾を得てください。